LE PRESIDENT DENIS SASSOU-N'GUESSO ET LE DROIT

ESSAI D'UNE REFLEXION THEORIQUE

Henry – Marcellin DZOUMA-NGUELET

LE PRESIDENT DENIS SASSOU-N'GUESSO ET LE DROIT

ESSAI D'UNE REFLEXION THEORIQUE

L'Harmattan

5-7, rue de l'École-Polytechnique, 75005 Paris

http://www.editions-harmattan.fr

ISBN : 978-2-14-028099-3
EAN : 9782140280993

REMERCIEMENTS

A PAPA

Qui a su m'expliquer ce qui ne s'explique plus.

A mes enfants :

DZOUMA-NGUELET Dutheile De La Rochere ;

DZOUMA-NGUELET Henry-Moricia De Champigny

A mon Petit-fils

DZOUMA-NGUELET OYOMBI Alex-Henry

Au **Professeur RAYMOND BARRE**

(Ancien Premier Ministre de France)

Qui a su guider mes premiers pas en politique.

A mes Maîtres, dont la rigueur, la qualité des conseils, la pertinence des observations et l'autorité ont contribué à ma formation.

Il s'agit des **Professeurs** :

Pierre-Marie DUPUY

(Université de Paris II - France)

YAO BIOVA VIGNON

(Université de Lomé - Togo)

DEMBA SY

(Université CHEIK ANTA DIOP, Dakar - Sénégal)

La rédaction de l'ouvrage sur **LE PRESIDENT DENIS SASSOU-N'GUESSO ET LE DROIT. ESSAI D'UNE REFLEXION THEORIQUE** est le fruit d'une fédération d'efforts de personnes qu'il convient, par reconnaissance mais aussi par honnêteté intellectuelle de citer et de remercier.

Il s'agit :

Du Vénérable **Pierre NGOLO**, Président du Sénat ;

De l'Honorable **Isidore MVOUBA**, Président de l'Assemblée Nationale ;

De son Excellence Monsieur **Anatole Collinet MAKOSSO**, Premier Ministre, Chef du Gouvernement et des Ministres **Jean Jacques BOUYA** et **Hugues NGOUELONDELE** ;

Des Honorables : **Ferréol GASSACKYS** et **Jean Claude IBOVI** ;

Du Professeur : **Deby GASSAYE** ;

Des Messieurs et dames : **Jean Pierre NGAKOSSO**, **Paul ANDELY**, **Henri Léonard ATANDA**, **Jean Grégoire OSSEBI**, **Paul DOUNIAMA MORGOT**, **Espérance ONDONGO SOUSSA**, **Daniel MILANDOU**, Feu **Jean Didier ELONGO**, **Bienvenu SITA**, **Antoine EVOUNDOU**, **Dimitri DIAMBOU-BOUKITA**, **Françoise ANDELY**, **Augustine BAHAMBOULA** et **Mélanie MAPOUKA NTSALA**.

Lorsque le manuscrit est devenu présentable, il a été soumis au Professeur **Godefroy MOYEN** et à Monsieur **Henri LOUNDOU** qui ont opéré une relecture critique minutieuse.

Nous remercions très vivement leurs Excellences Messieurs les Ministres : le Vice-amiral **Jean Dominique OKEMBA** et **Pierre Michel NGUIMBI**, pour leur appui décisif en vue de l'impression de ce livre.

Nous remercions enfin, la diaspora **AXE LIBOKA (ADAL)** à Brazzaville, pour avoir offert à l'Etat congolais un cadre compétent en l'occurrence le regretté **Bernard OKONGO** : Secrétaire Général du Conseil Economique, Social et Environnemental, Membre de la Commission d'élaboration du Projet de Constitution de 2015.

PREFACE

Lorsque Monsieur Henry Marcellin DZOUMA-NGUELET m'a sollicité pour produire la préface de son excellent ouvrage sur, *Le Président Denis SASSOU-N'GUESSO et le Droit : essai d'une réflexion théorique*, j'ai été traversé par deux sentiments contradictoires, mais à forte intensité. Au commencement était la crainte de coller mon patronyme à l'ouvrage d'un collègue universitaire, un aîné dont le passé politique en forme de spiral dans sa relation avec l'acteur principal de son œuvre, en célébration, ne couve pas moins quelques paradoxes. En effet, à l'égard de Denis SASSOU-N'GUESSO, Henry Marcellin DZOUMA-NGUELET est tour à tour l'admirateur, le contradicteur non opposant parfois rebelle et le repenti qui convaincu, a fini par rejoindre la maison. De ce seul point de vue on peut être rassuré de l'objectivité de son ouvrage, d'autant plus qu'il s'agit du droit, quoique parfois teinté de l'étude des phénomènes politiques. Après tout, un adage français bien connu ne dit-il pas : « *qui aime bien châtie bien* » ?

Après la crainte est venu un autre sentiment ; l'honneur de préfacer un ouvrage dont le seul intitulé accroche et fait saliver, car, modestement, le seul regard sur le titre fait penser que l'auteur prend Denis SASSOU-N'GUESSO pour prétexte pour, en réalité, traiter de la République du Congo et le droit, essentiellement dans le cadre de renouveau démocratique et constitutionnel. Comment pouvait-il en être autrement, tant le Président incarne la nation et l'Etat. L'honneur ainsi fait au publiciste que je suis, partageant mes préoccupations scientifiques entre le droit constitutionnel et le droit international public est savouré à sa juste proportion. Ces deux facettes de notre merveilleuse science ; la science du droit souvent intégrée, parfois, par une sorte d'effraction, par quelques apprentis sorciers sont ce que j'ai en partage avec Henry Marcellin DZOUMA-NGUELET.

Faut-il aussi rappeler que le hasard fait bien des choses, car il y a quelques années, l'auteur et moi, ainsi que d'autres collègues, spécialistes du droit et d'autres sciences sociales, avions été réunis dans le cadre de la commission constitutionnelle, par décret du Président de la République, afin de rédiger le projet de la Constitution du 25 octobre

2015. J'ai pu à cette occasion, en plus de ce que j'observe depuis mon arrivée à la Faculté de droit de l'Université Marien NGOUABI, mesurer la profondeur des connaissances en science juridique et les qualités humaines de l'auteur du présent ouvrage.

Le bel ouvrage de Henry Marcellin DZOUMA-NGUELET qui vient près d'un quart de siècle après le début des transitions démocratiques et constitutionnelles africaines arrive à son heure. Car, un quart du siècle est certainement le temps nécessaire du bilan du bilan d'un parcourt qui n'a pas été un fleuve tranquille. Dans ce bilan, il y a l'objet d'étude, mais il y a aussi les acteurs. L'auteur s'inscrit dans sa démonstration aux antipodes d'une démarche qui consiste traditionnellement à jouer une énième symphonie aux allures de chansonnettes à la gloire des gouvernants. Il fait le pari d'une critique objective du droit secrété depuis un certain temps au Congo-Brazzaville, sous l'impulsion du Président Denis SASSOU-N'GUESSO. Il découvre, avec talent, que Denis SASSOU-N'GUESSO ne considère pas le droit positif comme « *une tente dressée pour un sommeil éternel* ». Le droit y est perçu de façon finalisée visant la réalisation d'une, voire de deux fonctions majeures de noblesse : tantôt instrument de développement, tantôt facteur des relations internationales, le tout en vue du rayonnement interne et externe de la République du Congo.

Le volume de l'ouvrage est assez impressionnant et traduit la richesse documentaire qui l'entoure. L'œuvre est, en effet, sérieusement appareillé scientifiquement ; avec des notes infra-paginales, ce qui la différencie des ouvrages de vulgarisation du droit. Tour à tour, l'auteur utilise des méthodes diverses. Il invite la casuistique, l'exégèse et même la comparaison, pour, en définitive parvenir à démontrer d'une part que Denis SASSOU-N'GUESSO s'est résolument mis au service du droit afin que celui-ci serve comme facteur de développement. Cependant l'auteur constate que le droit ainsi secrété est soumis aux pesanteurs sociologiques et culturelles, ce qui induit une certaine tropicalisation. Les institutions issues du droit constitutionnel positif congolais en porte la marque, avec la consécration des conseils consultatifs impliquant l'existence des droits catégoriels, toute chose curieuse, mais utile, au regard de l'unicité de l'Etat congolais.

L'auteur reste parfois sceptique sur certains aspects du droit secrété. En effet, s'il considère le juge constitutionnel comme le garant moderne de la Constitution, en même temps qu'il salue la volonté du Président Denis SASSOU-N'GUESSO de lui garantir plus d'autonomie,

Marcelin DZOUMA-NGUELET perçoit, à juste titre, les faiblesses de cette institution quant à sa participation à l'enracinement de la démocratie, en raison du manque d'audace de ses animateurs. Le recadrage apporté par la Constitution du 25 octobre 2015 voudrait, en tout état de cause faire face à ce constat.

Le droit est aussi facteur des relations internationales chez Denis SASSOU-N'GUESSO. L'auteur fait la part entre l'utilisation du droit dans les relations politiques et son utilisation dans les relations économiques. Les accords de paix et ceux relatifs à la préservation de l'environnement y sont passés au peigne fin, pour parvenir à la démonstration que le Président Denis SASSOU-N'GUESSO demeure le dirigeant qui, au-delà de son pays, porte haut la voix de l'Afrique. C'est donc un ouvrage sérieux dont la lecture est conseillée à tous : gouvernants, praticiens, chercheurs et étudiants. Cet ouvrage est certainement la monographie la plus complète du droit des institutions publiques congolaises et du droit des relations internationales de la République du Congo. Je forme le vœu ardent que cette œuvre connaisse le succès qu'elle mérite et qu'elle inspire d'autres chercheurs.

Brazzaville, le 15 juin 2021

Godefroy MOYEN

Professeur de droit public et science politique

Doyen Honoraire de la Faculté de droit, Université Marien NGOUABI

LISTE DES ABREVIATIONS

AJDA	Actualité Juridique, Droit Administratif
C. Civ.	Code Civil
C. C	Conseil constitutionnel ou Cour constitutionnelle
C.A.A	Cour administrative d'appel
Cass. civ.	Arrêt de l'une des chambres civiles de la Cour de cassation
Cass. réf.	Arrêt de la chambre des requêtes de la Cour de cassation
CE	Conseil d'Etat
Chap.	Chapitre
CGI	Code général des impôts
Chron.	Chronique
Concl.	Conclusion
D.	Recueil DALLOZ
Doct.	Doctrine
Dr. Adm.	Droit administratif – Revue mensuelle d'information juridique du jurisclasseur
EDCE	Etudes et Documents du Conseil d'Etat
éd.	Editions
Fasc.	Fascicule
GAJA	Les grands arrêts de la jurisprudence administrative
GAZ. Pal.	Gazette du Palais

Ibidem	Dans le même passage, cité à la note précédente
JCP	Juris-classeur périodique
JO. AN	Journal officiel des débats de l'Assemblée nationale
JO. Sénat	Journal officiel des débats du Sénat
JO	Journal officiel de la République. éd. lois et décrets
Jur.	Jurisprudence
LGDJ	Librairie Général de droit et de jurisprudence
LPA	Les petites affiches
LPF	Livre de procédures fiscales
op. cit.	opere citato (ouvrage cité)
Préc.	Précité
PUF	Presses Universitaires de France
RGDiP	Revue critique de droit international privé
RDP	Revue de droit public
Rec	Recueil des arrêts du Conseil d'Etat
RFFP	Revue Française de Finances Publiques
RRJ	Revue de la recherche juridique, droit prospectif
RSF	Revue de science financière (de 1956 à 1977)
RSLF	Revue de science et de législation financière (jusqu'en 1955)
TA	Tribunal administratif
TGI	Tribunal de Grande Instance
TVA	Taxe sur la valeur ajoutée

INTRODUCTION

« Prendre position sur les affaires de la Communauté et le faire du point de vue de la rationalité », nécessite de « comprendre de quoi il s'agit et de pouvoir apprécier ce qui est en jeu » faisait excellemment remarquer le philosophe Eric WEIL[1] .

Cela est d'autant vrai quand on sait que « le droit n'est pas un objet pur. Il n'existe pas, on le fait », et ni le législateur, ni le juge, le premier par un excès de généralité, le second par excès de spécialité ne peuvent « faire » le droit[2].

Dire le droit n'est pas créer le droit. Cette mission incombe à la doctrine qui, lorsque cela est nécessaire, critique, dépasse, reconstruit et systématise. La doctrine dont l'un des métiers est la modestie n'osera pas parler d'influence directe mais d'interférences, des concordances et surtout de complémentarité[3].

Confrontée à la réflexion sur le Président Denis SASSOU-N'GUESSO et le Droit, une telle observation prend un sens particulièrement fort tant il est vrai que notre recherche relève du défi.

En effet, peut-on honnêtement entreprendre l'étude sur le Président Denis SASSOU-N'GUESSO et le Droit sans que naissent de multiples interrogations ? Certainement pas.

L'on peut se demander si le droit est un « luxe » réservé aux Chefs d'Etats occidentaux ou si ceux d'Afrique peuvent eux aussi en bénéficier[4].

---

[1] Eric WEIL. Cité par BOUVIER (M), in « Finances publiques », LGDJ, Paris, 2002, p. 1.

[2] VILLEY, cité par MORAND-DEVILLER (J) dans sa préface, in « jurisprudence et Doctrine dans l'élaboration du droit de la responsabilité administrative », LGDJ, Paris, 1994.

[3] Ibidem

[4] L'expression est empruntée au Professeur Yves MADIOT, notamment en matière des Droits de l'homme. A ce propos, V. Cet auteur, in « Droits de l'homme », Edidtions MASSON, Paris. 1991, P.29 et S

Dans quelle mesure notre réflexion au Congo sur le Président Denis SASSOU-N'GUESSO fait-elle avancer ce débat ?

En effet, si comme l'enseigne MONTESQUIEU, le bon sens consiste à connaître la nuance des choses afin d'éviter de mal les nommer pour ne pas ajouter au malheur du monde, alors il convient de prendre au sérieux la valeur des mots[5]. Cela est d'autant plus vrai lorsqu'on aborde le sujet de notre recherche.

Le thème proposé à notre étude appelle quelques observations préliminaires.

Il s'agit d'examiner les relations du Président Denis SASSOU-N'GUESSO et le Droit. Dans ce sens, la conjonction de coordination « et » a une fonction de relation. Elle n'est pas un sujet de comparaison. Elle sert à établir la relation entre le Président Denis SASSOU-N'GUESSO et le Droit.

Ensuite, il convient de signaler que le thème proposé est trop général et sans doute ambitieux. Il a été choisi parce qu'il laisserait une grande liberté aux lecteurs. Permettant un débat très ouvert, il pourrait donner lieu à une libre confrontation des points de vue ainsi qu'à un échange de réflexions et d'expériences sur les différents aspects de l'évolution juridique du Congo Brazzaville. Consacré à un problème particulier ou à une branche de droit, un thème mieux circonscrit aurait permis une décision approfondie. Il aurait eu l'inconvénient de limiter l'intérêt du sujet à des juristes habitués aux mêmes concepts et au même type d'analyses. Il aurait là un risque de fermeture et de repliement. Il convenait donc de l'éviter dans la mesure où nous souhaitons susciter des remises en cause. C'est pourquoi, dans cette perspective, nous avons choisi la voie d'une large ouverture de la recherche.

Enfin, nos développements seront consacrés à la période issue du Renouveau démocratique et institutionnel intervenu en Afrique à l'occasion des différentes Conférences nationales[6]. Toutefois, les faits observés pendant la Révolution ne seront pas ignorés.

Lorsqu'on évoque le thème Denis SASSOU-N'GUESSO et le Droit, les conceptions ou même parfois les termes deviennent à contenu

---

[5] PECH (L), "Le remède au gouvernement des juges », in « Gouvernement des juges et démocratie », Publications de la Sorbonne, Paris, 2001, P.63

[6] En guise d'exemple, l'on pourra citer la Conférence nationale souveraine du Congo tenue du 5 février au 10 juin 1991.

ou à portée variable qu'ils finissent par paraître rebelles aux définitions. Cela s'explique d'abord par la complexité du droit.

Cela s'explique ensuite, par la place de l'analyse des fonctions sociales du droit dans le champ de la science juridique.

Concernant la complexité du droit, le Professeur LABOULAYE écrivait au 19e siècle : « le droit comme toutes les études qui ont pour objet l'homme et la société, a trois aspects différents ; il a un passé, un présent, un avenir. Qui n'embrasse pas la science sous ces trois aspects, n'en voit qu'un fragment et n'est qu'un juriste incomplet »[7]. La formulation trouvait en son temps[8] l'ambition de présenter le droit dans une perspective évolutive et d'orienter l'étude du droit sous l'angle des transformations. C'est dans cette direction que s'inscrit la recherche sur le Président Denis SASSOU-N'GUESSO et le Droit. Elle procède d'une perception du droit comme un objet de progrès et de paix. Elle consacre une place au temps et à l'histoire dans l'analyse du droit, en adjoignant un autre paramètre, celui de l'espace géographique puisque l'analyse porte sur le Congo-Brazzaville, l'Afrique Centrale et les autres Etats de l'Union Africaine.

La particularité des relations entre un homme d'Etat et le droit, si particularité il y a, est-elle la raison de notre étude ?

Avant de répondre à cette question, il faut s'interroger sur ce qu'est le droit.

Au sens le plus large, le droit est l'ensemble des règles juridiques ou normes qui s'appliquent dans une société et à une époque donnée[9] et dont l'irrespect et l'inapplication permettent le recours au juge. Ce qui distingue, dans les sociétés contemporaines, la règle de

---

[7] Le Professeur LABOULAYE, cité par GALLETTI (F), in « Les transformations du droit public africain francophone : entre étatisme et libéralisation », Editions BRUYLANT, Bruxelles, 2004, P.3

[8] Replacé en son contexte, ce mode de compréhension du droit, défendu par DALLOZ et DARESTE parut prématuré. Le projet de LABOULAYE devait échouer en ce sens que l'histoire explicative n'entrait pas dans ce processus des réformes de l'enseignement, engagé au profit d'une histoire scientifique. Sur cette querelle doctrinale, V. LEGENDE (P), « Histoire de l'administration de 1750 à nos jours », PUF, Coll. Thémis, Paris, 1968, P.19.

[9] V. CADOUX (C) « Droit constitutionnel et Institutions politiques, Théorie générale des institutions politiques ». Ed CUJAS, Paris, 1987, P.4, V. Egalement PACTET et MELIN-SOUCRAMANIEN (F), « Droit constitutionnel », Ed. SIREY, 3e éd. Paris, 2012, pp. 24 - 26.

droit, des autres règles de conduite[10]. C'est l'aspect de normativité du droit[11]. La normativité de la règle paraît quand le législateur confère à une règle un caractère obligatoire et prescrit la sanction pour garantir le respect[12]. Dès lors, on est en présence de la règle juridique.

Le terme de « droit » comporte en lui-même toute une complexité. Divers, hétérogène, en ses formes et son contenu, il existe en tant qu'élément universel des sociétés humaines ; il leur est connexe, ou même intrinsèque, comme l'exprime la maxime **ubi societas ibi jus**[13]. Dans cette optique, le droit paraît alors extrêmement difficile à appréhender comme une unité[14].

Si la notion de droit est parfois difficile à cerner, il en va de même du mot « juriste ». A ce propos, un mythe volontiers est entretenu dans la littérature académique.

En effet, le juriste est cette personne équivoque et abstraite, qu'on ne peut bien souvent identifier que parce qu'il n'est ni sociologue, ni philosophe, encore moins un théoricien[15]. Il existe en réalité trois catégories des juristes, dont les points de vue respectifs varient nécessairement à raison du regard qu'ils ont, les uns et les autres, amenés par leurs fonctions à porter sur le droit[16].

La distinction qui suit est d'ailleurs à prendre avec une certaine souplesse et ne saurait déboucher sur un nouveau dogmatisme. Elle est fonctionnelle et non comparative.

L'un est le juriste normateur, qu'il soit législateur ou négociateur de contrats et de conventions, dont la fonction est de faire

---

[10] GALLETTI (F), « Les transformations du droit public africain francophone : entre étatisme et libéralisation », op. cit. p. 5.
[11] Ibidem
[12] L'exigence de pureté épistémologique qui marque le volontarisme atteint son paroxysme dans une branche du positivisme, celle du normativisme, fondé par le grand juriste et philosophe du droit HANS KELSEN, dans sa « Théorie pure du droit ». Concernant cet éclairage, l'on pourra se reporter à la « Traduction de Charles EISENMANN », LGDJ, Paris 1989.
[13] GALLETTI (F), « Les transformations du droit public africain francophone : entre étatisme et libéralisation », op. cit., p. 5.
[14] V. BENOIT (F.P), « Notions et concepts, instruments de la connaissance juridique », in « Mélanges en l'honneur du Professeur Gustave PEISER », PUG. 1995, P.15.
[15] V. DUPUY (P.M), « Droit public international ». Ed. Dalloz, Paris, 1998, p. 8.
[16] Ibidem.

le droit, au sens où il crée des normes. Il doit bien sûr en savoir la technique.

L'autre est le juriste praticien, dont la tâche est non plus de créer mais d'appliquer le droit, parce qu'il est par exemple jurisconsulte, juge ou avocat. Son intérêt porte alors sur le droit tel qu'il est, dans son contenu substantiel, ses techniques et procédures d'application, afin d'en faire usage dans un cas ou une situation déterminée.

Une troisième catégorie de juristes, est celle dans laquelle se retrouvent ceux qui étudient et enseignent le droit, celle du spécialiste de la science juridique. Son point de vue n'est pas subordonné ni à l'impératif de création, ni à celui d'application du droit. Par fonction, il n'utilise pas le droit, il cherche à le comprendre intrinsèquement. Il a pour tâche d'en analyser les instruments techniques, d'en identifier et d'en interpréter le contenu pour mieux cerner ses ressorts et ses applications[17].

Compte tenu de tout ce qui précède, où peut-on situer le Président Denis SASSOU-N'GUESSO dans cette classification ? Il ne serait ni un juriste normateur, ni un juriste praticien, encore moins un spécialiste du droit.

Le Président Denis SASSOU-N'GUESSO est cet homme d'Etat qui utilise le droit comme un instrument à sa disposition pour réguler la société. Sa fonction n'est pas supérieure à celle du normateur, du praticien et du spécialiste, elle est simplement différente et au demeurant complémentaire. Il ne se substitue pas aux uns et aux autres. Le droit n'est pas pour lui un outil empirique, ni un objet d'étude, mais un outil d'évolution, de progrès et de développement.

Dans cette perspective, la recherche sur le Président Denis SASSOU-N'GUESSO et le Droit est une question d'actualité qui revêt un intérêt pratique réel.

Dans l'utilisation du droit, il est possible de formuler à l'endroit du Président Denis SASSOU-N'GUESSO le double souhait que le droit serve le développement du Congo et que le Congo assure le règne du droit.

D'abord, s'agissant du droit comme instrument du développement du Congo, avec l'expérience du pouvoir, il a perçu que

[17] Ibidem, p. 9.

le droit pouvait être un auxiliaire précieux s'il s'en servait efficacement dans la gestion publique.

Ainsi, par des moyens juridiques, il va réaménager certaines institutions. C'est le cas du changement de la Constitution de 2002.

Par ce changement, le Président cherche à se doter du même langage que celui de ceux qui se réclament de l'Etat de droit.

Ensuite, concernant le règne du droit, dans l'Etat de droit, la rupture avec la dictature se traduit par la reconnaissance de la pluralité des opinions et des intérêts au sein de l'Etat. Cette consécration au Congo s'observe aussi bien dans le statut et le rôle de l'opposition[18] que la compétition pour la conquête et l'exercice du pouvoir.

S'agissant de l'opposition, selon la définition que propose le lexique des termes juridiques, l'opposition « s'entend du ou des partis qui s'opposent à l'équipe au pouvoir en exerçant une fonction de surveillance et de critique, en informant l'opinion, voire en préparant une équipe gouvernementale[19] ». Dans cette perspective, l'alternance démocratique ne peut pas se réaliser sans l'existence d'une opposition légitime. Une telle opposition a nécessairement des droits et des obligations. En règle générale, l'opposition a le droit d'exprimer son opinion sur la vie politique de la nation.

En Afrique, l'idée d'opposition était inadmissible pendant les années de plomb de la dictature. A cet effet le Président Zambien affirmait en son temps que l'opposition est étrangère à la tradition africaine[20], tandis que le maréchal président du Zaïre, MOBUTU SESSE SEKO, prétendait qu'historiquement il n'existe aucun village zaïrois avec deux chefs dont l'un serait de l'opposition[21].

Au Congo, le Président Denis SASSOU-N'GUESSO adhère à la perspective de rupture en optant pour la légitimité de l'opposition. Dès lors, il consulte l'opposition sur les questions d'intérêt national, favorise son accès aux médias d'Etat et admet qu'elle puisse avoir des

---

[18] V. L'article 63 de la Constitution du 25 octobre 2015.

[19] V. GUINCHARD (S) et MONTAGNIER (G), in « Lexique des termes juridiques, Editions DALLOZ, Paris, 1999, p. 368.

[20] Le Président Zambien Kenneth KAUNDA, cité par le Professeur Théodore HOLO, in « Les défis de l'alternance démocratique en Afrique », op. cit., p. 29.

[21] V. BENOIT (Y), « Les indépendances africaines, Idéologies et réalités ». Ed. François MASPERO, Paris, 1975, P.72

contacts avec les représentations diplomatiques et les personnalités étrangères de passage.

En clair, selon le Président Denis SASSOU-N'GUESSO la démocratie suppose, en vertu de la réalisation du bien commun, la cohabitation pacifique entre la majorité qui gouverne sur la base de la confiance du corps électoral et une minorité qui la critique et propose un programme alternatif.

Dans certains Etats Africains, malgré la légitimité de l'opposition, des dirigeants demeurent réfractaires à la critique et sont tentés de faire supporter à l'opposition leur échec ou les difficultés de mise en œuvre de leur programme. D'autres n'hésitent pas à corrompre les opposants, à les appâter par des offres de portefeuilles ministériels[22]. Cette corruption qui se traduit par le débauchage des opposants fragilise en réalité la démocratie.

Au Congo, le Président Denis SASSOU-N'GUESSO adhère à l'interdiction dans la Constitution du nomadisme politique.

Le nomadisme politique est l'attitude de l'homme politique qui migre d'un parti politique auquel il appartenait au moment de son élection vers un autre parti, pour des intérêts personnels[23]. Le nomadisme politique apparaît comme une pathologie de la démocratie dans la mesure où elle fragilise l'opposition, empêche l'alternance démocratique et devient source de violence.

Ainsi, au Congo, en 1959, la transhumance politique du député YAMBO membre du parti intitulé Mouvement Socialiste Africain du Président Jacques OPANGAULT vers le parti de l'Abbé Fulbert YOULOU avait occasionné la guerre civile.

Evitant la reprise d'un tel évènement, le Président Denis SASSOU-N'GUESSO, dont la Constitution de 2002 porte de façon indélébile sa marque, interdit le nomadisme politique[24]. Ainsi chaque

---

[22] V. L'article 63 de la Constitution de 2015, op. cit

[23] V. HOLO (TH), « Les défis de l'alternance démocratique en Afrique » op. cit. p. 29, in « Actes de la Conférence internationale relative aux défis de l'alternance démocratique en Afrique » Cotonou, 23 au 25 février 2009, P.29.V Aussi. BOUMAKANI (B), « La prohibition, de la transhumance politique des parlementaires. Etude de cas africains » RFDC n°75, 2008, Pp.499-512 L'on pourra dans cette hypothèse, se reporter à la brillante communication du Professeur Théodore HOLO, in « Les défis de l'alternance démocratique en Afrique, op. cit. p. 30.

[24] V. L'article 128, al1 de la Constitution de 2002, op. cit

député élu dans une circonscription électorale est le représentant de la Nation toute entière[25] et que tout mandat impératif est nul[26].

La prohibition du mandat impératif concerne plus les rapports entre l'élu et ses électeurs que ceux qu'il entretient avec son parti politique. C'est ainsi que dans la pratique, le travail parlementaire est encadré par les groupes parlementaires[27] organisés autour des partis politiques.

Au Congo, il est admis que le pouvoir des gouvernements procède de la volonté et de la confiance des gouvernés et les élections constituent des moments de renouvellement de cette confiance. Aussi, les règles organisant la concurrence visent-elles à assurer l'authenticité du suffrage. C'est cette authenticité qui peut, conformément à la volonté du corps électoral, faciliter l'alternance démocratique. Par conséquent, la compétition électorale doit être régulière.

Un vote régulier est non seulement, un vote organisé à un terme échu, c'est-à-dire à des périodes régulières marquant la fin du mandat électoral, mais, c'est surtout et aussi un vote réalisé conformément aux règles prescrites et connues de tous et particulièrement des acteurs en compétition et du corps électoral[28].

Au Congo, soucieux de se soumettre au droit électoral, le Président Denis SASSOU-N'GUESSO n'a jamais adhéré au report des élections car, l'élection serait une opération dépourvue de toute authenticité si sa régularité ne pouvait être contestée devant le juge[29].

Par ailleurs, il convient de préciser que le Président Denis SASSOU-N'GUESSO a été l'un des artisans du Renouveau Démocratique et Institutionnel intervenu en Afrique en 1990, à l'occasion des différentes Conférences nationales.

Dans cette optique, au Congo, il a favorisé la tenue de la Conférence Nationale Souveraine dont les ondes de chocs se sont

---

[25] Ibidem, al. 2

[26] Ibidem.

[27] En guise d'exemple, l'on pourra citer l'article 37, al2 du Règlement intérieur du Sénat, septembre 2017.

[28] Aux termes de l'article 76 de la Constitution du 25 octobre 2015, le mandat du Président de la République débute le jour de sa prestation de service et prend fin à l'expiration de la cinquième (5e) année suivant le début de celui-ci.

[29] Malgré, les « sirènes » de l'opposition demandant le report de l'élection présidentielle, le Président Denis SASSOU-N'GUESSO n'y a jamais adhéré.

répercutées sur une grande partie du continent africain, confortant l'exigence de la participation de tous les citoyens à la gestion de leur pays et portant la revendication d'une gouvernance démocratique respectueuse des droits et libertés fondamentales.

Enfin, il importe de signaler que le Président Denis SASSOU-N'GUESSO après avoir perdu l'élection présidentielle de 1992, a transmis le pouvoir harmonieusement au Président élu, en l'occurrence, le Professeur Pascal LISSOUBA. Le Congo relevait ainsi le défi sans précédent de l'alternance démocratique, avec le dynamisme vivifiant d'une transition pacifique à la démocratie pluraliste.

La transmission harmonieuse du pouvoir est un indicateur précieux de l'alternance démocratique, même si, cette transmission a été une denrée rare en Afrique noire francophone, à l'exception notable du Benin, du Mali et du Sénégal.

La nouvelle vague du droit représentée par l'ère du Renouveau Démocratique au Congo propose la création des institutions de gouvernance démocratique. Adhérant à ce courant d'idées et, à l'instar du constituant de 2015, le Président Denis SASSOU-N'GUESSO a œuvré pour la création des conseils consultatifs nationaux[30], et Il existe toute une gamme de conseils[31].

La contribution du Président Denis SASSOU-N'GUESSO à l'évolution du droit au Congo, trouve son apogée dans le sort réservé aux anciens dirigeants.

En Afrique il est acquis que le pouvoir est une source privilégiée de puissance, de gloire et de richesse. A ce propos, au Benin, un Ministre de l'intérieur aujourd'hui décédé pour expliquer l'attachement de l'armée à exercer le pouvoir n'hésita pas à déclarer en 1965 que « le pouvoir est comparable au sein d'une femme, qu'il est si doux quand on se met à le téter qu'on a plus envie de le lâcher »[32]. Ainsi, l'on

---

[30] Au Congo, conformément aux articles 176 et 177 de la Constitution de 2015, le juge constitutionnel est aussi juge électoral. A cet effet, il veille à la régularité de l'élection du Président de la République, examine les réclamations relatives aux opérations de vote et proclame les résultats du scrutin. Il statue en cas de contestation sur la régularité des élections législatives et sénatoriales.

[31] Titre XIX de la Constitution de 2015, op.cit.

[32] Il s'agit de :

- Du Conseil national du dialogue ;
- Du Conseil Consultatif des sages et des notabilités traditionnelles ;

comprend la résistance de certains Chefs d'Etats à renoncer au pouvoir. Il est vrai qu'après avoir été le soleil, l'astre le plus lumineux de la vie politique nationale, il n'est pas facile de passer à l'ombre et de tomber dans l'oubli. Quand ils arrivent à perdre le pouvoir, certains Chefs d'Etats deviennent nostalgiques du paradis perdu et n'hésitent pas à se transformer en leaders de l'opposition.

Au Congo, pour éviter pareille situation, le Président Denis SASSOU-N'GUESSO a œuvré inlassablement à l'aménagement du statut des anciens Présidents de la République[33]. Ce statut doit leur garantir, pour le moins, la liberté, la sécurité, la dignité, une certaine préséance et les moyens d'une vie décente à la mesure des fonctions qu'ils ont exercées. Il y va de l'honneur et de la dignité même de la Nation d'offrir un tel statut à ceux qui ont, à un moment donné incarné la République.

Dans un Etat donné, le droit même consacré par la Constitution et les textes réglementaires a, pour survivre, s'épanouir et se consolider, besoin d'hommes et de femmes imprégnés des règles de fonctionnement de l'Etat démocratique et disponible pour en assurer le respect. Une telle société nécessite pour sa réalisation, au-delà des normes, l'émergence d'un homme profondément lié au droit et qui exclut toute connaissance à tout ce qui ne se rattache pas à cette notion.

Dans cette option, la recherche sur le Président Denis SASSOU-N'GUESSO et le droit présente un intérêt théorique important.

Sur le plan théorique, il convient de dire qu'au Congo, la juridisation de la politique et les nouvelles exigences de la citoyenneté incitent le droit à « sortir » de l'Université pour être évoqué dans la rue. Le congolais ordinaire se préoccupe désormais de la conformité du comportement de son Président à la règle de droit

Dans cette perspective, il n'existe aucune étude approfondie consacrée aux relations entre un Chef d'Etat et le droit en Afrique. Dans

---

- Du Conseil Consultatifs des personnes vivant avec handicap ;
- Du Conseil Consultatif de la jeunesse
- Du Conseil Consultatif de la Société civile et des organisations non gouvernementales.

[33] Il s'agit du Colonel Philippe AHO, cité pour Théodore HOLO, in « Les défis de l'alternance démocratique en Afrique », op. cit P.39

cet ordre d'idées, l'éclairage sur le Président Denis SASSOU-N'GUESSO et le droit est une étude excellente.

L'on peut se demander si le droit est devenu une réalité au Congo. Est-il devenu un instrument de paix sociale ? Est-il suffisamment utilisé pour garantir la dignité humaine, la sécurité, la liberté ? Assure- t-il le travail, la nourriture et l'environnement sain aux citoyens ? Dans un Etat de droit, les droits fondamentaux doivent être reconnus, respectés et surtout protégés, afin que les citoyens puissent véritablement en bénéficier. Au Congo « en sommes-nous si éloignés » ?

La Constitution du 20 janvier 2002 porte de façon indélébile de la marque du Président Denis SASSOU-N'GUESSO.

Contrairement à la Constitution du 15 mars 1992 qui faisait montre de sobriété dans l'aménagement de la condition présidentielle, celle de 2002 institue une réglementation poussée sur le régime de l'élection présidentielle. C'est ainsi que l'article 58, alinéa 4 exige du candidat à la présidentielle d'être âgé de quarante ans au moins, et de soixante-dix ans au plus, à la date du dépôt de sa candidature. A ce propos, l'on peut se demander si le constituant est fondé à déterminer un âge minimal ou maximal pour être président. Tout électeur ne doit-il pas être éligible ? Le pouvoir de suffrage n'est-il pas apte à identifier ceux qui sont capables d'exercer la magistrature suprême ?

« Par respect pour la dignité de sa charge, le Président de la République est censé ne promulguer que les lois conformes à la Constitution (...) ; la parole du Président qui promulgue doit être sacrée » Cette réflexion de BONNET révèle à la conscience l'ordre du sacré de la promulgation de la règle de droit.

Ainsi, dans la plupart des Constitutions africaines inspirées de la Constitution française[34], la promulgation de la loi relève du pouvoir du Chef de l'Etat. Dans cette optique, la Constitution congolaise précise que « le Président de la République promulgue les lois »[35]. Le pouvoir de promulgation relève-t-il de sa compétence discrétionnaire ou de sa compétence liée ?

---

[34] V. Titre XVIII de la Constitution de 2015, op. cit.

[35] A ce propos, V. SOHULY ACKA « La promulgation de la loi en Afrique noire francophone », in « Constitution et Institutions publiques africaines », EDJA n°32. P.131.

La réponse à cette question conduit à s'interroger sur le sens du mot « promulgue ». En droit, le sens du présent de l'indicatif, « promulgue » n'est rien de moins que celui d'un ordre donné de promulguer[36]. Ainsi, « il ne peut donc s'agir d'un pouvoir discrétionnaire que le Président de la République reste libre d'exercer, mais plutôt d'une compétence liée[37].

Dès lors, le Chef de l'Etat peut-il refuser de promulguer la loi ? Que se passerait-il en cas de refus ? Que prévoit le droit au Congo en cas de défaut de promulgation ?

L'option du Congo pour l'unicité de juridiction permet-elle d'entrevoir dans le système du contrôle juridictionnel de l'administration une avancée réelle vers la protection des droits ? L'unicité de juridiction permet-elle au juge judiciaire de prendre en compte les spécificités de l'action administrative ? Peut-on affirmer que le juge congolais a réussi sa conversion ?

La Constitution congolaise proclame la laïcité de l'Etat. Dans cette perspective, comment prend-t-elle en charge la religion et comment gère-t-elle le pluralisme religieux ? La réception du fait religieux par la Constitution va-t-elle plus loin qu'une simple courtoisie ou exerce-t-elle une réelle influence sur le droit au Congo ?

Concernant le droit, certaines recherches ont mis en relief que le droit pouvait parfois être indésirable[38]. Les travaux de M. NODA sur les comportements juridiques des Japonais établissent que le japonais moyen considère le droit comme détestable, qu'il évite autant de poursuivre autrui que d'être poursuivi lui-même en offrant spontanément à cette fin ou en acceptant une compensation[39].

L'exemple du japon ci-dessus cité, prouve que s'il existait un esprit non processif, ce qui n'est d'ailleurs pas un mal, ce n'est pas en Afrique qu'il faudra le chercher. Cet exemple prouve surtout que l'idée du dialogue et de la conciliation est un réflexe commun à tous. Et, c'est certainement dans cette optique que dans le conflit libyen le Président Denis SASSOU-N'GUESSO privilégie la voie de la « palabre

---

[36] Il s'agit de la Constitution Française du 4 octobre 1988, notamment les articles 10, 11, 46, 61 et 62.

[37] V. l'article 85 de la Constitution de 2015, op. cit.

[38] V. JEZE (G), « La promulgation des lois », R.D.P, 1918, p. 378.

[39] V. PUGET (H) et SECHE (JC), « La promulgation et la publication des actes administratifs en droit français », Revue administrative, 1959, P.259

africaine » pour la recherche des solutions efficaces. Cette solution peut-elle permettre à l'Union Africaine de produire des décisions adaptées aux conditions de vies des libyens ?

Les finances publiques ont été le moteur des grandes mutations des sociétés, provoquant ou portant des reformes[40]. A cet effet, en Afrique centrale, la directive CEMAC n°01/11 UEAC-190 du 19 décembre 2011 relative aux lois de finances au sein de la Communauté Economique et Monétaire de l'Afrique Centrale (CEMAC) s'inscrit dans ce contexte international de modernisation de la gestion publique.

En tant que directive communautaire, la directive CEMAC lie tout Etat membre quant aux résultats à atteindre[41]. Les Etats sont tenus d'atteindre les résultats fixés, mais restent libres de choisir les moyens pour y parvenir dans les délais impartis[42].

La directive CEMAC stigmatise trois finalités essentielles[43].

La première finalité est la maîtrise des dépenses et des déficits publics. Dans de nombreux Etats, la réduction des dépenses publiques a été l'élément déclencheur des reformes budgétaires[44].

La seconde finalité est l'amélioration de la qualité des services publics et de l'efficacité des politiques publiques[45]. Celle-ci vise à introduire la notion de performance dans l'administration[46]. Elle est à l'origine des reformes du mode de budgétisation orientée vers les résultats[47].

---

[40] Ibidem.

[41] V. BOUVIER (M), « Pour une nouvelle gouvernance financière : Repenser et reconstruire les finances de demain », R.F.F.P, n°87 septembre 2004, P.293.

[42] V. WAFEU TOKO (P), « Le juge qui crée le droit est-il un juge qui gouverne ? », in les Cahiers de droit, vol.54, n°1, Mars 2013, P.23.

[43] Ibidem.

[44] V. BOUVIER (M), « Pour une nouvelle gouvernance financière ; Repenser et reconstruire les Finances de demain », op. cit., p. 293.

[45] V. DZOUMA-NGUELET (HM), « La réception de la directive CEMAC dans le droit financier Congolais », Annales de l'Université Marien NGOUABI, Vol : 14, n°3, Année 2013, p.11.

[46] Ibidem, P.13

[47] V. GUILLAUME (H), DUREAU (G) et SILIENT (F), « Gestion publique, l'Etat et la performance », Presses de Sciences politiques, Paris, 2002, p. 26.

Enfin, la troisième finalité est de rendre plus transparente l'action des administrations et de renforcer le contrôle démocratique sur la gestion publique[48].

La réception de la directive CEMAC dans le droit financier congolais a eu un impact considérable non seulement sur le système budgétaire et comptable, mais aussi sur les relations inter institutionnelles entre l'Exécutif, le Parlement et le Juge financier.

L'utilisation du droit financier congolais par le Président Denis SASSOU-N'GUESSO a introduit des changements significatifs. Une nouvelle séparation des pouvoirs s'est mise en place. Elle place désormais le contrôle au cœur du Parlement. Les parlementaires congolais sont-ils préparés à ce développement du contrôle ? Est-ce au moment de l'élaboration, de la discussion de la loi de finances ? Est-ce plus tard, lors de discussion sur les rapports annuels de performance et dans ce cas, à quel moment ? L'existence en Afrique des majorités parlementaires fidèles et disciplinées à l'égard de l'Exécutif ne va-t-elle pas à l'encontre de l'efficacité attendue de la gouvernance ? Le Congo se singularise-t-il d'autre Etats ? L'exécution de la loi de finances se fait-elle conformément à l'autorisation parlementaire ? Si tel n'est pas le cas, l'Exécutif est-il prêt à contenir les débordements ?

Concernant toujours l'utilisation du droit financier congolais, le Président Denis SASSOU-N'GUESSO a reproduit à l'identique le schéma des Cours des comptes en Afrique centrale. Désormais la Cour des comptes et de discipline budgétaire du Congo assiste le Parlement et certifie les comptes de l'Etat.

Au Congo, les acteurs appelés au sein de cette institution sont-ils techniquement outillés pour conduire convenablement ces missions ? Ont-ils la formation adéquate pour s'acquitter de cette tâche ?

Ainsi, dans l'utilisation du droit, le Président Denis SASSOU-N'GUESSO a créé de nombreuses institutions. Les institutions créées sont-elles en mesure de favoriser l'émergence d'un Etat de droit ? Peut-on se convaincre de leur qualité ou doit-on au besoin les améliorer ?

Ensuite, concernant les changements climatiques, le Président Denis SASSOU-N'GUESSO se réfère au principe de précaution. Ce

---

[48] Ibidem, p. 27

principe a été conçu pour gérer une situation d'incertitude[49]. Mais dans l'analyse du principe de précaution, de grandes incertitudes apparaissent d'abord sur sa nature.

S'agit-il d'un principe de droit ou d'une approche dans la gestion des risques ? Les incertitudes apparaissent ensuite sur ces conditions d'application. Dans cette optique, sur quelle base est-il légitime d'invoquer le principe et de déclencher sa mise en œuvre ? Quel degré acceptable de certitude scientifique faut-il avant d'agir ?

D'autres questions tout aussi importantes se posent à l'esprit : le dommage doit-il être à la fois grave et irréversible ou est-il possible de prendre en considération tout type de dommage ? Qui peut décider de la gravité de dommages : chaque Etat pris individuellement ou une Organisation Internationale ? A force de trop insister sur le principe de précaution, n'y a-t-il pas un risque de nuire au développement économique qui engendre toujours un coût pour l'environnement ? Les mesures environnementales qui seront établies sur la base du principe de précaution n'en viendront-elles pas à coûter plus cher finalement que la réparation des dommages qui pourraient être éventuellement causés à l'environnement ? Quel est le rôle de l'analyse coût-bénéfice dans l'application du principe ?

En définitive, au Congo, que vaut l'utilisation du Droit par le Président Denis SASSOU-N'GUESSO ? Le droit utilisé a-t-il rempli dans la société sa fonction qui est d'assurer à la fois l'efficacité de l'action administrative et la sécurité juridique de l'administré ? Constitue-t-il une véritable limite à l'action administrative ? N'est-il pas concurrencé en tant que moyen d'organisation et d'action ?

Le contexte international nouveau et le droit supranational en construction dans les Organisations d'intégration africaines d'une part, la quête de l'Etat de droit, l'émergence d'une nouvelle citoyenneté et les reformes de l'administration d'autre part, sont susceptibles d'entraîner des nouvelles mutations du droit au Congo. Dans cette perspective, comment le Président Denis SASSOU-N'GUESSO prendra en charge ces mutations dans son utilisation du droit pour permettre au droit congolais de s'y adapter ?

---

[49] V. RUIS (L), « La loi organique relative aux lois de Finances : vers une gestion publique », Revue du Trésor, n°3-4 Mars, 2002, p. 170.

Autant d'interrogations qui apparaissent quand on entreprend la recherche sur le Président Denis SASSOU-N'GUESSO et le Droit. L'examen de ces questions doit permettre d'évaluer l'utilisation du droit par le Chef de l'Etat Congolais.

A l'observation, le Président Denis SASSOU-N'GUESSO utilise le droit comme instrument de développement **(Première Partie)**, et comme facteur des relations internationales **(Deuxième Partie)**

PREMIERE PARTIE

LE PRESIDENT DENIS SASSOU-N'GUESSO UTILISE LE DROIT COMME INSTRUMENT DE DEVELOPPEMENT.

Durant presque tout le 20e siècle, la notion de développement a été présente dans toutes les conférences internationales. Et pendant longtemps cette notion a été conçue comme un équivalent à la croissance économique. Cette croissance devrait par la suite amener le progrès social[50]. Une telle relation s'est vérifiée dans les pays industrialisés. En revanche, ce processus ne s'est pas accompli dans la plupart des pays du sud. Au contraire, la croissance s'y est souvent traduite par une détérioration du niveau de vie de la population et par une augmentation des inégalités sociales et régionales. Non seulement le chômage n'y a pas été éliminé, mais il s'est encore accru[51]. C'est pourquoi, on assiste dans le Sud à une critique sans cesse croissante des modèles de développement importés.

Cette prise de conscience du caractère global du développement, provient aussi de l'échec des théories classiques et néo-classiques qui tiennent pour « données exogènes » tous les éléments non économiques[52]. Or, il est impossible de promouvoir le développement sans faire intervenir des facteurs sociologiques et culturels. Lorsqu'on passe de la théorie à la pratique, on se rend compte que de nombreux plans de développement ont échoué dans le Sud, faute de tenir compte des motivations des individus, des structures sociales ou des incompatibilités culturelles.

« L'explication économique » écrit A. PIATIER « longtemps considérée comme un tout se suffisant à lui-même, n'a pas admis jusqu'à une date récente la différenciation d'un domaine proprement

---

[50] Ibidem.

[51] V. MIGAUD (D), « Un double objectif : modernisation de l'Etat, approfondissement de la démocratie », R.F.F.P, n°76, 2001, PP. 9-14.

[52] V. Guide didactique de la directive n°01/11-UEAC-190 CM-22 DU 19 décembre 2011, relative aux lois de finances au sein de la Communauté économique et monétaire de l'Afrique Centrale (CEMAC), P.8.

social à côté du domaine purement économique »[53]. Les économistes classiques qui ont accordé une grande attention aux questions du développement, avaient construit un schéma sans dimensions de temps. En témoigne la théorie d'Adam SMITH qui considère que l'accumulation du capital et la division du travail entraînent une croissance régulière du bien-être.

Progrès économique et progrès social sont bien chez lui indissociables… la misère ne pouvant pas exister, elle n'appelle donc ni observation ni intervention[54].

Chez beaucoup d'auteurs contemporains, le développement, même s'ils ne le conçoivent pas tous dans les mêmes termes, revêt désormais un aspect multidimensionnel[55].

Le « développement » déclarait U. THANT, c'est « la croissance, plus le changement ; le changement en retour est social et culturel »[56].

Cette définition a souvent été reprise car elle marque un progrès sur les définitions antérieures jugées trop économistes. Le développement est devenu une totalité.

Au Congo, le Président Denis SASSOU-N'GUESSO inclut l'économique, le social, le culturel et surtout le droit dans le développement. Tous ces éléments agissent les uns sur les autres de façon dialectique.

Ainsi l'utilisation du droit par le Président Denis SASSOU-N'GUESSO comme instrument de développement, confère désormais à la notion de développement un habillage sécurisant qui permet de masquer son caractère heurté, contrasté et parfois inhumain.

Dans cette perspective, le Chef de l'Etat Congolais subordonne le droit à la politique (Titre I). Et afin d'atteindre des résultats probants, il s'appuie sur le droit pour encadrer le développement (Titre II).

---

[53] V. ARBOUR (M), « Le principe de précaution dans le Contexte du commerce international : une intégration difficile », Les Cahiers de droit, Vol. 43, n°1, Mars, 2002, P.18.

[54] ADAM SIMITH, cité par PIATER (A), in « Equilibre entre développement économique et développement social », Editions GENIN, Paris, 1962, p. 6.

[55] V. Déclaration de U. THANT, citée par le THANK KOI, in « les trois dimensions du développement »,

[56] Ibidem.

TITRE I

LA SUBORDINATION DU DROIT A LA POLITIQUE

Le volontarisme du pouvoir politique constitue la source par excellence du droit. C'est lui qui édicte les normes juridiques et prévoit la sanction des transgressions[57].

L'emprise du pouvoir politique sur le droit a toujours été considérable et de nos jours, plusieurs facteurs accroissent encore son importance.

Il s'agit des facteurs tenant à la nature des régimes[58]. Force est de constater que, pour peu que les gouvernants le souhaitent, aucun secteur de l'activité humaine ne saurait leur échapper et le pouvoir politique n'a d'autres limites que celles qu'il accepte de se fixer lui-même[59]. C'est là, une différence fondamentale avec les autres phénomènes d'autorité qui revêtent, parce qu'ils s'exercent dans des groupes restreints et presque toujours dépendants, ont un caractère limité et partiel.

Les facteurs tenant au développement de l'administration complètent les précédents. L'administration est l'instrument privilège du pouvoir[60].

Actuellement, l'administration est devenue une machine extrêmement complexe et diversifiée[61]. Presque dans tous les pays, elle traite de multiples problèmes. De ce fait, elle est amenée à préparer pour les gouvernants des règlementations. Par ailleurs, l'administration est devenue de plus en plus spécialisée et technocratique, et la présence en son sein a accru la propension naturelle à règlementer ou à « faire du droit »[62].

---

[57] V BURDEAU (G), « Traité de science politique », LGDJ, Paris, 1980, P.40 et S. V. Egalement l'Association française des constitutionnalistes, in « le pouvoir et l'Etat dans l'œuvre de G. BUDEAU », Ed. Economica-PUAM, 1993, P.36.
[58] V. DAHL (R), « Qui gouverne ? », Ed Armand COLIN, Paris 1971, p.51 et S.
[59] V. JOUVENEL (De B), « De la politique pure », Ed CALMAN-LEVY, Paris, 1963, pp. 28 - 32.
[60] V. PACTET (P) et MELIN-SOUCRAMANIEN (F), « Droit constitutionnel », op.cit. p. 28.
[61] Ibidem.
[62] Ibidem.

Des lors, il est normal que le droit et la politique entretiennent des liens étroits dans la mesure où le pouvoir politique est l'instrument de réalisation du droit.

La subordination du droit à la politique n'est pas qu'instrumentale. Lorsque le pouvoir politique estime que la réalisation de la règle de droit à laquelle il s'est obligé ne correspond plus à la satisfaction de son intérêt, la tendance est en effet naturelle pour lui, du fait de l'absence d'autorité supérieure, soit de réinterpréter le contenu, soit de contester l'applicabilité à un moment donné.

Ainsi, le droit apparaît comme perpétuellement en devenir. Mais cela ne peut pas surprendre, car reflétant et ordonnant la vie en société, le droit doit nécessairement changer comme elle.

Et c'est dans cette optique, qu'au Congo, en 2002, le Président Denis SASSOU-N'GUESSO a réaménagé l'armature institutionnelle de l'Etat (Chapitre I). Tout en maintenant la fonction juridictionnelle, il réalise une protection des droits de l'homme de manière fort diversifiée (Chapitre II).

CHAPITRE I

LE PRESIDENT DENIS SASSOU-N'GUESSO REAMENAGE L'ARMATURE INSTITUTIONNELLE DE L'ETAT.

Il y a inscrite, ensuite au cœur de la condition humaine, ce que l'on peut appeler une contradiction constituante. Cela signifie que l'homme est un être social. De ce fait, il ne peut se passer de la société et du jeu des services mutuels qu'elle permet. Dans cet ordre d'idées une régulation sociale est nécessaire, car une pluralité ne peut fonctionner sans ordre, sans règles.

Il y a là une loi d'ordre général, quel que soit le groupement envisagé.

Dans une ruche d'abeilles, il existe une organisation des activités entre la reine et les ouvrières. Mais à ce niveau, la régulation de la collectivité se fait sur la base des connexions physiques, l'expérimentation ayant fait apparaître qu'elle repose sur une sécrétion d'hormones externes[63]. Mais il s'agit plus d'un organisme que d'une société.

Dans la société humaine au contraire, le processus de régulation se développe en terme de pouvoir.

A l'origine, un chef ou une élite impose son autorité, puis le besoin de stabilité, de justice, d'égalité se faisant sentir, apparaissent des règles, un droit.

Dans ces conditions, le droit se définit comme « un ensemble de préceptes de conduite obligatoires établis par les hommes vivant en société et destinés à faire régner, dans les relations sociales, l'ordre et la justice »[64].

---

[63] V. CHALVIDAN (P-H), « Droit constitutionnel. Institutions et Régimes politiques », Ed. NATHAN SUPERIEUR, Paris, 1986, P.8.

[64] V. BURDEAU (G), « Traité de science politique », Tome I, « Société politique et droit », Volume II, LGDJ, 3e édition., Paris, 1980, P.27

Telle est dans son essence, la base de la démocratie. Dans cette optique, la démocratie n'est plus le pouvoir hiérarchisé d'un seul, mais le pouvoir égalitaire de tous, du peuple[65].

Au Congo, la formulation la plus remarquable de cette conception démocratique a été effectuée par le Président Dénis SASSOU NGUESSO lorsqu'il a réaménagé l'armature institutionnelle de l'Etat.

Ainsi, va-t-il réaménager les institutions politiques tout en recourant à la procédure consultative ; ce qui lui permet d'être suffisamment éclairé dans ses décisions.

Dans cette opération, il réaménage les institutions politiques (Section I) tout en recourant à la procédure consultative (Section II).

SECTION I

LES INSTITUTIONS POLITIQUES REAMENAGEES

A l'issue du « dialogue national sans exclusive » qui s'est tenu après la transition politique instituée par l'Acte fondamental du 24 octobre 1997[66], les participants ont opté pour un régime politique qui tranchait radicalement avec celui de 1992 jugé conflictuel.

La réflexion des participants répondait à un projet : promouvoir la stabilité politique du Congo qui sortait du traumatisme de la guerre civile de juin 1997.

Par cette réflexion, les autorités choisissent d'infléchir de manière significative la nature et le fonctionnement du régime politique de 1992. Cela a une double finalité : d'une part, accorder des pouvoirs prépondérants au Président de la République et d'autre part, assurer l'indépendance réciproque du Président de la République et du Parlement.

Dans cet ordre d'idées, les indicateurs d'une Constitution étaient nets. En répondant par l'affirmative, l'on observe qu'on s'acheminait vers un régime présidentiel. Cela est d'autant vrai, car le corpus

---

[65] Ibidem, Tome IX, « les façades institutionnelles de la démocratie gouvernante », LGDJ, Paris, 1986, p. 42.

[66] V. MAKOSSO (A-C), « le régime consensualiste dans la Constitution Congolaise du 25 octobre 2015, commentée article par article », Editions L'HARMATTAN, Brazzaville, 2017, p. 33.

constitutionnel reprenait une appropriation du régime présidentiel **(paragraphe I)** dont l'application se révèlera difficile **(paragraphe II)**.

PARAGRAPHE I

L'APPROPRIATION DU REGIME PRESIDENTIEL

Lorsqu'on examine la conception du Président Denis SASSOU-N'GUESSO du pouvoir, l'on peut dire qu'elle se caractérise par deux idées : le primat de l'autorité mais dans le respect de la démocratie.

S'agissant du primat de l'autorité, l'autorité est une donnée naturelle. De là, elle est nécessaire au foyer comme l'atelier, dans l'Etat comme dans la rue.

Ainsi, la société appelle l'autorité. Cela est d'autant vrai que dans le groupe social, il y a une dialectique des rapports de forces : l'homme est dépendant des semblables et cela peut conduire à la servitude. Il faut donc que l'autorité intervienne pour libérer l'individu. Dès lors, l'autorité devient une nécessité. Et si elle faillit à cette nécessité, elle devient illégitime.

Transposée au niveau politique, la conception du Président Denis SASSOU-N'GUESSO sur le primat de l'autorité suppose un Etat fort. Cet Etat est fort parce que fondé sur l'Exécutif qui procède tout en entier d'un Chef d'Etat investi de la confiance du peuple. Le Président insère cet Exécutif dans un régime de démocratie, car chez lui, le primat de l'autorité ne saurait déboucher sur la dictature. En effet, si l'Etat doit être fort, il doit reposer sur la confiance du peuple, c'est-à-dire être démocratique. L'on voit ainsi se dessiner la logique du régime présidentiel.

Dans cette perspective, soucieux de doter le Congo d'un régime susceptible de favoriser le développement, le premier réflexe du Président Denis SASSOU-N'GUESSO a été d'adopter le régime présidentiel instituant un monocéphalisme exécutif avec un Président détenteur exclusif du pouvoir exécutif[67]. Il s'agit là, d'une vocation naturelle pour tout homme d'Etat de recourir aux meilleures formules qui ont fait recettes dans d'autres contrées. La fabrication du droit acquiert une finalité scientifique particulière lorsqu'elle met en relief un tissu juridique derrière lequel s'organise le système de gouvernance

---

[67] V. l'article 57 de la Constitution de 2002 op.cit

d'un Etat. Dès lors, le régime politique n'est envisageable et déductible qu'avec l'exégèse de la Constitution.

A ce propos, le Professeur **Maurice DUVERGER** observait « l'objet d'une Constitution est de définir par avance un certain type de régime politique qu'on tâche ensuite d'appliquer une pratique : ainsi l'essence précède l'existence »[68].

A y voir clair, l'histoire constitutionnelle des Etats africains reste incontestablement ponctuée par une quête constante d'expérimentation des formules gagnantes.

A cet effet, au Congo, les exigences de stabilité politique et de restauration de la paix ont poussé le Président Denis SASSOU-N'GUESSO à s'approprier du régime présidentiel. Dans ce régime, désireux de se rapprocher du modèle américain, la Constitution de 2002 avait réaménagé les pouvoirs politiques sur la base d'une séparation rigide des pouvoirs que sont l'Exécutif et le Législatif.

Les rapports entre ces pouvoirs sont régis par un Exécutif fort incarné par le Président de la République et un Parlement demeuré bicaméral.

A- Un Exécutif fort incarné par le Président de la République

Si l'on emprunte la formule classique, on peut affirmer que le régime congolais est une copie et un modèle du régime américain[69]. Le Président de la République est le Chef de l'Etat[70]. La Constitution en fait le chef de l'Exécutif[71], mais, en réalité, il est bien davantage que cela car, élu par l'ensemble de la Nation[72], il est le principal titulaire du pouvoir politique[73].

---

[68] DUVERGER (M), cité par IM FALL, in « La construction des régimes politiques en Afrique : Insuccès et succès », Revue AFRILEX, 2004, P.1

[69] Cela est d'autant vrai que le Président de la République du Congo est conformément à l'article 56 précité de la Constitution, le Chef de l'Etat. Il est le Chef de l'Exécutif. A l'instar du Président américain, il réunit dans ses mains les fonctions qui, en régime parlementaire, sont reparties entre le Chef de l'Etat et le Chef du Gouvernement.

[70] V. L'article 56 de la Constitution de 2002, op.cit.

[71] Ibidem

[72] V. L'article 57 de la Constitution de 2002, op.cit.

[73] V. L'article 56 de la Constitution de 2002, op.cit.

L'influence du modèle américain se reflète à travers les pouvoirs du Président[74].

Cependant, contrairement aux Etats-Unis où le Président est l'élu des grands électeurs, le Président Congolais est élu au suffrage universel direct[75]. En vertu de ce mode de dévolution du pouvoir, le Président, élu du peuple, bénéficie d'une légitimité populaire égale sinon supérieure à celle des parlementaires. En effet, tirant désormais sa légitimité du suffrage universel, le Président de la République va devenir la clef de voûte du régime. La nouvelle logique qui sous-tend l'instauration de l'élection présidentielle est simple : renforcer l'autorité présidentielle par sa consécration par le suffrage universel. Il s'agit d'une idée gaulliste héritée de la Ve République par le régime politique congolais. Doté d'une assise populaire, le Président de la République est bénéficiaire d'un statut privilégié qui fait de lui le pivot des institutions, lui confère l'autorité et le privilège qui lui permettent d'incarner la totalité du pouvoir qu'il exerce librement avec la confiance du peuple et le soutien de la majorité parlementaire.

Dans le régime issu de la Constitution de 2002, le Président de la République, élu par le peuple, est installé dans ses fonctions après avoir prêté serment[76]. Le serment est reçu par la Cour Constitutionnelle en présence de l'Assemblée nationale, du Sénat et de la Cour Suprême[77]. Il est prêté dans les termes suivants : « devant la Nation et le peuple Congolais, seul détenteur de la souveraineté : moi (nom de l'élu), Président de la République, je jure solennellement :

- de respecter et de défendre la Constitution et la forme républicaine de l'Etat ;
- de remplir loyalement les hautes fonctions que la Nation et le peuple m'ont confiées ;
- de garantir le respect des droits fondamentaux de la personne humaine et les libertés publiques ;

---

74 V. TOINET (M.F), « La présidence américaine » Ed. MONTCHRESTIEN, 2e ed. PARIS, 1996, P.42 ; V. Egalement GERARD (P), « Le Président des Etats-Unis », PUF Coll « Que sais-je ? », PARIS, 2000, P.47. V. Aussi ZOLLER (E), « Histoire du gouvernement présidentiel aux Etats-Unis », Ed. DALLOZ, PARIS, 2011, P.65

75 V. L'article 57 de la constitution de 2002, op.cit.

76 V. L'article 69, al. 2 de la Constitution de 2002, op.cit.

77 Ibidem, al. 3.

- de protéger et respecter les biens publics
- de consacrer l'intégralité des ressources naturelles au développement de la Nation.
- de garantir la paix et la justice à tous.
- de préserver l'unité nationale et l'intégrité du territoire, souveraineté et l'indépendance nationale »[78].

Afin de respecter le principe de la laïcité proclamée dans la Constitution[79] et de ne pas contraindre un Président athée à prononcer en terme auquel il ne croit pas, la référence à Dieu n'existe pas dans le serment au Congo.

Relativement à la prestation du serment, le constituant Congolais s'écarte du Constituant Français. En effet, alors que le Président élu en France entre immédiatement en fonction dès l'expiration du mandat du prédécesseur, sans être astreint à une prestation de serment[80], le vainqueur de l'élection présidentielle au Congo est astreint à la prestation de serment selon une procédure règlementée par la Constitution.

La prestation de serment marque l'entrée en fonction du Président élu. A cet effet, IBRAHIMA FALL écrit : « la prestation de serment est une formalité substantielle et préalable ». Cela signifie qu'il s'agit d'une « formalité obligatoire et importante à laquelle on ne saurait de déroger »[81].

En outre, la prestation de serment est une formalité préalable qui exprime l'idée selon laquelle, qu'« aussi longtemps que le président élu n'aura pas prêté serment, il ne saurait en conséquence prendre le moindre acte juridique »[82]. La pratique observable au Congo est conforme à ce principe.

---

[78] Ibidem, al. 2.

[79] V. L'article 1er de la Constitution de 2002, op.cit.

[80] V. CARCASSONE (G), « La Constitution », Ed. SEUIL, « Coll. Points », PARIS, 1996, P.61

[81] V. IBRAHIMA FALL, « Le droit constitutionnel au secours de l'authenticité et la négritude : le serment du Président de la République, acculturation ou retour aux sources ? » Annales Africaines 1973, PP.203-218.

[82] Ibidem.

Après avoir prêté serment, le Président Congolais devient le détenteur exclusif du pouvoir exécutif, cumulant ainsi les fonctions du Chef de l'Etat et de Chef de l'Exécutif[83].

Ainsi, en tant que Chef de l'Etat, c'est lui qui négocie et signe les traités, qui est le chef des armés et de l'administration, nomme aux fonctions civiles et militaires[84].

Au titre de Chef de l'Exécutif, il détermine et conduit la politique de Nation.

Il assure l'exécution des lois et dispose du pouvoir règlementaire à cet effet. Il nomme les ministres qui sont responsables devant lui, fixe leurs prérogatives, peut leur déléguer des pouvoirs et les révoquer[85].

Les actes du Président de la République autres que ceux prévus aux articles 74, 84 et 86 sont contresignés par les ministres chargés de leur exécution[86]. Cela signifie que la logique présidentielle au Congo n'a pas éradiqué tout indicateur juridique d'exercice collégial du pouvoir exécutif. Toutefois, il importe de signaler que l'institution gouvernementale qui évoque un organe collégial de gestion de pouvoir étatique est rayée du corpus constitutionnel.

En dépit de tout ce qui précède, l'intention manifeste du constituant congolais de l'appropriation de l'ingénierie constitutionnelle du régime présidentiel, a généré un bicaméralisme inégalitaire dont il faut identifier les traits.

B- Un Bicaméralisme inégalitaire

Au Congo, le pouvoir législatif est exercé par un Parlement bicaméral dont les prorogations ne mettent pas sur un pied de stricte égalité. Pour ce faire, il s'agit d'un bicaméralisme inégalitaire.

Le bicaméralisme procède de l'idée chère à MONTESQUIEU selon laquelle les libertés individuelles doivent être garanties face à un pouvoir omnipotent[87]. C'est cette volonté d'affaiblir le pouvoir en

---

83 V. L'article 56 de la Constitution de 2002, op.cit.

84 V. les articles 74 et 77 de la Constitution de 2002, op.cit.

85 V. l'article 56 de la Constitution de 2002, op.cit.

86 V. L'article 82 de la Constitution de 2002, op.cit.

87 V. VEDEL (G) « Droit Constitutionnel » Ed Sirey, Paris, 1949, P.175. En ce sens, il renchérit en écrivant « la seconde chambre n'est pas un frein, mais un volant qui

instituant un contrepoids en face de l'Assemblée nationale, qui justifie le bicaméralisme.

Cette idée le distingue du monocamérisme, qui cherche à traduire le plus fidèlement la volonté du peuple souverain. Avec le bicaméralisme, il s'agit, face aux mutations politiques constantes, d'assurer une certaine continuité parlementaire. C'est la seconde chambre qui remplira cette fonction.

Le bicaméralisme désigne donc un système institutionnel dans lequel les fonctions parlementaires sont exercées distinctement par les deux assemblées dans les conditions déterminées par la Constitution.

Au Congo, ces assemblées constituent le parlement[88]. Et le parlement est composé de deux chambres : l'Assemblée nationale et le Sénat[89].

Les membres de l'Assemblée nationale portent le titre de député. Ils sont élus au suffrage universel direct. Chaque député est le représentant de la Nation tout entière et tout mandat impératif est nul. Chaque député est élu avec son suppléant[90].

Les membres du Sénat portent le titre de Sénateur. Ils sont élus au suffrage indirect par les conseils des collectivités locales. Ils représentent les collectivités territoriales de la République. Le Senat exerce outre sa fonction législative, celle de modération, et de conseil de la Nation[91].

Le Parlement congolais ne dispose que des compétences qui lui sont expressément attribuées par la Constitution. Au terme de l'article 110 de la Constitution de 2002, ces compétences se déclinent en deux grandes séries d'attribution : voter la loi et contrôler l'action du gouvernement.

S'agissant des attributions législatives, l'élaboration de la loi ne résulte pas de la seule compétence du Gouvernement, comme on pourrait tenter de le croire, mais de l'étroite collaboration du

---

régularise les mouvements excessifs dans un sens ou dans l'autre » -V. Egalement FABRE (M.H), « Principes républicains de droit constitutionnel », LGDJ, Paris, 1970, P.169

[88] V. L'article 89 de la constitution de 2002, op.cit.

[89] Ibidem.

[90] Ibidem, Article 90.

[91] Ibidem.

Gouvernement et du Parlement[92], même si la participation du premier est plus importante que celle du second[93]. Au pouvoir d'élaboration, il faut ajouter le pouvoir de voter seul la loi[94]. Dans les pouvoirs du Parlement l'on peut aussi faire figurer l'article 132 de la Constitution qui habilite le Parlement à autoriser le Gouvernement par une loi à prendre des ordonnances[95].

Parmi les attributions législatives, le vote des lois de finances revêt une importance particulière. Ceci se justifie dans la mesure où le pouvoir budgétaire est à l'origine des Parlements[96].

D'une manière générale, le Gouvernement dispose de l'initiative mais ses projets de loi de finances doivent être soumis au Parlement.

En effet, il n'existe aucun délai de discussion générale au Parlement. Un débat parlementaire peut durer aussi longtemps que ses organisateurs le désirent.

En revanche, la discussion budgétaire obéit à des règles précises. La loi des finances doit être adoptée avant le 1er janvier de l'année à laquelle elle s'applique[97].

Le Parlement doit se prononcer dans lc délai constitutionnel après le dépôt du projet[98]. S'il ne respecte pas ce délai pour se prononcer

---

[92] V. L'Article 118 de la Constitution de 2002, op. cit.
[93] Ibidem article 119.
[94] Ibidem article 110.
[95] Ibidem article 132.
[96] L'histoire du parlement est indissociable de celle de l'impôt. Cela est marqué par un élément essentiel, à savoir le transfert du pouvoir fiscal aux représentants du peuple. L'article 14 de la Déclaration des droits de l'homme et du citoyen de 1789 a donné une forme juridique et une légitimité à ce transfert. Il l'a ensuite érigé un principe fondamental. Il s'agit du principe du consentement de l'impôt.
Ce principe illustre de manière parfaitement concrète le rapport entre le droit fiscal et le parlement. Il confère au parlement la décision fiscale, c'est-à-dire le pouvoir de créer, modifier ou supprimer un impôt. Sur ces développements V. SELIGHANN (E) « Essais su l'impôt », Ed Girard et BRIERE, Paris, 1914, P.23 V. Egalement. ARDANT (G), « Histoire de l'impôt », Editions FAYARD, PARIS, 1972, p. 15, V. Enfin. SCHUMPETER (J), « La crise de l'Etat fiscal », Editions MINUIT, Paris, 1972 p. 18. A ce propos, il écrit « L'histoire fiscale d'un peuple constitue une part de son histoire tout court ».
[97] V. L'article 127 de la Constitution de 2002, op. cit.
[98] Ibidem.

sur le projet : pour l'accepter ou le refuser, les dispositions du projet peuvent être mises en vigueur par ordonnance[99].

Au Congo, le débat budgétaire octroie à l'Exécutif une force de dissuasion impressionnante qui place d'emblée le Parlement dans une situation d'infériorité constitutionnelle.

Enfin, quant aux attributions de contrôle du Parlement congolais, en l'absence de la mise en cause de la responsabilité politique du Gouvernement par l'assemblée nationale, il existe des formes de contrôle qui, pour être plus modestes, n'en sont pas moins efficaces. Ainsi, les ministres peuvent être entendus à la demande d'un député ou d'un sénateur, d'une commission à leur demande. Ils peuvent se faire assister par des experts[100].

Dans cette perspective, les conditions du dialogue entre le Parlement et le Gouvernement sont réunies, au moins sur le plan juridique, puisque les membres du Gouvernement ont accès aux assemblées[101].

Si la Constitution congolaise de 2002 prévoit un Parlement bicaméral, cependant ce bicaméralisme est inégalitaire. Le Sénat reste en retrait par rapport à l'Assemblée Nationale.

La prééminence de l'Assemblée nationale se justifie par le caractère plus démocratique de l'élection de ses membres, par la navette législative et enfin par le projet de loi de finances qui doit être déposé sur le bureau de l'Assemblée nationale[102].

Concernant le caractère le plus démocratique de l'élection des membres de l'Assemblée nationale, en raison de son élection au suffrage universel direct[103], l'Assemblée nationale bénéficie d'une légitimité plus forte que le Senat qui se manifeste à travers le caractère inégalitaire du bicaméralisme en sa faveur[104].

---

[99] Ibidem.
[100] Ibidem, article 117.
[101] Ibidem
[102] Ibidem, article 116.
[103] Ibidem, article 90.
[104] V. MAUS (D), « le Sénat, l'Assemblée nationale et le Gouvernement », Revue POUVOIRS, 1988, p. 119.

Ensuite, s'agissant de la navette législative, en principe, une loi ne peut être adoptée que si elle a l'accord de l'Assemblée nationale et du Sénat[105].

Ainsi aux termes des articles 124 de la Constitution de 2002, « tout projet ou toute proposition de loi est examiné successivement, par les deux chambres, en vue de l'adoption d'un texte identique. Lorsque, par la suite d'un désaccord entre les deux chambres, un projet ou une proposition de loi n'a pu être adopté après une lecture par chaque chambre, le Président de la République a la faculté de provoquer la réunion d'une commission mixte paritaire chargée de proposer un texte sur les dispositions restant en discussion.

Le texte, élaboré par la commission mixte paritaire peut être soumis par le Président de la République, pour approbation aux deux chambres.

Aucun amendement n'est recevable, sauf accord du Président de la République, si la commission mixte paritaire ne parvient pas à l'adoption dans un texte commun, le Président de la République peut, après une nouvelle lecture par l'Assemblée nationale et le Sénat demander à l'Assemblée nationale de statuer définitivement. Dans ce cas, l'Assemblée nationale peut reprendre, soit le texte élaboré par la commission mixte, soit le dernier texte voté par elle, modifié le cas échéant par un ou plusieurs amendements adoptés par le Sénat ».

Dans ces conditions, le dernier mot revenant à l'Assemblée nationale, le Sénat ne peut guère faire autre chose que de se résigner[106].

Enfin, la prééminence de l'Assemblée nationale sur le Sénat s'explique le fait que les lois de finances doivent être, en premier lieu, présentées à la chambre des députés et votée par elle[107].

Inspirés par l'existence des délais dans la Constitution française de 1958, les constituants dans les Etats francophones d'Afrique ont suivi ce schéma et, ont de ce fait assorti la discussion budgétaire de

---

[105] V. l'article 124 de la Constitution de 2002, op. cit.

[106] Dans le cadre d'une étude du droit comparé, l'on peut se référer à l'analyse de CAMBY (J-P) et SERVENT (P), IN « Le travail parlementaire sous la 5e République », Ed MONTCHRESTIEN, (CLEFS –POLITIQUES) 4e ed Paris, 2004, P.61

[107] V. L'article 116 de la Constitution de 2002, op. cit.

délais[108] en introduisant dans certains Etats des règles issues du bicaméralisme. C'est le cas du Congo.

Dans ce pays, il y a d'abord le délai global de soixante jours qui imparti au Parlement[109] pour mener à bien la discussion budgétaire. Le projet de loi de finances doit ainsi être déposé sur le bureau de l'Assemblée nationale[110], puis voté par le Parlement dans les délais précis.

Toutefois, il convient de signaler qu'à l'intérieur de ce délai de soixante jours, le calendrier de la procédure parlementaire n'est fixé par aucun texte. En effet, ni la Constitution, ni la loi organique relative au régime financier de l'État, ni même les règlements intérieurs des

---

[108] Au Congo, il y a d'abord le délai global de 60 jours qui est imparti au Parlement par l'article 103, al3 de la Constitution de 2002, pour mener à bien la discussion budgétaire. Mais à l'intérieur de ce délai, le calendrier de la procédure parlementaire n'est fixé par aucun texte. Ni la constitution, ni la loi organique relative au régime financier de l'Etat, ni même les règlements intérieurs des assemblées ne prévoient en effet ce calendrier. Les parlementaires semblent s'inspirer en la matière de l'article 118, al2 de la Constitution du 15 mars 1992 abrogé après la guerre civile de juin 1997. Cet article repartit explicitement les 60 jours entre les deux assemblées. L'Assemblée nationale doit ainsi prononcer en première lecture dans les 40 jours. S'il ne le fait pas, le Gouvernement à la faculté de saisir le Sénat du texte qu'il a initialement présenté, modifié le cas échéant par les amendements votés par l'Assemblée nationale et acceptés par lui.
Le Sénat dispose quant à lui de 20 jours, si l'Assemblée nationale a respecté le délai qui lui est imparti et de 15 jours seulement dans le cas contraire. Dans les faits, les deux assemblées disposent néanmoins d'un temps d'examen du projet comparable. Le Sénat peut en effet d-s qu'il à été saisi du texte voté par l'Assemblée nationale, examiner en séance le budget, dans la mesure où ses commissions ont eu le loisir de préparer des rapports dès que le projet de loi a été connu, c'est-à-dire dès que l'Assemblée nationale a été saisi. (178) Au Congo, il y a d'abord le délai global de 60 jours qui est imparti au Parlement par l'article 103, al3 de la Constitution de 2002, pour mener à bien la discussion budgétaire. Mais à l'intérieur de ce délai, le calendrier de la procédure parlementaire n'est fixé par aucun texte. Ni la constitution, ni la loi organique relative au régime financier de l'Etat, ni même les règlements intérieurs des assemblées ne prévoient en effet ce calendrier. Les parlementaires semblent s'inspirer en la matière de l'article 118, al2 de la Constitution du 15 mars 1992 abrogé après la guerre civile de juin 1997. Cet article repartit explicitement les 60 jours entre les deux assemblées. L'Assemblée nationale doit ainsi prononcer en première lecture dans les 40 jours. S'il ne le fait pas, le Gouvernement à la faculté de saisir le Sénat du texte qu'il a initialement présenté, modifié le cas échéant par les amendements votés par l'Assemblée nationale et acceptés par lui.
[109] V. l'article 103, al3 de la Constitution de 2002, op.cit.
[110] Ibidem, article 116.

Assemblées ne prévoient ce calendrier. Les parlementaires semblent s'inspirer en la matière de l'article 118 alinéa 2 de la Constitution du 15 mars 1992 abrogé après la guerre civile de juin 1997. Cet article repartit explicitement les soixante jours entre les deux Assemblées. L'Assemblée nationale doit ainsi se prononcer en première lecture dans les quarante jours. Si elle ne l'a pas fait, le Gouvernement a la faculté de saisir le Sénat du texte qu'il a initialement présenté, modifié le cas échéant par des amendements votés par l'Assemblée nationale et acceptés par lui.

Le Sénat dispose quant à lui de vingt jours, si l'Assemblée nationale a respecté le délai qui est imparti et de quinze jours seulement dans le cas contraire.

Mais dans les faits, les deux assemblées disposent néanmoins d'un temps d'examen du projet comparable. Le Sénat peut en effet dès qu'il est saisi du texte voté par l'Assemblée nationale, examiner en séance le budget, dans la mesure où ses commissions ont eu le loisir de préparer les rapports dès que le projet de loi a été conçu, c'est-à-dire dès que l'Assemblée nationale a été saisie.

En définitive, si l'inégalité entre les deux chambres caractérise le Parlement congolais, l'on peut toutefois dire qu'elle est réduite par la poursuite du pouvoir exécutif par le Président du Sénat.

En effet, en cas de vacance de la fonction du Président de la République, par décès, démission ou toute autre cause d'empêchement définitif, les fonctions de Président de la République à l'exception de celles mentionnées aux articles 74, 80, 84, 86 et 185 sont provisoirement exercées par le Président du Sénat[111].

À l'épreuve de la pratique, la mise en œuvre du régime présidentiel au Congo semble transcender les frontières matérielles traditionnelles reconnues au régime présidentiel pur pour déboucher sur un régime présidentiel dégénéré.

Dans cette perspective, l'on a pointé « du doigt », une appropriation difficile du régime présidentiel dans le contexte congolais.

---

[111] Ibidem, article 70

PARAGRAPHE II

UNE APPROPRIATION DIFFICILE DU REGIME PRESIDENTIEL

En Afrique, la recherche de l'équilibre des pouvoirs chère à MONTESQUIEU est devenue le pilier fondamental de l'ordre juridique à confectionner. Dans cette perspective, les régimes parlementaire et présidentiel servent de modèles de références à tout ordonnancement juridictionnel en construction.

Cela est d'autant vrai, dans la mesure où « la science du droit constitutionnel a élaboré des modèles sous la forme d'une théorie des régimes politiques dont la prétention est de dégager les lois variables erga omnes et susceptibles d'expliquer le fonctionnement des institutions »[112], les Etats devaient alors se résoudre à récupérer les matériaux conceptuels fournis par les régimes politiques classiques. Le régime présidentiel devait ainsi cristalliser l'option du Congo. L'inclination du Congo vers le régime présidentiel pouvait surprendre certains observateurs.

En effet, pendant que de nombreux Etats francophones d'Afrique restaient fidèles à la mouture de la Ve République Française[113], le Congo a pris le « chemin » du régime présidentiel.

Ce choix transcrit son aspiration de mise en œuvre d'un régime qui semblait mieux cadrer avec ses aspirations.

Puisque le Congo s'est montré hospitalier à la réception d'un régime venu d'ailleurs, quel bilan peut-on dresser, le cas échéant, de cette importation de régime politique venu d'ailleurs ? Y'a-t-il rejet ou réappropriation de l'ingénierie constitutionnelle du modèle de référence ? La dynamique d'appropriation n'a-t-elle pas généré un modèle alternatif dont il faut identifier les traits ?

Ces interrogations permettent d'une part de tenir compte des interférences susceptibles d'infléchir le processus d'implantation d'un régime politique « importé ».

---

[112] V FOUCHER (P), « Droit constitutionnel », Editions Bruylant, Bruxelles, 1996, p. 13.

[113] V. I.M FALL « La Construction des régimes politiques en Afrique : insuccès et succès » op cit.

D'autre part, elles mettent à « nu » l'inadaptabilité de « l'article d'ailleurs » au contexte congolais qui s'avère indécise[114], voire insidieuse[115].

L'étude sur les difficultés d'appropriation du régime présidentiel au Congo, commande de faire le point sur un certain nombre de facteurs qui ont hypothéqué l'appropriation du régime classique d'où l'idée de l'impossible adaptation (A). Et cela a engendré l'altération du régime présidentiel (B).

A- L'impossible adaptation du régime présidentiel

Un droit d'inspiration étrangère se situant au-dessus des particularismes locaux du fait même de son origine, a l'avantage d'être rapidement élaboré et de jouer dans le long terme le rôle promoteur de développement.

Cela est d'autant plus vrai qu'en Afrique, la problématique de l'importation ou de la réception des régimes politiques des pays dits de démocratie avancée est ressuscitée chaque fois que le pouvoir politique traverse une crise ou que l'on soit dans une phase de refondation de l'ordre juridique·

Dans ce sens, ouvrant une plus grande efficacité de l'action gouvernementale grâce à la stabilité et à l'indépendance de l'action de l'Exécutif[116], le régime présidentiel a emporté l'adhésion des dirigeants

---

[114] A ce propos, dans la perspective d'une étude du droit comparé, l'on peut se référer à titre d'exemple à BERUARD CHANTEBOUT, in « La Constitution namibienne du 9 février 1990 ». Dans cette étude, l'auteur qualifie le régime d' « hyper-présidentialiste ». Sur ces précisions, in « La Constitution namibienne du 9 février 1990 » RFDC, n°3, 1990, P.539.

[115] Pour CEDRIC MILHAT, les modèles constitutionnels d'importation même adaptés à la réalité politico-culturelle africaine ont rapidement montré leurs limites sur le plan de l'officience des normes (accés malaisés des citoyens à la justice, légitimité parfois mise à mal des cours constitutionnelles et les difficultés à imposer leur finis prudence).
Ces modèles ont aussi montré leur limite dans le processus de démocratisation des états (tentatives systématique de fraude électorales, pluralisme démocratique souvent formel) sur ces développements, V. cet auteur, un « Le constitutionalisme en Afrique francophone. Variations hétérodones sur un requiem », politéria, n°7, 2005 pp. 668 - 669.

[116] V. LAVROFF (D.G), « Les systèmes constitutionnels en Afrique noire. Les Etats Francophones », Editions PEDONE, PARIS, 1975, p. 21.

congolais. Cette préférence serait due aux difficultés d'application de la Constitution de 1992. Cette fascination des dirigeants congolais était d'une conception encline à reconnaître l'incarnation du pouvoir par un seul individu.

Dès lors, la popularité et le prestige du modèle devaient entraîner une attraction irrésistible de l'élite dirigeante. Ainsi le régime présidentiel du Congo devenait une copie et un modèle du régime américain. Mais très tôt, la reproduction du schéma américain sur le sol congolais s'est avérée hypothétique. Le régime congolais prenait « l'allure » d'une copie infidèle à l'original qui l'avait inspiré. Cela s'explique par la complexité inhérente au schéma institutionnel issu de la répartition du pouvoir dans la Constitution américaine du 17 septembre 1787[117].

Pour s'en tenir juste au « pourvoir judiciaire », il faut relever que l'un des mérites des « pères fondateurs » de la Constitution américaine a été d'avoir très tôt réservé une place centrale à la Cour Suprême[118] pour intervenir dans le jeu politique, y compris dans la production des lois[119]. Ainsi, la Cour Suprême est gardienne de la Constitution[120].

En effet, elle est l'artisan de la stabilité de la Constitution dans son adaptation, par le jeu du contrôle de la Constitutionnalité des lois.

Aux Etats-Unis, chaque Etat possède son système juridique propre avec ses lois et ses tribunaux. Au-dessus existent le droit fédéral et les institutions fédérales, reparties à l'intérieur des Etats parallèlement à leurs propres juridictions. Les droits étatiques tout comme le droit fédéral doivent respecter la Constitution, loi suprême de l'Union. C'est dire le rôle essentiel d'harmonisation et de régulation qui incombe en dernier ressort à la Cour Suprême des Etats-Unis. C'est à

---

[117] V. LERAT (CH) « La cour suprême des Etats unis : pouvoirs et évolution historique » Presses universitaires de Bordeaux, PESSAC, 2003, pp. 50

[118] V. SCOFFONI (G), « Le congrès des Etats-Unis et la remise en cause des interprétations constitutionnelles de la cour suprême sur la conciliation entre justice constitutionnelle et théorie démocratique » R.F.D.C., 1993, p.675.

[119] V. ZOLLER (E), « La Cour suprême des Etats-Unis d'Amérique », Les cahiers du Conseil constitutionnel, 1988, n°5, pp 41 - 43.

[120] V. ROUSSY (J), « Le contrôle judiciaire de la constitutionnalité des lois fédérales aux Etats-Unis et en Suisse », Editions René Thonney DUPRAZ, LAUSANE, 1969, pp.38-40

elle que revient la tâche de veiller à la Constitution tout en permettant les adaptations. Ce dont témoigne la jurisprudence[121].

Ainsi, par exemple, le problème racial sera traité, avant d'être réglé par les textes, par des décisions de la Cour Suprême qui feront progressivement sa solution[122].

Ainsi encore, en matière économique, ses interventions seront particulièrement caractéristiques de son rôle, de ses difficultés et de ses évolutions. C'est à leur propos que se forgera la formule évoquée de « gouvernement des juges ». Dans les années trente en effet, pour lutter contre la crise économique le Président ROOSSEVELT lance le « New Deal », qui se traduit par des lois et des textes règlementaires à caractère interventionniste. Dans un premier temps, la Cour défend, sur la base de la Constitution, la conception libérale traditionnelle du droit et de l'économie, et elle déclare non-conforme un certain nombre de mesures adoptées. Puis, sous la pression des faits de l'opinion, et face à la fermeté présidentielle, elle adaptera sa lecture de la Constitution aux nouvelles nécessités de l'Etat providence et se fera même l'instrument de son intervention[123].

En définitive, c'est par l'arrêt Marbury c/ Madisson que la Cour Suprême américaine a établi sa notoriété en 1803, c'est-à-dire quelques années après la mise en application de la Constitution, à travers le contrôle de la constitutionnalité des lois[124].

En rendant cet arrêt, la Cour Suprême a réussi « un coup de maître ». Elle a d'abord évité d'entrer en conflit avec l'administration Jeffersonienne, qui se refusait absolument à intégrer Marbury dans son poste. Mais en échange de cette satisfaction d'amour-propre, la Cour a affirmé son droit à contrôler les actes administratifs de l'Exécutif et ce

---

[121] V. DEYSINE (A) « La justice aux Etats-Unis » PUF, Paris, 1998, p.37

[122] V. CHALVIDAN (PH), « Droit Constitutionnel. Institutions et Régimes politiques » op. cit., p. 62.

[123] Pour une traduction en Français de cet arrêt, V. ZOLLER (E), in « Grands arrêts, de la Cour suprême des Etats-Unis » PUF, Coll. « droit fondamental », Paris, 2000, p. 73 et S et pour une analyse très précise de cet arrêt, V. Du même auteur, in « Droit constitutionnel », PUF, Coll. « Droit fondamental », Paris, 1999, P.116 et S, l'on pourra lire aussi avec intérêt Henninger (J), « MARBURY c/ Madison. Un arrêt Fondateur, mal Fondé » Editions PUS, Strasbourg, 2005, p. 40.

[124] V. l'article 56 de la Constitution de 2002, op. cit.,

droit à contrôler la Constitutionnalité des lois, alors qu'il n'existait aucun texte susceptible de fonder sa compétence en la matière.

Dans cette perspective, l'on peut affirmer, et sans hésiter, que globalement, les Etats-Unis sont le produit de la jurisprudence de la Cour Suprême. La construction ingénieuse du pouvoir judiciaire par le régime présidentiel américain s'éloigne de la tendance affichée par le régime congolais.

Au Congo, le partage du pouvoir se focalise seulement entre l'Exécutif et le Législatif, neutralisant ainsi le pouvoir judiciaire. Le recentrage de l'attention autour des pouvoirs politiques absout la véritable mission judiciaire. Et cela annonce une implantation difficile du régime américain dans le contexte congolais.

De même, l'absence de Vice-Président, l'initiative de la reconnaissance au Chef de l'Etat, l'absence de contrainte sur le pouvoir présidentiel de nomination aux emplois supérieurs[125], l'existence d'un gouvernement, l'influence du Président sur le jeu des institutions sont autant de données qui mettent en doute la fidélité du pouvoir politique congolais au régime présidentiel américain.

A y regarder de près, le contrat est sans équivoque. L'appropriation du régime présidentiel s'est avérée insatisfait.

A défaut de reproduire le modèle de référence, le constituant congolais s'est proposé de le « tropicaliser », l'altérant ainsi considérablement.

B- L'altération du régime présidentiel

Le régime présidentiel s'analyse comme un régime dans lequel l'équilibre recherché des pouvoirs exécutif et législatif résulte de leur indépendance et de leur certitude de demeurer en fonction jusqu'à l'expiration de leur mandat[126].

---

[125] V. PACTET (P), Melin SOUCRAMANIEN (F), « Droit constitutionnel », op. cit. p. 141.

[126] V. GICQUEL (J), « Droit constitutionnel et institution politique » Ed. MONTCHDESTIEN, 23e Ed. Paris, 2009, P. 251

A ce propos, le professeur Jean GICQUEL écrit « qu'il s'agit d'un régime d'irrévocabilité mutuelle » et d'une « spécialisation fonctionnelle »[127].

La séparation des pouvoirs est ainsi le critère le plus souvent utilisé pour caractériser le régime présidentiel et le distinguer du régime parlementaire. Dès lors, le régime présidentiel serait un régime de séparation rigide pendant que le régime parlementaire relèverait d'une séparation souple[128].

A l'instar des Etats-Unis d'Amérique, au Congo, l'Assemblée nationale ne dispose pas du droit de mettre en cause la responsabilité du Président de la République. De même le Président ne dispose pas du droit de dissoudre l'Assemblée[129].

L'équilibre méticuleusement construit dans les textes constitutionnels américains et congolais est « trompeur ». A cet effet, le Professeur ROGER-GERARD SCHWARTZENBERG nous invite à bien distinguer le « régime présidentiel pur » que l'on voit fonctionner aux Etats-Unis et « régime présidentiel dégénéré » ou « présidentialisme » qu'on voit se développer en Amérique latine et en Afrique[130].

Aux Etats-Unis, il existe une certaine collaboration fonctionnelle entre les pouvoirs. Dans cette optique, la Constitution invite le Président et le Congrès à collaborer.

A cet effet, l'on peut rassembler autour de deux propositions les formes que prend cette collaboration.

La première est que le Président participe à la fonction législative. Il y participe d'abord par le droit de veto[131] qui par-delà son apparence conflictuelle[132], est en fait une incitation au compromis entre le Président et le Congrès.

---

[127] V. CONAC (G), « Régime présidentiel » in « Dictionnaire constitutionnel », sous la direction d'Olivier DUHAMEL et d'Yves Meny, Dalloz, Paris, 2003, p.899

[128] V. l'article 114 de la Constitution de 2002, op. cit.

[129] V. SCHWARTZENBERG (G), in « Cours de Droit constitutionnel », Paris, 1969, p. 384.

[130] V. GAULMIN (P), « Le droit de véto présidentiel aux Etats-Unis », R.F.D.C, 1998, p. 251.

[131] Ibidem

[132] V. TUNG (A), « Le couple présidentiel - congrès dans la vie politique des Etats-Unis d'Amérique » op. cit, p. 568.

Mais le fait qui illustre le mieux l'association du Président à la politique législative, c'est qu'il a désormais un véritable droit d'initiative des lois[133]. L'article 2, Section III, de la Constitution ne lui donne pas explicitement ce droit mais l'invite simplement à attirer l'attention du Congrès sur les mesures législatives qu'il estime souhaitables, par les biais de messages qu'il doit adresser « de temps à autre aux chambres » et au moins une fois par an[134]. Ce droit de message s'est en réalité transformé en droit d'initiative. Ces messages contiennent en effet de véritables projets législatifs, que le Président fera reprendre par des parlementaires pour qu'ils soient examinés par le Congrès[135].

A cela, il faut ajouter que, depuis 1911, la présidence a acquis le pouvoir de préparer la loi annuelle la plus importante, c'est-à-dire la loi de finances, alors qu'antérieurement cette mise au point relevait de la Chambre des représentants elle-même[136].

Dès lors, le veto, l'initiative législative et la loi de finances sont là, les trois moyens essentiels de la participation du Président au travail législatif.

Inversement, la seconde proposition que prend la forme de collaboration des pouvoirs aux Etats-Unis est l'association du Congrès à la politique présidentielle.

Cela est particulièrement vrai en matière de politique étrangère à laquelle les parlementaires, et surtout les Sénateurs sont étroitement mêlés[137].

La raison en est le pouvoir d'approbation des traités à la majorité des deux tiers qui est dévolu au Sénat[138]. Dans ce cas, le Président a tout intérêt à éviter le blocage du Sénat, dont l'éventualité n'est pas illusoire[139].

---

[133] Ibidem.
[134] Ibidem, p. 570.
[135] V. CHALVIDAN (P-H), « Droit constitutionnel institution et régimes politiques » op. cit., p.73.
[136] Ibidem
[137] V. TOINET (M.F), « Le système politique des Etats-Unis », Presse de la fondation nationale de science politique, paris, 1989, p. 82
[138] Ibidem
[139] V. LASSALE (J.P), « La démocratie américaine. Anatomie d'un marché politique » Editions Armand. COLIN, Paris, 1991, P.73 et s.

Mais des relations extérieures ne sont pas la seule illustration de cette collaboration. Un bon exemple en est également fourni par la procédure d'approbation par le Sénat des nominations présidentielles aux fonctions publiques fédérales[140]. Malgré le remplacement du « spoil system » par « le mérite du système »[141], c'est encore 10% des fonctionnaires fédéraux qui relèvent de la nomination discrétionnaire du Président[142]. Pour tous ces emplois, l'accord du Sénat est nécessaire. A cet effet, il s'est développé une pratique dite de la « courtoisie sénatoriale »[143]. Celle-ci est tout à fait représentative de la collaboration.

Ainsi aux Etats-Unis, la collaboration des pouvoirs même s'il y a une prépondérance relative de l'un sur l'autre persiste globalement.

A partir de là, il faut se poser la question de savoir si ce système de régulation simple et aussi respectueux a été appliqué au Congo de 2002 à 2015.

Au Congo, la nomination d'un Premier ministre en 2005, commandée par les exigences de déconcentration du pouvoir présidentiel n'entame en rien l'unicité et l'autorité du pouvoir exécutif, toujours incarné par le Président de la République. D'ailleurs, l'article 56 de la Constitution malgré cette nomination, dispose : « le Président de la République est le Chef de l'Exécutif. Il détermine et conduit la politique de la Nation. Il dispose du pouvoir réglementaire et assure l'exécution des lois… ». Il s'agit simplement comme le relève Gérard CONAC : « de décongestionner la présidence, non pas démembrer l'Exécutif »[144].

Le Premier Ministre n'est bénéficiaire que du pouvoir de direction de l'action du Gouvernement, mais sous l'autorité présidentielle.

---

140 V. Le petit livre de VAÏSE (J), « Le modèle américain » Editions Arman COLIN, Coll. « synthèse » série « Histoire », Paris, 1998, P.54

141 V. SUDDATH - LEVRAND (CH), « 500 mots pour comprendre la culture politique américaines » Presse de sciences Paris, 1996, p.45 etc.

142 V. DEYSINE (A), « Les Etats-Unis aujourd'hui. Permanence et chargements « la documentation française, 2006, 37.

143 V. CONAC (G), « Les institutions constitutionnelles et politiques des Etats d'Afrique francophone et de la République Malgache », Editions Economica, Paris, 1979, p. 67.

144 V. CONAC (G), « Les institutions constitutionnelles et politiques des Etats d'Afrique francophone et de la République Malgache », op. cit. p. 67.

L'institution « premier ministérielle » se présente alors comme un organe d'appoint, une sorte de tempérament à l'absolutisme présidentiel[145].

Même avec la déconcentration du pouvoir présidentiel, le régime congolais se caractérise par la sauvegarde et le renforcement de la suprématie présidentielle. Cela résulte de l'octroi au Chef de l'Etat des prorogations traditionnellement dévolues au Chef de l'Etat d'un régime parlementaire[146] qui s'ajoutent à celles qui lui reviennent en tant que Président d'un régime présidentiel[147].

A l'épreuve des faits, le régime politique congolais s'est retrouvé avec une architecture gouvernementale bâtie autour des « pôles ».

En dépit de ces nombreuses modifications de structures, le Président de la République est demeuré l'épicentre du pouvoir autour duquel gravitent toutes les autres institutions.

L'on peut se demander quelle est la nature de ce régime qui s'articule autour de la primauté présidentielle, mais intègre des éléments du parlementaire.

A la réflexion, le régime congolais de 2002 n'était pas un vrai régime présidentiel, mais plutôt un « régime présidentiel hétérodoxe »[148], ou encore un « régime présidentialiste »[149], ou enfin « un régime présidentialiste de type négro-africain »[150].

---

145 Dans la perspective d'une étude du droit comparé, V. I. M. FALL, « La réforme constitutionnelle du 22 février 1970 » PENANT, n°731, 1971, pp. 91 - 111.

146 Il s'agit des prérogatives issues des articles 64, al 2, 138, 143 et 158 de la Constitution de 2002, op. cit

147 Il s'agit des prérogatives issues des articles 56, 75, 118 et 132 de la Constitution de 2002, op. cit

148 V. MBODJ (E.H), « Le Sénégal, un régime présidentiel Hétérodoxe », in H. ROUSSILLON (Ed), « les nouvelles constitutions africaines : la transition démocratique » Presses de l'institut d'Etudes politiques de Toulouse, 1995, p.163-174

149 V. DUBOUIS (L), « Le régime présidentiel dans les nouvelles Constitutions des Etats Africains » Penant, n° 691, 1962, p. 222

150 V. NGANDO SANDJE (R), « Le renouveau du droit constitutionnel et la question des classifications en Afrique : quel sort pour le régime présidentialiste ? », RFDC, n°93, 2013, p. 1. V. Enfin. GICQUEL (J), « Le présidentialisme négro-Africain : l'exemple camerounais », le Pouvoir, Mélanges en l'honneur de Georges BURDEAU, LGDJ, Paris, 1977, p. 701.

Ce type de régime présidentiel doit être soigneusement évité. Par conséquent, il ne peut être assimilé aux régimes qui se veulent d'équilibre des pouvoirs[151].

A l'instar de Francis DELPEREE, l'on considère qu'à travers l'appropriation du régime présidentiel et, malgré sa pratique qui s'est révélée difficile, « une volonté forte s'est exprimée. La moindre des choses est d'en tenir compte. Et de lui donner pleine résonnance. En matière d'interprétation constitutionnelle, il fait voir large. Il faut regarder haut. Il faut scruter la loi »[152]. C'est dans cet esprit que le Président Denis SASSOU-N'GUESSO manifeste son souci d'utiliser le droit comme instrument de développement.

Ce souci progressif d'utilisation du droit a acquis une ampleur importante dans le recours à la procédure consultative.

Tout cela témoigne une immense confiance du Président Denis SASSOU-N'GUESSO dans le droit pour créer la société de demain. Et sans doute est-il tentant de considérer ce recours.

SECTION II
LE RECOURS A LA PROCEDURE CONSULTATIVE

Le recours à la procédure consultative a une place importante dans les relations publiques. La mise en œuvre d'une telle procédure conduit une autorité disposant d'un pouvoir décisionnel à soumettre un projet de texte ou de décision à un organisme consultatif préalablement à la prise de décision[153]. L'organisme consulté, après avoir porté une appréciation sur le projet qui lui est soumis, formule son opinion sur celui-ci sous la forme d'un avis[154].

---

[151] Il s'agit notamment, du régime politique des Etats-Unis d'Amérique. Sur ce point, l'on lira avec intérêt. TOINET (M.F), « Le système politique des Etats-Unis », op. cit, pp. 358-366 V. Aussi MANIN (B), « Frontière, freins et contrepoids. La séparation des pouvoirs dans le débat constitutionnel américain de 1787 » Revue française des Sciences politiques, 1994, p. 257.

[152] V. DELPEREE (F), « L'interprétation constitutionnelle ou la leçon de musique », in F. MELIN - SOUCRAMANIEN, « L'interprétation constitutionnelle » Editions Dalloz, Paris, 2005, p. 247.

[153] V. ISSAC (G), « La procédure administrative non contentieuse », Ed LGDJ, collection « Bibliothèque de droit public » Paris, 1968, P79

[154] Un avis est une appréciation que les textes commandent de donner à un organisme compétent à cet effet avant que soit pris un acte. Un avis est obligatoire lorsque la

L'intervention de l'avis vise à nourrir le processus décisionnel. Il permet d'une part, de prendre en compte ou à tout le moins d'entendre le point de vue des différents acteurs économiques et sociaux concernés. La procédure consultative permet, d'autre part, d'entendre les spécialistes d'un domaine afin d'éclairer l'autorité compétente sur les aspects techniques de celui-ci. Telle est par exemple la finalité des avis de la Cour Suprême en matière de projet de texte. De façon plus générale, l'avis vise à ce que les divers intérêts en présence ne soient exprimés et que les éléments d'informations pertinentes aient été portées à la connaissance de l'autorité publique avant la prise de décision.

Malgré son importance, on parle généralement assez peu de la procédure consultative. Cela pour une raison très simple : cette procédure est dans une large mesure secrète. Elle est par conséquent moins bien connue à l'extérieur, et elle attire moins l'attention de la doctrine que la procédure contentieuse.

Au Congo, dans l'exercice de ses fonctions, les décisions du Président Denis SASSOU-N'GUESSO sont fréquemment précédées de consultation. Si la consultation ne comporte aucun effet exécutoire par elle-même, cependant, la décision prise à la suite de cette consultation s'intègre à l'ordre juridique. Dès lors, les formalités de la consultation préalable ont une influence sur sa légalité.

La consultation préalable est le fait d'une ou plusieurs autorités administratives, dont les avis doivent être recueillis avant que la décision soit prise. L'intervention de l'autorité administrative doit se faire conformément aux prescriptions de la loi.

Au Congo, les organes consultatifs sont institués par la Constitution. C'est le cas du Conseil économique, social et environnemental[155]. Leur création peut être aussi autorisée par la loi dans les matières réservées au législateur par l'article 166, alinéa 2 de la Constitution de 2015. C'est le cas de la Cour suprême, organe de

---

consultation est imposée. Il est conforme si la décision doit respecter l'avis rendu. Sur ces précisions, V. DE VILLIERS (M), LE DIVELLEC (A), in « Dictionnaire du droit constitutionnel », Editions SIREY, Paris, 2009, pp 20-21. Concernant la doctrine, l'on pourra se référer à : HEINIS (M), in « La procédure consultative dans la jurisprudence administrative », GAZ. PAL, 1996, pp. 662 - 671 ; V. Aussi TCHEN (V), in « Ediction de l'acte administratif. Auteurs, formes, procédure », JCPA, 2016 fasc, n°107, P.20.

[155] V. L'article 197 de la Constitution de 2015, op. cit.

consultation par excellence existant en matière de projets de règlements. C'est donc à ces deux organes consultatifs que nous consacrons nos développements.

PARAGRAPHE I

LA CONSULTATION DU CONSEIL ECONOMIQUE, SOCIAL ET ENVIRONNEMENTAL.

Le souci d'assurer dans le contexte d'une démocratie politique la représentation socio-professionnelle, a conduit le constituant congolais de 2015 à mettre en place une assemblée constitutionnelle qui n'est pas parlementaire : l'actuel Conseil économique, social et environnemental[156].

Dès lors que « Seul le suffrage universel est source du pouvoir »[157], le Conseil économique, social et environnement dont la composition résulte d'un processus, non d'une élection, mais de désignation, ne dispose pas d'une fonction de délibération. La délibération suppose un pouvoir de prendre des décisions dans l'élaboration de tout texte qui lui est soumis, et donc de l'accepter ou de la refuser ou encore de la modifier[158].

Le Conseil économique, social et environnemental est ainsi « auprès des pouvoirs publics », une assemblée consultative[159]. Il est donc un donneur d'avis dont la consultation mérite d'être connue.

Le Président de la République, comme le Président de l'Assemblée nationale et le Président du Sénat, peuvent consulter le Conseil sur tout problème de caractère économique, social et environnemental[160]. Toutefois, c'est bien le Président de la République et lui seul qui peut également le consulter sur les projets des lois du programme et plan de développement à caractère économique, social et environnemental, à l'exception du budget de l'Etat[161]. C'est-à-dire que l'impression par l'article 196 de la Constitution de 2015 il « est institué un Conseil économique, social et environnemental » est bonne. En

[156] V. L'article 6 (nouveau) de la loi n° 17-99 du 15 Avril 1999 modifiant et complétant certaines dispositions de la loi n°025-92 du 20 Août 1992 et de la loi n°30-94 du 18 Octobre 1994 portant organisation et fonctionnement de la Cour Suprême.

[157] V. l'article 196 de la Constitution de 2015, op. cit

[158] Ibidem, Article 5

[159] V. GOHIN (O), « Droit Constitutionnel », Ed. LITEC, Paris, 2010, P. 1205.

[160] V. l'article 197 de la Constitution de 2015, op. cit.

[161] Ibidem, Article 197, al. 2

effet, la consultation du Conseil est, en premier lieu à l'initiative et à destination du Président de la République. Elle est principalement là où est la réalité du pouvoir.

Par ailleurs, selon l'article 198 de la Constitution précitée, une loi organique fixe les règles du fonctionnement du Conseil[162].

Ainsi, dans ce lieu privilégié de la concertation sociale qu'est le Conseil économique, social et environnemental, en faveur du développement du Congo, tant par la mesure des problèmes que par la détermination des solutions, la consultation revêt un aspect important. Dès lors, son examen s'impose. Mais avant un tel exercice, présentons d'abord son organisation.

A. L'organisation du Conseil économique social et environnemental

Par son organisation, le Conseil assure la représentation des principales branches d'activités socio-professionnelles, ainsi associés à la définition de la politique économique, social et environnemental de l'Etat[163]. Il comprend soixante-quinze membres[164] et la répartition des conseillers suit le schéma suivant :

- quatre représentants des chambres de commerce ;
- douze représentants des coopératives agricoles et non agricoles à raison d'un représentant par département ;
- six représentants des organisations patronales les plus représentatives ;
- douze représentants des associations paysannes les plus représentatives à raison d'un représentant par département ;
- neuf représentants des professions libérales, à raison d'un par catégorie ;
- deux représentants des professionnels de l'environnement

[162] Ibidem, Article 197, al. 5

[163] Il s'agit de la loi organique n°27-2018 du 7 Août 2018 portant Organisation, composition et fonctionnement du Conseil économique, social et environnemental.

[164] V. l'article 27 de la loi organique n°27-2018 du 7 Août 2018 op. cit.

- deux représentants des associations non gouvernementales à vocation sociale ;
- deux représentants des associations non gouvernementales à vocation environnementale ;
- trois représentants des chercheurs et universitaires ;
- cinq représentants des confessions religieuses ;
- cinq personnalités désignées par leurs compétences en matière économique, sociale et environnementale, à raison de deux par le Président de la République, une par le Président du Sénat, une par le Président de l'Assemblée nationale et une par le Premier ministre, Chef du Gouvernement ;
- onze représentants des syndicats les représentatifs des travailleurs salariés, à raison d'un représentant par catégorie[165].

Cette répartition des membres du Conseil appelle quelques observations.

D'abord, sur soixante-quinze membres, 48% correspondent à l'effectif des syndicats des organisations patronales et des professions libérales[166] tandis que les autres représentations sont plus fragmentées entre les catégories retenues[167].

De plus, il est vitale pour une assemblée de ce type pour que sa représentativité interne suive l'évolution de la société congolaise, le législateur a prévu plus de femmes au sein du Conseil[168].

Ensuite, pour permettre au nouveau Conseil d'être désormais, plus à l'image, et donc plus à l'écoute du Congo, la loi organique du 7 août 2018 a entendu faire une place au sein de l'assemblée, à la culture[169] à l'environnement[170].

---

165 Ibidem.
166 Ibidem, Article 27, al. 2
167 Ibidem.
168 Ibidem.
L'on signalera que par exemple que ce nombre est de deux pour des associations non gouvernementales à caractère sociale et à vocation environnementale, des professionnels de l'environnement et enfin, de trois pour des chercheurs et des universitaires.
169 V. Article 30 de la loi organique n° 27-2018 du 7 Août 2018, op. cit.
170 Ibidem, article 27, al. 13 (catégorie 1)

Enfin, l'on soulignera que la représentation des jeunes n'est pas prévue en tant que telle alors que, par l'intermédiaire du Conseil consultatif de la jeunesse, il aurait été simple et efficace de l'organiser.

Les membres du Conseil sont désignés pour 4 ans renouvelables une fois[171]. Pour ce faire, ils doivent être de nationalité congolaise, être âgés de dix-huit ans au moins, appartenir à l'une des catégories représentées au conseil. Enfin ils doivent jouir de leurs droits civiques et politiques[172].

Il est pourvu à la vacance du siège dans un délai de trente jours[173]. Toute personne désignée pour remplacer un membre du Conseil, exerce son mandat jusqu'à expiration du mandat de la personne qu'elle remplace[174].

Si les membres du bureau du Conseil perçoivent une indemnité de fonction fixée par décret en Conseil des ministres[175], par contre, les fonctions des membres du Conseil sont gratuites.

Toutefois, elles donnent droit au remboursement des frais de transfert et aux indemnités de sessions dont les montants et les conditions d'attribution sont fixés par décret en conseil des ministres[176].

Les crédits nécessaires au fonctionnement du Conseil sont inscrits au budget de l'Etat [177] et le Conseil jouit de l'autonomie de gestion[178]. Les comptes du Conseil sont soumis au contrôle de la Cour des Comptes et de discipline budgétaire[179].

Le Conseil économique, social et environnemental est doté d'un règlement intérieur qui est arrêté sur proposition du bureau. Ce règlement doit être approuvé par décret pris en conseil de ministres[180].

---

[171] Ibidem, article 27, al. 9
[172] Ibidem, article 20.
[173] Ibidem, article 7
[174] Ibidem, article 33, al. 2.
[175] Ibidem, article 33
[176] Ibidem, article 10, al. 2
[177] Ibidem, article 39, al. 2
[178] Ibidem, article 40.
[179] Ibidem, article 40, al. 2
[180] Ibidem, article 40, al. 3

Le Conseil dispose des services administratifs organisés en secrétariat général[181]. Le secrétariat général est animé par un secrétaire général nommé par décret en conseil des ministres[182].

Le Conseil économique, social et environnemental est constitué d'une assemble générale, d'un bureau et des commissions permanentes[183].

L'assemblée générale est l'organe délibérant du conseil[184]. Elle se réunit en session ordinaire ou extraordinaire[185].

Le bureau du Conseil assure la permanence du Conseil. Il comprend :

- Un Président ;
- Un Vice-Président ;
- Un Rapporteur ;
- Un Questeur[186].

Le Président du bureau préside les sessions de l'assemblée générale[187]. Il représente le conseil à l'égard[188]. Il est l'ordonnateur du budget du conseil[189].

Quant aux commissions permanentes, leurs nombres, leurs compositions et leurs compétences sont déterminés par la loi organique du 7 août 2018[190].

L'organisation du Conseil économique, social et environnemental étant ainsi suffisamment élucidée, il est nécessaire d'observer sa consultation. Elle s'exerce sous la forme d'une assemblée.

---

[181] Ibidem, article 26
[182] Ibidem, article 24.
[183] Ibidem, article 25.
[184] Ibidem, article 4.
[185] Ibidem, article 6, al. 2.
[186] Ibidem, article 6.
[187] Ibidem, article 9.
[188] Ibidem, article 11.
[189] Ibidem, article 11, al. 2
[190] Ibidem, article 11, al. 3

B. Une consultation spécifique qui s'exerce sous la forme d'assemblée

Le Conseil économique, social et environnemental, sous cette appellation qui résulte de la Constitution de 2015, prolongée par la loi organique du 7 août 2018[191], l'est ainsi « auprès des pouvoirs publics une assemblée consultative »[192]. Il s'agit d'une consultation soit obligatoire[193], soit facultative[194], à laquelle le constituant ajoute la faculté de s'autosaisir[195].

Concernant la consultation obligatoire, aux termes de l'article 197, al5, le Conseil économique, social et environnemental est saisi de tout projet de loi de programme et plan de développement à caractère économique, social et environnemental, à l'exception du budget de l'Etat.

Cette compétence revêt un sens particulièrement fort lorsqu'on sait que le caractère de l'avis impliquerait un rôle plus actif, plus positif qui s'apparenterait à un rôle de bureau d'étude du Conseil économique, social et environnemental. Cela est d'autant vrai que le débat obligatoire sur le plan de la Nation entre particulièrement dans le cadre d'une assemblée à composition et à vocation socio-professionnelle.

Le Conseil économique, social et environnemental a accompli cette mission dans son avis de Mai 2011 relatif à la mise en œuvre de la politique pharmaceutique et du médicament au Congo.

En effet, ayant constaté que malgré l'existence d'un cadre juridique dont certains textes émanaient de l'époque coloniale, mais toujours en vigueur[196] et d'autres récents[197], des dysfonctionnements étaient toujours constatés dans la politique pharmaceutique et du médicament[198].

---

[191] Ibidem, articles 18,19, 20 et 21.

[192] Il s'agit de la loi n° 27-2018 du 7 Août 2018 portant Organisation, composition et fonctionnement du Conseil économique, social et environnemental, op. cit.

[193] V. l'article 197 de la Constitution de 2015, op. cit.

[194] Ibidem, article 197, al. 5.

[195] Ibidem, article 197, al. 2

[196] Ibidem, article 197, al. 3.

[197] Il s'agit de la loi n° 54-418 du 15 Avril 1954

[198] Il s'agit de la loi n° 10-22010 du 20 Juillet 2010 et l'arrêté 7780/MCCA-CAB du 27 Novembre 2007.

A l'issue de ce constat d'échec, le Conseil a émis un avis qui recommandait au Gouvernement de :

- Mettre en œuvre les réformes juridiques de la politique pharmaceutique et du médicament ;
- Redynamiser la COMEG[199] pour plus d'efficacité dans la mise en œuvre de la politique pharmaceutique et du médicament ;
- Créer un corps d'inspecteurs sanitaires en vue d'un contrôle efficace des activités sanitaires et d'une lutte contre la vente illicite des médicaments et l'exercice illégal des professions de santé publique ;
- Organiser les états généraux de la santé publique afin d'instituer une politique pharmaceutique et du médicament efficace[200].

Outre l'avis obligatoire, à l'initiative du Président de la République, le Président de l'Assemblée nationale ou du Président du Sénat, le Conseil économique, social et environnemental peut être consulté sur les projets de Traités ou d'Accords internationaux, les projets ou les propositions de loi, ainsi que les projets de décret à raison de leur caractère économique, social et environnemental[201]. Il s'agit d'une consultation facultative.

Il s'est livré à cet exercice dans sa session de janvier 2010, lorsqu'en date du 12 janvier 2010 à l'initiative du Président de la République, le Conseil s'est saisit d'une demande d'avis sur « la formation professionnelle et création d'emplois ».

A ce propos, selon la théorie keynésienne, en effet, les Gouvernements devraient intervenir massivement en situation de chômage sévère, pour injecter davantage d'argent dans l'économie, soit par des réductions fiscales, soit par des dépenses accrues de création d'emplois. Or, le drame, c'est que les déficits ne se prêtent guère à ces actions conjoncturelles. Bien au contraire, ces déficits entraînent des besoins financiers tels que les Gouvernements, par leurs emprunts

---

[199] Ces dysfonctionnements ont été établis sur la base d'un constat établi sur le plan juridique, institutionnel, des professions médicales et pharmaceutiques
Sur ces points et pour une étude détaillée, V. L'avis sur « Point sur la mise en œuvre de la politique pharmaceutique et du médicament », Session de mai 2011, pp 3 - 5.
[200] La COMEC, c'est
[201] V. L'avis sur « Point sur la mise en œuvre de la politique pharmaceutique et du médicament »,op. cit., pp 5 - 7.

massifs, maintiennent des taux d'intérêts trop élevés pour intéresser les investisseurs privés à entreprendre des expansions. C'est pourquoi, tous les pays de l'OCDE ont actuellement une volonté explicite de réduire leur déficit[202]. Ainsi, les politiques de ces Etats sont orientées vers cet objectif.

Certes, s'il est vrai que pour la reprise de l'emploi ou la création d'emploi, les mesures à prendre pourraient s'inscrire dans ce cadre qui semble avoir rallié les pays de l'OCDE, cependant, au Congo dans sa quête de création d'emplois, le Président Denis SASSOU-N'GUESSO fait de la qualité des ressources humaines le principal et indispensable facteur de l'entreprise de demain[203]. Pour ce faire, l'enseignement et la formation technique et professionnelle deviennent les piliers de la promotion de l'emploi.

« Formation professionnelle et création d'emplois », voilà brièvement esquissé le thème soumis à la consultation facultative du Conseil le 12 janvier 2010.

Au cours de son examen, le Conseil a formulé un "catalogue" de recommandations[204] qui sont pour l'essentiel l'élaboration d'une stratégie et une politique nationale de formation professionnelle en déterminant les formes et types de formation qui ont le plus grand impact sur l'emploi, les revenus et la productivité dans les secteurs formel et informel de l'économie. Ces recommandations s'articulent autour de :

- L'amélioration de la qualité de la formation professionnelle, en mettant en place un dispositif d'ingénierie de la formation professionnelle de l'apprentissage ;
- La création d'un haut conseil du dialogue public-privé placé sous l'autorité de la Présidence de la République[205].

---

[202] V. L'article 197, al. 4 de la Constitution de 2015, op. cit.

[203] V. MIGNOT (G), « Avant-propos », in « L'emploi et les jeunes : deux politiques publiques France, QUEBEC », Actes du Colloque organisé par le CEPAQ et l'IIAP, Paris, 1983, p. 12

[204] L'on retrouve cette préoccupation dans le Projet de société intitulé « Le chemin d'avenir » du Président Denis SASSOU NGUESSO, cité par le Conseil économique, social et environnemental dans son avis de janvier 2010, p. 2

[205] V. L'avis sur le thème « Formation professionnelle et création d'emplois », Session de Janvier 2010, pp. 13 - 17.

Enfin, de façon fort utile, le constituant congolais a ouvert au Conseil économique, social et environnemental la possibilité d'une auto- saisine[206].

Ainsi, le conseil peut, de sa propre initiative émettre des avis sur tout problème économique, social et environnemental. Dès lors, chaque fois qu'il estime utile, le Conseil peut exposer l'avis qu'il aurait rendu sur une question donnée. Et il l'a fait dans sa session de janvier 2012 relative au thème consacré à « l'environnement : l'hygiène et assainissement de la ville de Brazzaville ».

En effet, à cause d'une démographie galopante, de l'occupation anarchique des terrains, de la faiblesse des moyens financiers et matériels et la non maîtrise de la croissance urbaine, la municipalité de Brazzaville a de plus en plus de la peine à offrir un service de qualité en matière d'hygiène et d'assainissement[207].

Les dysfonctionnements des systèmes d'assainissement sont dus à :

- l'absence de cadre institutionnel adapté et cohérent ;
- l'absence d'un cadre législatif et règlementé actualisé ;
- l'incapacité des services techniques municipaux à appliquer et surtout à respecter la prescription des différents plans directeurs d'urbanisme et schémas directeur d'assainissement adoptés ;
- l'absence quasi-totale d'outils de contrôle de la qualité de l'environnement[208].

Fort de ce constat et afin de remédier à la crise de l'assainissement, le Conseil a recommandé au Gouvernement ce qui suit :

- l'adoption d'une Charte sur l'environnement afin de définir la politique nationale sur l'environnement ;
- l'élaboration d'une politique nationale de gestion des déchets liquides et solides, ainsi qu'une politique nationale d'assainissement des villes ;

---

[206] Ibidem, p. 13 et S.

[207] V. L'article 197, al. 3 de la Constitution de 2015, op. cit.

[208] V. L'avis sur le thème « Environnement : Hygiène et assainissement de la ville de Brazzaville », Session de Janvier 2012, p. 1.

- le renforcement et la coordination interministérielle par la mise en place d'un comité de coordination interministérielle en charge de l'environnement, de l'hygiène et de l'assainissement compte tenu de la transversalité de ces secteurs ;
- la mise sur pied de la haute autorité de régulation à l'environnement et à l'assainissement rattachée à la Présidence de la République[209].

Dans son utilisation du droit, le Président Denis SASSOU-N'GUESSO ne bénéficie pas seulement de la consultation du Conseil économique, social et environnemental, mais aussi de celle de la Cour Suprême.

PARAGRAPHE II

LA CONSULTATION DE LA COUR SUPREME

L'administration est tenue dans l'élaboration d'un acte administratif de respecter un certain nombre de règles de forme[210]. Le but de ces règles est de permettre à l'administration de statuer dans les meilleures conditions et de protéger les administrés contre tout risque arbitraire administratif. C'est dans ce sens qu'on assiste au Congo au développement de la procédure administrative non contentieuse, c'est-à-dire à l'ensemble des règles de forme s'imposant à l'administration lorsque le pouvoir exécutif élabore un acte administratif.

Le souci du Chef de l'Exécutif, le Président Denis SASSOU-N'GUESSO d'éclairer l'exercice de ce pouvoir de décision explique que la décision soit souvent précédée par le recours à la Cour Suprême. Il s'agit là, d'une possibilité donnée à la Cour suprême de se prononcer sur des questions juridiques particulièrement délicates. L'objectif recherché est de voir si la Cour joue son rôle de gardien de la légalité, de protecteur des droits et libertés des citoyens, d'élaboration d'un droit susceptible d'encadrer et d'impulser un Etat de droit.

Dotée de compétences consultatives[211], celles-ci représentent une part substantielle de l'action de la Cour suprême au Congo. En

---

209 Ibidem.

210 Ibidem, pp. 8 - 9.

211 V. DEBABASH (CH), « Droit administratif », Editions ECONOMICA, 6e édition Paris, 2001, p. 489.

effet, depuis plusieurs années, elle joue son rôle de conseiller de l'Exécutif et, l'heure est venue de se pencher sur cette activité. Il ne s'agit pas de faire une analyse approfondie et critique de cette activité, mais tout au plus d'en faire une présentation pour en déterminer la finalité.

Le constat qui en découle de l'analyse révèle une consultation simple, dont les avis sont souvent pris en considération pour une garantie de rédaction correcte et de légalité du texte.

A. Une consultation simple

Si l'on s'intéresse à la nature, l'on peut sans hésiter dire qu'il s'agit d'une consultation simple[212]. La notion de consultation simple signifie que l'administration n'est pas liée par le contenu de l'avis[213]. La consultation n'est pas contraignante pour l'autorité disposant du pouvoir décisionnel. Celle-ci n'est tenue ni de solliciter l'avis, ni de le suivre[214].

L'autorité compétente est libre de consulter ou de ne pas consulter la Cour Suprême.

D'ailleurs, l'article 6 précité prévoit que la Cour Suprême « peut » être consultée. Il en résulte que l'autorité dispose d'un choix et ne s'adresse à la Cour Suprême que si elle estime opportun d'obtenir son avis.

Dans ce cas, la liberté de l'autorité disposant du pouvoir décisionnel est très importante. En effet, si elle décide de consulter la Cour suprême, elle n'est pas tenue de suivre son avis. Cela signifie qu'elle n'est pas liée par celui-ci. Par conséquent, elle peut modifier ou non son projet de texte en fonction de l'avis rendu. Elle peut même y introduire des dispositions nouvelles sur lesquelles l'organe consulté

---

[212] V. L'article 6 de la loi n017-99 du 15 avril 1992 modifiant et complétant certaines dispositions de la loi n°025-92 du 20 août 1992 et de la loi n°30-94 du 18 octobre 1994 portant organisation et fonctionnement de la Cour Suprême.

[213] Ibidem

[214] Ibidem, alinéa, notamment la seconde condition posée à l'examen de la consultation.

n'a pu se prononcer, à condition évidemment que ces dispositions ne soient pas celles pour lesquelles la consultation est obligatoire[215].

En matière de consultation facultative, la liberté de l'autorité compétente n'est pas totale. La décision qu'elle prend à la suite d'un avis facultatif est viciée dans deux cas différends. D'abord, dès que la procédure de la consultation est engagée, l'autorité doit s'y tenir. Elle ne peut donc plus y renoncer et, par exemple, prendre sa décision avant même que l'organe saisi ait pu rendre son avis. Ensuite, une éventuelle irrégularité des conditions dans lesquelles l'avis a été rendu, serait susceptible de rendre illégale la décision[216].

Concernant l'étendue de la consultation, outre les projets de règlement et les questions pour lesquelles son intervention est prévue par la Constitution ou la loi[217], la Cour Suprême donne également un avis sur toutes les questions qui lui sont soumises par le Président de la République, les membres du Gouvernement et les membres du bureau du parlement[218]. Même si ces questions n'ont pas été détaillées, l'on peut penser qu'il s'agit de toute difficulté pouvant s'élever en matière administrative.

L'idée qui résulte de la consultation simple de la Cour Suprême du Congo révèle une activité encourageante.

A cet effet, saisie pour avis par le Gouvernement le 10 février 2015, sur l'avant-projet de loi autorisant la ratification de l'accord de prêt additionnel entre la République du Congo et la Banque internationale pour la reconstruction et le développement relatif au financement additionnel du projet d'eau, électricité et développement urbain, la Cour a d'abord reconnu que la ratification des traités et accords internationaux par le Président de la République ne peut intervenir qu'après autorisation du Parlement (article 178 de la constitution). Elle a ensuite précisé qu'en l'espèce, s'agissant de l'accord qui engageait les finances de l'Etat, il était fondé que ce texte qui nécessitait l'autorisation du Parlement soit présenté sous forme

---

215 V. MERCUZOT (B), « Organisation administrative. Les institutions administratives françaises » Ed ESKA, Paris, 2001, P.47.

216 Dans le cadre d'une étude du droit comparé, l'on peut se référer à BERNARD (M) in, « Le renouveau de la fonction consultative du Conseil d'Etat sous la Ve République », EDCE, n°46, la documentation française, 1995, p.439

217 Ibidem

218 V. L'article 6 de la loi n°17-99 du 15 avril 1999, op. cit.

d'avant-projet de loi. Ainsi, après examen de l'objet de l'accord, du montant du prêt, des conditions de remboursement de celui-ci et de la contrepartie du Congo, la Cour a décidé que le dispositif n'appelait aucune observation défavorable. En définitive, la Cour était d'avis que l'accord n'avait aucun grief au regard de la Constitution[219].

Consulté par le Gouvernement le 24 juillet 2015 sur l'avant-projet de loi autorisant la ratification de la Convention de l'Union Africaine sur la cybersécurité et la protection des données à caractère personnel, la Cour a d'abord rappelé que la Convention de l'Union Africaine faisant partie des accords internationaux, c'était donc à bon droit que le texte en projet, qui tend à obtenir l'autorisation du Parlement en vue de sa ratification, ait été initié sous forme d'avant-projet de loi avant de conclure dans sa formule habituelle « la Convention de l'Union Africaine, ne heurtant aucune disposition de la Constitution, la Cour suprême et d'avis que l'avant-projet de loi tendant à sa ratification peut être adopté »[220].

Saisie pour avis le 24 avril 2020 par le Gouvernement, sur l'avant-projet de loi autorisant la ratification de l'Accord de financement (Projet de riposte d'urgence au Covid-19 en République du Congo), entre la République du Congo et l'Association internationale de développement, la Cour Suprême après avoir souligné l'autorisation préalable du Parlement, a conclu qu'elle était d'avis que l'Accord de financement intitulé (Projet de riposte d'urgence au Covid-19 en République du Congo) n'encourait aucun grief, au regard de la Constitution[221].

Compte tenu de ce qui précède, malgré son aspect facultatif, l'avis de la Cour Suprême est souvent pris en considération pour une garantie de rédaction correcte et de légalité du texte.

---

[219] Ibidem

[220] V. L'avis n°0055/PR-SG-CAB du 10 février 2015 sur l'avant-projet de loi autorisant la ratification de l'accord de prêt additionnel entre la République du Congo et la Banque internationale pour la reconstruction et le développement relatif au financement du projet d'eau, électricité et développement urbain.

[221] V. L'avis n°0237/PR-SGG-CAB du 24 juillet 2015 sur l'avant-projet de loi autorisant la ratification de la convention de l'Union Africaine sur la cyber sécurité et la protection des données à caractère personnel.

B. Un avis souvent pris en considération pour une garantie de rédaction correcte et de légalité du texte

C'est là que l'analyse est la plus difficile. La saisine de la Cour suprême a pour objet d'alerter les responsables sur les lacunes et les problèmes révélés par l'expérience contentieuse. Il s'agit d'améliorer la qualité des textes. Et cette amélioration s'oriente le plus souvent dans deux directions.

En premier lieu la rédaction correcte du texte.

Dans ce sens, la Cour Suprême vérifie le style, la correction de la langue et la forme grammaticale.

Cela peut paraître un peu ridicule, car il n'y a rien de plus désagréable et de plus gênant qu'un texte mal rédigé. C'est malheureusement souvent le cas, même dans des pays qui nous servent de référence[222].

Cette intervention que l'on appelle la « toilette du texte » ne répond pas seulement à un souci d'élégance mais de précision juridique. L'on peut même parfois ridiculiser la Cour Suprême du Congo en disant qu'elle s'occupe beaucoup de virgule. Or il arrive qu'une virgule change la portée du texte[223].

C'est pourquoi, au Congo, certains textes sortent modifiés dans leur forme, de la consultation de la Cour suprême.

A cet effet, elle prend soin d'écrire dans ses avis, les formules suivantes : « ....la présente loi sera exécutée comme loi de l'Etat »[224],

---

[222] V. L'avis n°176/PR-SGG-CAB du 24 avril 2020 sur l'avant-projet de loi autorisant la ratification de l'accord de financement (projet de riposte d'urgence au Covid-19 en République du Congo), entre la République du Congo et l'association internationale de développement.

[223] Il s'agit de la France et, à ce propos l'on pourra citer l'arrêt « FELDZER » de 1959, à propos de l'accès à certaines fonctions dans l'armée de l'air. Le texte prévoyait que les intéressés devraient faire preuve de « connaissances générales techniques et tactiques ». S'il n'y a pas de virgule entre générales et techniques, cela veut dire que les connaissances techniques sont générales, mais le ministre avait fait comme s'il avait une virgule et avait imposé à ces malheureux officiers une épreuve de culture générale. Le Conseil d'Etat a dit que c'était illégal puisqu'à défaut de virgule, il devait y avoir seulement deux épreuves, techniques et tactiques, et non pas trois.

[224] Voilà un exemple, où le sens du texte a été changé pour l'absence d'une virgule.

mieux encore « … l'article X gagnerait à être réécrit comme suit… pour l'établissement de l'acte de naissance »[225].

Le second rôle de la Cour Suprême s'oriente vers la légalité de texte qui lui est présenté ou sur les problèmes juridiques posés par la demande d'avis qui lui adressée.

Dans cet ordre d'idées, il examine notamment la constitutionnalité des lois et des traités. Le juge n'exerce pas un tel contrôle, mais la Cour suprême statuant à titre consultatif l'exerce constamment[226]. Ce rôle a aujourd'hui une importance accrue en raison du contrôle exercé par la Cour Constitutionnelle[227].

Il appartient, en effet, à la Cour suprême lorsqu'elle examine les projets de lois, de mettre en garde le Gouvernement contre le risque de censure ultérieure par la Cour Constitutionnelle.

En définitive, si l'on peut considérer qu'il n'y ait aucune statistique sur ce point, que la majorité des avis soit suivis par le Gouvernement, à la fois par respect pour l'autorité de la Cour suprême et aussi par crainte d'une censure de la Cour Constitutionnelle pour les projets de loi ou d'une annulation éventuelle au contentieux pour les actes administratifs, l'on a du mal à croire que le Gouvernement passe outre l'avis de la Cour Suprême. Il s'agit donc d'un rôle important de la Cour Suprême et du respect du droit par le Président DENIS SASSOU NGUESSO.

L'analyse de la subordination du droit à la politique met en relief le phénomène suivant : les institutions politiques réaménagées caractérisées par un Exécutif vigoureux incarné par un Président de la République clef de voute des institutions et un Parlement affaibli.

Le goût prononcé du constitutionnalisme teinté de pragmatisme et d'obsession pour la stabilité politique qui a entraîné le Président Denis SASSOU-N'GUESSO à instaurer un présidentialisme négro-africain ne l'a pas empêché de se référer sans cesse à la procédure consultative.

---

[225] Sur ces développements, l'on pourra se référer à l'arrêt ci-dessus mentionné, cité par BRAIBANT (G) et STIRN (B), in « Le droit administratif français », Editions Presses de Sciences po et DALLOZ, 4e édition, Paris, p. 492.

[226] V. Les avis n°005/PR-SG-CAB du 10 février 2015 et n°0237/PR-SGG-CAB du 24 juillet 2015, op. cit.

[227] V. L'article 175, al2 de la Constitution de 2015.

Le décorticage minutieux de la subordination du droit à la politique montre qu'outre le réaménagement des institutions politiques, le Président Denis SASSOU-N'GUESSO a maintenu la fonction juridictionnelle et réalisé une protection des droits de l'Homme fort diversifiée.

CHAPITRE II

LE PRESIDENT DENIS SASSOU NGUESSO MAINTIENT LA FONCTION JURIDICTIONNELLE ET REALISE UNE PROTECTION DES DROITS DE L'HOMME FORT DIVERSIFIEE

La Constitution dit : « le pouvoir judiciaire statue sur les litiges nés de l'application de la loi et du règlement »[228]. Plus loin, elle précise que « les décisions de la Cour Constitutionnelle s'imposent aux pouvoirs publics, à toutes les autorités administratives, juridictionnelles et aux particuliers »[229]. Ainsi, la fonction juridictionnelle est celle qu'exerce le juge.

Les procédures juridictionnelles dans lesquelles le juge exerce sa compétence ne nécessitent pas le consentement des deux parties afin de parvenir à la résolution du litige.

De manière générale, les procédures juridictionnelles sont beaucoup plus efficaces que les autres types de procédures[230] parce qu'elles sont initiées sans consentement mutuel, les litiges juridictionnels étant générés par l'action d'une partie contre l'autre.

Pour ces raisons, le juge est placé naturellement dans une position difficile. Ceci est à l'origine de la crise du consensus, toujours latente dans le processus juridictionnel. Pour faire face à cette faiblesse

---

[228] V. l'article 133 de la Constitution de 2002, op.cit

[229] Ibidem, Article 150

[230] Ces types de procédures sont : la médiation et l'arbitrage
S'agissant de la médiation, le médiateur facilite la communication entre les parties en conflit et peut éventuellement proposer une solution, mais les parties elles-mêmes doivent y consentir.
Concernant l'arbitrage, un arbitre est en tiers choisi et investi par les parties de la mission d'imposer une solution obligatoire.
Sur ces précisions V GUARNIERI (C), « la Configuration institutionnelle du pouvoir judiciaire », in « Traité international de droit constitutionnel. Distribution des pouvoirs », sous la direction de Michel TROPER, Dominique CHAGNOLLAUD, Tome II, Editions DALLOZ, PARIS, 2012, p. 288.

ledit processus à tendance à inclure un certain nombre de principes[231] dont le plus important reste l'indépendance. Cette indépendance est une condition nécessaire à la sauvegarde de l'impartialité judiciaire, puisqu'un juge qui est dépendant de quelque façon que ce soit à l'une des parties ne peut-être, et plus particulièrement ne peut apparaître comme indépendant.

Au Congo, cette disposition d'esprit est partagée lorsqu'on examine la place de la justice au sein des institutions de l'Etat. Elle l'est, en effet en des termes qui datent le plus souvent de l'époque de MONTESQUIEU qui posent en principe l'existence d'un « pouvoir judiciaire », séparé et autonome des deux autres, exécutif et législatif[232].

A l'heure où dans certains Etats, l'on commence à insinuer que les trois pouvoirs ne sont en réalité que deux, le pouvoir judiciaire n'étant qu'une autorité, le Président Denis SASSOU-N'GUESSO reste profondément fidèle à son attachement au tryptique traditionnel[233]. C'est pourquoi, après les évènements du 5 juin 1997, il va exprimer clairement cet attachement en militant activement à maintenir dans la

---

[231] Parmi ces principes, l'on peut par exemple citer :

- L'interdiction de la justice ad hoc. Ce qui signifie que le litige doit être résolu par un juge ayant déjà compétence quant à l'objet du litige au principal ;
- Le principe de contradictoire, lequel établit le droit des deux parties d'être entendues par le juge.
- Le principe de « passivité judiciaire » ou de l'interdiction de se saisir d'office, lequel interdit au juge d'initier la procédure de manière indépendante, de son propre chef.

Sur ces précisions, V. CAPPELLETTI (C), cité par GUARNIERI (C), in « la configuration institutionnelle du pouvoir judiciaire », op cit, p. 289

[232] MONTESQUIEU, cité par TROPER (M), in « Pour une théorie juridique de l'Etat », Ed PUF, Paris, 1994, P229.

[233] Il s'agit d'une expression traditionnelle dans le droit constitutionnel qui fait allusion à la séparation des pouvoirs telle qu'elle est dégagée principalement dans l'ouvrage de MONTESQUIEU « De l'esprit des lois 1748 ».

Pour une étude détaillée de la question, l'on peut se référer à : EISENMANN (C), « L'esprit des lois et la séparation des pouvoirs », in Mélanges CARRE de MALBERG, 1933, p. 190 et « La pensée constitutionnelle de MONTESQUIEU », Recueil Sirey du bicentenaire de l'esprit des lois, Paris, 1952 ; V. Egalement PIMENTEL (C), « Le sanctuaire vide : la séparation des pouvoirs comme superstition juridique », Revue POUVOIRS N°102, 2002, V Aussi TROPER (M), « La séparation des pouvoirs et l'histoire constitutionnelle française », Ed LGDJ, 2e éd. Paris, 1980 V. Enfin. VEDEL (G), « MONTESQUIEU et l'esprit des lois », notamment les pages de doctrines, LGDJ, Paris 1980.

Constitution de 2002 cet « immortel principe » de « pouvoir judiciaire »[234].

Puisque l'un des objectifs principaux du Constitutionnalisme est de limiter l'exercice arbitraire du pouvoir et de rendre ce dernier juridiquement responsable, soumettre l'accomplissement des fonctions publiques au contrôle d'un organe indépendant devient ainsi une forme de contrôle essentielle et efficace de l'exercice du pouvoir et garantit la suprématie du droit. Il s'agit là, d'une étape fondamentale dans la construction d'un Etat de droit. Et c'est dans cette perspective, malgré les changements constitutionnels intervenus en juin 1997, que le Président Denis SASSOU-N'GUESSO a maintenu la fonction juridictionnelle (Section I) tout en réalisant une protection des droits de l'homme fort diversifiée (Section II).

SECTION I
LE MAINTIEN DE LA FONCTION JURIDICTIONNELLE

Dans l'organisation de l'Etat congolais, différents moyens sont prévus en vue d'assurer le bon fonctionnement des services publics ainsi que la protection des droits et intérêts des particuliers dans les charges qui leur sont imposées et les avantages qui leur sont procurés.

Parmi ces moyens, les uns se réalisent par la fonction législative, les autres par l'intervention de la fonction administrative. A ces fonctions, s'ajoute la fonction juridictionnelle.

La fonction législative se rattache exclusivement aux phénomènes de formation du droit : mais elle n'englobe pas tous les phénomènes de ce genre qui se produisent dans le monde. Elle se limite aux faits de formation du droit par voie générale et impersonnelle.

La fonction législative consiste, en effet, pour un Etat à formuler des règles de droit générales et impersonnelles. Elle s'exerce aussi au moyen d'actes règles, puisque ce sont ces actes qu'ont pour effet d'établir de telles règles de droit[235].

---

234 V L'article 133 de la Constitution de 2002, op. cit.

235 V. BONNARD (R), « Le contrôle juridictionnel de l'administration », Editions DALLOZ, PARIS, 2006, p.2

L'Etat exerce ainsi sa fonction législative non seulement à l'égard des particuliers, mais aussi à l'égard de lui-même. Car l'Etat pouvant être lié par le droit, il est nécessaire que les éléments généraux et impersonnels du droit applicable à l'Etat soient formulés[236].

La fonction administrative de l'Etat se différencie de la fonction législative en ce qu'elle se rattache aux phénomènes non seulement de formation, mais aussi de réalisation du droit. Elle a pour objet non seulement de formuler les règles de droit au moyen d'actes juridiques, mais aussi de réaliser l'exécution des règles de droit par l'accomplissement d'actes matériels[237].

L'on peut aussi désigner la fonction administrative comme cette fonction de l'Etat qui consiste à accomplir en vue d'assurer le fonctionnement des services publics, des actes à portée individuelle et d'actes matériels[238].

Enfin, quant à la fonction juridictionnelle, objet de notre étude, elle est née d'un phénomène et ce phénomène est la situation contentieuse. En effet, la situation contentieuse est un fait anormal qui ne doit pas se maintenir et qu'il faut tendre à faire disparaître. La paix sociale exige qu'elle ne se perpétue pas indéfiniment. Il faut y mettre fin.

C'est précisément là, qu'intervient la fonction juridictionnelle. Elle intervient à l'occasion des incidents qui peuvent se produire au cours de la formation et la réalisation du droit et qui consiste dans une contestation qui est soulevée. Elle intervient pour faire disparaître cet incident, c'est-à-dire pour trancher la contestation soulevée.

Au Congo, le Président Denis SASSOU-N'GUESSO, gardien de la paix sociale, ne peut se désintéresser de ces phénomènes contentieux. Il doit s'efforcer d'y mettre fin. Une certaine intervention de l'Etat s'impose. C'est par l'exercice de la fonction juridictionnelle que le Président Denis SASSOU-N'GUESSO réalise cette intervention.

---

236 À ce propos, l'on lira avec intérêt : DUCLOS (P), in « La notion de Constitution dans l'œuvre de l'Assemblée constituante de 1789 » Thèse, Paris, 1932, PP 16-20.
237 V. BONNARD (R), « Le contrôle juridictionnel de l'administration » op. cit, p. 18.
238 Ibidem.

Au Congo, la fonction juridictionnelle est assurée par un pouvoir judiciaire régi par un système de l'unicité de juridiction[239] et par la Cour Constitutionnelle[240]. Nos développements seront consacrés à ces deux ordres juridictionnels[241], à l'exception de la Cour des comptes et de discipline budgétaire[242] et de la haute cour de justice[243].

PARAGRAPHE I

UN POUVOIR JUDICIAIRE REGI PAR LE SYSTEME DE L'UNICITE DE JURIDICTION

Au Congo, le pouvoir judiciaire tel que prévu au titre VIII de la Constitution de 2002 comprend la Cour Suprême, la Cour des comptes et de discipline budgétaire, la Cour d'appel et les autres juridictions nationales. Mais comment la justice est-elle rendue ?

Pour comprendre la manière dont la justice est rendue, il est indispensable de situer le phénomène dans le cadre global africain et de rappeler qu'elle était la solution à l'époque précoloniale, pendant la colonisation et la période postérieure à l'accession à l'indépendance.

Concernant la période postérieure à l'accession à l'indépendance, pour la commodité de l'étude, nous prendrons comme date centrale l'année 1990, qui correspond du reste au renouveau démocratique et institutionnel, intervenu en Afrique à l'occasion des différentes Conférences nationales souveraines. Nous laisserons donc de côté les débats relatifs aux accusations étoffées, sévères et sans appel de la justice en Afrique au cours de la période allant de 1960 à 1990, que d'aucuns considèrent confirmés par la réalité que nous vivons. C'est sous le bénéfice de cette précision qu'il conviendra d'étudier l'évolution de la justice en Afrique jusqu'à nos jours.

---

[239] V. L'article premier de la loi n°19-99 du 15 août 1999 modifiant et complétant certaines dispositions de la loi n°022-92 du 20 août 1992 portant organisation du pouvoir judiciaire.

[240] V. L'article 144 de la Constitution de 2002, op. cit.

[241] Il s'agit de l'ordre juridictionnel judiciaire, coiffé par la Cour Suprême et de l'ordre juridictionnel, composé d'une seule juridiction, la Cour Constitutionnelle.

[242] La Cour des comptes et de discipline budgétaire sera examinée dans le cadre du Titre II, Chapitre II, Section I, Paragraphe II, intitulé « la Consécration d'une gestion publique performante.

[243] La haute Cour de justice est exclue de notre étude tenue de sa spécificité. À cet effet, V. L'article 152 de la Constitution de 2002, op. cit.

Il peut paraître tentant, pour l'examen de la justice en Afrique, d'exclure la période précoloniale. Pourtant, avant l'implantation française, il existait déjà en Afrique noire des juridictions de droit traditionnel ou local[244].

En effet, la justice dans l'Afrique précoloniale était exercée par des Chefs coutumiers : Chefs de village, entourés des anciens, Chefs de cantons assistés de notables, Roi ou Empereur dans des pays constitués en royaume ou en empire[245]. Le pouvoir de juger et celui du commandement étaient confondus[246].

Il n'y avait pas véritablement de séparation organique entre l'administration et le juge. Dans ce sens, la justice émanait du Roi, et du Roi seul, qui ne se trouvait lié qu'à des règles coutumières régissant la vie du pays[247]. Dans « de telles sociétés l'individu n'est en effet connu et reconnu comme un être humain que dans et par le groupe auquel il appartient »[248]. Ce constat explique l'échec de toute forme de contrôle juridictionnel dans les sociétés précoloniales en raison de l'absence totale de libertés publiques individuelles, au sens moderne du terme[249].

En tout état de cause, il va de soi que dans un tel contexte marqué du sceau de l'obscurantisme, la partie de la justice reste tout autant embryonnaire qu'aléatoire. La justice en Afrique telle que nous la connaissons, à l'heure actuelle, n'a véritablement commencé que sous l'influence de la période coloniale[250].

A cet effet, l'organisation judiciaire de la période coloniale se caractérisait par la dualité de juridictions[251]. Cette dualité résultait de la

---

[244] V. MANGIN (G), « Quelques joints de repère dans l'histoire de la justice en Afrique francophone », in « La justice en Afrique », sous la direction de Jean Du Bois de GAUDUSSON et GERARD CONAC, Revue Afrique contemporaine, numéro spécial, 1990, p. 21.

[245] Ibidem.

[246] Ibidem.

[247] V. BALIMA (A.S), « L'organisation de l'empire mossi », Revue PENANT, 1964, P.481

[248] V. ACQUETEY (E), « Le contrôle juridictionnel de l'administration », THESE, Droit, NANCY, 1974, P.43

[249] V. VANDERLINDEN (J), « le juriste et la Coutume », in Actes du cinquantenaire du CEMUBAC, Bruxelles, CEMUBAC ? 1988, p.249

[250] V. JOEL (M), « La réforme de la justice en Afrique Noire » Editions PEDONE, PARIS, 1963, p. 12.

[251] Ibidem.

dualité du statut des personnes (droit local et droit français) et de la dualité du droit (coutumier et écrit)[252]. Ce dualisme auquel s'ajoutaient des juridictions administratives et judiciaires à l'instar de la métropole, rendait plus complexe l'organisation de la justice en Afrique. En transplantant son modèle d'organisation, la France voulait aussi respecter les réalités locales[253]. Il s'en est suivi une multitude de juridictions[254].

Mais sur le plan des juridictions modernes, l'œuvre de la France devait consister dans la substitution aux formules empiriques de contrôle dont nous avions fait état du système Français de « l'administration juge », telle était la philosophie à la base de l'institution des « Conseils du contentieux administratif »[255].

Le point de départ des Conseils du contentieux administratif peut être situé à la date du 7 septembre 1840 qui a vu la création au Sénégal des Conseils du contentieux administratif[256]. L'expérience s'étant révélée concluante, la France décida de l'étendre plus tard à l'ensemble des colonies d'Afrique noire Française[257].

Les Conseils du contentieux administratif faisaient office de juridictions administratives. Ils étaient composés d'un magistrat de l'ordre judiciaire et de deux administratifs actifs qui remplissaient les fonctions de Conseillers. Ce système comportait des lacunes. Ce qui fit dire au Doyen Alain BOCKEL que les Conseils du contentieux administratif « souffraient des inconvénients du système français sans bénéficier de ses avantages »[258]. En effet, la présence d'un magistrat de l'ordre judiciaire à la tête de ces juridictions n'était pas une garantie pour la bonne distribution de la justice. En outre, la participation des fonctionnaires, à l'administration de la justice, n'allait pas dans le sens de l'indépendance de ces organes juridictionnels.

---

[252] V. LUCHAIRE (F), « Le problème de la justice dans la communauté », cité par MASSERON (J.M), in « pouvoir et justice en Afrique noire francophone », Editions PEDONE, PARIS, 1966, p. 157.
[253] Ibidem.
[254] Tel était du reste l'objet du décret du 5 octobre 1881 édicté à l'époque.
[255] V. LUCHAIRE (F), « Les conseils du contentieux administratif », RJPUF, 1956, p. 705.
[256] V. L'article 1er du décret du 5 octobre 1881.
[257] V. BOCKEL (À), « Le juge et l'administration en Afrique francophone », Annales africaines, 1972, p. 172.
[258] Ibidem

Toutefois, il convient de signaler que cette situation caractérisait la justice administrative dans les territoires d'Outre-mer, notamment en Afrique noire, mais non dans les protectorats[259].

Pour parachever l'organisation de la justice dans les territoires d'Outre-mer, la France a fait intervenir le Conseil d'Etat dans le contentieux administratif né dans ce pays[260]. La compétence du Conseil d'Etat était très large car elle dépassait celle d'une simple juridiction d'appel[261]. Si le Conseil d'Etat était juge d'appel et de cassation des décisions rendues par les Conseils du contentieux administratif, il était aussi compétent pour l'ensemble des litiges administratifs qui échappaient à la compétence de ces Conseils. Dans ce sens, le Conseil d'Etat intervenait comme juge en premier et dernier ressort. Ainsi en matière d'annulation des actes émanant des fonctionnaires de l'Etat français, seul était compétent le Conseil d'Etat[262].

Cela est d'autant vrai qu'à la fin de la période coloniale, en Afrique, le principe de la dualité de juridictions et l'existence d'un juge propre à l'administration faisaient partie du « donné »[263].

Et c'est à partir de là que les Etats africains allaient choisir et bâtir un modèle d'organisation juridictionnelle.

Ainsi, dès leur accession à l'indépendance, ces Etats entreprirent les bases d'une nouvelle organisation judiciaire.

L'un des plus importants problèmes à résoudre fut de savoir comment serait distribuée la justice en matière administrative. Convenait-il d'aménager les tribunaux spéciaux n'ayant que cette seule tâche ou, au contraire, fallait-il réserver la compétence en pareille matière aux tribunaux chargés de régler les contestations privées et de statuer sur les poursuites pénales ?

Le régime antérieur comptait, sur ce point, des règles identiques dans tous les pays, et l'on peut dire qu'il existait une sorte de tradition

---

259 V. JOEL (M), « La réforme de la justice administrative en Afrique noire », op.cit P.16

260 Ibidem

261 Ibidem, p. 18.

262 V. YONABA (S), « La pratique du contentieux administratif en droit burkinabé de l'indépendance à nos jours », Imprimerie les presses africaines, OUAGADOUGOU, janvier 2008, PP.53-54

263 V. SANOGO (K), « Contribution à l'étude du contentieux administratif au Sénégal et en Côte d'Ivoire » Thèse, Université de TOURS, 1983, P.43.

commune[264]. Ces précédents inspirèrent partout les premières organisations des Etats nouveaux. Mais les orientations législatives se sont ensuite diversifiées[265]. Dès lors, des solutions variables ont été adoptées par les Etats africains.

A l'instar de la plupart des pays africains, le Congo adopta le système de l'unicité de juridiction.

Les raisons avancées pour justifier l'unicité de juridiction au Congo sont nombreuses. Et l'on peut les regrouper sous trois rubriques : raison d'un ordre historique[266], théorique[267] et pratique.

Mais les raisons d'ordre historique et théorique n'ont pas été déterminantes dans le choix du système de l'unicité de juridiction par les autorités congolaises. Les raisons d'ordre pratique ont certainement été de loin les plus importantes pour expliquer l'adoption du système par le Congo.

Elles concernent la modicité des moyens du Congo et la simplicité du système.

S'agissant de la modalité des moyens, la situation économique du Congo l'oriente naturellement vers le type d'organisation juridictionnel le moins coûteux.

En effet, le système de l'unicité de juridiction ne nécessite pas de frais de formation de magistrats spécialisés dans le contentieux. Ce sont les magistrats de l'ordre judiciaire qui vont se prononcer sur les litiges administratifs.

Quant à la simplicité du système de l'unicité de juridiction, le système par ses caractéristiques et par rapport aux besoins du Congo, peut être considéré comme une solution pratique et rationnelle. Le contentieux administratif étant très peu développé au Congo, il n'est

---

264 Ibidem, P.44

265 V. MATHIOT (À), « Pouvoir judiciaire et fonction judiciaire », Annuaire de la justice 1969, P.107 et S.

266 (33) V BENOIT (FP), « Juridiction judiciaire et juridiction administrative », JC P.1964, I, P.1838.
Concernant l'étude désailée des raisons avancées pour justifier, l'unicité de juridiction en général, l'on pourra se référer à la brillante thèse du professeur BABACAR KANTE intitulée : « Unité de juridiction et droit administratif. L'exemple du Sénégal », Thèse pour le doctorat d'Etat de droit public, ORLEANS, 1983, PP.9-29.

267 V. DZOUMA-NGUELET (H-M), « La protection des droits de l'homme dans la Constitution du 20 janvier 2002 », op cit, p. 150.

pas nécessaire et raisonnable de mobiliser tous les moyens indispensables à la création d'une juridiction pour un contentieux aussi faible. Cela est d'autant vrai que l'on n'est pas sûr qu'un juge administratif au Congo puisse exercer un contrôle adéquat et sans inconvénient sur l'administration et arriver au même résultat que le Conseil d'Etat en France. Dans la mesure où l'espoir d'atteindre la maîtrise du Conseil d'Etat est mince, il a paru sage aux autorités congolaises de ne pas prendre un risque inutile en adoptant un système de dualité de juridiction[268].

Ainsi, suivant le système de l'unicité de juridiction retenu par le Congo, il importe de voir ses caractéristiques dans l'organisation et le fonctionnement du pouvoir judiciaire.

A. Les caractéristiques de l'unicité de juridiction dans l'organisation du pouvoir judiciaire

L'appareil judiciaire congolais est organisé par la loi n°19-99 du 15 août 1999 modifiant et complétant certaines dispositions de la loi n°022-92 du 20 août 1992 portant organisation du pouvoir judiciaire.

Aux termes de l'article premier de cette loi, la justice rendue au nom du peuple congolais par un seul ordre de juridictions comprend :

- la Cour Suprême ;
- la Cour des comptes ;
- la Cour d'Appel ;
- les Tribunaux de Grande Instance ;
- les Tribunaux administratifs ;
- les Tribunaux de Commerce ;
- les Tribunaux d'Instance ;
- les Tribunaux de travail ;
- les Tribunaux militaires.

[268] V L'article 142 de la Constitution de 2002, op. cit.

Le pouvoir judiciaire au Congo est animé par des acteurs à divers niveaux que sont principalement les magistrats, greffiers, et les auxiliaires de justice.

Les magistrats forment le corps de la magistrature. La fonction de magistrat est prévue dans la Constitution de 2002[269]. Le statut de la magistrature est organisé par la loi[270].

Le pouvoir judiciaire est indépendant du pouvoir législatif et du pouvoir exécutif. Les juges ne sont soumis dans l'exercice de leurs fonctions qu'à l'autorité de la loi[271].

Le Conseil supérieur de la magistrature est l'instance supérieure chargé de la surveillance du respect des règles professionnelles des magistrats, de l'évolution de leur carrière et de la discipline du corps[272].

Les greffiers sont des agents permanents de l'Etat. Ils ont deux fonctions essentielles. La première, la plus visible est d'assister les magistrats aux audiences et dans toutes les procédures contentieuses ou gracieuses. La seconde fonction est d'assurer l'ensemble des services administratifs des juridictions[273].

Enfin, les avocats[274], les notaires[275] et les huissiers de justice[276] constituent les auxiliaires de justice.

Les caractéristiques de l'unicité de juridiction ainsi observées dans l'organisation du pouvoir judiciaire, l'autre problème, et le plus important est de savoir comment ses caractéristiques se manifestent

---

269 V La loi n°15-99 du 15 avril 1999, modifiant et complétant certaines dispositions de la loi n°023-92 du 20 août 1992 portant statut de la magistrature.

270 V. L'article 136 de la Constitution de 2002, op cit.

271 C. L'article 140 de la Constitution de 2002, op.cit. Et pour une étude détaillée des attributions du Conseil Supérieur de la Magistrature, V. les articles 6,7,8,9 et 10 de la loi n°16-99 du 15 avril 1999 modifiant et complétant certaines dispositions de la loi 024-92 du 20 août 1992 et de la loi n°29-94 du 18 octobre 1994 portant institution du Conseil de Magistrature.

272 V. La loi n°026-92 du 20 août 1992 portant organisation de la profession d'avocat.

273

274 V. La loi n°017/89 du 29 septembre 1989 portant institution du notariat.

275 V. La loi n°027-92 du 20 août 1992 portant institution de la profession des Huissiers de justice.

276 V. NLEP (RG), « L'administration publique au Cameroun : Contribution à l'étude des systèmes africains d'administration publique », Ed PEDONE, 1986, P.40.

dans le fonctionnement de la justice au Congo. Arrêtons-nous donc sur cet aspect.

B. Les caractéristiques de l'unicité de juridiction dans le fonctionnement du pouvoir judiciaire

Suivant le modèle congolais de l'unicité de juridiction, le juge de l'administration est le juge ordinaire qui dispose ainsi d'une compétence de droit commun en toute matière. Telle, est ainsi réalisée de façon très poussée la préoccupation fondamentale d'unification de la justice.

L'on peut se demander au Congo la coexistence du droit administratif et du droit privé est-elle une source d'enrichissement ou une menace pour le maintien du premier. La pratique du juge congolais ne risque-t-elle pas de faire évoluer le droit administratif vers une certaine banalisation qui le rapprocherait du droit privé ? Les méthodes et techniques auxquelles fait recours le juge congolais dans l'examen des problèmes de procédure sont-elles de nature à favoriser le développement harmonieux du droit administratif, ou risquent-elle d'entraîner à la longue son dépérissement ? En Afrique, l'administration est un justiciable peu commode, un géant qui se laisse difficilement tenir dans « une camisole de force »[277]. Dans ce contexte, il convient de voir en Afrique comment l'Etat de droit s'exprime dans la soumission de l'action administrative à la légalité. Ce principe serait ineffectif si cette action n'était pas contrôlée D'où l'utilité d'un juge extérieur à l'administration, « car le pouvoir arrête le pouvoir »

Ce juge existe-t-il au Congo ? Le Congo ayant choisi de soumettre l'administration à un juge de droit commun va-t-il à l'échec ? La nature de l'administration, la complexité, la délicatesse de sa mission et les exigences de l'ordre public confèrent à l'autorité administrative des prérogatives exorbitantes du droit commun. Le juge congolais doit donc faire un effort pour connaître le fonctionnement de l'administration, notamment les contraintes qu'elle subit, celles qu'elle fait subir. Dans cette perspective, comment assurer l'efficacité d'une décision de justice contre l'administration ? Le juge congolais est-il préparé à une telle mission ?

---

[277] V. BADO (L), « Le contrôle juridictionnel de l'administration dans les pays membres du Conseil de l'entente », Thèse, Droit, BORDEAUX –I, 1981, P.97.

Pour mettre en œuvre la technologie juridique d'unification de la justice au Congo, une chambre administrative a été créée au sein de la Cour Suprême pour juger les litiges administratifs[278].

Le droit administratif est historiquement lié à l'existence de la juridiction administrative[279]. Aussi cette juridiction spécialisée dans le contentieux administratif a-t-elle pu imprimer progressivement au droit administratif ses caractères. En créant et en appliquant ce droit, elle a su notamment lui donner et maintenir dans la mesure du nécessaire un caractère original[280]. Le juge administratif français a en effet réussi à ériger le droit administratif en système autonome, ayant ses règles plus ou moins originales par rapport au droit privé.

La nécessité de maintenir ce caractère original a été reconnu au Congo. A ce propos, la chambre administrative de la Cour Suprême est une illustration parfaite.

Puisque, le contrôle juridictionnel de l'administration s'exerce dans les conditions différentes de celles de la France, le problème de la préservation de l'organisation des règles de droit administratif va nécessairement se poser au Congo.

En effet, on peut se demander si l'absence de juridiction spécialisée dans ce pays ne va pas aboutir à atténuer les traits distinctifs du droit administratif[281]. Le juge judiciaire compétent pour appliquer également le droit public et le droit privé ne finirait-il pas par les mélanger et au profit, de la discipline qui lui est familière ?

Mais en réalité, ainsi que le confirme une jurisprudence constante, le juge congolais fait preuve d'une capacité relative à préserver l'originalité des règles du droit administratif.

---

[278] Dans cette optique et, dans la perspective d'une étude du droit comparé, V. par exemple à propos du juge togolais, PALOUKI (M). « Plaidoyer pour le fonctionnement de la juridiction administrative au Togo », Revue Burkinabé de droit, 1991, n°19-20, pp.7 - 25.

[279] V. L'article 19, al. 4 de la loi n°17-99 du 15 avril 1999 modifiant et complétant certaines dispositions de la loi n°025-92 du 20 août 1992 et de la loi n°30-94 du 18 octobre 1994 portant organisation et fonctionnement de la Cour Suprême.

[280] Tel, est le cas en France. Et à ce propos, l'on pourra citer ; AUBY (JM) et DRAGO (R), in « Traité de contentieux administratif », LGDJ, 3e Ed Paris, 1984, pp. 9-26, CHAPUS (R), « Droit du contentieux administratif », Ed MONCHRESTIEN, Coll. « DOMAT », Droit public, pp 7-8

[281] V. BABACAR KANTE, « Unité de juridiction et droit administratif. L'exemple du Sénégal », op.cit, P.286.

Parmi les différents recours juridictionnels le contentieux de la légalité occupe une place particulière. Son application la plus importante reste le recours pour excès de pouvoir. Le recours pour excès de pouvoir est « l'action par laquelle toute personne ayant intérêt peut provoquer l'annulation d'une décision exécutive par le juge (compétent) en raison de l'illégalité de cette décision »[282].

Le principe de recours pour excès de pouvoir d'origine française[283] a été requis par la justice congolaise. Et le législateur attribue cette compétence, notamment sa chambre administrative[284].

La recevabilité du recours constitue une étape ou un moment particulièrement important dans la procédure administrative contentieuse. En effet, lorsqu'il est saisi d'une requête, le juge commence par s'assurer si celle-ci est non recevable au regard des règles posées par le législateur. Il s'agit donc d'une étape décisive car une requête, même fondée, peut être écartée à ce stade pour peu que le requérant, par ignorance ou par simple négligence, s'abstienne d'accomplir une formalité à laquelle le juge attache une importance particulière au point d'en tirer des conséquences considérables.

Cela dit, les conditions de recevabilité sont réputées d'ordre public en ce sens que le juge doit les soulever d'office sans avoir besoin d'y être invité par le requérant. Ces conditions sont au nombre de quatre[285] et jouent cumulativement (de sorte qu'en l'absence de l'une d'entre elles, la requête doit être tenue irrégulière et, par suite irrecevable). Il s'agit de :

---

[282] V. LAMPUE (P), « La justice dans les Etats d'Afrique francophone « RJPIC, 1965, p. 3.

[283] V BRISSON (J-F), « Le recours pour excès de pouvoir », Editions ELLIPSES, Paris 2004, pp 18 - 20. Et sur le plan de la jurisprudence, l'on peut par exemple se référer à la décision du Conseil d'Etat. En ce sens, V.CE sect.26 juin 1959 syndicat général des Ingénieurs conseil, Rec. P.394.

[284] Le recours pour excès de pouvoir est une création jurisprudentielle. C'est le prolongement de l'action du Conseil du Roi reconnu par la Constitution de l'an VIII et l'arrêté consulaire du 5 nivôse au VIII. À l'origine et jusqu'en 1872, ce recours comme tous les recours contentieux administratif s'apparentait, dans le cadre de la justice, à un recours administratif hiérarchique fondé sur l'incompétence d'une autorité administrative. Il apparaissait alors comme subsidiaire par rapport aux recours de plein contentieux. Sur cet éclairage, V. La loi de 24 mai 1872.

[285] V. L'article 3 (nouveau) de la loi n°17-99 du 15 avril 1999 op. cit.

- la nature de l'acte : les actes qui sont contestés devant le juge administratif sont les actes administratifs faisant grief[286] ;
- les règles des délais, en partant de l'idée qu'au nom de l'impératif de la stabilité et de la sécurité des situations juridiques, l'acte administratif ne doit plus pouvoir faire l'objet de la moindre contestation, une fois un certain délai écoulé ;
- la qualité pour agir, appréhendée dans sa double détente d'intérêt objectif et de capacité subjective pour agir ;
- du recours administratif préalable dont le régime varie selon que l'on examine dans l'optique du recours pour excès de pouvoir ou dans celle du plein contentieux[287].

Au Congo, la Chambre administrative de la Cour Suprême dans son audience publique du 13 janvier 2005, arrêt n°02/GCS-05 s'est appuyée sur l'une des conditions ci-dessus citées pour rejeter le pouvoir des « Ingénieurs diplômés ».

En effet, par une requête présentée sous le vocable « les Ingénieurs diplômés » représentés par Monsieur BONGOU Guy, avaient déposé le 1er octobre 2003 au greffe de la Cour Suprême, un pourvoi en cassation.

Mais quels étaient les faits ? « Les ingénieurs diplômés » avaient assigné l'Etat congolais devant la chambre administrative du Tribunal de Grande Instance de Brazzaville pour obtenir sa condamnation à les reclasser en catégorie I, échelle I, de la grille salariale de la Fonction publique, avec effet financier pour compter du 14 novembre 1989. Leurs recours hiérarchique et demande préalable étant demeurés infructueux, ils ont engagé la procédure judiciaire devant ladite chambre qui, le 1er septembre 2003 a rendu un jugement réputé contradictoire dont le dispositif particulièrement conforme à la requête a condamné en outre l'Etat à payer à chacun des requérants la somme de 500.000 francs à titre de dommages-intérêts pour résistance abusive et vexatoire.

---

[286] V. COUDEVYLLE (À), « Précis de droit public », Ed ELLIPSES, Paris 2005, p. 337.

[287] V. Par exemple LANDON (P), « Histoire abrégée du recours pour excès de pouvoir des origines à 1954 », LGDJ, Paris, 1962, pp 9-25 V. Egalement GAZIER (F), « Essai de présentation des ouvertures pour recours pour excès de pouvoir en 1950 », EDCE, 1951, P.71. Pour une étude plus récente de la question, V. DEEMBA SY,

Sur appel de l'Etat Congolais, la Cour d'Appel de Brazzaville a rendu une décision infirmant le jugement du Tribunal de Grande Instance de Brazzaville.

A la suite de la décision défavorable de la part de la Cour d'appel, « les ingénieurs diplômés » saisirent la chambre administrative de la Cour suprême le 5 mai 2003.

La chambre administrative de la Cour Suprême a rejeté le recours, au motif que l'intérêt à agir des requérants n'était pas démontré.

Concernant l'intérêt pour agir, le juge distingue l'intérêt pour agir des personnes physiques et celui des groupements et associations.

S'agissant de l'intérêt pour agir des groupements et associations, objet de notre examen, l'arrêt n°02/GCS-05 de la chambre administrative de la Cour suprême a réglé la question en ces termes :

- que « nul ne peut ester en justice s'il n'a pas qualité, capacité, intérêt à le faire » ;
- « Que le vocable « les Ingénieurs diplômés » n'ayant pas de personnalité juridique ne pouvait pas, en vertu des articles 51 et 481 du code de procédure civile, commerciale, administrative et financière ni ester en justice ni faire l'objet d'une assignation » ;
- « que pour avoir une existence juridique et conséquemment la capacité d'ester en justice, tout groupement de fonctionnaires doit être constitué sous forme d'association par ses fondateurs et d'être déclarés conformément aux dispositions de l'article 5 de la loi du 1er juillet 1901, à défaut sous forme d'une association de fait manifesté pour l'indication de l'identité de chaque membre suivi de la signature ».

Compte tenu de tout ce qui précède et, à défaut d'avoir fourni la preuve de sa personnalité juridique, la requête des « Ingénieurs diplômés » a été rejetée.

Si le thème de l'irrecevabilité éveille dans l'esprit de l'analyste la sanction de la non observation de l'exigence « d'intérêt pour agir », l'on ne doit pas perdre de vue que le juge congolais attache une conséquence comparable au non-respect d'un certain nombre d'autres exigences, parmi lesquels figure la décision administrative préalable.

La décision administrative préalable n'est rien d'autre que la décision attaquée dans le contentieux de l'annulation et dont le juge exige qu'une copie soit jointe à la requête.

La rigueur avec laquelle le juge impose le respect de cette formalité est variable selon les types de recours en présence, dans le contentieux de pleine juridiction, elle revêt un caractère quasi absolu, en ce sens que seules les réponses au fond de l'administration peuvent, de manière stricte, permettre de régulariser la situation créée par la non observation d'une telle formalité. Ces réponses produisent le même effet dans le recours pour excès de pouvoir, en permettant la régularisation des requêtes introduites hors délai[288].

Après une brève évocation de l'exigence de la décision administrative préalable, il convient d'observer son développement par le juge congolais dans sa jurisprudence.

A ce propos, la Chambre administrative de la Cour Suprême a statué le 10 avril 2014, arrêt n°03/GCS-214 sur le recours de Monsieur Jean Marie ANIELE, Capitaine de Vaisseau, Directeur du port autonome de Pointe-Noire en date du 14 mars 2007.

Le requérant demandait l'annulation de la lettre de Monsieur le Procureur Général près la Cour des Comptes et la discipline budgétaire du 9 mars 2007 qui lui interdisait de sortir des frontières de la République du Congo et ordonnait le retrait de son passeport.

Attendu qu'aux termes de l'article 397 du code de procédure civile, commerciale, administrative et financière « toute action ne peut être portée en justice si elle n'a été précédée d'un recours gracieux ou hiérarchique, ou d'une demande préalable ».

Attendu que de l'examen des pièces du dossier, il ressort que le requérant Jean Marie ANIELE ne s'est pas conformé à cette formalité préalable. Qu'en conséquence, le recours introduit le 14 mars 2007 doit être déclaré irrecevable.

---

[288] V. GUEDON (M.J), « La classification des moyens d'annulation des actes administratifs. Réflexions sur un état des travaux », AJDA, 1978, P.82, V Egalement DAEL (S), » Contentieux administratif », Editions PUF Coll. « Thémis droit », Paris, 2006, pp. 70 - 74.

Par ces motifs, la chambre administrative de la Cour Suprême a déclaré le recours en annulation irrecevable et condamné le requérant aux dépens.

L'arrêt Jean Marie ANIELE pose le problème de la recevabilité des recours devant le problème dont la solution apparaît à la lecture de l'article 3 (nouveau) de la loi n°1799 du 15 avril, op cit, il ressort de cette disposition que : « la chambre administrative de la Cour Suprême connaît, en premier et dernier ressort, des recours en annulation pour excès de pouvoir formés contre les décrets et les actes administratifs ».

La solution donnée par le juge reste cohérente dans sa logique interne. En l'absence d'une décision préalable, le requérant ne peut rien soumettre à la censure du juge.

La Chambre administrative de la Cour suprême du Congo a apporté une réponse satisfaisante en matière de légalité interne dans sa décision du 10 avril 2008, arrêt n°5/GCS-2008.

En effet, les vices de légalité susceptibles d'être sanctionnés par la voie du recours pour excès de pouvoir pourraient certes être tous analysés comme des violations de la loi si ce dernier terme est conçu dans un sens très général, puisque toute prescription découle d'un texte ou d'une norme jurisprudentielle. De façon cependant plus précise, il faut distinguer différents cas d'illégalité, liés à l'erreur sur le droit applicable, mais aussi sur les faits qui conduisent l'autorité administrative à prendre telle ou telle décision. Il se peut aussi, plus rarement, que l'illégalité résulte du fait que l'autorité a poursuivi un autre but que celui pour lequel telle ou telle compétence lui a été conférée.

Dans le cas de notre espèce, l'illégalité résulte de l'erreur dans la qualification juridique des faits.

Lorsque la décision est subordonnée à une question de fait, c'est-à-dire les causes matérielles de l'acte, le juge depuis l'arrêt Gomel[289] exerce un contrôle dont l'étendue varie en fonction de la nature des pouvoirs mis en œuvre par l'administration. Le contrôle des motifs de faits consiste à vérifier l'exactitude matérielle des faits et la qualification juridique des faits ayant fondé la décision.

---

[289] V. CE, 4 avril 1914, Gomel, GAJA n°30

Ainsi, lorsque le juge procède au contrôle des motifs, il vérifie d'abord l'exactitude matérielle. Les faits invoqués pour justifier la décision prise sont-ils contraires à la réalité matérielle ? N'ont-ils pas été dénaturés ?

La Chambre administrative de la Cour Suprême s'est prononcée dans ce sens, dans le pourvoi formé le 13 novembre 2003 par Monsieur LOKO BALOSSA Elie Joseph, Maître-Assistant à l'Université Marien NGOUABI.

Dans sa requête, Monsieur LOKO BALOSSA Elie Joseph, demandait l'annulation de la décision de l'Ordre national des avocats du Congo portant refus de son inscription au tableau de l'Ordre national des avocats « en raison de son lien de subordination avec l'Université Marien NGOUABI son employeur ».

Le requérant dans cette affaire avait été à sa demande inscrit au tableau de l'ordre national des avocats du Congo. Il avait prêté son serment d'avocat et avait même collaboré avec les bâtonniers de l'ordre national des avocats de l'époque. Mais en raison des évènements socio-politiques intervenus en 1997, il avait été amené à s'absenter du pays ; Revenu après les évènements, par lettre du 17 décembre 2002, Monsieur LOKO BALOSSA Elie Joseph a sollicité sa réinscription au tableau de l'Ordre national des avocats du Congo. Malheureusement, sa réinscription fut refusée par le Conseil de l'ordre national des avocats du Congo. Devant ce refus, le requérant a attaqué la décision du Conseil auprès de la cour Suprême.

Dans son arrêt du 10 avril 2008, la Cour suprême a annulé la décision du Conseil au mépris par celui-ci de l'article 55 alinéa 2 de la loi 26/92 portant organisation de la profession d'avocat.

En effet aux termes dudit article, « la profession d'un avocat permet au requérant de cumuler l'enseignement ou la recherche et la profession d'avocat ».

Dans le souci de retrouver nos préoccupations à propos du juge congolais, l'on peut affirmer que la Cour Suprême apparaît bien présente. Cela est d'ailleurs naturel, inévitable, dès lors qu'on a cru bon de soumettre l'administration à un corps de règles spéciales. L'unicité de juridiction doit céder devant le souci de préserver l'autonomie et la pureté du droit administratif, ainsi que l'étendue de son champ d'application.

C'est pourquoi au Congo, le législateur a confié à une chambre spécialisée la compétence dernière en matière administrative, c'est-à-dire la tâche de dire le « dernier mot » dans les litiges où est impliquée une personne publique, qu'il s'agisse de contentieux de l'annulation ou du plein contentieux.

Toutefois, il convient de signaler que concernant le contentieux de pleine juridiction ou « plein contentieux », le juge dispose des pouvoirs étendus. En effet, il peut non seulement annuler un acte, mais également modifier ou reformer la décision contestée[290]. Le juge peut également prononcer les condamnations pécuniaires en obligeant, par exemple l'administration à réparer les conséquences d'une faute qu'elle a commise[291].

Le juge congolais a fait une application du contentieux de pleine juridiction dans le pourvoi formé le 19 novembre 1989 par l'Etat.

L'arrêt du 10 avril 2014 n°04/GCS-2014 peut être considéré comme l'exemple même de mauvais futur avocat dépourvu de valeurs cardinales à la profession d'avocat. Que l'on en juge : il lui est reproché en effet d'avoir été condamné pour vol par la Cour Révolutionnaire de justice en 1975.

C'est alors que dans le courant de l'année 1989, nommé avocat stagiaire par arrêté ministériel et en accord avec le ministre de la justice, Monsieur MPEMBA Jean Baptiste devait prêter serment le 26 mai 1989 qu'advenue cette date, le ministre de la justice s'est opposé verbalement à la cérémonie de prestation de serment au motif que l'intéressé avait été condamné pour vol en 1975.

Celui-ci qui clamait son innocence, (il a soutenu avoir déposé les pièces du dossier dans le cabinet du ministre le réhabilitant de plein droit depuis 1986) à attrait devant le Tribunal de Grande Instance de Brazzaville, l'Etat congolais en la personne du ministre de la justice, garde des sceaux, aux fins de condamner celui-ci lui payer la somme de douze millions sept cent trente un mille trois cent cinquante (12.731.350) francs CFA, représentant les sommes d'argent qu'il avait engagées pour sa prestation de serment et les dommages-intérêts.

---

[290] V. LOMBARD (M), DUMONT (G), « Droit administratif », Ed DALLOZ, 5e éd, Paris, 2003, p.427.

[291] Ibidem.

Le Tribunal de Grande Instance de Brazzaville statuant sur les faits de la cause a condamné l'Etat Congolais à payer à Monsieur MPEMBA la somme de dix millions (10.000.000) francs CFA, toutes causes de préjudice confondues.

Sur appel de l'Etat congolais, la Cour d'appel a confirmé le jugement du Tribunal de Grande Instance en ce qu'il déclarait l'Etat responsable du préjudice subi par MPEMBA Jean Baptiste et infirmait le même jugement en ce qu'il condamnait l'Etat à lui payer la somme dix millions (10.000.000) francs CFA.

Statuant à nouveau, la Cour d'appel condamnait l'Etat congolais à lui payer la somme de cinq millions (5.000.000) francs CFA.

La lecture de cet arrêt fait apparaître que Monsieur MPEMBA de par sa prédisposition au vol était un avocat peu recommandable au plan des mœurs dans la mesure où l'honnêteté et la probité sont des valeurs cardinales à la profession d'avocat. L'on ne peut que saluer la ferme réaction de l'autorité administrative qui a empêché avec fermeté ce comportement tout à fait inqualifiable.

Au-delà de ce constat, ce qui est intéressant dans notre arrêt, c'est de voir le juge congolais, en appel et, en plein contentieux reformer le jugement contesté du Tribunal de Grande Instance et prononcer des condamnations pécuniaires en obligeant l'Etat à réparer les conséquences d'une faute qu'elle a commise.

Au Congo, la consécration du principe de la séparation des pouvoirs est consacrée dans la Constitution par l'article 136[292]. Le principe interdit au pouvoir exécutif et au pouvoir judiciaire, chacun d'empiéter dans le domaine de l'autre.

En France, le principe a entraîné la création des tribunaux administratifs, seuls compétents pour le contentieux administratif, parallèlement aux tribunaux judiciaires. On y estime que si les litiges administratifs pouvaient être jugés par le juge judiciaire, l'indépendance de l'administration serait compromise.

---

[292] Aux termes dudit article, le « Pouvoir judiciaire est indépendant du pouvoir exécutif. Les juges ne sont soumis dans l'exercice de leurs fonctions qu'à l'autorité de la loi ».
Cette disposition de la Constitution de 2002 a été reprise dans la Constitution de 2015. À ce propos, V. L'article 168, de la Constitution, op.cit.

Au Congo, le réalisme politique des moyens s'est écarté de cette logique, par l'institution d'un juge unique même pour le contentieux administratif.

Ainsi, le juge congolais apparaît très puissant, car il est en mesure de " troubler les opérations des corps administratifs ". C'est donc à cette solution d'unicité de juridiction à laquelle le Président Denis SASSOU-N'GUESSO a adhéré. Cette forme d'organisation de la fonction juridictionnelle, s'est accompagnée d'un regain d'intérêt pour la Cour constitutionnelle.

Placée en dehors du pouvoir judiciaire, la Cour Constitutionnelle apparaît comme un instrument de réalisation de l'exigence démocratique. Dès lors l'illustration de la véracité de cette affirmation appelle nos développements.

PARAGRAPHE II

LA COUR CONSTITUTIONNELLE

Le Premier théoricien de ce modèle est le juriste autrichien HANS KELSEN[293]. En effet KELSEN considère que le juge ordinaire est subordonné à la loi. Par conséquent, il est inconcevable de lui confier la tâche de contrôler la loi[294]. L'on peut alors songer à attribuer cette tâche au Parlement lui-même ou l'un des organes. Mais toujours selon KELSEN, une telle attribution est contraire à la séparation des pouvoirs et à l'offre du juge qui doit être un tiers impartial. D'où l'idée de créer une juridiction spéciale et indépendant qui contrôlerait la Constitutionnalité des lois[295].

Ainsi, la justice constitutionnelle ne vient donc pas de nulle part. Au Congo, à partir de l'année 1992, un pas va être franchi dans le progrès de la justice constitutionnelle. En effet, le constituant congolais a considéré qu'il était temps de consacrer un juge indépendant en dehors du pouvoir judiciaire pour réaliser l'exigence démocratique. C'est ainsi que la Constitution du 15 mars 1992 instaure le Conseil Constitutionnel.

---

[293] V. GOESEL - LE BIHAN (V), « Contentieux constitutionnel », Editions ELLIPSES, Paris 2010, p. 19.

[294] V. KELSEN (H), « la garantie juridictionnelle de la Constitution », RPC 1928, p.187

[295] Ibidem.

Depuis le renouveau démocratique et institutionnel intervenu en Afrique à l'issue des différentes conférences nationales souveraines, la justice constitutionnelle a été maintenue. Mais en 2002, le Conseil Constitutionnel changea d'appellation et devient la Cour constitutionnelle[296], une appellation maintenue jusqu'à nos jours[297].

À la lumière de son organisation et du contrôle qu'elle exerce, la Cour Constitutionnelle du Congo est une institution qui occupe une place à part dans l'Etat. C'est qu'il importe d'observer.

A. L'Organisation de la Cour constitutionnelle

La Cour imaginée par KELSEN dispose nécessairement d'un statut constitutionnel. En d'autres termes, ses règles d'organisation doivent être prévues par la Constitution[298]. Ainsi, elles ne pourront être modifiées par les pouvoirs institués mais uniquement par le pouvoir constituant[299], ce qui est une condition indispensable à l'indépendance de la Cour.

En effet, si la Cour ne dispose que d'un statut législatif ou, règlementaire, elle peut craindre une réaction négative de la part du Parlement ou du Gouvernement en cas d'adoption d'une jurisprudence allant à l'encontre de la politique que ces pouvoirs souhaitent.

Ainsi, épousant la doctrine « KELSEN », le constituant congolais prévoit que « la Cour Constitutionnelle comprend neuf (9) membres nommés ainsi qu'il suit :

- trois (3) par le Président de la République
- deux (2) par le Président du Sénat

[296] V. L'article 144 de la Constitution de 2002, op. cit.
[297] V. L'article 175 de la Constitution de 2015.
[298] V. Les articles 144 et 145 de la Constitution de 2002 op. cit
[299] V. VEDEL (G), « Propos d'ouverture », in B. MATHIEU et M. VERPEAUX (dIR), « La Constitutionnalisation des branches du droit ». L'auteur affirme que la Constitution n'est ni « une axiomatique génératrice de rigidités », ni « un livre sacré », que par conséquent le juge constitutionnel n'est pas un prophète ou un guide, il est un censeur, autrement dit un pouvoir institué par la Constitution et soumis, pour cette raison, au pouvoir constituant. Sur ces propos, V. Cet auteur, in « la Constitutionnalisation des branches du droit », Editions ECONOMICA, PARIS, 1998, P17.

- deux (2) par le Président de l'Assemblée nationale
- deux (2) par la Cour Suprême parmi les membres de cette juridiction[300].

Les juges de la Cour constitutionnelle du Congo ne sont donc pas des magistrats de carrière, recrutés par concours et ayant bénéficié d'un avancement normal, soit à l'ancienneté, soit au mérite. Ils sont des personnalités désignées par des autorités politiques. L'intervention d'autorités politiques est susceptible de renforcer la légitimité de la Cour. Ce qui est en général considéré comme un point positif. Bien sûr, la mission exercée par la Cour est une mission juridictionnelle, mais elle est également et forcement une mission politique. La désignation des membres de la Cour par des autorités élues par le peuple permet de conférer à la Cour la légitimité et l'autorité nécessaires pour rendre ses décisions.

Très significatif, est le fait que le constituant congolais associe les membres de la Cour suprême au choix des membres de la Cour constitutionnelle. La place faite aux juristes confère la Cour une compétence technique certaine.

La place de choix qu'occupe la Cour Constitutionnelle au Congo, s'explique aussi par le statut de ses membres. Et ce statut se résume en un mot à l'indépendance des juges.

Au Congo, il existe diverses manières d'aménager des juges afin de garantir un exercice indépendant de leurs fonctions : la durée du mandat, le régime strict d'incompatibilité et le respect d'un cadre d'obligations. S'agissant de la durée du mandat, l'indépendance des juges désignés est assurée par la longue durée du mandat, sans équivalent pour les autres institutions, puisqu'il est de neuf (9) ans renouvelables. Le mandat se renouvelle par tiers tous les trois ans[301].

Concernant le régime strict des incompatibilités, le régime est fixé par l'article 145 de la Constitution de 2002. La Constitution interdit le cumul des fonctions de membre de la Cour avec celle de ministre ou de membre du Parlement.

Les fonctions de membre de la Cour sont aussi incompatibles avec celles de membre de la Cour Suprême.

---

[300] V. L'article 144 al 2 de la Constitution de 2002, op. cit.
[301] V. L'article 144, al 1er de la Constitution de 2002, op cit

Mais quelle serait la contrepartie de ce régime strict des incompatibilités ? Serait-elle l'indemnité des membres de la Cour ?

Enfin, l'indépendance des juges résulte du respect et du cadre des obligations. Ces obligations découlent de la prestation de serment avant l'entrée en fonction des juges, un serment dont voici le contenu :

« Je jure de bien et fidèlement remplir mes fonctions de membre de la Cour Constitutionnelle, de les exercer en toute impartialité dans le respect de la Constitution et des lois de la République, de garder le secret des délibérations et des votes, de ne prendre aucune position publique et de donner aucune consultation sur les questions relevant de la compétence de la Cour »

L'étude approfondie de la Cour constitutionnelle du Congo ne serait complète que si nous examinons le contrôle qu'elle exerce.

B. Le contrôle exercé par la Cour constitutionnelle

Les fondements du contrôle de la Cour constitutionnelle se trouvent exclusivement dans la Constitution[302] et dans la loi organique[303] à laquelle la Cour reconnait une valeur dérivée de la Constitution.

À partir de l'article 146 de la Constitution 2002, l'on ne constate que la Cour constitutionnelle du Congo dispose que des compétences d'attribution. Et partant de là, l'on pourra utilement examiner des modalités du contrôle exercé par la Cour avant de « scruter » la diversité des activités d'un tel contrôle.

S'agissant des modalités du contrôle, elles se distribuent entre les autorités de la saisine et le moment où la saisine intervient.

Concernant la saisine, le droit de saisine est confié aux acteurs de la vie institutionnelle ou politique de l'Etat. Il s'agit, du Président de la République, du Président du Sénat, du Président de l'Assemblée nationale et d'un tiers des membres de chaque assemblée[304].

---

302 V. Les articles 146, 147, 148 et 149 de la constitution de 2002, op. cit.

303 V. La loi organique n°1-2003 du 17 janvier 2003 portant organisation et fonctionnement de la Cour constitutionnelle.

304 V. L'article 148 de la Constitution de 2002, op. cit.

Le droit de saisine est également reconnu aux juridictions ordinaires[305].

Ces juridictions ne peuvent pas résoudre les questions de constitutionnalité. Ces questions lorsqu'elles sont nécessaires à la solution du litige, sont susceptibles d'être des questions préjudicielles qui seront renvoyées à la Cour Constitutionnelle. Toutefois, il convient de signaler que le renvoi est uniquement effectué par la juridiction saisie[306]. L'article 51 de la loi organique est clair à ce propos dans ses dispositions : « si devant une juridiction quelconque, une partie soulève une exception d'inconstitutionnalité, cette juridiction sursoit à statuer la Cour Constitutionnelle ».

Le particulier au Congo, peut aussi saisir directement la Cour Constitutionnelle lorsqu'il s'estime atteint dans l'un de ses droits fondamentaux du fait d'une loi, uniquement dans ce cas[307].

Quant au moment de la saisine, le modèle congolais de contrôle met en place un contrôle a priori[308] et le cumule avec le contrôle a posteriori[309].

Le contrôle a priori est exercé avant l'entrée en application de la loi. Il présente l'avantage de la sécurité. Dans cette perspective, le problème est réglé avant que la loi ne soit appliquée aux citoyens.

Le contrôle a posteriori est exercé à l'occasion de l'application de la loi. Dans cette hypothèse, le contrôle intervient entre le moment de l'adoption de la loi et celui où le juge statue. Il intervient dans une ambiance moins passionnelle.

Le contrôle a posteriori permet également au juge d'envisager des hypothèses qui n'avaient peut-être pas été entrevues par le législateur et qui peuvent modifier l'appréciation qu'il porte sur la Constitutionnalité de la loi.

En vertu de la diversité des activités de la Cour distribuées entre la Constitution et la loi organique de 2003, la Cour exerce un contrôle

[305] V. L'article 149 de la Constitution de 2002 op. cit
[306] Ibidem
[307] Ibidem
[308] V. L'article 148 de la Constitution de 2002, op. cit
[309] V. L'article 149 de la Constitution de 2002, op. cit.

en matière de contrôle de constitutionnalité des lois (à l'exception des lois constitutionnelles).

La rédaction de l'article 146 de la Constitution de 2002 prouve à suffisance que la Cour se comporte comme un véritable juge constitutionnel. A cet effet, la Cour est juge de la régulation des compétences. Dans cette optique, elle constate si un texte organiquement législatif ne comporte pas des dispositions matériellement règlementaires.

Le juge constitutionnel congolais est aussi investi du pouvoir de contrôle de la conformité des normes infra constitutionnelles à savoir les règlements des assemblées parlementaires[310], les lois organiques[311], les lois ordinaires[312] et engagements internationaux[313].

Le juge constitutionnel du Congo a, par ailleurs, été doté d'une compétence qui laisse présager quelques batailles à venir. Celle-ci consiste à veiller sur la régulation de l'expression du suffrage universel[314]. Le juge veille, à cet effet, à la régularité de l'élection du Président de la République, examine dans un délai de cinq jours les réclamations relatives aux opérations de vote[315] et proclame les résultats du scrutin.

Le juge constitutionnel a confirmé sa compétence en matière de l'élection du Président de la République dans sa décision du 10 mars 2016 déclarant le candidat Denis SASSOU NGUESSO élu Président de la République.

Le juge constitutionnel statue en cas de contestation sur la régularité des élections législatives et sénatoriale[316].

Dans ce domaine, il a confirmé sa compétence dans deux décisions[317] : la décision du 30 octobre 2003 et celle du 11 décembre 2003.

---

310 V. L'article 148 de la Constitution de 2002, op. cit.
311 V. Ibidem.
312 Ibidem.
313 Ibidem, article 146.
314 Ibidem, article 146.
315 Ibidem
316 Ibidem, article 147
317 Dans la décision du 30 octobre 2003, la Cour a été saisie d'une requête de Monsieur SAMBA Joseph, candidat aux élections législatives du 23 juin 2003, scrutin du 2e tour dans la 3e circonscription de l'arrondissement 3 Tié-Tié Pointe-Noire, demandant

La Cour constitutionnelle du Congo exerce aussi une compétence consultative. La Cour exerce cette compétence dans deux hypothèses. La première s'exerce en cas de circonstances exceptionnelles[318].

La seconde compétence consultative s'exerce en matière de référendum. Cette compétence entre dans la mission générale de surveillance de la régularité des élections à la présidence de la République et des référendums.

Enfin, la Cour constitutionnelle exerce une compétence décisionnelle. En effet, en cas de vacance de la fonction du Président de la République par décès, démission ou tout autre cause d'empêchement définitif, la vacance est constatée et déclarée par la Cour Constitutionnelle, saisie par le Président de l'Assemblée nationale[319]. Cette décision ouvre une période d'intérim exercée par le président du Sénat.

Le Congo est un Etat de droit. Ce n'est ni un slogan ni une clause de style. Dans un Etat de droit, les droits fondamentaux doivent être reconnus, respectés et surtout, protégés, afin que les citoyens puissent véritablement en bénéficier.

Au Congo, « en sommes-nous si éloignés » ?

Le progrès se mesure par comparaison. Or, dans les conditions historiques qui sont les siennes, le Congo est certes en deçà de certains pays, mais nettement en progrès par rapport à d'autres. Cela est d'autant

---

l'annulation de l'élection de M. MAGNOUGOU pour fabrication de fausses cartes d'électeurs et introduction des certains éléments de la force publique dans les bureaux de vote où ces derniers ont tenté de s'emparer des urnes afin d'y introduire les bulletins du candidat élu.

Dans une autre décision du 11 décembre 2003, les requérants alléguaient de graves irrégularités (utilisation du logo du Président de la République (éléphant), menaces de mettre la localité à feu et à sauf s'il n'était pas élu, introduction des éléments de la force publique dans les bureaux de vote) commis par le candidat de pouvoir.

Dans les deux décisions, la Cour a rejeté les recours des requérants ; elle a estimé que dans les cas d'espèce, les griefs articulés à l'appui des recours, bien que constituant des causes d'annulation d'une élection législative, n'étaient ni soutenues par une pièce probante, ni étayés de preuve. Sur ces développement V. Décision n°03/DCC/SCEL/03 du 30 octobre 2003, Rec 2003-2004, pp 22-24, décision n°05/DCC/SCEL/ du 11 décembre 2003, Rec, op. cit, pp. 27-32.

[318] V L'article 84 de la Constitution de 2002, op. cit.

[319] V. L'article 70 de la Constitution de 2002 op. cit.

plus vrai, que dans cette perspective, le Président Denis SASSOU-N'GUESSO réalise une protection des droits de l'homme fort diversifiée.

L'on peut à ce propos penser que cette protection gagnerait en objectivité si nous l'examinons.

SECTION II

UNE PROTECTION DES DROITS DE L'HOMME FORT DIVERSIFIEE

L'idée des droits de l'homme est aussi moderne que l'invention de moteur à explosion et d'une certaine façon, elle constitue elle aussi un procédé technologique conçu pour atteindre un objectif d'intérêt commun[320]. Le moteur à explosion permet de se déplacer rapidement tandis que les droits de l'homme représentent un système de protection destiné à nous préserver de la violence abstraire et à éviter que nos droits fondamentaux ne soient méconnus[321].

L'expression « droits de l'homme » selon Yves MADIOT, désigne « des droits subjectifs qui traduisent dans l'ordre juridique, les principes naturels de justice qui fondent la dignité de la personne humaine »[322]. La définition des droits de l'homme avancée pour sa part par KEBA MBAYE se formule comme suit : « un droit de l'homme est un ensemble cohérent des principes juridiques fondamentaux qui s'appliquent partout dans le monde tant aux individus qu'aux peuples et qui ont pour but de protéger les prorogations inhérentes à tout homme et à tous les hommes pris collectivement en raison de l'existence d'une dignité attachée à leur personne et justifiée par leur condition humaine »[323].

---

320 V. MINOGUE (KENNETH), « Historique de la notion de droit de l'homme », in « Anthologie des droits de l'homme », Editions NOUVEAUX HORIZONS, Manilles-Philippines, 1998, P.7

321 Il s'agit du droit au travail, droit de jouir du meilleur état de santé physique et mentale, droit à l'éducation, droit à un environnement satisfaisant. Sur ce point, V TAVERNIER (P), in « Recueil juridique des droits de l'homme en Afrique ». Editions BRUYLANT, BRUXELLES, 2002 PP.333-341

322 V. MADIOT (Y), « Considérations sur les droits et les devoirs de l'homme » Editions BRUYLANT, BRUXELLES 1998, p. 10.

323 V. MBAYE (K), « les droits de l'homme en Afrique », Ed PEDONE, PARIS 1992, P.25.

Par-delà des définitions divergentes dans leur énoncé, les auteurs restent unanimes pour admettre que les droits de l'homme connaissent trois générations[324].

Les droits de la première génération sont constitués des droits civils et politiques et, se définissent comme « des pouvoirs d'auto-détermination reconnus et organisés par l'Etat, par lesquels, l'homme dans les divers domaines de la vie sociale choisit lui-même son comportement »[325].

La problématique de la condition salariale a ensuite donné naissance aux droits de la deuxième génération que l'on qualifie de droits économiques, sociaux et culturels. Ils comprennent le droit au travail, la liberté syndicale, le droit à la santé, le droit à l'enseignement, le droit à la culture[326].

Classés parmi les droits-créances, ces droits reposent sur l'obligation faite à l'Etat de procurer à tous une formation et un emploi, une garantie contre la maladie et les risques sociaux.

Dans ces conditions, l'on peut affirmer avec Yves MADIOT que « l'intervention de l'Etat aujourd'hui tant contestée au nom d'une vision paradisiaque des vertus du secteur privé ne fut ni subie, ni le fruit d'un quelconque complot tendant à l'étouffement des libertés. Elle fut voulue, appelée, exigée comme étant la seule possibilité de réalisation

---

324 Sur les « trois âges des droits de l'homme » V BECET (JM) et COLARD (D), « les droits de l'homme, dimensions nationales et internationales », Editions ECONOMICA, Tome I, Paris, 1982, P.5 et S.
Sur les autres classifications possibles. V. Les manuels classiques de libertés publiques et droits de l'homme et notamment, BURDEAU (G) ? « Les libertés politiques », PUF, Tome I et II, Paris 1981 ; MORANGE (J), « droits de l'homme et libertés publiques », Editions DALLOZ, Paris, 1982, LEBRETON (G), « libertés publiques et droits de l'homme », Editions Armand COLIN, 3e édition. Paris, 1997.
Concernant les articles V. BOSSUYT (M), « La distinction entre les droits civils et politiques et les droits économique, sociaux et culturels », in Revue des droits de l'homme, vol III n°4,1975, P.78 et S ; PELLOUX (R), « Vrais et faux droits de l'homme. Problème de définition et de classification », in RDP, 1981, P53 et S ; V AHADZI (K), « Droits de l'homme et développement : théories et réalités », in Revue la voie de l'intégration juridique et judiciaire africaine, n° 3 et 4, année 2003, pp 15 - 24. V. Enfin DZOUMA-NGUELET (HM), « La protection des droits de l'homme dans la Constitution congolaise du 20 janvier 2002 », Revue Béninoise des sciences juridiques et administratives, n°20 et 21, année 2008 - 2009 pp.107-153.

325 V. RIVERO (J), « Les libertés publiques » op. cit. Tome I P30

326 V. AHADZI (K), « Droits de l'homme et développement : Théories et réalités », op. cit. p. 22.

des droits économiques, sociaux et culturels. Plus que des droits au profit des individus, ils se présentent comme des devoirs incombant à l'Etat »[327].

Enfin, l'émergence des droits de la troisième génération a été sous-tendue par les impératifs de décolonisation et du développement.

Regroupés sous l'appellation générique de « droits de peuples » par la Charte africaine des droits de l'homme et des peuples, les droits de la troisième génération comprennent : le droit des peuples à l'égalité, le droit à l'existence, le droit à la libre disposition des richesses et des ressources naturelles, le droit au développement économique, social et culturel, le droit à la paix et enfin, le droit à un environnement sain[328].

Ainsi présentés, tous ces droits, en tant qu'ils sont inhérents à la dignité humaine « peuvent s'entendre… d'un ensemble de droits et de libertés que l'Etat reconnaît dans son ordre juridique interne et dans l'ordre juridique international, aux individus et qu'il protège »[329].

Mais les droits de l'homme seraient de simples belles théories inopérantes si des mesures de sauvegarde n'étaient pas envisagées pour leur réalisation concrète. C'est donc en ce sens que la protection s'avère une donnée essentielle dans la jouissance effective des droits[330].

Dans cette perspective, les dirigeants congolais vont vite comprendre la nécessité qu'il y a de donner aux droits et libertés fondamentaux définis dans la déclaration universelle un contenu qui

---

[327] V. MADIOT (Y), « Droits de l'homme », op. cit. p. 76 ;

[328] V. Les articles 19 à 24 de la Charte africaine des droits de l'homme et des peuples. Les droits de la Troisième génération sont aussi qualifiés de « Droits de solidarité » par la doctrine.
L'expression semble à ce propos, avoir été utilisée pour la première fois par le Professeur KAREL VASAK in « Pour une troisième génération des droits de l'homme » in SWINARSKI (C), Etudes et Essais sur le Droit International humanitaire en l'honneur de Jean Pictet, GENEVE/ LA HAYE, ICR, MARTINUS NIJOFF Publishers, 1984 pp. 837 - 850.

[329] V. DEGNI-SEGUI (R), « les droits de l'homme en Afrique noire francophone : théories et réalités »,
Imprimob, Abidjan, 1997, P1

[330] V. BESSOLE BAGORO (R), « La protection des droits de l'homme dans la Charte africaine de droits de l'homme et des peuples », Publications de la Chaire UNESCO des droits de la personne et de la démocratie : faculté de Droit et des sciences politiques, Université d'ABOMEY-CALAVI, Cotonou 2000, P.2.

soit compatible avec l'urgence de faire accéder l'Etat et les citoyens à un minimum de bien-être.

En vue de répondre à cette préoccupation, le Président Denis SASSOU-N'GUESSO initie une Constitution qui se montre très prolixe en ce qui concerne l'énumération et la formulation des droits fondamentaux. En effet, la Constitution du 20 janvier 2002 consacre l'indépendance de la justice, institue le contrôle de la constitutionnalité des lois et crée des « autorités administratives indépendantes tels le Conseil supérieur de la liberté de communication, le Médiateur de la République et la Commission nationale des droits de l'Homme.

Manifestement, le Président Denis SASSOU-N'GUESSO réalise une protection des droits fort diversifiée. Celle-ci accorde une place prépondérante à la protection juridictionnelle (Paragraphe I) et, développe des formes de protection non juridictionnelle (Paragraphe II).

PARAGRAPHE I
LA PROTECTION JURIDICTIONNELLE DES DROITS

La proclamation des droits ne suffit pas pour assurer leur protection. Celle-ci dépend de plusieurs mécanismes, dont la protection juridique demeure la plus efficace. C'est en effet le juge qui a le pouvoir de constater les violations de la règle de droit et le cas échéant, de les sanctionner. C'est à cette condition que l'on constate que l'on est dans un véritable Etat de droit, un Etat dans lequel les gouvernants comme les gouvernés sont soumis au droit[331].

Le juge a ainsi un rôle important à jouer dans la protection de la règle de droit et partant des droits fondamentaux. Et c'est dans ce cas que la protection des droits au Congo relève tantôt de la compétence du juge constitutionnel, tantôt de celle du juge judiciaire.

A- La Protection des droits par le juge constitutionnel

S'inspirant de l'expérience française, le constituant congolais a innové en transposant dans les dispositions de sa loi fondamentale un

---

[331] V. CHEVALLIER (J), « l'Etat de droit », Editions MONTCHRETIEN, 2e éd., Coll. « Clefs politiques », Paris, 1994, p. 158.

système de justice matérialisé par l'existence d'un juge constitutionnel différent du juge ordinaire.

La consécration d'un juge indépendant[332], placé en dehors du juge judiciaire, procède de la volonté de rompre avec le juge ordinaire marqué par ses liens avec le pouvoir politique. Dans cette perspective, écrit le professeur Jacques CHEVALLIER , « le juge constitutionnel apparaît, non plus comme une entorse, mais comme un instrument de réalisation de l'exigence démocratique ; qu'un mécanisme de contrôle préventif l'amène à contribuer à la formation de la loi, et par conséquent à l'expression de la volonté générale ou qu'il soit amené à écarter l'application des lois qu'il juge contraires à la Constitution , le juge constitutionnel est là pour contrebalancer la loi de la majorité par le respect des droits fondamentaux »[333].

Au regard des dispositions de la loi organique du 14 janvier 2003, la Cour constitutionnelle exerce un contrôle de constitutionalité sur les textes votés par le Parlement[334].

Dans le cadre de ce contrôle, le constituant a élargi le champ des normes à valeur constitutionnelle en intégrant dans le bloc de constitutionnalité la déclaration universelle des droits de l'homme du 10 décembre 1948, la Charte africaine des droits dc l'homme et des peuples du 26 juin 1981 et tous les textes internationaux, dûment ratifiés aux droits de l'homme.

On peut être surpris de l'introduction d'un tel mécanisme de contrôle dans un pays où la place du législateur a été sacralisée et quasiment identifiée à l'autorité normative de l'Etat. Mais pour comprendre cette mutation, il faut prendre en considération certains facteurs.

En premier lieu, le législateur, bien que bénéficiant d'une légitimité populaire, n'est pas infaillible. La confiance aveugle dans le corps législatif n'est plus aujourd'hui de mise[335].

---

[332] V. L'article 1, al. 2 de la loi organique n°1-2003 du 17 janvier 2003 portant organisation et fonctionnement de la Cour constitutionnelle du Congo.
[333] V. CHEVALIER (J), « l'Etat de droit », op. cit, p. 119.
[334] V. L'Article 146 de la Constitution de 2002, op. cit.
[335] V. HAMON (L), « les juges de la loi », Editions FAYARD, PARIS, 1987, P.203 V Egalement PHILIPPE (X), « le contrôle de la constitutionnalité des droits fondamentaux dans les Etats européens », in « l'effectivité des droits fondamentaux dans les pays de la communauté francophone » Colloque international 29, 30

En second lieu, n'étant pas infaillible, le législateur peut porter atteinte aux droits même s'ils sont constitutionnellement garantis.

Enfin, pour que le législateur ne puisse pas porter atteinte aux droits, il faut que leur protection constitutionnelle soit juridictionnelle ment garantie[336].

Le type de contrôle exercé au Congo pour garantir les droits fondamentaux repose sur une alternative. Soit l'acte portant atteinte aux droits est censuré avant même son entrée en vigueur : il s'agit alors d'un contrôle a priori ou par voie d'action[337]. Il est exercé à l'initiative des autorités politiques.

Il est intéressant d'observer que la liberté du citoyen congolais ne pouvant résider dans la vigilance d'un petit groupe de parlementaires, il est admis que tout particulier peut saisir le juge constitutionnel sur la constitutionalité des lois après leur promulgation[338].

L'acte portant atteinte aux droits peut ainsi être écarté postérieurement à son entrée en vigueur : il s'agit alors d'un contrôle à posteriori ou par voie d'exception devant une juridiction quelconque[339].

Les recours a posteriori n'obéissent à aucun formalisme excessif ni à un délai quelconque. Le requérant doit simplement donner avec précision son identité, son adresse et préciser avec clarté ses allégations ainsi que l'indication de la disposition constitutionnelle violée[340].

---

septembre et 1er octobre 1993, Port-Louis (Ile Maurice), Editions Eric KOEHLER pour l'AUPELF-UREF, 1994, p. 409.

336 V. Sur la nécessité de la protection Constitutionnelle des droits, V FAVOREU (L), « la politique saisie par le droit », Editions ECONOMICA, PARIS, 1998, V ROUSSEAU (D), « Droit du contentieux constitutionnel », Editions MONTCHRETIEN, 3e éd. Paris, 1993, pp. 71-72 V LASCOMBE (M), « Droit constitutionnel de la 5e République », Editions l'HARMATAN, 4e éd, Paris 1996, pp. 246 -247, V MEKHANTAR (J), « Droit politique et constitutionnel », Editions ESKA, PARIS, 1997, p. 162.

337 V. L'article 35 de la loi organique du 17 janvier 2003 op. cit.

338 Ibidem, Article 43

339 Ibidem.

340 V. L'article 44 de la loi organique du 17 janvier 2003, op. cit.

La Cour se prononce dans un délai d'un mois à compter de l'introduction du recours. Ce délai est réduit à dix jours à la demande expresse du requérant[341].

Si le recours au juge constitutionnel constitue un moyen exceptionnel pour obtenir le respect des droits fondamentaux, le juge judiciaire demeure cependant le gardien traditionnel des droits[342].

B- Le juge judiciaire, gardien traditionnel des droits

Après avoir affirmé que nul ne peut être arbitrairement accusé, arrêté ou détenu, l'article 138 de la Constitution de 2002 consacre le juge judiciaire dans la fonction de « gardien des droits et libertés fondamentaux »[343].

Cette consécration peut paraître contradictoire. En effet, le juge judiciaire se présente comme protecteur de l'ordre. De ce fait, il sanctionne plus les abus des libertés que les atteintes aux libertés. En même temps, c'est à lui que le particulier doit s'adresser lorsque, victime d'une atteinte à sa liberté, il entend obtenir réparation.

Il n'y a pas en fait, de contradiction entre ces deux interventions du juge pour la protection des droits, car elles sont complémentaires. C'est ainsi que lorsqu'on est victime soit d'un abus de liberté ou d'une atteinte à la liberté, c'est au juge répressif qu'on s'adresse pour demander réparation. L'intervention du juge judiciaire a pour but de sanctionner les abus de liberté, le juge protège alors la liberté des victimes de ces abus. Mais d'un autre côté, le processus du déroulement du procès comporte un ensemble de garanties juridictionnelles de procédure et de fond permettant la sauvegarde des droits et libertés des personnes poursuivies. Il s'agit entre autres, du principe de légalité des délits et des peines, du principe de la non rétroactivité de la loi pénale, de la présomption d'innocence, du principe du droit à la défense.

Il ressort donc que la fonction répressive est particulièrement au service des libertés. En érigeant en délit l'atteinte à la liberté d'autrui et en punissant l'auteur de cette atteinte, la loi pénale protège ni plus ni moins les libertés individuelles. Et parallèlement, l'auteur du délit lui-

---

[341] Ibidem

[342] V. L'article 138 de la Constitution de 2002, op. cit.

[343] Ibidem

même bénéficie des garanties de protection au cours du déroulement du procès.

Le juge judiciaire congolais joue également un rôle non négligeable dans la protection de la propriété privée. Celle-ci a en effet, constitué une ligne de démarcation avec le juge administratif. Cette démarcation s'est faite autour de deux théories : celle de l'emprise[344] et celle de la voie de fait[345].

S'agissant de l'emprise, en principe, c'est au juge administratif de reconnaître de son existence, puis de la déclarer régulière ou irrégulière[346]. Ensuite, si elle est régulière, l'indemnisation relève du juge administratif. En revanche, si elle est irrégulière, il appartiendra au juge judiciaire d'engager la responsabilité de l'administration et de statuer sur l'ensemble des préjudices. Il ne pourra pas toutefois lui adresser d'injonction, contrairement au juge administratif[347].

---

[344] L'emprise est le fait pour l'administration de déposséder un particulier d'un bien immobilier, légalement ou illégalement, à titre temporaire ou définitif, à son profit ou au profit d'un tiers. Les conditions d'application de la théorie de l'emprise sont au nombre de trois : une dépossession, immobilière, irrégulière. Et l'on peut affirmer que :

- La notion d'emprise suppose en premier lieu que le particulier ait subi une dépossession, c'est-à-dire qu'il y ait mainmise sur la propriété privée.
- L'atteinte doit être portée sur la propriété immobilière ou à un droit réel immobilier. L'atteinte à la propriété mobilière ne constitue pas une emprise ;
- L'emprise doit être irrégulière. Sur ces développement, V. CE 22 avril 1983, LASPORTE, REC P.160, AJDA, 1983, P 673, Chronique LASSERE et DELARME ; V aussi TC 4 juillet 1983, François, Rec P.540 V Egalement TC 20 octobre 1990, Préfet de SAONE et LOIRE, Rec P 399.

[345] Théorie d'origine jurisprudentielle, protective des droits des administrés en ce qu'elle entraîne pour l'administration la perte de la majeure partie de ses privilèges traditionnels. La voie de fait est constituée si l'administration accomplit un acte matériel représentant une irrégularité manifeste soit parce qu'elle exécute une décision ne se rattachant pas à un pouvoir qui lui appartient (comme une décision grossièrement illégale ou annulée par une juridiction) soit parce qu'elle exécute selon une procédure grossièrement illégale, une décision même légale, et à condition que cet agissement porte atteinte à la propriété mobilière ou immobilière ou à une liberté politique. V. en ce sens. CE 13 juillet 1966, GUIGNON, Rec, P 476, D.1969, e septembre note FG BERTRAND. V. Aussi CE 10 octobre 1969, consorts MUZELIER, AJDA 1969, P. 686, chronique R. DENOIX DE Saint Marc et D LABETOULE.

[346] Dans le cadre d'une étude du droit comparé V. TC 17 mars 1949, Société RIVOLISE BASTOPOL D.1949 P209.

[347] Ibidem, V. T.A MONPELLIER, 27 janvier 2005, AJDA 2005, note JUILLETTE GATE, PP 1409-1422.

La voie de fait étant quant à elle, une atteinte très grave à une liberté fondamentale et une atteinte manifestement illégale, la compétence judiciaire demeure totale[348].

Même si le juge judiciaire demeure le gardien des droits fondamentaux, la cohésion et le bien-être d'une société démocratique ne peuvent-être atteints que dans un climat apaisé. Celui-ci ne peut être obtenu que si l'ordre public est maintenu. Or, le maintien de l'ordre public[349] induit inévitablement une limitation des droits. Les limitations des droits même au nom de l'ordre public doivent procéder d'une démarche légitime. Celle-ci doit être la contribution de tout citoyen aux nécessités de la vie en société. Et les autorités administratives disposent dans ce cadre, d'un pouvoir de police.

Les décisions règlementaires ou individuelles qu'elles prennent dans l'exercice de ces fonctions relèvent du juge administratif.

Le juge administratif dispose ainsi dans le domaine du contrôle des activités de police, du pouvoir de juger dans quelle mesure il a pu être porté atteinte à un droit fondamental pour des raisons tenant à l'ordre public. Les atteintes à la liberté individuelle n'échappent donc pas à la compétence administrative.

D'ailleurs, on se demande aujourd'hui en France, si le juge judiciaire demeure encore le gardien de la liberté individuelle.

---

[348] V. DEVOLVE (J), « Une crise du principe de la séparation des autorités administratives et judiciaires » EDCE, 1990, P53, V. aussi VEDEL (G), « La juridiction compétente pour prévenir, faire cesser ou réparer la voie de fait » , JCP 1950, I, P.851, V Egalement CHAPUS (R), « Droit administratif général », Editions MONT CHRETIEN, Tome I, 5e éd, Paris, 1990, pp. 598 - 599.

[349] L'ordre public est une vaste conception d'ensemble de la vie en commun sur le plan politique et administratif. Son contenu varie selon les régimes.
A l'ordre public s'opposent d'un point de vue dialectique, les libertés publiques et spécialement la liberté de se déplacer, l'inviolabilité du domicile, la liberté dépensée, la liberté d'exprimer sa pensée. En ce sens, V. VIMBERT (C), « L'ordre public dans la jurisprudence du Conseil Constitutionnel » RDP, mai-Juin 1994, pp.719 - 720. V aussi LUSSIER (L), « L'ordre public et la police sanitaire au QUEBEC », in Mélanges AUBY, p. 609 et S. V. Egalement ROMAIN (JF) GREGOIRE (M), SIMONART (V) et PUTTEMANS (A), « L'ordre public, concept et applications », Editions BRUYLANT, BRUXELLES, 1996.

Dans ce mouvement de contestation, la décision « Préfet de police de Paris » du tribunal des conflits du 12 mai 1997 est très significative[350].

En Afrique, dans une décision en date du 26 avril 1994, le Tribunal administratif de CASABLANCA (MAROC) a retenu la compétence administrative pour connaître d'une requête tendant à faire cesser une voie de fait[351].

Au Congo, si le juge constitutionnel et le juge judiciaire qui fait aussi office de juge administratif aux premiers et deuxième degré disposent des moyens pour assurer la protection juridictionnelle des droits, le constituant a également fait une place à la protection non juridictionnelle.

---

[350] Si l'on se réfère à la décision « Préfet de police de paris », on a abouti à une double constatation.

- L'atteinte à la liberté individuelle constitue une voie de fait, c'est-à-dire si elle ne se fonde sur aucune décision, ou sur un acte « Insusceptible de se rattacher à un pouvoir de l'administration », la compétence appartient au juge judiciaire.
- Si l'atteinte à la liberté individuelle se fonde sur une décision administrative, le juge judiciaire est compétent pour réparer le dommage, mais le juge administratif est compétent pour décider du caractère légal ou illégal de la mesure incriminée.

Toutefois, le juge judiciaire possède une compétence parallèle à celle des tribunaux administratifs, notamment dans l'exercice de sa fonction répressive où il peut, lorsque le prévenu invoque l'illégalité d'acte administratif et règlementaire se prononcer sur ce point. A ce propos, V CASTAGNE (J), « Le contrôle et la légalité des actes de police administrative », LGDJ, Paris, 1964, V aussi BRETTON (PH), « L'autorité judiciaire gardienne des libertés individuelles et de la propriété privée », LGDJ, Paris, 1965, V Egalement CATHALA (T), « le contrôle de la légalité administrative par des tribunaux judiciaires », LGDJ, Paris, 1966, V TSIKLTIRAS (S), « La protection effective des libertés par le juge judiciaire en droit français », LGDJ, paris, 1991 V. Enfin KOKOU AKPARI, « L'appréciation de la légalité des actes administratifs par le juge judiciaire », Mémoire, Ecole Nationale d'Administration du Togo, option Magistrature, LOME, 1997.

[351] V. TA de CASABLANCA, ordonnance du juge des référés du 26 avril 1994, KAKALIA RACHEL et CONSORTS / commune urbaine de SIDI BELYOUT, dossier n°01/94.

La solution du TA de CASABLANCA donnant compétence entière au juge administratif a été confirmé par la Cour Suprême dans l'arrêt AMMOURI en date du 20 mai 1996. Sur ce point, V. CS ch. adm. ; 20 mai 1996, AMMOURI, in jurisprudence de la Cour Suprême, n°49, P67, note BENABDALLAH.

PARAGRAPHE II

LA PROTECTION NON JURIDICTIONNELLE DES DROITS.

L'avènement de pluralisme en Afrique s'est accompagné d'un regain d'intérêt pour les institutions non juridictionnelles de protection des droits[352].

La protection non juridictionnelle des droits vise à combler le déficit des procédés juridictionnels et se traduit par la mise en place d'une catégorie juridique nouvelle : les autorités administratives indépendantes[353]. La Constitution congolaise qui prévoit ce type de structures, fait apparaître le Médiateur de la République comme un instrument de renforcement des droits et présente le Conseil supérieur de la liberté de la communication comme garant de la liberté de la presse[354].

A- Le Médiateur de la République, instrument de renforcement de la protection des droits

L'Etat peut mettre en péril les droits fondamentaux par son pouvoir politique. Il peut aussi le faire par son pouvoir administratif. Pour cela, il suffit que l'administration, disposant des pouvoirs exorbitants qui lui ont été attribués pour défendre l'intérêt général, méconnaisse les droits des administrés pour que s'instaure un climat de

---

352 V. ALHADA (A), « l'ombudsman comme instrument de renforcement de l'Etat de droit en Afrique », Revue nigérienne de droit, n°1, novembre 1999, P.97

353 L'on précisera qu'il s'agit d'institutions auxquelles sont confiées des missions de contrôle à l'égard, notamment, de l'administration, et qui sans constituer des juridictions ni des émanations du Parlement, doivent être indépendantes du Gouvernement pour accomplir correctement leur tâche. Ces institutions ne sont pas dotées de la personnalité morale, elles sont donc intégrées à l'appareil étatique, mais sont cependant soustraites au pouvoir hiérarchique des autorités gouvernementales. Le terrain de prédilection des autorités administratives indépendantes est celui de la protection des libertés publiques et des relations entre l'administration et ses usagers. En ce sens, l'on pourra consulter avec beaucoup d'intérêt, l'article particulièrement pénétrant de SABOURIN (P), « Les autorités administratives indépendantes : une catégorie nouvelle » AJDA, 1983 P.275 et S, V. Aussi CHEVALLIER (J), « Réflexion sur l'institution des autorités administratives indépendantes », PUF, Paris, 1988, V. également. PISIER (E), « Vous avez dit indépendantes ? Réflexions sur les autorités administratives indépendantes », Revue Pouvoirs, n°546, 1988, p. 71 et S.

354 V. Les articles 161 et 163 de la Constitution de 2002 op cit.

« fascisme ordinaire propice à des attentats répétés aux libertés publiques »[355].

Afin de protéger ses citoyens contre les fautes, les négligences et éventuellement les abus de l'administration, le Congo a institué le Médiateur de la République[356].

En s'inspirant des exemples retenus par le Professeur CHAPUS[357] à propos du Médiateur de la République en France, le domaine d'action du Médiateur du Congo intéresse en principe les situations ci-après :

- les cas où les administrés, dont l'administration a rejeté le recours, s'abstiennent (par ignorance, découragement, crainte de complications diverses) de poursuivre le règlement de leur affaire par les voies juridictionnelles ;
- les cas où l'affaire n'est pas celle qu'un juge peut régler (la règle de droit n'étant pas en cause), mais recommande l'opportunité, l'équité ou le bons sens[358].
- les cas, où tout en étant juridiquement régulière, une règlementation peut conduire (parce qu'elle est mal conçue ou maladroitement appliquée) à des injustices, à des absurdités ou à des complications inutiles.

Le Médiateur du Congo n'est pas seulement un intercesseur gracieux entre les pouvoirs publics et les particuliers[359], il est aussi un

---

[355] V. PIEROT (M), « Le Médiateur : rival ou allié du juge administratif », in Mélanges WALINE, LGDJ, PARIS 1974 P 682

[356] V. l'article 163 de la Constitution de 2002, op. cit.

[357] V CHAPUS (R), « Droit administratif général », Editions MONTCHRESTIEN, Tome I, 6e Ed Paris 1992, P.345

[358] V. L'article 5 de la loi du 31 octobre 1998 portant institution, attributions et fonctionnement du médiateur.

[359] En tant qu'intercesseur, le Médiateur fait des recommandations de nature à faciliter le règlement en droit ou en équité de l'affaire dont il est saisi, de sorte qu'il doit être informé des suites données à son intervention. Sur ce point, V. les articles 5, 6 et 18 al2 de la loi du 31 octobre 1998, op cit.

promoteur des réformes[360]. La loi l'habilite à cet effet à participer à toute action tendant à l'amélioration du service public[361].

Très près de formalisme préside à la saisine du Médiateur. Toute personne physique ou morale, peut directement saisir le Médiateur de la République[362]. La réclamation doit être écrite. Elle doit être précédée des démarches ayant pour effet de lier en quelque sorte le contentieux[363].

Toutefois, les services de Médiateur exigent seulement que l'administration ait été alertée par une demande du réclamant. La réponse de l'administration n'est pas obligatoire et si dans le délai de deux mois le service concerné n'a pas réagi son action peut être soumise à l'examen du Médiateur.

En tant qu'autorité indépendante, le Médiateur dispose des moyens suffisamment importants : pouvoir de recommandation et de proposition de solutions[364], droit d'information des suites données à son intervention[365]. Il peut enfin obtenir le concours voulu auprès des différentes autorités politiques ou des corps techniques de contrôle[366].

Si dans certains pays[367] la fonction de protection des droits fondamentaux dévolue au Médiateur est explicitement précisée dans les Constitutions, il n'en va pas ainsi au Congo. Aucun texte relatif au Médiateur ne fait référence à son rôle de protecteur des droits

---

[360] En tant que promoteur des réformes, le Médiateur du Congo formule des propositions de nature à améliorer pour l'avenir, le fonctionnement du service public en cause. Sur ces précisions, V l'article 18, al1 de la loi du 31 octobre 1998, op.cit.

[361] V. L'article 18 de la loi du 31 octobre 1998, op.cit.

[362] Contrairement aux Médiateurs du FASO et du TOGO dont les textes prévoient aussi la faculté de l'auto saisine en cas de violation des droits (V article 15 de la loi organique du 17 mai 1994 portant création du Médiateur du FASO et l'article 17 de la loi organique du 11 décembre 1996 relative à la Commission nationale des droits de l'homme (CNDH) au TOGO, le Médiateur du Congo, est saisi uniquement par les administrés. Sur ces éclaircissements, V. L'article 4 de la loi du 31 octobre 1998, op.cit.
Cette limitation dans la saisine du Médiateur n'est pas de nature à renforcer la protection des droits.

[363] V. L'article 17 de la loi du 31 octobre 1998, op. cit.

[364] Ibidem, Article 18

[365] Ibidem, Article 18 al. 2

[366] Ibidem, article 20

[367] V. ALVARO GIL ROBLES. « Le défenseur du peuple espagnol et la justice », in RFAP n°64, octobre -décembre 1992, pp. 663 - 666.

fondamentaux. Mais cette omission n'empêche pas le Médiateur au Congo de connaître des plaintes relatives à ces questions, notamment, lorsqu'il intervient pour contrôler l'action de l'administration. Les solutions ainsi apportées aux préjudices subis par les administrés victimes d'excès de pouvoir ou de détournement de pouvoir constituent pour autant d'actions qui peuvent s'inscrire dans le domaine de la protection des droits consacrés par les textes.

Et l'on peut dans cette optique, dire que le Médiateur du Congo coexiste avec la Commission nationale des droits de l'homme. Cela est d'autant vrai que si le Médiateur est compétent en matière de contentieux de la légalité, il l'est aussi par ricochet en matière de protection des droits de l'homme.

La Commission nationale des droits de l'homme quant à elle, est un organe de suivi de la promotion et de protection des droits[368].

Dans le domaine de la promotion des droits, la Commission a pour mission d'informer les citoyens de leurs droits, leur montrer comment les revendiquer et les faire prévaloir[369]. La Commission n'a aucun pouvoir de sanction, elle procède par recommandation pour faire aboutir ses propositions[370].

Le Médiateur de la République et la Commission nationale des droits de l'homme forment des organes de protection non juridictionnelle auxquels vient s'ajouter le Conseil supérieur de la liberté de communication[371]. Celui-ci institué pour garantir la liberté de la presse.

B- Le Conseil supérieur de la liberté de communication, garant de la liberté de presse

De toutes les libertés, celle qui touche à l'expression est la plus chérie, ou en tout cas la plus revendiquée[372]. Pouvoir « tout » dire,

---

368 Ibidem, article 4
369 Ibidem, article 5
370 V. L'article 161 de la Constitution de 2002, op. cit.
371 V. DETMOLD (M) et SCOFFONI (G), « Justice constitutionnelle et protection des droits fondamentaux en Australie », RFDC, n°29, 199 pp.27-28.
372 V. Décision du Conseil Constitutionnel français n°84-181 DC, 10 et 11 octobre 1984, Rec, P7 et S V Egalement FAVOREU (L) et PHILIP (L), « les grandes décisions du Conseil Constitutionnel » DALLOZ, 8e Ed, Paris, 1995, P.576 et S.

dévoiler ce que son prochain voudrait cacher semble à beaucoup d'entre nous une des plus belles justifications existentielles. Il y a là, un besoin contemporain de transparence, de connaissance de la réalité et de mise à nu de la violence humaine.

Dans cette perspective, le juge constitutionnel français a affirmé que la liberté de la presse est « une liberté fondamentale, d'autant plus précieuse que son existence est l'une des garanties essentielles du respect des autres droits et libertés »[373].

Cette décision montre bien qu'on ne saurait dissocier la liberté de la presse des valeurs les plus fondamentales de la démocratie.

Au Congo, la liberté de la presse trouve son fondement dans les engagements internationaux pris en signant le Pacte relatif aux droits civils et politiques[374].

Ensuite, pour traduire en droit national ces engagements, l'article 19 de la Constitution de 2002 prévoit généralement que « tout citoyen a le droit d'exprimer et de diffuser librement son opinion par la parole, l'écrit, l'image ou par tout autre moyen de communication ». Et afin de garantir cette liberté, l'on a fait appel au Conseil supérieur de la liberté de communication[375].

En tant que gardien de la liberté de la presse, le Conseil bénéficie de compétences étendues, parmi lesquelles, on peut distinguer trois grandes catégories. Il y' a d'abord, les compétences relatives au pluralisme de la liberté de la presse, ensuite celles qui concernent la profession de journaliste et enfin, celles portant sur la gestion des fréquences.

---

[373] Les droits découlant du pacte international relatif aux droits civils et politiques (1966) sont contenus dans l'article 19 aux termes duquel :

- Nul ne peut être inquiété pour ses opinions ;
- Toute personne a droit à la liberté d'expression : Ce droit comprend la liberté de rechercher, de recevoir et de répandre des informations et des idées de toute espèce, sans considération de frontière, sous une forme orale, écrite, imprimée ou artistique, ou par tout autre moyen de son choix.

Toutefois, ces libertés peuvent être soumises à certaines restrictions qui doivent être expressément fixées par la loi et qui sont nécessaires :

a) Au respect des droits ou de la réputation d'autrui
b) A la sauvegarde de la sécurité nationale ou de l'ordre public.

[374] V. L'article 161 de la Constitution de 2002, op cit.

[375] Ibidem, alinéa 2

S'agissant des compétences relatives au pluralisme de la liberté de la presse, c'est d'abord la Constitution qui investit le Conseil d'une mission générale de garant de la liberté de la presse[376]. Cette mission a été précisée et élargie par la loi organique n°4-2003 du 18 janvier 2003 en son chapitre II[377].

Le conseil doit ainsi veiller à l'accès équitable aux médias publics des partis politiques, des syndicats, des associations, ainsi que des citoyens.

Il détermine et contrôle les conditions d'accès aux médias publics aussi bien en période électorale qu'en temps ordinaire[378].

Formellement, de ce point de vue, le Congo se distingue de certains pays comme la Côte d'Ivoire et le Togo où l'accès des formations politiques aux médias publics n'est organisé que lors des campagnes électorales[379].

Le Conseil supérieur de la liberté de communication ne veille pas seulement au pluralisme interne des organes de presse, il est aussi chargé de garantir le pluralisme externe, c'est-à-dire, d'éviter la concentration des médias afin de favoriser la libre concurrence[380].

La loi organique relative à l'instance de régulation au Congo, après avoir proclamé, en son article 1er, la liberté de communication audiovisuelle, a chargé le Conseil de veiller « à la qualité du contenu et à la diversité des programmes audiovisuels, au développement de la production et la création audiovisuelles nationales »[381]. Cette

---

376 Il s'agit de la loi organique n°4-2003 du 18 janvier 2003 déterminant les missions, l'organisation, la composition et le fonctionnement du conseil supérieur de la liberté de communication.

377 V. l'article 6, alinéa 10 de la loi organique n°4-2003 du 18 janvier 2003 op. cit.

378 V. l'article 6 alinéa 1 de la loi organique n°91-101 du 27 décembre 1991 relative au Conseil national de la communication audiovisuelle de la Côte d'Ivoire ; l'article 7 de la loi organique n°96-10/PR portant composition, organisation et fonctionnement de la haute autorité de l'audiovisuel et de la communication du Togo.
Pour ce dernier pays, l'article 2 de la loi organique précitée a prévu que la HAAC doit « veiller à l'accès équitable des partis politiques et des associations aux moyens officiels de l'information et de la communication ». Mais dans la pratique, de parti au pouvoir monopolise les médias officiels.

379 V. l'article 6, al3 de la loi organique n°4-2003 du 18 janvier 2003 op. cit.

380 Ibidem, article 6, al. 4.

381 Aux termes de l'article 6, al4 de la loi organique précité, le Conseil supérieur de la liberté de communication en sa qualité de garant de l'exercice de la liberté de la presse,

compétence permet au Conseil d'œuvrer pour la sauvegarde de la liberté de la presse, une mission qui lui incombe aussi en matière de gestion de l'aide de l'Etat à la presse[382].

Il apparaît ainsi que de larges compétences sont reconnues au Conseil en matière de garantie du pluralisme et de la liberté de la presse. Il convient d'ajouter à celles-ci la compétence relative à la profession du journaliste.

Le Conseil est invité dans ce cas, à prendre toute initiative et à organiser toute action de manière à accroître le respect de la déontologie et de l'éthique, ceci afin d'assurer l'exerce d'une information objective et d'une presse responsable et républicaine[383].

Dans la plupart des Etats africains, cette action de promotion intervient surtout à la veille des échéances électorales[384].

Mais plus significative est la compétence du Conseil supérieur de la liberté de communication d'attribuer les fréquences et de donner par conséquent l'autorisation d'émettre ou d'exploiter des stations de radios ou de télévisions privées[385]. Ce n'est pas le cas dans certains pays africains. Par exemple, en Côte d'Ivoire[386], au Sénégal[387] et en Guinée

« veille à la répartition équitable des aides de l'Etat entre les entreprises publiques et privées de la communication ».

382 V. L'article 6, al13 de la loi organique n°4-2003 du 18 janvier 2003 op.cit

383 L'on peut à ce propos, citer en guise d'exemple, le Burkina-Faso, V. Conseil Supérieur de l'information, in « les actes du séminaire sur la régulation en période électorale », OUAGADOUGOU, 19-22 mars 2002.
Quant au BENIN, V la HAAC, in « Actes des séminaires de formation des responsables des organes de presse sur la gestion de la pré-campagne et de la campagne médiatique sur l'élection présidentielle de 2001 », Cotonou, 29 janvier au 2 février 2001. V Egalement. La HAAC « Actes du séminaire de formation des journalistes chargés de la couverture de l'élection présidentielle de 2001 », Cotonou, février 2001.

384 V. l'article 7, al2 de la loi organique n°4-2003 du 18 janvier 2003, op. cit.

385 V. L'article 6 de la loi n°91-101 du 27 décembre 1991, op cit

386 V. EL HADJ MBODJ, « la régulation médiatique des élections ; l'exemple du haut conseil de l'audiovisuel du Sénégal », in Francophonie et démocratie, symposium international sur le bilan des pratiques de la démocratie, des droits et des libertés dans l'espace francophone (Bamako, 1er -3 novembre 2000), Editions PEDONE, Paris, 2001 P.249.

387 V. L'article 2 de la loi organique L/91/005 du 23 décembre 1991 sur la liberté de la presse.

(71), c'est le Gouvernement qui accorde les autorisations d'usage de fréquence.

Les instances de régulation de ces pays ont un rôle purement consultatif.

En définitive, la mission assignée au Conseil supérieur de la liberté de communication consiste donc à promouvoir et à protéger la liberté de la presse. Elle complète fort bien celle dévolue au Médiateur de la République et à la Commission nationale des droits de l'homme.

Le réaménagement de l'armature institutionnelle de l'Etat, le maintien de la fonction juridictionnelle, la réalisation d'une protection des droits fort diversifiée et le développement forment un triangle harmonieux. En effet, la coopération internationale est désormais construite autour du « bon gouvernement ». Le point d'appui pour aborder ce « bon gouvernement » est « la protection des droits et l'assise d'une démocratie réelle »[388].

Et c'est dans ce sens, que le Président Denis SASSOU-N'GUESSO va engager un processus visant à donner au développement un contenu moins heurté.

En vue de répondre à cette préoccupation, il encadre le développement par le droit (Titre II).

Cet exposé évite à dessein de soulever des théories ou controverses que la notion de développement suscite pour ne retenir que les manifestations concrètes de celle-ci.

---

[388] Il serait naïf et donc dangereux de vouloir mésestimer l'importance de l'action internationale en matière de protection de la personne humaine. On sait que depuis la Convention de LOME IV, l'aide au développement est désormais conditionnée à la promotion des droits de l'homme dans les pays ACP. De même, les pressions de l'opinion internationale à l'encontre d'un pays violateur, des droits fondamentaux sont des facteurs déterminant dans la promotion des mécanismes de protection interne des droits de l'homme. Pour une étude détaillée de la question, V RATIANY RAMAROLANTO-RATIARY, « les mécanismes non juridictionnels de protection de droits fondamentaux à Madagascar », in l'effectivité des droits fondamentaux dans les pays de la Communauté francophone, colloque international 29-30 septembre et 1 octobre 1993, Port-Louis (Ile Maurice), Editions ERIC KOEHLER pour l'AUPELF-UREF 1994 pp. 516 - 517.

TITRE II

L'ENCADREMENT DU DEVELOPPEMENT PAR LE DROIT

Parce que le développement est une dimension de la société et parce que le droit ne peut lui être étranger, il n'existe pas de Constitution qui explicitement ou implicitement, directement ou indirectement, ne s'en soucie point ou ne cherche point à maintenir en état ou à transformer ce sur quoi il pèse. Il n'y a donc pas de Constitution, au sens, matériel, qui ne soit pas une Constitution économique[389], même si la Constitution au sens formel semble l'ignorer.

A ce propos, le thème dominant en droit constitutionnel comparé des rapports entre « Constitution » et « Economie » dans les démocraties libérales est celui de la neutralité de la Constitution[390].

En Afrique, à l'instar du droit, le développement entre aussi dans la compétence générale de l'Etat. Les revendications continues des Etats en développement, pour faire connaître la souveraineté économique comme un élément de leur souveraineté générale, y conduisent. Cette souveraineté économique est traduite par les résolutions de l'Assemblée générale de Nations Unies surtout après la crise des années 1974 avec l'expression de la souveraineté permanente de l'Etat sur les ressources nationales[391]. Depuis, il est admis que la souveraineté économique vise la maîtrise et la conduite du développement selon les options librement choisies par l'Etat. Ainsi, l'Etat a le droit de modifier l'orientation de son développement et ses modalités. En Afrique, l'un des meilleurs exemples que l'on peut citer à effet est celui du Congo.

---

[389] V. CHEROT (J-Y), « Constitution et Economie », in « Traité international de droit constitutionnel. Suprématie de la Constitution », sous la direction de Michel TROPER, Dominique CHAGNOLLAUD, DALLOZ, Tome 3, Paris, 2012, P.531

[390] Ibidem P. 530.

[391] V. GALLETI (F), « les transformations du droit public africain francophone. Entre étatisme et libération », Editions BRUYLANT, BRUXELLES, 2004, P. 186.

Dans cette perspective, le Congo encadre successivement son développement par la réforme des institutions (Chapitre I) et par la quête de la performance et du développement de l'économie (Chapitre II).

CHAPITRE I

UN ENCADREMENT ENONCE PAR LA REFORME DES INSTITUTIONS

Souvent portés par des contingences politiciennes, les changements sont pour être bien « vendus » auprès de l'opinion publique, présentés comme « des corrections nécessaires à apporter aux textes qui ont apparu à l'usage, imparfaits, incomplets et inadaptés »[392].

En général, la vocation de changer les institutions est d'approfondir la démocratie afin d'engager le processus de développement. Le Congo n'échappe pas à cette loi universelle de la mutabilité institutionnelle. A ce propos, la technique du changement constitutionnel semble le plus approprié.

L'évolution des institutions au Congo, a pour dessein d'améliorer la qualité des institutions.

Le souci du relèvement de la qualité du fonctionnement des institutions est si fort qu'il institutionnalise une gouvernance qui prennc en compte les différentes composantes de la société congolaise, notamment les femmes, les jeunes, les personnes vivant avec handicap et les populations autochtones[393]. Il reconnait le statut particulier de l'apposition, celui des anciens Présidents de la République, des anciens Présidents des chambres du Parlement, des anciens premiers ministres etc...[394].

Ainsi, l'encadrement du développement par la réforme des institutions a définitivement défini l'architecture du régime politique congolais. Il repose sur un consensualisme qui approfondit sans cesse le droit.

---

[392] DU BOIS DE GAUDUSSON, cité par I.M. FALL, in « Les révisions constitutionnelles au Sénégal », Nouvelles Annales Africaines n°1/2010, p. 74.

[393] Pour une étude détaillée de la question, V MAKOSSO (A.C), « Le régime consensualiste dans la Constitution congolaise du 25 octobre 2015. Commentée article par article », op. cit., Congo Brazzaville, 2016, p.43 et S.

[394] Ibidem

SECTION I

LE CONSENSUALISME DE SIBITI ET L'APPROFONDISSEMENT DU DROIT

Le consensualisme est un principe en vertu duquel un acte juridique n'est soumis à aucune forme particulière pour sa validité, le consentement ayant à lui seul le pouvoir de créer des obligations[395]. L'on parle dans ce sens, d'acte consensuel, c'est-à-dire, un acte juridique qui pour sa formation, ne nécessite aucune formalité et qui résulte du seul échange des consentements[396].

Le consensus serait alors un « acte par lequel quelqu'un donne à une décision dont un autre a eu l'initiative l'adhésion nécessaire pour passer à l'exécution[397].

Mais quelle application peut-on faire de cette notion (consensus) quand on sait qu'à Sibiti, ce sont les participants au dialogue national sans exclusive[398] qui devraient décider ?

En effet, dans toute procédure de décision collective, c'est le vote qui permet de savoir quelle est la décision. Pourtant, le consensus n'est pas l'expression d'un vote qui comme l'expression l'indique dégagerait nécessairement une majorité et une opposition.

Ainsi, à Sibiti a-t-on vu surgir une autre procédure (le consensus) qui consisterait à dégager un accord sans procéder à un vote formel. Cette procédure a évité à l'Etat congolais « la tyrannie d'une majorité ».

Dans cette perspective, le consensualisme de Sibiti est apparu comme un « acte par lequel une partie des congolais donnait à l'idée de réformer les institutions dont l'autre partie a eu l'initiative, l'adhésion nécessaire pour passer à la réforme ».

---

395 V. GUILLIEN (R) et VINCENT (J), « Lexique des termes juridiques », sous la direction de Serge GUINCHARD et Gabriel MONTAGNIER, Editions DALLOZ, PARIS, 2003, p. 151.

396 Ibidem, p. 11.

397 FOULQUIE (P), cité par MICHEL DE VILLIERS et ARMEL LE DIVELLEC, in « Dictionnaire du droit constitutionnel, Editions Sirey, Paris, 2009, p. 70.

398 Le dialogue national sans exclusive avait été convoqué par le Président de la République pour réfléchir sur la gouvernance électorale et l'évolution des institutions. Il s'est tenu du 13 au 17 juillet 2015 à Sibiti (Chef-Lieu) du département de la Lékoumou.

Beaucoup de Constitutions ignorent ce procédé. Et c'est ce qui explique incontestablement le génie institutionnel congolais.

Les réformes envisagées par le dialogue national sans exclusive de Sibiti, s'appuyait sur le document d'orientation élaboré par la Commission préparatoire[399].

Puisque le « feu vert » de réformer les institutions a été donné à Sibiti, il devenait impérieux de changer la Constitution de 2002.

Dans cette optique, le Président Denis SASSOU NGUESSO, soucieux d'assumer la mission qui lui a été confiée par le peuple congolais va s'appuyer sur le droit pour l'accomplir.

Comment a-t-il procédé ? C'est ce qui importe de voir.

PARAGRAPHE I

LE CHANGEMENT DE LA CONSTITUTION DE 2002 ET LE POUVOIR DE CONSTITUTIONNALISATION

Si le pouvoir législatif est le pouvoir de faire des lois, le pouvoir réglementaire est celui de faire des règlements, le pouvoir de constitutionnalisation est celui de faire la Constitution[400].

Le pouvoir de constitutionnalisation appartient exclusivement au peuple de l'Etat en formation ou formé. Il se manifeste, en principe par un écrit constitutionnel : la Constitution initiale ou la Constitution révisée.

Le peuple peut exercer le pouvoir de constitutionnalisation de diverses façons :

- soit une Constitution est élaborée par une Commission ;
- Soit une Constitution est élaborée par un homme. C'est le cas de la Constitution française de 1958 qui fut confiée au Général DE GAULLE

[399] V. MAKOSSO (A.C), « Le régime consensualiste dans la Constitution Congolaise du 25 octobre 2015 commentée article par article », op cit, P.43

[400] V. GOHIN (0), « Droit constitutionnel » Ed. LITEC, PARIS 2010, p. 139.

- Soit une Constitution est élaborée par une assemblée constituante[401].

Ce pouvoir qui résulte de l'écrit constitutionnel est constituant. Et dans les trois cas ci-dessus évoqués, c'est au peuple, à lui seul, en tant qu'auteur juridique de la Constitution, que doit être attribuée la qualité de pouvoir constituant[402].

Cela est d'autant vrai qu'au Congo, c'est le peuple qui l'exerce par la voie de ses représentants ou par voie référendaire[403]. En effet, dans cet Etat, « la souveraineté nationale appartient au peuple qui l'exerce au moyen de suffrage universel, par ses représentants élus ou par voie de référendum. L'exercice de la souveraineté n'est l'œuvre, ni d'un citoyen, ni d'une fraction du peuple »[404].

Dans cette perspective, élaborer une Constitution est un acte majeur pour un Etat. Et il est exercé parce qu'il est convenu d'appeler le pouvoir constituant[405].

S'agissant de ce pouvoir, l'on peut se demander jusqu'où peut-il aller ? L'écriture et la réécriture des textes constitutionnels sont-elles des initiatives de démocratisation d'un régime politique ? Que faire pour que la Constitution ne soit pas un instrument de déconsolidation de la démocratie ? Lorsque le pouvoir constituant est mobilisé quelle doit être l'attitude du juge constitutionnel ? Activiste ou réservé ? Justicier ou docile soumis au pouvoir constituant ?

---

[401] V. CHALVIDAN (P-H), « Droit Constitutionnel. Institutions et régimes politiques », Editions NATHAN Supérieur, PARIS, 1986, p. 161.

[402] Selon CARL SCHMITT, le titulaire du pouvoir constituant originaire est le « Peuple dans la démocratie » et le « monarque dans la vraie monarchie ». Et selon OLIVIER BEAUD, le pouvoir constituant ne peut être exercé que directement par le peuple. Car poursuit-il « Seul le peuple en tant que souverain peut aliéner ou échanger sa souveraineté ». Sur ces développements, V. SCHMITT (C), « Théorie de la Constitution », Trad. Par Lilyane DEROCHE, Editions P.U.F, Coll. « Léviathan » PARIS, 1993, P40. V. Aussi BEAUD (0), « la souveraineté de l'Etat, le pouvoir constituant et le traité de MAASTRICHT : Remarques sur la méconnaissance de la révision constitutionnelle », R.F.D.A, 1993, pp. 1045 - 1068. V. Enfin. CONSTANTINESCO (vl) et PIERRE-CAPS (S), « Droit constitutionnel », Editions P.U.F, Coll. « Thémis», PARIS, 2004, pp. 214 - 216.

[403] V. L'Article 3 de la Constitution congolaise du 20 janvier 2002.

[404] Ibidem.

[405] V. RIGAUX (M-F), « La théorie des limites matérielles à l'exercice de la fonction constituante », Ed. LARCIER, Bruxelles, 1985, p. 27.

Ces interrogations révèlent aussi la complexité du pouvoir constituant. Mais nos inquiétudes disparaîtront après l'analyse de celui-ci.

A- Le pouvoir constituant

D'entrée, il faut signaler qu'il existe deux pouvoirs en matière de Constitution. Il y a le pouvoir constituant originaire et le pouvoir constituant dérivé[406].

Le pouvoir constituant originaire est le pouvoir qui élabore la Constitution et, le pouvoir constituant dérivé celui de révision de la Constitution[407].

Dans le cadre de notre étude, seul le pouvoir constituant originaire fera l'objet des développements, car il s'agit d'examiner le changement de la Constitution de 2002 et non sa révision.

Ainsi, le pouvoir constituant originaire est la compétence pour fixer les règles d'organisation et de fonctionnement de l'Etat et notamment, de déterminer les institutions politiques[408]. Il s'agit somme toute d'élaborer le texte constitutionnel qui va fonder le nouvel ordre juridique.

---

[406] La conception formelle de la distinction du pouvoir constituant originaire et pouvoir constituant dérivé a été pour la première fois envisagée par RAYMOND CARRE de MALBERG et développée ensuite par Georges BURDEAU, Roger BONNARD et autres. Sur ces précisions. V.CARRE DE MALBERG (R), « Contribution à la théorie générale de l'Etat », Ed Sirey, Paris, 1922, P.17, BURDEAU (G), « Essai d'une théorie de la révision des lois constitutionnelles en droit français », Thèse Faculté de droit, PARIS, MACON, 1930, P.28. V. BONNARD (R), « Les actes constitutionnels de 1940 », R.D.P 1944, P.54 et S. Toutefois, il convient de signaler que le pouvoir constituant « institué » de Roger BONNARD a été rebaptisé par Georges VEDEL comme « Pouvoir constitué dérivé ». Sur ce point, V. VEDEL (G), « Droit constitutionnel », Ed. Sirey, Paris, 1949, p. 41. A l'heure actuelle, l'appellation de « Pouvoir constituant dérivé » est plus usitée que celle de « Pouvoir constituant institué ». A ce propos, V. PACTET (P) et MELIN-SCOUCRAMANIEN (R) « Droit constitutionnel », op. cit. En Afrique, le Professeur ISMAÏLA MADIOR FALL qualifie le pouvoir constituant dérivé de « pouvoir de révision ». A ce propos, V. Cet auteur, in « Les révisions constitutionnelles au Sénégal », op. cit, pp. 73 - 143.

[407] V. I.M FALL, « Les révisions constitutionnelles au Sénégal », op. cit, p.74.

[408] V. KLEIN (C), « le pouvoir constituant », in « Traité international de droit constitutionnel » op. cit, pp 6-28.

Le pouvoir constituant originaire naît lors de la création d'un Etat ou de la fusion des Etats[409]. Mais le cas le plus fréquent qui peut conduire à l'exercice du pouvoir constituant originaire est celui d'un changement total de régime politique avec bien évidemment le cas classique de la révolution[410]. La rupture peut aussi survenir, et c'est malheureusement un cas très fréquent à la suite d'un coup de force, souvent mené par des militaires[411].

Enfin, l'on peut imaginer qu'une nouvelle Constitution soit élaborée en dehors de toutes circonstances de crise, tout simplement parce qu'il est souhaitable d'adopter un nouveau texte mieux adapté. Dans ce cas, on parle de « l'usure » de la Constitution parce que la société a évolué, que les institutions nécessitent une adaptation institutionnelle globale[412].

C'est ce qui explique le changement de la Constitution du 20 janvier 2002. Il fallait donc une nouvelle Constitution qui devait refléter l'adaptation de la société, son évolution et son progrès.

Pour mieux comprendre le changement de la Constitution de 2002, il faut rappeler son cadre historico-juridique.

Comme toutes les institutions humaines, celles de la Constitution Congolaise de 2002 résultaient de la conjonction de deux impératifs : in impératif d'autorité et, un impératif de rénovation du régime politique.

Concernant l'impératif d'autorité, il fallait un homme d'autorité, pour prendre les décisions qu'exige la paix.

Quant à l'impératif de rénovation du régime politique, le Président de la République était le Chef de l'Etat. Il déterminait et conduisait la politique de la nation[413]. Il était omniprésent.

---

409 V. BREILLAT (D), CHAMPAGNE (G) et THOME (D), « Droit constitutionnel et institutions politiques », Editions GUALINO, PARIS, 2011, pp. 28 - 30.

410 Ibidem, p. 29.

411 Ibidem.

412 C'est ce qui explique la nouvelle constitution congolaise du 25 octobre 2015, issue de l'usure de la Constitution de 2002. Concernant cette usure, V. Nos développements, notamment ceux relatifs au changement de la Constitution de 2002.

413 V. Les pouvoirs du Président de la République issus de l'article 75 à l'article 86 de la Constitution de 2002.

Par contre, le Parlement n'était qu'une simple chambre d'enregistrement dans la mesure où il ne jouait qu'un rôle d'approbation. Les députés étaient désarmés face à un Exécutif fort. L'Assemblée nationale ne pouvait pas censurer le Gouvernement et le Président ne pouvait pas dissoudre l'Assemblée nationale[414].

Or, la vie politique et institutionnelle d'un Etat est marquée par le caractère démocratique et le Parlement reste le haut lien où la démocratie s'apprend chaque jour.

Les dispositions de la Constitution de 2002 nous éloignaient de ce postulat. Pourquoi ?

Parce que jusque-là le régime politique congolais était demeuré présidentialiste avec une forte prépondérance de l'Exécutif et un Parlement nettement affaibli.

Cependant, le présidentialisme n'est pas un régime politique qui préconise la concentration des pouvoirs entre les mains du Président de la République. Par conséquent, il fallait mettre un terme à cette tendance à concentration excessive des pouvoirs à la présidence de la République et faire du Parlement un lieu d'impulsion de la vie politique avec des parlementaires porteurs d'une éthique compatible avec les exigences de la démocratic.

Une autre opportunité juridique qui permettait de changer la Constitution de 2002 résidait dans la notion de « gestion axée sur les résultats » désormais introduite dans la gestion des finances publiques dans les Etats membres de la CEMAC[415].

A cet effet, « A toutes les époques de l'histoire et en tous lieux », écrivait le Professeur Michel BOUVIER, « Les finances publiques ont été le moteur des grandes mutations des sociétés, provoquant ou portant les réformes »[416].

Cela est certainement dû au fait que depuis ses origines, le pouvoir financier est très étroitement imbriqué avec le pouvoir politique.

---

[414] Contrairement à l'Exécutif, le Parlement était nettement affaibli. Sur ce point, V. Notamment ; l'article 114 de la Constitution précitée.

[415] V. La loi organique du 3 septembre 2012 relative au régime financier de l'Etat congolais.

[416] A ce propos, l'on peut se référer à l'analyse pénétrante du Professeur Michel BOUVIER in « Finances publiques », LGDJ, Paris, 2002, pp. 25 - 39.

Aujourd'hui encore, les finances publiques occupent une place de premier plan, car tous les pays développés ou en développement sont confrontés à la réforme de leurs finances publiques[417].

La directive n°01/11 UEAC-190 CM-22 du 19 décembre 2011 relative aux lois de finances au sein de la CEMAC s'inscrit dans ce contexte international de modernisation de la gestion publique.

En tant que directive communautaire, la directive CEMAC lie tout Etat membre quant aux résultats à atteindre. Si les Etats sont tenus d'atteindre les résultats, cependant, ils restent libres de choisir les moyens pour y parvenir dans les délais impartis[418].

Dans l'application de la directrice CEMAC, le droit financier congolais a considérablement renforcé le pouvoir budgétaire du Parlement. Il semble évident sur ce point, qu'un tel rééquilibrage ne pouvait pas faire l'économie d'une réforme constitutionnelle.

La conduite de la réforme budgétaire surtout lorsqu'elle a pour objectif une nouvelle gouvernance financière publique implique nécessairement un engagement fort des autorités politiques. Cet élément exige, le cas échéant, des réformes institutionnelles permettant de nouvelles relations entre l'Exécutif et le Législatif. Dans cette perspective, un processus de décision plus intégré au niveau des acteurs politiques est indispensable.

Ainsi, lors de son contrôle sur la loi organique du 3 septembre 2012 relative au régime financier de l'Etat Congolais, le juge constitutionnel congolais aurait dû découvrir que les pouvoirs budgétaires du Parlement étaient considérablement revalorisés. Son pouvoir de contrôle constituait désormais une solution efficace pour assurer la revalorisation annoncée[419]. Dès lors, une réforme constitutionnelle s'imposait, car la Constitution de 2002 était désormais « terrassée » par le droit communautaire.

---

417 V. YONABA (S), « Les finances de l'Etat Burkinabé », Ed, Collection Précis de droit Burkinabé, OUAGADOUGOU, 2006, p.17.

418 V. DZOUMA-NGUELET (H.M), « La réception de la directrice CEMAC dans le droit financier congolais », Annales de L'Université Marien NGOUABI, 14 (3) : 22-47, sciences juridiques et politiques, 2013, p.31

419 Ibidem, p.40

Curieusement, le juge constitutionnel congolais a décidé que la loi organique du 3 septembre 2012 relative au régime financier de l'Etat congolais était conforment à la Constitution du 20 janvier 2002.

En Afrique, le juge constitutionnel congolais n'est pas le seul à prononcer une décision « curieuse » en matière de Finances publiques. Le juge constitutionnel du Burkina Faso dans sa décision n°2003-002 du 28 juillet 2003 avait conclu que « la loi relative aux lois de Finances était une loi ordinaire »[420] même si jusque-là la matière avait toujours été régie par un texte de valeur organique au sein de l'UEMOA[421].

Il est par ailleurs aisé de souligner que la loi organique est une loi prévue par la Constitution en vue de déterminer les modalités d'application de certaines dispositions constitutionnelles. Pour le Professeur Paul AMSELEK, « la loi organique s'analyse juridiquement en une véritable constitution financière qui complète les dispositions lacunaires de la loi fondamentale sur les questions de droit budgétaire... »[422]. La loi organique a une autorité supérieure à celle des lois ordinaires. La loi organique doit enfin être systématiquement soumise au contrôle du juge constitutionnel avant promulgation[423]. Et c'est au niveau de ce contrôle que le juge constitutionnel burkinabé s'est trompé[424].

La nécessité d'instaurer un Etat de droit dans lequel la participation des citoyens est d'investir un espace public pour défendre les valeurs de la démocratie a conduit les autorités politiques du Congo à faire évoluer les institutions. Ainsi, décidèrent-elles de changer la Constitution de 2002.

---

420 V. YONABA (S), « une nouvelle catégorie juridique en quête d'identité : la loi ordinaire relative aux lois de Finances », Revue burkinabé de droit, 2004, pp. 123-140.

421 V. DZOUMA-NGUELET (H.M), « La décision budgétaire dans les Etats francophones d'Afrique » Revue togolaise de Droit, 2011, p. 32.

422 V. AMSELEK (P), in « Le particularisme de la légalité budgétaire », Revue administration, 1970, p. 650.

423 Les lois organiques ne peuvent être promulgués qu'après déclaration par la Cour constitutionnelle de leur conformité à la Constitution. A ce propos, V. Constitution congolaise du 25 octobre 2015.

424 A l'instar du Congo, dans l'espace francophone des lois organiques avant leur promulgation sont soumises au contrôle du juge constitutionnel. Et c'est au cours de ce contrôle que le juge constitutionnel Burkinabé s'est trompé en qualifiant la loi organique relative aux lois de Finances de loi ordinaire.

En effet, changer de Constitution, c'est quelque chose de tout à fait possible en droit.

D'un point de vue de la logique, la Constitution n'est qu'un moyen que se donnent les hommes pour régler les problèmes juridiques et politiques qui se posent à eux à un moment donné de leur histoire[425]. Œuvre humaine, la Constitution porte nécessairement la marque de l'imperfection, de la finitude.

En outre, du fait de leur origine et leur objet, la Constitution est soumise à l'usure du temps[426]. Par conséquent, elle n'a pas vocation à l'éternité, ni à l'immutabilité absolue. Elle doit, dès lors, pouvoir être modifiée, révisée ou changée afin de s'adapter aux exigences nées des évolutions.

Moyen et non fin, faite pour servir l'homme, la Constitution ne peut « être une tente dressée pour le sommeil »[427].

Au surplus, comme le prévoyaient la Constitution française de 1791, et la déclaration des droits de 1793, les générations présentes ne peuvent enchaîner les générations futures en leur imposant des Constitutions immuables, apparaissant comme porteuses de vérités, immuables et éternelles. Ce qui est fait par l'homme doit être pouvoir défait par lui[428].

---

[425] Comme le remarque Paul BASTID, La Constitution n'est plus l'expression momentanée d'une force révolutionnaire permanente. Elle représente au contraire une vertu d'ordre et de stabilité. Sur ces développements, V. Cet Auteur, in « L'idée de Constitution », Ed. ECONOMICA, PARIS 1985, P.25

[426] V. BREILLAT (D), CHAMPAGNE (G) et THOME (D), « Droit Constitutionnel et Institutions politique » op. cit p.29.

[427] Selon DIMITRI Georges LAVROFF, « La seule obligation que le souverain s'est créé en établissant une organisation constitutionnelle, c'est de respecter sa présence et non pas d'imposer son maintien. Le constituant originaire a toujours la possibilité de modifier l'organisation constitutionnelle, les organes qu'il a mis en place. Il a simplement l'obligation de mettre fin à l'institution qu'il a créé avant de la remplacer par une autre, mais il n'est jamais obligé de la conserver indéfiniment ». Sur ces développements, V. Cet Auteur in, « Le système politique français : Constitution et pratique politique de la 5e République », Editions DALLOZ, 5e édition, Paris, 1991, P.60.

En nous fondant sur ces développements, nous avions déduit que la Constitution ne peut « être une tente adressée pour le sommeil ».

[428] V. SHAWI (Moundhi el), « Contribution à l'étude du pouvoir constituant » Thèse, faculté de Droit de Toulouse, juin 1961, P.75.

Aux arguments ci-dessus énoncés s'ajoutent d'autres tirés de la vie, c'est-à-dire des faits.

Dans cet ordre d'idées, comme le souligne le Professeur Jean WALINE, d'une manière générale, elle n'est jamais bon qu'il y ait un trop grand décalage entre la réalité sociale et le droit. Le droit ayant pour objet de régir la société, il ne peut être indifférent à l'évolution des exigences de celle-ci[429].

Comme on le constate, le principe de changement de Constitution est une opportunité juridique admise et qui s'impose.

Toutefois, le problème qui se pose est de savoir quel est le statut de l'organe qualifié pour réaliser l'opération de changement. D'où procède ce pouvoir et quel est son rapport à la Constitution ?

Pour répondre à ces interrogations, il convient de partir d'une logique argumentaire qui tire son inspiration de SIEYES qui a découvert le premier, la notion de pouvoir constituant[430].

Selon SIEYES, les pouvoirs créés par la Constitution sont multiples et divisés : mais déclare-t-il, « tous sans distinction sont une émanation de la volonté générale, tous viennent du peuple, c'est-à-dire de la Nation »[431]. Ils émanent donc d'un pouvoir supérieur et unique. Pour SIEYES, « une Constitution suppose avant tout un pouvoir constituant ».

Le pouvoir constituant originaire est le pouvoir de faire la Constitution et les pouvoirs constitués sont les pouvoirs créés par la Constitution[432].

La théorie du pouvoir constituant originaire s'applique dans une conjoncture très nettement définie.

---

[429] Jean WALINE, cité par MIRANDA (M), in « Révision de la Constitution et justice constitutionnelle », (Xe Table ronde internationale, Aix-en-Provence, 16 - 17 septembre 1994), A I.J.C, 1994, p. 267.

[430] V. MAGNON (X) « Quelques maux encore à propos des lois de révision Constitutionnelle : limites, contrôle, efficacité, caractère opératoire et existence », en hommage au Doyen LOUIS FAVOREU, in RFDC, 2004/3 n°59, P.599.

[431] Pour un exposé de la théorie de SIEYES, l'on pourra se référer à CARL SCHMITT, in « Théorie de la Constitution » traduit de l'allemand par LYLIANE DEROCHE, Editions PUF, PARIS, 1993, P.152.

[432] Ibidem p. 153

S'inspirant de cette théorie, au Congo, le pouvoir constituant originaire s'est déployé en 2015 pour rédiger la nouvelle Constitution en vue de l'adapter aux transformations institutionnelles qui devaient intervenir dans le pays.

Le pouvoir constituant originaire est illimité[433]. Cela signifie que lorsqu'il établit une nouvelle Constitution, il n'est pas obligé de se conformer à une quelconque règle juridique.

Il ne rencontre aucune règle juridique qui pourrait s'opposer à son exercice.

Le pouvoir constituant originaire ne connait pas de restrictions juridiques. Et comme le remarque le Professeur Georges BURDEAU, « lorsque la Constitution interdit qu'il soit porté atteinte à la forme de régime..., elle ne proclame nullement l'immutabilité absolue des institutions, ce qui serait un non-sens. Elle refuse seulement à l'organe de révision, la faculté d'opérer des réformes qui, par leur nature ou leur importance dépassent les possibilités d'un pouvoir institué. Pour ces mêmes réformes, il appartient toujours au pouvoir constituant originaire de les réaliser »[434].

Dans cette perspective, le pouvoir constituant originaire est toujours un pouvoir illimité.

C'est donc à juste titre que le constituant congolais a changé l'organisation constitutionnelle et modifié les institutions qu'il avait mises en place le 20 janvier 2002.

Le changement de la Constitution est une opération normale qui ne peut pas être interprétée comme la volonté de maintenir « un homme au pouvoir ».

Si, au Congo, le pouvoir constituant originaire est le pouvoir d'édicter une Constitution, cependant, il appartient au peuple de l'adopter par référendum.

---

[433] V. KEMAL GÖZLER « Pouvoir constituant », Editions EKIN KITABEVI, BURSA, TURQUIE, 1999, p. 81.

[434] BURDEAU (G), citée par KEMAL GÖZLER, in « Pouvoir constituant », op. cit, P.82.

Préconisé par les uns, redouté par les autres[435], le référendum ne laisse presque personne indifférent. Il mérite donc d'être connu.

B- Le référendum Constitutionnel

Les dictionnaires définissent habituellement le référendum comme un vote direct du corps électoral sur une question d'intérêt général[436]. De façon précise, on peut dire que ce mot désigne toute procédure par laquelle les citoyens sont invités à se prononcer chacun individuellement, en fonction d'un code préétabli, sur une question de caractère réel[437]. Cette définition combine quatre éléments :

Le référendum est d'abord une consultation « grande nature », c'est-à-dire une consultation à laquelle chacun des membres du corps électoral est invité à participer. Par-là, il se distingue du sondage d'opinion qui, même lorsqu'il est organisé à la demande des pouvoirs publics, ne porte que sur un échantillon considéré, à tort ou à raison, comme représentatif de la population[438].

Le référendum suppose ensuite l'existence d'un code, car les participants doivent répondre à une question fermée ; il leur faut choisir entre deux solutions dont la liste a été préalablement arrêtée, il ne leur est pas permis d'inventer eux-mêmes une réponse. La formule du référendum ne laisse aucun moyen au citoyen d'exprimer son état d'âme. C'est oui ou non, ou le bulletin nul[439].

Toujours, concernant le référendum, il porte sur un objet réel et non personnel. Il s'agit de trancher un problème alors qu'une élection permet de choisir un représentant.

---

[435] V. La polémique survenue lors du référendum constitutionnel du 25 octobre 2015, relatée par Anatole COLLINET MAKOSSO. Et à ce propos, V. Cet Auteur in « Le régime consensualiste dans la constitution congolaise du 25 octobre 2015 commentée article par article », op. cit, pp.23-46.

[436] En guise d'exemples, l'on peut citer : « Le lexique des termes juridiques » de RAYMOND GUILLIEN et Jean Vincent, op. cit, p. 490 et le « Dictionnaire du droit constitutionnel » de Michel de Villiers et Armel le DIVELLEC, op. cit, P.286.

[437] V. HAMON (F), « le référendum : Etude comparative », LGDJ, Droit Public, Coll. « Systèmes » Paris, 1995, p. 15.

[438] Ibidem

[439] Ibidem, P.16

Enfin, le referendum implique une participation des citoyens à la décision, mais il n'emporte pas nécessairement par lui-même la décision[440].

Dans tous les cas, force est d'admettre qu'il s'agit bien d'un référendum. Le référendum est une question posée au peuple. Dans ce sens, sur quoi la question porte-t-elle ? Par qui la question a-t-elle été posée ?

L'objet du référendum, c'est la question sur laquelle les citoyens sont consultés. Il peut se définir d'un point de vue formel ou d'un point de vue matériel.

Le point de vue formel renvoie au mode d'élaboration des normes, à la valeur juridique qui leur est reconnue. Et à cet effet, on distingue quatre domaines principaux : la Constitution, la loi, les actes administratifs et les traités internationaux[441].

Au Congo, depuis l'accession du pays à son indépendance, l'on n'a pas enregistré un référendum sur un acte administratif. Concernant les traités, à défaut de consultation populaire, l'autorisation de ratifier un Accord international relève généralement du Parlement[442]. Quant à la loi, le Parlement ayant pour mission principale de voter la loi[443], la possibilité d'organiser des référendums dans ce domaine impliquerait nécessairement une restriction de ses compétences, et risquerait d'entraîner une diminution de son prestige.

Ainsi, du point de vue formel, seul le référendum constitutionnel demeure fondamental. Il se justifie par l'idée que la Constitution est une sorte de contrat social, une règle du jeu obligatoire pour les pouvoirs. Par conséquent, pour qu'elle soit changée ou même simplement révisée, il faut le consentement des citoyens.

En effet, si l'on admet le postulat démocratique selon lequel tout pouvoir émane du peuple, il paraît logique de faire appel à celui-ci pour trancher les conflits qui opposent certains de ses mandataires. A ce

---

440 Ibidem

441 V. L'article 125 de la Constitution de 2015, notamment les domaines dans lesquels la loi fixe les règles.

442 V. FAVOREU (L), « Le référendum sur le référendum : exemple d'un débat anachronique », in Mélanges Duverger, 1987, p. 79 et S.

443 V. L'article 125 de la Constitution précitée.

propos, le référendum intervenu au Congo le 25 octobre 2015 instituant la nouvelle Constitution se justifie amplement.

Lorsqu'il est examiné du point de vue matériel, le référendum renvoie au contenu de l'acte soumis au référendum ou au sujet traité[444].

La Constitution congolaise de 2002 qui admet le principe de référendum fixe les bornes de son domaine matériel. Dans cette optique, et selon l'article 86 de la Constitution précitée, ce domaine comprend : l'organisation des pouvoirs publics, les droits et libertés fondamentaux et les traités.

A l'intérieur des limites fixées par la Constitution, l'objet du référendum dépend de ceux qui prennent l'initiative de cette procédure.

Au Congo, en s'en tenant à la Constitution de 2002, « le Président de la République peut, après consultation des Présidents de deux chambres du Parlement soumettre au référendum... »[445].

Quel que soit le type de procédure retenu par la Constitution de 2002, l'organisation du référendum soulève de nombreux problèmes dont le plus important est le contrôle.

En effet, au Congo, quand le pouvoir constituant originaire est mobilisé pour changer la Constitution comme cela s'est produit en Octobre 2015, quelle devait être l'attitude de juge constitutionnel ? Devait-il être justicier ou docile soumis au pouvoir constituant originaire ?

La question posée est réglée différemment dans les Etats.

En Allemagne, la Cour Constitutionnelle fédérale allemande a estimé à partir d'une décision « Ecoutes téléphoniques » du 15 décembre 1970, qu'il lui appartient de vérifier qu'une révision de la Constitution ne viole pas les dispositions de l'article 79, alinéa 3 de la loi fondamentale. Elle a estimé dans cet arrêt, que cet article constitue une « limitation du pouvoir constituant dérivé » et a pour « objet d'empêcher que l'ordre constitutionnel soit détruit dans sa substance, dans ses fondements, par l'adoption formelle d'une loi modifiant la Constitution ». Le juge constitutionnel allemand établit ainsi une distinction nette entre le pouvoir constituant originaire qui a posé les

---

[444] V. FATIN-ROUGE STEFANI (M), « Le référendum et la protection des droits fondamentaux », RFDC, 2003, pp. 74 - 101.
[445] V. L'article 86 de la Constitution de 2002, op. cit.

« fondements » et « bases » de l'ordre constitutionnel et le pouvoir constituant dérivé, qui ne peut y toucher en vertu de l'article 73, alinéa 3 qui, de fait, lui fixe expressément un certain nombre de limites[446].

En Italie, alors que seule la « forme républicaine du Gouvernement » est explicitement placée hors d'atteinte de pouvoir de révision, le juge constitutionnel a donné à ces limites une toute autre ampleur.

Dans sa décision du 29 décembre 1988 n°1146/1988, il a estimé que la Constitution italienne contenait « certains principes suprêmes qui ne peuvent être ni violés, ni modifiés dans leur contenu essentiel, ni par des lois de révision constitutionnelle, ni par d'autres lois constitutionnelles »[447].

Au Benin, le juge constitutionnel dans sa décision n°06-074 du 8 juillet 2006, a rendu une décision qui restera gravée dans les annales de la jurisprudence universelle : « considérant qu'aux termes de l'article 80 de la Constitution du 11 décembre1990, les députés sont élus au suffrage universel direct, la durée du mandat est de quatre (4) ans. Considérant que ce mandat de quatre ans qui est une situation constitutionnellement établie est le résultat du consensus national dégagé par la Conférence des forces vives de la Nation de Février 1990 et consacré par la Constitution en préambule qui réaffirme l'opposition fondamentale du peuple béninois à la confiscation du pouvoir que même si la Constitution a prévu les modalités de sa propre révision, la détermination du peuple béninois à créer un Etat de droit et de démocratie pluraliste, la sauvegarde de la sécurité juridique et de la cohésion nationale commandent que toute révision tienne compte des idéaux qui ont présidé à l'adaptation de la Constitution du 11 décembre 1990 et puis le Consensus national principe à valeur Constitutionnelle.

Qu'en conséquence, les articles 1 et 2 de la loi n°2006/13 portant révision de la Constitution adoptés par l'Assemblée nationale le 23 juin 2006 sans respecter le principe constitutionnel à valeur rappelée sont

---

[446] V. FROMONT (M), « Les normes constitutionnelles non écrites dans la République fédérale d'Allemagne », in « Les règles et principes non écrites en droit public », sous la direction de P. Avril et M. VERPEAUX, Editions, PANTHEON ASSAS, PARIS, 2000, P.131.

[447] V. BESSON (E), « Les principes suprêmes inviolables dans la jurisprudence de la Cour Constitutionnelle italienne : véritable limite ou simple précaution démocratique ? ». Annuaire internationale de justice constitutionnelle XX, 2005, P.135.

contraires à la Constitution et sans qu'il soit de statuer sur les autres moyens »[448].

Le juge béninois intervient ici pour refuser le principe d'injusticiabilité conféré aux lois de révision constitutionnelle.

Les solutions des juges allemand, italien et béninois tranchent avec celles qui prévalent dans d'autres pays, dans lesquels les juges constitutionnels sont restés prudents sur ce point.

Ainsi, en France, la position du juge constitutionnel a connu une évolution qui n'est pas très heureuse relativement à la consolidation de l'Etat de droit[449]. En effet, dans un premier temps, le Conseil constitutionnel s'est déclaré incompétent pour connaître d'une loi constitutionnelle résultant d'un référendum, expression directe de la souveraineté du peuple (décision n°62-20 du 6 novembre 1962) ; ensuite, le Conseil constitutionnel, dans une décision du 2 septembre 1992, n°92-312 DC, Traité sur l'Union européenne a bien affirmé que le pouvoir constituant dérivé était « Souverain », mais il s'est précipité de rappeler qu'il ne l'était que « sous réserves des limitations » prévues par la Constitution dans ses articles 7, 16 et 89.

Enfin, depuis le 26 mars 2001, alors même que l'on était fondé à s'attendre à une position plus rigoureuse du juge, à tout le moins, au maintien de la jurisprudence issue de la décision de 1992, celui-ci se déclare incompétent, estimant qu'il « ne tient ni de l'article 61, ni de l'article 89, ni d'aucune autre disposition de la Constitution, le pouvoir de statuer sur une révision constitutionnelle ».

Au Sénégal, le juge constitutionnel adopte le degré zéro dans l'audace et se refuse à être le « Zorro » justicier de l'Etat de droit. La juridiction constitutionnelle sénégalaise assimile le pouvoir constituant

---

448 V. COULIBALEY (B), « La neutralisation du Parlement Constituant (A propos de la décision n° DCC 074 du 8 juillet 2006 de la Cour Constitutionnelle du Benin », RDP, n°5, 2009, p.1493.

449 Dans sa décision du 6 novembre 1962, le Conseil Constitutionnel justifiant son incompétence par l'idée que, selon l'esprit de la Constitution, il était « un organe régulateur de l'activité des pouvoirs publics ». Trente (30) ans plus tard (décision du 23 septembre 1992), il a maintenu sur ce point sa jurisprudence, mais avec une motivation légèrement différente : son incompétence ne résulte plus de son rôle de régulation mais de « l'équilibre des pouvoirs établi par la Constitution ».

dérivé au pouvoir constituant originaire et le place hors du contrôle juridictionnel[450].

Au Congo, loin de s'immiscer dans le débat sur l'attitude du juge constitutionnel à l'égard du pouvoir constituant originaire quand celui-ci est mobilisé pour changer la Constitution, le juge constitutionnel congolais s'est fondé sur l'article 147 alinéa 2[451] de la Constitution de 2002 pour proclamer les résultats du référendum de 2015 au cours duquel les congolais se sont prononcés à 94,32% pour le changement de la Constitution de 2002.

Ainsi, dans la majorité des Etats dans l'espace francophone, la jurisprudence n'offre guère d'interdiction touchant le contrôle de constitutionnalité des lois de changement ou de révision de Constitution.

Le juge continue de tenir le pouvoir constituant pour un pouvoir souverain, qui ne saurait être contrôlé, ni d'un point de vue matériel, ni d'un point de vue procédural. Le juge est chargé de contrôler la loi ordinaire. Concernant la Constitution, il ne dispose d'aucun pouvoir. Il ne saurait s'ériger en gardien des règles qui auraient une valeur supra-constitutionnelle. Puisque la Constitution demeure la norme suprême dans l'ordre juridique interne, il serait dangereux de laisser à un juge inventer de façon discrétionnaire, des normes de référence du contrôle de constitutionnalité.

En vertu de cette conception de la démocratie, le succès net obtenu au référendum du 25 octobre 2015 devait ouvrir la voie au régime parlementaire rationalisé au Congo.

PARAGRAPHE II

LE REGIME PARLEMENTAIRE RATIONALISE

Le régime parlementaire rationalisé a été inventé par les constituants allemands de WEIMAR en 1919[452]. Après la seconde

---

450 Sur la position du juge constitutionnel sénégalais, V.I.M FALL, « Les révisions Constitutionnelles au Sénégal », op. cit, p. 138.

451 Aux termes de l'article 147, al. 2 la Constitution de 2002, « la Cour constitutionnelle veille à la régularité des opérateurs de referendum et en proclame les résultats ».

452 V. GOHIN (0), « Droit Constitutionnel », op. cit, p.1357. La République fédérale s'inscrit dans une tradition qui n'est pas si longue, dans l'Allemagne de 1949, régime

guerre mondiale, il conquit de nombreux pays[453]. Il sera institué au Congo en 2015.

En effet, afin de prendre en compte les revendications des participants au Dialogue national sans exclusive tenu du 13 au 17 juillet 2015 à Sibiti, le constituant congolais de 2015 dans la nouvelle Constitution, devait instituer un régime parlementaire rationalisé.

Parlementaire, le régime conçu en 2015 l'est puisque l'on y retrouve les deux mécanismes de la responsabilité gouvernementale et de la dissolution.

La rationalisation que met en place le régime congolais emprunte deux procédés.

D'une part, la rationalisation codifie les règles qui régissent le fonctionnement du régime parlementaire. A ce propos, la rationalisation s'efforce de donner au Gouvernement lors de sa formation, la plus large majorité parlementaire possible. Pour cela, le Premier Ministre une fois choisi par le Président de la République, doit se présenter devant l'Assemblée nationale élue, lui exposer son programme pour obtenir un vote d'investiture à la majorité des membres constituant l'Assemblée.

Par ailleurs, le droit offert aux députés de contraindre le Gouvernement à la démission est entouré de formalités qui constituent autant d'obstacles.

---

parlementaire. Ce régime l'est pour la raison que la Diète fédérale « Bundestag » peut censurer le Chancelier fédéral (Art. 67 al1 et 68 al. 1) alors même que sur proposition du Chancelier fédéral, le Président fédéral peut dissoudre la Diète fédérale (Art.63 al4 et art 68 al. 1).

Dès lors, le parlementarisme est rationalisé au profit du pouvoir exécutif, en ce qui concerne l'élection du chancelier fédéral, la mise en jeu de sa responsabilité politique et l'exercice du droit de dissolution. Sur le parlementaire rationalisé en Allemagne, l'on pourra se référer à : LAVAUX (PH) et ZILLER (J), in, « Trente-cinq ans de parlementaire rationalisé en République fédérale d'Allemagne », R.D.P, 1985, pp. 1033 - 1043 ; V. Aussi. FROMONT (M), « Le Constitutionalisme Allemand », Pouvoirs, 1993, n°66, p. 45.

[453] La Ve République dans la Constitution française du 4 octobre 1958 est sans doute l'un des meilleurs exemples que l'on peut évoquer.

La France a intégré le parlementarisme rationalisé à travers une procédure parlementaire encadrée, une mise en jeu de la responsabilité politique du Gouvernement.

Sur ces détails, V. BREILLAT (D), CHAMPAGNE (G) et THOME (D), « Droit Constitutionnel. Institutions politiques », op. cit, pp.99-102

D'autre part, la rationalisation du régime congolais codifie un ensemble de techniques juridiques introduites dans la Constitution et ayant pour effet d'assurer l'autorité du Gouvernement[454].

En définitive, le régime parlementaire rationalisé au Congo est donc celui qui organise de manière minutieuse et détaillée d'une part, la rationalisation du fonctionnement des pouvoirs exécutif et parlementaire et, d'autre part, la rationalisation des rapports entre l'Exécutif et le Parlement.

A. La rationalisation du fonctionnement des pouvoirs exécutif et parlementaire

Le constituant de 2015 a donné à la loi fondamentale deux « têtes » pour faire en sorte que si une tombe sur les coups de l'Assemblée nationale, l'autorité de l'Etat soit malgré tout maintenue. L'Exécutif est désormais bicéphale. Cela correspond à une hiérarchie des fonctions politiques. Au Gouvernement et à son chef la responsabilité de la politique quotidienne, autrement dit ce que l'on peut appeler le pouvoir exécutif de droit commun. Au chef de l'Etat, une fonction supérieure d'arbitrage.

Cependant, si l'Exécutif devient bicéphale, le Parlement quant à lui, demeure bicaméral.

Examinons successivement ces aspects.

1. Un Exécutif désormais bicéphale

Le bicéphalisme de l'Exécutif est l'un des critères les plus importants qui permettent d'identifier un régime parlementaire.

Le bicéphalisme de l'Exécutif renvoie à la distribution du pouvoir exécutif entre deux autorités que sont le Président de la République et le Premier Ministre. Ainsi, contrairement à l'exécutif

[454] V. L'article 145 de la constitution de 2015, op. cit.

présidentiel qui est monocéphale[455], l'exécutif parlementaire a deux chefs[456].

L'observation du pouvoir exécutif au Congo, montre que c'est bien le Président de la République qui prime sur le Premier ministre. Cette prééminence est affirmée ou insinuée à plusieurs niveaux.

En réalité et selon la Constitution de 2015, le Président de la République est le Chef de l'Etat. Il est le garant de l'indépendance nationale, de l'intégrité du territoire, du respect de la Constitution et des traités et accords internationaux[457]. Il est ainsi le détenteur initial du pouvoir et de ce fait, il sert de support et de soutien aux autres organismes exécutifs.

A ce propos, il nomme le Premier Ministre[458]. La marge de manœuvre ainsi aménagée annonce une autre facette du pouvoir présidentiel ; son droit de mettre « fin à ses fonctions »[459].

La prééminence du Président de la République ne se résume pas seulement au droit de nommer et de révoquer le Premier Ministre, elle désigne également de manière claire et nette le véritable titulaire du pouvoir politique dans l'Etat. Au Chef de l'Etat la fonction de promulguer les lois et de prendre des décrets[460] car c'est envers l'Etat tout entier que ceux-ci et celles-là engagent les citoyens. A lui la tâche de présider les conseils des ministres[461] et d'y exercer cette influence de la continuité dont la Nation ne se passe pas. A Lui de servir d'arbitre au-dessus des contingences politiques, soit normalement par le Conseil, soit dans les moments de grave confusion[462] en invitant le pays à faire connaître par des élections sa décision souveraine.

Il nous paraît nécessaire que le Président Denis SASSOU-N'GUESSO en soit un, c'est-à-dire qu'il lui appartienne dans un Congo

---

[455] V. L'article 56 de la Constitution de 2002, op, cit.

[456] V. Le titre IV : du Pouvoir Exécutif, sous-titre I du Président et sous-titre II : du Gouvernement qui comprend le Premier Ministre, Chef du Gouvernement et les ministres (Art. 98).

[457] V. l'article 64 de la Constitution de 2015, op cit.

[458] V. l'article 83 de la constitution précitée.

[459] Ibidem

[460] Ibidem, Article 85

[461] Ibidem, Article 84

[462] Ibidem, Article 86.

si conflictuel d'assurer au-dessus des partis, le fonctionnement des institutions congolaises.

Pour que le Chef de l'Etat congolais puisse accomplir une telle mission[463], il faut qu'il ait la possibilité de dissoudre l'Assemblée nationale élue au suffrage universel direct[464] au cas où nulle majorité cohérente ne permettrait à celle-ci de jouer normalement son rôle législatif ou de soutenir le Gouvernement.

Cette revendication a été entendue par le constituant qui autorise le Président de la République à dissoudre l'Assemblée nationale[465].

Enfin, la prééminence du Président de la République sur le Premier ministre est d'ordre général, en ce sens qu'elle n'est pas spécifique au Congo. Elle renvoie aux sources mêmes de la légitimité présidentielle, en clair, à son mode d'élection. Dans les Etats où le Président de la République est élu au suffrage universel direct, désigné par le Peuple tout entier, celui-ci jouit d'une investiture nationale et en tire une légitimité forte[466].

Dans le régime politique de 2015, si le Premier Ministre « procède » du Président de la République[467], il s'ensuit que le Premier Ministre exerce une fonction essentielle. En effet, en tant que Premier Ministre, il est le Chef du Gouvernement[468]. A cet effet, il est chargé de mettre en forme la politique économique et sociale conçue par le Chef de l'Etat[469]. Cela prouve que la mise en œuvre de la politique présidentielle ne le confine pas dans un rôle de pure exécution.

Bien au contraire, elle suppose de sa part, au niveau où il est placé, initiative, impulsion, coordination et décision. Dans cette

---

463 Il s'agit de la mission du Président de la République, entant que Chef de l'Etat, garant de l'intégrité territoriale garant de l'unité nationale et du respect de la Constitution. Et sur cette mission dévolue au Président de la République, V. Article 64 de la Constitution de 2015, op. cit.

464 V. L'article 138 de la Constitution précitée.

465 Ibidem.

466 A ce propos, V. ALIOUNE SALL, « Processus démocratique et bicéphalisme de pouvoir exécutif », in « Constitutions et Institutions publiques africaines. Etudes doctrinales », Revue EDJA, p. 61.

467 V. l'article 83 de la Constitution de 2015, op. cit.

468 V. Ibidem, article 98.

469 Dans la situation actuelle, le Premier Ministre Clément MOUAMBA exécute la politique économique et sociale conçue par le Président de la République, dans la mesure où il a été nommé aussitôt après l'élection du Président de la République.

optique, il assure l'exécution des lois et exerce le pouvoir réglementaire dans les matières autres que celles relevant des décrets en civils et militaires autres que ceux prévus en Conseil des ministres[470]. Il nomme aux emplois civils et militaires autres que ceux pourvus en Conseil des ministres ou par décret simple du Président de la République[471].

Le Premier ministre supplée le Président de la République dans la présidence des conseils de défense ainsi que des organes supérieurs d'orientation, de suivi et de décision stratégique en matière de défense et de sécurité[472].

Mais au-delà de ces compétences particulières, le Premier ministre en sa qualité de Chef du Gouvernement, tient les conseils de cabinet[473].

Les actes du Premier ministre sont contresignés par les ministres chargés de leur exécution[474].

Si l'exécutif parlementaire congolais montre les signes d'un bicéphalisme déséquilibré, par ailleurs, il s'adapte à toutes les conjonctures d'une « cohabitation »[475].

Au Congo, l'élection du Président de la République a lieu avant celle des députés.

En effet, que se passerait-il si à l'occasion des législatives intervenues au cours d'un mandat présidentiel, les électeurs envoient siéger à l'Assemblée nationale une majorité d'orientation différente de celle du Président ? Ce dernier serait-il ainsi désarmé ? Serait-il obligé de s'accommoder de la nouvelle majorité et d'une politique contraire à la sienne ? Il ne pourra certainement pas démissionner, car son courant politique qui a intérêt à une présence, lui déconseillera.

---

470 V. L'article 101 de la Constitution de 2015, op. cit.

471 Ibidem.

472 Ibidem, alinéa 2.

473 Ibidem, article 101.

474 Ibidem, article 104.

475 L'on désigne par « cohabitation » la coexistence, pendant une période ou plus moins longue d'une part, d'un Président de la République, d'autre part, d'une majorité parlementaire et par conséquent, d'un Premier ministre et d'un gouvernement d'orientations différentes, le plus souvent opposés.
Sur ces précisions, V. PACTET (P) et MELIN SOUCRAMANIEN (F), « Droit constitutionnel », op. cit, p. 359.

Il est clair que le vote en faveur de la nouvelle majorité apparaît comme un vote-sanction à l'égard de la précédente majorité.

Dans ce type de régime, c'est au Premier Ministre, au Gouvernement et à la majorité parlementaire que le pouvoir économique réel appartient. Mais le Président de la République demeure un organe plus actif qu'un Chef d'Etat parlementaire. Chef de l'Etat, il incarne la Nation rassemblée. Il la représente auprès des Etats étrangers et il en fait valoir les intérêts.

Dans ce cas, le Président de la République doit s'élever au-dessus des partis, être le Président des Congolais qui ont voté pour un autre candidat comme ceux qui se sont prononcés pour lui.

Dès lors, les articles 83 « le Président de la République nomme le Premier Ministre… » et 99 « le Premier Ministre en concertation avec le Président de la République détermine la politique économique et sociale de la Nation » de la Constitution de 2015 acquièrent une signification particulièrement forte.

En effet, le Président de la République tout en maintenant les dispositions de l'article 83 pourra nommer un Premier Ministre issu de la nouvelle majorité et celui-ci en « concertation avec le Président de la République », « déterminera la politique économique et sociale de la Nation ».

Compte tenu de ce qui précède, l'aménagement du pouvoir dans la Constitution de 2015 n'est pas heurté. Il est très démocratique.

Le Président de la République a besoin du Premier Ministre quelle que soit son « étiquette » politique et le Premier Ministre a besoin du Président de la République même diminué par les textes[476]. Le Président de la République a la possibilité de faire appel au peuple pour lui redonner la parole. La dissolution de l'Assemblée nationale est son arme décisive à condition de laisser à l'opinion le temps d'évoluer. Ainsi, son retour au premier plan est toujours possible.

La figure constitutionnelle du pouvoir gouvernemental au Congo dans sa signification, dessine celle du pouvoir législatif. Il est à

[476] Au Congo, l'on parlera du Président de la République diminué par les textes, lorsque les électeurs décideront d'envoyer à l'Assemblée nationale une majorité opposée à la politique économique et sociale du Président de la République.

cet égard courant, à l'évocation du Parlement, de dire qu'il est demeuré bicaméral.

2. Un Parlement demeuré bicaméral

Dans l'ordre des titres de la Constitution du 25 octobre 2015, le Parlement apparaît en deuxième position après l'Exécutif[477]. Ce choix du Constituant révèle son souci de rationaliser le parlementarisme congolais tout en se préoccupant d'améliorer, au plan technique, la qualité de la loi.

Au Congo, le Parlement comprend l'Assemblée nationale et le Sénat[478].

Sans mettre en cause le bicaméralisme, le constituant a fixé le mandat du Sénateur à six (06) ans renouvelable[479] alors qu'en 2002, il était de six (06) mais renouvelable tous les trois (03) ans, de moitié par tirage au sort[480].

Le député quant à lui, est élu au suffrage universel direct[481].

L'article 107 alinéa 2 de la Constitution de 2015 dans sa rédaction précise que le Parlement exerce le pouvoir législatif et contrôle l'action du Gouvernement.

En tant que parlementaires, les Députés et les Sénateurs possèdent un statut commun : le statut parlementaire dont participe en premier lieu, le régime des incompatibilités.

L'incompatibilité est « l'interdiction de cumuler le mandat législatif avec des fonctions publiques »[482].

---

[477] Le Parlement apparaît au Titre V alors que l'Exécutif apparaît au titre IV. A ce propos, V. Constitution de 2015, op. cit.
[478] V. L'article 107 de la Constitution de 2015, op. cit.
[479] Ibidem, Article 133.
[480] V. l'article 92 de la Constitution de 2002, op. cit.
[481] V. l'article 128 de la Constitution de 2015, op. cit.
[482] V. CONSTANTINESCO (VL) et PIERRE-CAPS (S), « Droit constitutionnel », op. cit, P.406

Plus largement, elle, « s'appuie sur le principe de la séparation des pouvoirs, elle a pour but de garantir à l'électeur, l'indépendance de l'élu »[483].

Au Congo, la fonction parlementaire est d'abord incompatible avec toute autre fonction publique non élective[484]. Il n'existe qu'une seule véritable exception, elle concerne les Professeurs d'Université[485].

C'est à propos du régime des incompatibilités avec les fonctions publiques que l'on parle de cumul des mandats[486].

Ensuite, le statut parlementaire implique le bénéfice d'une indemnité[487]. Celle-ci est indissociable de la démocratie représentative. L'indemnité attribuée aux parlementaires a pour but d'empêcher que nul ne soit écarté de l'enceinte législative pour des considérations pécuniaires. Au Congo, les hommes les plus dévoués aux intérêts publics pourraient hésiter, légitimement à quitter leurs affaires s'ils n'étaient pas assurés d'une compensation pendant l'exercice de leur mandat.

Enfin, au Congo, le statut parlementaire comporte une protection juridique assurée par l'irresponsabilité parlementaire.

A cet effet, les parlementaires sont d'abord protégés par les actes de leurs fonctions, c'est-à-dire par les actes qu'ils exercent en tant que député ou sénateur et pour lesquels ils sont irresponsables[488]. Ils ne peuvent être ni poursuivis, ni jugés pénalement ou civilement pour ces actes.

Ensuite, en ce qui concerne les actes accomplis en dehors de leurs fonctions, c'est-à dire non seulement les actes privés, mais aussi les actes politiques et publics, les parlementaires congolais ne peuvent

---

483 V. PIERR (E), « Traité de droit politique électoral et parlementaire », Editions LOYSEL, Tome I, PARIS, 1989 p. 362.

484 V. l'article 131 de la Constitution de 2015, op. cit.

485 C'est le cas notamment de la France concernant les Professeurs de l'Université, dont l'indépendance est constitutionnellement garantie en tant que principe fondamental reconnu par la loi de la République. Sur ces précisions, V. CC déc. n°165 DC du 20 janvier 1984, Rec, P.30.
Au Congo, l'exception résulte de…

486 V. CONSTANTINESCO (VL) et PIERRE CAPS (S), « Droit Constitutionnel », op. cit p. 407.

487 V. l'article 108 de la Constitution de 2015, op. cit.

488 V. Les articles 130 de l'Assemblée nationale et 135 du Sénat, In Constitution de 2015 op. cit.

faire l'objet, en matière criminelle ou correctionnelle d'une arrestation ou d'une autre mesure privative ou restrictive de liberté[489].

Toutefois, ils peuvent faire l'objet de telles condamnations en cas d'autorisation du Bureau de l'Assemblée dont le délinquant fait partie[490].

Mais le parlementaire congolais peut être détenu ou privé de liberté en cas de flagrant délit ou de condamnation définitive[491].

Elus et protégés comment s'organise le travail des parlementaires congolais ?

Au Congo, l'organisation de travail des parlementaires est fixée par la Constitution[492]. Pour les détails, l'organisation du travail est fixée par les règlements des assemblées qui sont adoptés par les assemblées elles-mêmes[493] et soumis avant leur application au contrôle de la Cour constitutionnelle[494].

L'organisation des assemblées parlementaires au Congo comprend trois types d'organes qui correspondent eux-mêmes à trois finalités différentes. Ces organes sont : le Bureau[495], les groupes parlementaires[496] et les Commissions[497].

La rationalisation du régime congolais serait inefficace, si l'on se contente seulement de la rationalisation politique. Il faut qu'elle résulte aussi de la rationalisation des rapports entre l'Exécutif et le Parlement. Et c'est vers celle-ci s'orienteront nos développements.

B. La rationalisation des rapports entre l'Exécutif et le Parlement

Le système politique congolais comporte une originalité dans la mesure où la prépondérance du pouvoir exécutif que l'on retrouve dans

489 Ibidem, Art. 130 al2, Assemblée nationale et article 135, al2 Sénat.
490 Ibidem, Article 130 al3, Assemblée nationale et Article 135 al3, Sénat.
491 Ibidem, article 130, al3 Assemblée nationale et 135 al3, Sénat.
492 L'on peut citer à titre d'exemple l'article 124 de la Constitution de 2015, op. cit.
493 V. l'article 114 de la Constitution de 2015, op. cit
494 Ibidem.
495 Ibidem, Article 120.
496 V. Règlement intérieur du Sénat, Septembre 20147, P.3 et règlement intérieur de l'Assemblée nationale.
497 Ibidem, concernant le Sénat, P.15 et l'Assemblée nationale, P.

la plupart des pays, se situe sur le plan institutionnel tout autant que sur le plan politique.

La collaboration législative instituée par la Constitution de 2015 loin de mettre l'Exécutif et le Parlement sur le même pied d'égalité, a néanmoins revalorisé les pouvoirs de ce dernier[498]. C'est ce qui donne à la rationalisation du régime congolais son explication décisive et sa justification historique.

La rationalisation des rapports entre l'Exécutif et le Parlement au Congo, a un double objet :

- Rationaliser les rapports de travail entre l'Exécutif et le législatif.
- Rationaliser le contrôle parlementaire.

1. La rationalisation des rapports de travail entre l'Exécutif et le législatif

Le travail qui relève en commun de l'Exécutif et du Parlement est l'édiction de la loi et sa mise en œuvre. Il s'agit, entre les deux, de préciser les tâches et de les organiser.

Le moyen d'action du Parlement c'est la loi qu'il a chargé aux termes de l'alinéa premier de l'article 124 de la Constitution de 2015. Le moyen d'action de l'Exécutif c'est le pouvoir réglementaire c'est-à-dire le pouvoir qui lui est reconnu d'édicter des dispositions impératives pour les citoyens, et que l'article 101 de la Constitution précitée confie au Premier ministre.

Dans la Constitution congolaise de 2015, la loi a trois caractères : elle est d'abord limitée. Ensuite, elle est contestable. Enfin, elle est perméable.

Lorsque la loi est limitée, dans cet ordre d'idées, l'article 125 de la Constitution de 2015 énumère limitativement les matières où le Parlement pourra intervenir et plus encore, en distinguant les domaines où il pourra fixer le détail des règles et ceux où il devra se contenter de déterminer les principes fondamentaux.

---

[498] V. Infra, dans notre étude, notamment le paragraphe intitulé : « Les réformes relatives à l'autorisation budgétaire », précisément la partie concernant « Une autorisation éclairée ».

Tout le reste, en vertu de l'article 126 relèvera de la compétence réglementaire.

Désormais, la loi ne se définit plus seulement formellement ou organiquement, mais aussi matériellement par son contenu. Elle n'a plus qu'une compétence d'attribution[499].

Par contre, le règlement gagne en autonomie. Il acquiert une compétence de droit commun. Désormais, le pouvoir réglementaire interviendra toujours pour faire appliquer la loi. Il s'agit ici, du pouvoir réglementaire « dérivé »[500]. Le pouvoir règlementaire pourra aussi de façon spontanée intervenir dans les domaines non attribués à la compétence parlementaire. Dans ce cas, l'on parlera du pouvoir réglementaire « autonome »[501].

Quand la loi est contestable, la Constitution de 2015 organise une surveillance de la loi au cas où le Parlement tenterait de sortir du domaine qui lui a été attribué, pour empiéter sur les compétences réglementaires de l'Exécutif.

La Cour Constitutionnelle sera le garant de l'Exécutif. En compagnie de la Cour suprême, elle aura la charge d'assurer la régulation des compétences[502].

La Cour Suprême selon sa mission traditionnelle, veille à ce que les règlements respectent la loi et la Constitution[503]. Quant à la Cour Constitutionnelle, elle veillera à ce que la loi respecte la Constitution et ne transgresse pas la répartition des compétences qu'elle opère[504]. Ainsi, à tous les stades de la fabrication, la Cour peut être saisie pour la « refouler » si d'aventure elle outrepasse son domaine de compétence.

Dès lors, en cours de procédure législative, la Cour Constitutionnelle peut être appelée, à la demande du Premier Ministre ou du Président de la Chambre intéressé à trancher une question de

---

499 V. CHALVIDAN (P-H), « Droit Constitutionnel. Institutions et Régimes politiques », op. cit, p. 186.
500 Ibidem, p. 187.
501 Ibidem
502 V. L'article 175, al3 de la Constitution de 2015, op. cit.
503 V. L'article 114, al2 de la Constitution de 2015, op. cit
504 Ibidem, Article 175, al. 2.

recevabilité, c'est-à-dire à examiner si une proposition ou un amendement rentre bien dans le domaine de la loi[505].

Enfin, lorsque la loi est perméable, dans cette hypothèse, la loi voit non seulement son domaine être restreint au profit du pouvoir réglementaire, mais qui plus est, ce dernier peut exceptionnellement empiéter sur son domaine.

C'est ce qui advient d'abord en cas de mise en application de l'article 157 de la Constitution de 2015. Dans ce cas, l'Exécutif, en la personne du Chef de l'Etat prend « toutes les mesures exigées par les circonstances », y compris donc celles qui, en temps normal, relèveraient du Parlement.

L'article 158 étend encore le pouvoir réglementaire avec les ordonnances. Ici, le Parlement habilite le Gouvernement à prendre, pendant un temps limité, des mesures qui sont normalement du domaine de la loi.

La rationalisation des rapports de travail entre l'Exécutif et le Parlement ayant été observée, il peut arriver cependant que le Parlement, ou plus exactement l'Assemblée nationale « se cabre » et entende exercer son droit de contrôle. Elle le peut, mais là aussi dans quelles conditions. Comment s'effectue la rationalisation dans ce cas ?

2. La Rationalisation du contrôle parlementaire

Au Congo, le Parlement contrôle l'action du Gouvernement[506]. Dans l'exercice de ce contrôle, on distingue deux aspects : un aspect technique et un aspect politique.

Concernant le contrôle technique, il est exercé par les deux assemblées qui possèdent sur ce point, les mêmes pouvoirs. En sus des commissions, il se manifeste principalement par les questions au Gouvernement[507]. Parmi celles-ci, il faut distinguer les questions écrites et les questions orales[508].

---

[505] Ibidem, article 146, al. 2.
[506] Ibidem, Article 107, al. 2.
[507] Ibidem, Article 107, al. 5.
[508] Ibidem, Article 107, al. 6.

Les questions écrites sont posées par un parlementaire à un ministre, et le ministre y répond par la même voie dans les mois suivant la publication des questions[509].

Toutefois, la question écrite dont la réponse n'est pas obtenue dans les délais prévus est convertie en question orale à la demande de son auteur[510].

Les questions orales comprennent les questions orales avec débat[511] et questions orales sans débat[512].

Les questions ne sont pas les seuls moyens du contrôle technique, la vie parlementaire en offre d'autres, qui s'expriment principalement par les questions d'actualité[513], les commissions d'enquête[514] et d'interpellation[515].

Malgré le renforcement du contrôle technique, celui-ci reste épisodique et apparaît surtout comme un succédané du contrôle politique.

Le contrôle politique est important, si l'on veut préserver la stabilité gouvernementale, qu'a principalement porté l'effort de rationalisation.

A cet effet, la Constitution Congolaise de 2015 prévoit deux mécanismes de mise en jeu de la responsabilité gouvernementale : l'engagement de la responsabilité sur son programme, sur une déclaration de politique générale ou sur un projet de texte[516] et la motion de censure[517].

S'agissant de l'engagement de la responsabilité, aux termes de l'article 159, « le Premier ministre peut, après délibération du Conseil

---

[509] V. L'article 160, al2 du Règlement Intérieur du Sénat, op. cit. Quant à l'assemblée nationale V.

[510] V. L'article 160, al4 du règlement intérieur du Sénat, op. cit. Concernant l'Assemblée nationale, V.

[511] Ibidem, Article 161 concernant le Senat et pour l'Assemblée nationale, V.

[512] Ibidem, Article 162 pour le Sénat et concernant l'Assemblée nationale.

[513] V. L'article 107, al7 de la Constitution de 2015, op. cit

[514] Ibidem, l'article 107, al. 9.

[515] En guise d'exemple, l'on peut pourra citer l'article 173 du Règlement Intérieur du Sénat, op. cit.

[516] V. L'article 159 de la Constitution de 2015, op. cit.

[517] Ibidem, Article 139.

des ministres, engager devant l'Assemblée nationale la responsabilité du Gouvernement sur son programme, sur un projet de texte ».

L'alinéa premier de l'article 159 définit une procédure qui en assure l'unité. La procédure applicable de l'article 159 comporte deux éléments principaux : la décision du Premier ministre et le calcul de majorité.

Concernant la décision du Premier Ministre, bien que prise par le Premier Ministre, cette décision engage le sort du Gouvernement tout entier, en tant qu'organe collégial et solidaire. C'est pourquoi, l'article 159 exige une délibération du Conseil des ministres.

Quant au calcul de majorité, l'article précité ne comporte aucune disposition à ce sujet.

Dans cette hypothèse, ce sont les règles de droit commun qui s'appliquent ; ce qui veut dire l'on recense les votes pour le Gouvernement, les votes contre et les abstentions. Si le Gouvernement n'obtient pas les deux tiers ($^2/_3$) des députés composant l'Assemblée nationale, il doit démissionner. Pour que le Gouvernement l'emporte, il faut donc que les voix favorables soient plus nombreuses que les voix hostiles.

Une question qui peut surgir dans l'analyse des caractères dominants de la responsabilité gouvernementale devant l'engagement de la responsabilité est celle qui consiste à déterminer la différence entre un programme et une déclaration de politique générale.

En effet, au Congo quelle est la différence qui pourrait exister entre un programme et une déclaration de politique générale ? Le programme se situerait-il lors de la formation du Gouvernement lorsqu'il annonce les lignes directrices de la politique qu'il entend pratiquer ainsi que les objectifs qu'il lui assigne ? La déclaration de politique générale interviendrait-elle s'il y a lieu, qu'après une certaine durée d'exercice des fonctions ? Ce qui permettrait de renforcer les assises parlementaires et la crédibilité politique du Gouvernement.

Comme on peut le constater, la distinction entre programme et déclaration de politique générale est très fragile. Si le premier mot paraît précis, la seconde expression est plus vague.

Dans ces conditions, il vaudrait mieux de ne pas s'attacher à une analyse très précise de l'article 159.

La seconde hypothèse de mise en jeu de la responsabilité gouvernementale au Congo, est la motion de censure.

La motion de censure est l'arme classique de l'Assemblée nationale à l'encontre du Gouvernement dans les régimes parlementaires[518].

Au Congo, la Constitution de 2015 règlemente l'emploi de la motion de censure dans la tradition du parlementarisme rationalisé[519].

Ainsi, la motion de censure doit être signée par un quart (1/4) au moins des députés composant l'Assemblée nationale. Le vote a lieu quarante-huit (48) heures après son dépôt. Seuls sont recensés les votes favorables à la motion qui ne peut être adoptée qu'à la majorité des deux tiers (2/3) des membres composant l'Assemblée nationale.

Lorsque la motion de censure est adoptée, le Premier ministre remet au Président de la République la démission de son Gouvernement[520].

La Constitution du 25 octobre 2015 a certainement constitué un grand évènement démocratique.

Le changement de la Constitution de 2002 a été perçu comme une opportunité historique pour instaurer au Congo non seulement un Etat démocratique, mais, aussi une société démocratique.

Entre la Constitution de 2015 et celle de 2002, la rupture est évidente. Cette rupture s'explique par la volonté et l'engagement du Président Denis SASSOU-N'GUESSO de consacrer un nouvel ordre Constitutionnel. Lors des débats relatifs au changement de la Constitution de 2002, il était clairement entendu que le Chef de l'Etat devait instituer un nouveau régime politique différent du régime banni par le référendum constitutionnel de 2015. Le challenge était, alors, de donner un signal fort aux populations et de mettre en place un nouveau contrat social qui devait être matérialisé par une Constitution expansive.

(SECTION II)

---

518 PORTELLI (M), cité par Dominique BREILLAT, Gilles CHAMPAGNE et DANIEL THOME, in « Droit constitutionnel. Institutions politiques », op. cit, P.135.
519 V. L'article 139 de la Constitution de 2015, op. cit.
520 Ibidem, l'article 161.

SECTION II

LA CONSTITUTION DE 2015, UNE CONSTITUTION EXPANSIVE

La Constitution de 2015 est plus expansive que celle qu'elle remplace. L'illustration la plus évoquant de ce dessein est l'institution des Conseils consultatifs nationaux[521].

Dans cette perspective, la Constitution de 2015 codifie des pratiques et des coutumes. Dès lors, le Conseil national du dialogue[522] et le Conseil consultatif des sages et des notabilités traditionnelles[523] qui n'avaient aucune trace formelle ont été inscrits dans la Constitution.

Très expansive aussi, le statut des Anciens dirigeants a été constitutionnellement consacré[524].

En effet, les adversaires d'un jour ne sont pas des ennemis pour toujours, lorsque la compétition est loyale. Le vainqueur doit tendre la main au vaincu qui doit accepter sa défaite. Dans cette optique, le Président Denis SASSOU-N'GUESSO a sans cesse affiché son attachement au statut pour les anciens Présidents de la République. Ce statut leur garantit la liberté, la sécurité, la dignité et les moyens d'une vie décente à la mesure des hautes fonctions qu'ils ont exercées. Cet attachement a été traduit en droit par le constituant de 2015[525].

Une autre illustration de l'expansion de la Constitution de 2015 est le souci permanent du Président Denis SASSOU-N'GUESSO de promouvoir la femme. Ce souci peut être résumé en ces propos : « Femme réveille-toi » ! En d'autres termes, le Président de la République rappelle à toutes les femmes que leur participation démocratique est la clé permettant de trouver une légitimité sociale et une réponse politique durable à leurs intérêts stratégiques et à leurs problèmes.

Telle est la problématique de l'article 232 de la Constitution de 2015.

---

[521] V. Le titre XIX de la Constitution de 2015, op. cit.
[522] Ibidem, Article 227.
[523] Ibidem, Article 230
[524] Ibidem, Article 224,
[525] Ibidem

En apportant son soutien aux personnes vivant avec handicap et à la jeunesse, le Président Denis SASSOU-N'GUESSO ambitionne non seulement d'élaborer des projets de société qui prennent en compte leur spécificité, mais aussi une forme d'invitation à l'endroit de l'opposition politique qui devrait en faire autant en cas d'alternance démocratique.

Il s'agit là, d'un réel défi à relever pour consolider l'enracinement de la démocratie au Congo. C'est ainsi, que le constituant congolais a considéré qu'il était grand temps de créer le Conseil consultatif des personnes vivant avec handicap[526] et le conseil consultatif de la jeunesse[527].

L'une des caractéristiques les plus fortes de l'expansion de la Constitution de 2015, c'est qu'elle maintient les acquis démocratiques. Ce maintien est salutaire, car la nouvelle Constitution précise certaines dispositions de la décentralisation[528]. A ce propos, la Constitution de 2015 explique, explicite, désireuse qu'elle est de se faire comprendre.

L'exaltation de la participation des populations congolaises aux tâches de développement qui est à la base de la décentralisation en milieu rural, et la prise de conscience du fardeau fonctionnel du développement par l'Etat ont incité, le constituant de 2015 a réaffirmé le caractère décentralisé de la République[529]. L'ambition proclamée du Président Denis SASSOU-N'GUESSO est de recadrer l'action de l'Etat, rapprocher l'administration des administrés, impulser le développement à partir et par les populations à la base, accroître l'efficacité de l'utilisation des ressources publiques, avoir l'espoir de rationaliser et d'ajuster à la réalité la lutte contre la pauvreté. L'on peut se demander si la réaffirmation de la décentralisation de l'Etat par la Constitution de 2015 peut-elle réellement assurer le progrès dans le pays. C'est ce qu'il convient d'observer (paragraphe I).

Très expansive enfin, la Constitution de 2015 proclame la laïcité de l'Etat[530] (Paragraphe II).

En effet, en Afrique l'Etat et la religion ont leur domaine propre. Malgré cette séparation, des conflits naissent çà et là. Témoignent-ils d'une intrusion ou d'une abstention de la Constitution ? Ne révèlent-ils

---

526 Ibidem, Article 234
527 Ibidem, Article 236
528 Ibidem, Article 208, al1, Articles 209 et 210
529 Ibidem, Article 1er
530 Ibidem.

pas l'incapacité de la Constitution d'aller jusqu'au bout de la logique de laïcité ? Ces interrogations prouvent que la détermination des relations entre Constitution et religion en Afrique ne peut pas être limitée au simple énoncé religieux au niveau de la Constitution, mais qu'elle va au-delà pour intégrer les conséquences de cet énoncé tant au niveau de l'Etat qu'au niveau de la société.

L'actualité du problème entre l'Etat et religion est dans la contradiction qui paraît exister entre le fait religieux qui tend à devenir un fait social de première importance et la Constitution qui semble vouloir l'ignorer. Pourtant, la vie juridique nous enseigne qu'il est difficile de nier le réel, et que celui-ci exerce une pression irrésistible sur les institutions qui prétendent lui faire violence[531].

Puisqu'au Congo, le débat sur les relations « Constitution et religion » se développent à travers la notion de laïcité, dans ce cas, comment la Constitution de 2015 traite-t-elle la laïcité ? Et c'est ce qui retient l'attention de l'observateur.

Ainsi, en raison de leurs implications dans les principes gouvernant un Etat démocratique, la réaffirmation de la décentralisation et la proclamation de la laïcité de l'Etat seront les illustrations essentielles envisagées dans l'expansion de la Constitution de 2015.

PARAGRAPHE I

LA CONSTITUTION DE 2015 REAFFIRME LA DECENTRALISATION DE L'ETAT

La notion du développement local, très largement associée à celle de l'aménagement du territoire, fait aujourd'hui partie intégrante des objectifs assignés au développement de l'Etat.

Traditionnellement conçu comme relevant de l'Etat, l'aménagement du territoire est devenu au moins pour partie le fait des parties locales, puisque celles-ci conduisent leurs propres politiques d'aménagement dans lesquelles il faut inclure celles relatives au développement économique.

---

531 V. COULOMBEL (MP), « le droit privé devant le religieux depuis la séparation des églises et de l'Etat », Revue trimestrielle de droit civil, 1956, p. 6.

Le développement, dans une telle approche, repose fondamentalement sur une intégration de l'ensemble des partenaires, susceptibles de générer le développement économique sur un espace local déterminé étant entendu que chacun d'eux conserve ses intérêts propres, mais s'intègre dans une stratégie globale porteuse d'une dynamique favorable à tous.

Partie prenante d'une telle logique, et stimulées par leur champ de compétence avec la loi N°7-2003 du 6 février 2003 portant organisation et fonctionnement des collectivités locales, les collectivités locales se sont trouvées de fait placées au centre du développement au Congo. Ainsi, une orientation de l'évolution de l'Etat s'est imposée ; celle du recentrage de la décentralisation marquant par-là, une rupture nette avec le contenu du développement d'un Etat centralisé. L'on mentionnera à cet égard, l'article premier de la Constitution de 2015. Dans ce sens, l'article précité dispose : « La République du Congo est un Etat de droit... décentralisé ».

Cette disposition appelle une observation. La Constitution s'est montrée trop sobre dans l'affirmation de l'ancrage de la décentralisation. Faut-il penser par-là, que les autorités politiques congolaises formées à la culture jacobine et hexagonale de l'Etat sont réticents à la décentralisation ?

La réalité est bien que sobrement effectuée, la constitutionnalisation de la décentralisation traduit politiquement le caractère fondamental et irréversible du principe de libre administration des collectivités locales et juridiquement l'obligation pour toute loi d'être désormais respectueuse dudit principe. Dès lors, il appartient au juge constitutionnel de veiller au respect de ce principe à valeur constitutionnelle par le législateur organique ou ordinaire.

Le constituant de 2015, a ainsi réaffirmé la pratique antérieure qui avait ouvert la voie à l'adoption des lois décentralisatrices[532] qui ont élargi et approfondi la décentralisation désormais considérée comme une opportunité de repenser l'Etat unitaire classique. A cet effet, la décentralisation est une « manière d'être de l'Etat » selon la célèbre

---

[532] V. Le Recueil des textes législatifs et réglementaires sur la décentralisation, Direction générale des collectivités locales, Ministère de l'intérieur et de la décentralisation, République du Congo.

formule du Professeur Maurice HAURIOU[533] qui reste encore d'actualité.

Puisque cette définition demeure d'actualité, il convient d'examiner comment la décentralisation apparaît comme « une manière d'être de l'Etat » dans l'organisation administrative, ainsi que dans les finances publiques locales.

A- La décentralisation, une « manière d'être de l'Etat » dans l'organisation administrative

Un Etat unitaire peut être concentré ou déconcentré.

- si l'Etat centralisé est concentré, il n'existe qu'un seul niveau d'administration pour l'exercice des compétences exclusives de l'Etat qui est lui-même le niveau central[534].
- si l'Etat centralisé est déconcentré, il y a alors deux niveaux d'administration d'Etat : un niveau central et un niveau déconcentré et des compétences exclusives de l'Etat sont transférées, à l'intérieur de l'Etat, du niveau central vers le niveau déconcentré de l'Etat, formé de circonscriptions administratives de l'Etat[535].

Le transfert de compétences à l'intérieur d'une même personne morale de droit public est dénommée « déconcentration »[536] tandis que cette personne morale de droit public est dite « déconcentrée »[537].

La déconcentration de l'Etat unitaire centralisé n'est donc qu'une hypothèse de déconcentration parmi d'autres. Elle répond à un souci technique qui vise l'efficacité de l'administration[538].

Un Etat unitaire peut aussi créer d'autres personnes morales de droit public qui sont autonomes par rapport à lui, en particulier des

---

[533] V. HAURIOU (M), cité par PECHILLON (E), in « Les finances publiques en 100 fiches », Editions ELLIPSES, PARIS, 2011, P.240.

[534] V. GOHIN (0) « Droit constitutionnel », op. cit, P.66

[535] Ibidem.

[536] V. ROIG (C), « Théorie et réalité de la décentralisation », Revue Française de science politique, n°3, 1966, p. 27.

[537] Ibidem.

[538] V. THOENIG (JC), « La régulation des systèmes organisés complexes. Le cas du système de décision politico-administratif local en France », Revue Française de sociologie, vol XVI, n°1, janvier-mars, 1975, P.16

collectivités territoriales ou des établissements publics et transférer certaines de ses propres compétences vers les personnes ainsi créées[539].

Ce transfert de compétences de l'Etat, initialement centralisé à l'extérieur de lui-même, est dénommé « décentralisation »[540] et l'Etat qui a recours à un tel transfert est dit « décentralisé ».

L'Etat unitaire décentralisé est donc un Etat pluri-administratif. Dans ce sens, les compétences internes de l'Etat sont réparties, entre celles qui restent à l'Etat (elles sont dites de compétences de principe) et celles qui, dévolues par l'Etat, deviennent des compétences décentralisées (il s'agit des compétences d'exception dans l'exercice desquelles l'Etat est alors incompétent)[541].

En définitive, la décentralisation désigne tout phénomène de transfert d'activité ou de pouvoir d'un niveau plus élevé (généralement étatique) à des collectivités territoriales (régions départements, communes) dotées d'un certain degré d'autonomie[542]. Elle est un aménagement externe de la centralisation et, a pour objet de transférer des attributions exercées par l'Etat à d'autres collectivités publiques qualifiées de territoriales. Ces collectivités territoriales ont la personnalité juridique[543].

Soucieux d'alléger le fardeau fonctionnel du développement par l'Etat le Président Denis SASSOU-N'GUESSO envisage désormais la décentralisation comme une voie de sortie de la crise économique dans laquelle se trouve l'Etat. Cette volonté politique qui vise à renforcer l'Etat par une technique juridique et institutionnelle est réaffirmée à travers la Constitution de 2015[544].

En choisissant d'intituler la loi n°7-2003 du 6 février 2003 de loi portant organisation et fonctionnement des collectivités locales, le législateur congolais s'est démarqué du point de vue de la terminologie,

---

[539] V. PONTIER (J-M), « La décentralisation française Evolution et perspectives », Ed LGDJ, Coll. « Systèmes », PARIS, 2016, p. 40.
[540] Ibidem.
[541] Ibidem.
[542] V. BURDEAU (G), cité par VANDELLI (L), in « Traité international de droit constitutionnel », Ed DALLOZ, Tome II, PARIS, 2012, p. 64.
[543] V. DE VILLIERS (M), LE DIVELLEC (A), in « Dictionnaire de droit constitutionnel », op. cit., 2008, PP. 101-102.
[544] V. L'article 1er de la Constitution de 2015, op. cit.

du constituant français qui intitule son titre XII « Des collectivités territoriales »[545].

Au Congo, la décentralisation correspond à un cadre et un contenu.

Concernant le cadre, il est celui des personnes morales de droit public, autonomes par rapport à l'Etat. Il s'agit des collectivités locales[546]. A ce propos, on distingue les collectivités locales de droit commun et des collectivités sui generis.

Les collectivités locales de droit commun font figure d'échelon de base. Elles sont les départements et les communes.

Le département est l'entité administrative qui assure le relais de l'action gouvernementale sur une portion du territoire national[547]. Il constitue l'échelon de conception, de programmation, d'harmonisation, de soutien, de coordination et de contrôle des actions et des opérations de développement économique, social et culturel qui s'y réalisent grâce à l'intervention de l'ensemble des services des administrations civiles de l'Etat[548]. Le département est un ensemble de districts et, dans certains cas, de communes résultant d'une même entité administrative et géographique[549]. Il s'est placé sous l'autorité d'un Préfet, nommé en conseil des ministres[550].

La commune est une agglomération urbaine d'habitants résultants d'une même entité administrative et géographique ayant un minimum de développement économique, social et culturel[551].

La commune peut être subdivisée en arrondissements et en quartiers[552] et placée sous l'autorité d'un maire élu[553].

Après avoir expérimenté plusieurs réformes décentralisatrices, le Président Denis SASSOU-N'GUESSO a opté pour une politique de

---

[545] Il s'agit du XII, notamment l'article 72 de la Constitution française de 1958.

[546] V. la loi n°7-2003 du 6 février 2003 portant organisation et fonctionnement des collectivités locales.

[547] V. l'article 8 de la loi n°3-2003 du 17 janvier 2003 fixant l'organisation administrative territoriale.

[548] Ibidem, article 8, al. 2.

[549] Ibidem, article 9.

[550] Ibidem, article 11.

[551] Ibidem, article 12.

[552] Ibidem, article 13.

[553] Ibidem, article 14.

décentralisation progressive. Cette politique va élargir et approfondir la décentralisation considérée comme une occasion de relancer le développement politique, économique et social. La relance s'affirme principalement sur l'érection de la communauté urbaine[554] et de la communauté rurale[555] à côté des collectivités locales classiques que sont le département et la commune.

Outre les collectivités locales de droit commun, il y a au Congo, les collectivités sui generis.

Les collectivités sui generis sont celles qui bénéficient de statut particulier. Parmi celles-ci, figurent Brazzaville et Pointe-Noire[556].

Le statut particulier octroyé à ces deux villes fait d'elles à la fois des communes et des départements[557].

Elles sont administrées chacune par un Conseil municipal élu au suffrage universel direct et un Exécutif élu en son sein[558]. Au plan de l'organisation, Brazzaville et Pointe-Noire sont divisés en arrondissements, chacun étant doté d'un maire.

Si le cadre de la décentralisation au Congo est celui des personnes morales de droit public, autonomes par rapport à l'Etat, son contenu est celui des compétences qui leur sont transférées par l'Etat.

Ainsi, l'administration décentralisée se caractérise par la libre administration des collectivités distinctes de l'Etat[559].

Relevant à la fois d'une notion consubstantielle à la décentralisation, dont elle fait partie intégrante des composantes et d'une véritable garantie pour l'autonomie locale, la libre administration

---

[554] Ibidem, article 22.
[555] Ibidem, article 24.
[556] V l'article 1er de la loi n°11-2003 du 6 février 2003 portant statut particulier de la ville de Brazzaville et de la ville de Pointe-Noire.
[557] Ibidem, article 2, al. 2 et al. 3.
[558] Ibidem, article 3.
[559] V. l'article 39 de la loi n°3-2003 du 17 janvier 2003, op. cit, sur le plan de la doctrine, V ALCARAZ (H), « Le principe constitutionnel de la libre administration des collectivités territoriales dans la jurisprudence constitutionnelle après la révision constitutionnelle du 28 mars 2003 », RFDA, 2009, P.497 ; V. Egalement DOUENCE (JC), « Libre administration et organisation décentralisée », Mélange en l'honneur de Jean-François LACHAUME, DALLOZ, PARIS, 2007, V. Enfin, FERSTENBERT (J), « La libre administration des collectivités territoriales : principe juridique ou notion juridique ? » Mélanges HENRI JACQUOT, PU, ORLEANS, 2006

des collectivités locales est consacrée de manière explicite par le législateur congolais[560]. Seul le législateur a le soin d'établir les règles et les modalités de mise en œuvre de la libre administration[561]. Il s'agit d'une compétence de principe. Ainsi, le législateur est compétent pour définir les règles relatives à l'organisation des collectivités locales et des établissements publics qui leur sont rattachés[562].

Les exigences de la libre administration résident dans la reconnaissance d'une autonomie institutionnelle et de gestion en faveur des collectivités locales. La première commande que ces dernières procèdent de l'élection, seul procédé véritablement susceptible de leur garantir une certaine autonomie par rapport à l'Etat[563]. A ce propos, au Congo, les collectivités locales sont administrées par des conseils départementaux ou municipaux élus au suffrage universel direct[564]. Dès lors, toute collectivité locale doit nécessairement disposer d'un organe collégial[565] ou d'une assemblée délibérante élue[566] à l'occasion des scrutins organisés en ce sens de façon régulière.

La libre administration par des conseils élus fonde en outre le principe et le système de la représentation sur laquelle reposent traditionnellement l'organisation et la gestion des collectivités locales.[567] Les représentants de ces derniers exercent un mandat entièrement libre à l'image des élus nationaux pour lesquels l'article 128, al2 de la Constitution de 2015 prohibe toute forme de mandat impératif. Il s'ensuit que leurs décisions n'ont pas à faire l'objet d'une approbation préalable ou d'un quelconque contrôle exercé par les électeurs de la collectivité. En outre, toute affaire d'intérêt local doit être réglée par les autorités locales habilitées et compétentes pour décider au nom de ladite collectivité. La libre administration interdit formellement au législateur d'instaurer des mécanismes non prévus par la Constitution et qui, par le jeu de transfert ou d'un déplacement du

---

[560] V. L'article 39 de la loi n°3-2003 du 17 janvier 2003, op. cit.

[561] V. ROUX (A), « le principe constitutionnel de la libre administration des collectivités territoriales » RFDA, 1992, P.435

[562] Ibidem.

[563] Sur ce point, V En France, « Conseil Constitutionnel, 8 août 1985, n°85-196 DC », V Aussi « Conseil Constitutionnel, 6 décembre 1990, n°90-280 DC ».

[564] V. L'article 2 de la loi n°7-2003 du 6 février 2003, op. cit.

[565] Ibidem, article 4.

[566] Ibidem, article 5.

[567] V. BACOYANNIS (C), « Le principe constitutionnel de libre administration des collectivités territoriales », Editions ECONOMICA, PARIS, 1993, p. 52.

pouvoir décisionnel des élus locaux vers les électeurs, iraient à l'encontre du fondement et caractère représentatif de la démocratie locale. C'est donc à la faveur d'une révision de la Constitution que peuvent être instituées à l'échelle locale des procédures de démocratie semi-directe[568].

La seconde exigence de la libre administration implique que les conseils élus des collectivités locales doivent être dotés d'attributions effectives et disposer de l'essentiel des pouvoirs nécessaires, voire d'une compétence de principe, pour administrer la collectivité.

Dans cette perspective, au Congo, la libre administration des collectivités locales s'entend de la reconnaissance à celles-ci de la plénitude des compétences dans la gestion de leurs affaires propres. Elles visent le développement local par la maîtrise des ressources humaines, financières et techniques propres aux collectivités locales[569].

Pour l'exercice de leurs compétences respectives dans les conditions de la libre administration, les collectivités locales doivent disposer de moyens adéquats.

Pour ce faire, elles jouissent d'un transfert de compétences[570]. Dans cette optique, les collectivités locales règlent les affaires locales par voie de délibération[571].

Mais que signifie « affaires locales » ? Le terme « d'affaires locales » peut revêtir une multitude de signification. Dans ce sens, l'expression « venons-en à notre affaire », par exemple renvoie à un centre d'intérêt commun pour les personnes en cours de discussion. « C'est une affaire » est une expression qui revêt une connotation plus économique. Elle signifie qu'une personne va tirer bénéfice, le plus souvent compris sous forme monétaire, ou pouvant être traduit en termes monétaires, d'une opération déterminée, une transaction, qui va être l'achat d'un bien. Le droit recourt également à cette expression,

---

[568] V. MOZOL (P), « La libre administration », in « Dictionnaire encyclopédique de la décentralisation » sous la direction de NICOLAS KADA, ROMAIN PASQUIER, CLAIRE COURTECUISSE, VINCENT AUBELLE, Editions, BERGER-LEVRAULT, PARIS, 2017, p. 650.

[569] V. L'article 4 de la loi n°9-2003 du 6 février 2003 portant orientation fondamentale de la décentralisation.

[570] V. La loi n°10-2003 du 6 février portant transfert des compétences aux collectivités locales.

[571] Ibidem, article 12.

avec « l'instruction d'une affaire », la plaidoirie d'une affaire, le report d'une affaire, etc...[572], le terme évoquant alors une procédure juridictionnelle quel que soit le juge privé ou public.

Le droit public connait également le terme « d'affaires » en droit constitutionnel et aussi en droit administratif. Dans ce cadre, l'on parle des « affaires courantes » pour désigner les questions qu'un Gouvernement démissionnaire peut traiter[573].

Le droit de la décentralisation utilise cette notion « d'affaires » en distinguant les affaires nationales et les affaires locales[574]. Cette affirmation qui semble être l'expression de bon sens, consiste à dire que l'Etat doit s'occuper des seules affaires nationales, les autorités locales étant compétentes pour traiter les affaires locales.

Ainsi, les affaires locales sont donc les affaires gérées par les collectives locales[575]. Juridiquement les collectivités font partie de l'Etat. Elles sont dans la conception du droit public congolais des institutions administratives. Elles reçoivent leurs compétences de l'Etat, les affaires qui sont les leurs le sont par ce que l'Etat les leurs a confiées[576]. Il ne peut donc y avoir d'affaires locales que par détermination de la loi[577].

Au Congo, la distinction affaires nationales et affaires locales est brouillée par certains facteurs.

En effet, les collectivités locales n'interviennent pas seulement dans leurs affaires locales, mais également dans les affaires nationales. C'est le cas de la commune, lorsque le maire reçoit les attributions exercées au nom de l'Etat en matière d'etat civil par exemple, un domaine considéré clairement comme relevant du service public national. L'exemple le plus significatif est sans doute celui de l'enseignement[578], qualifié par la loi de service public national.

---

[572] V. PONTIER (JM), « les affaires locales », in « Dictionnaire encyclopédique de la décentralisation », op. cit, p. 52.
[573] Ibidem
[574] Ibidem
[575] V. CHAPUISAT (J), La notion d'affaires locales en droit administratif », Thèse, Paris, 1971, P.30
[576] V. L'article 1er de la loi n°10-2003 du 6 février 2003, op. cit
[577] Ibidem.
[578] Qualifié par la loi de service public national, l'enseignement public a été transféré aux collectivités locales par l'article 16 de la loi n°10-2003 du 6 février 2003, op. cit.

Cependant, les collectivités ont dans ce domaine des responsabilités importantes, qui consistent notamment en la construction, réparation des établissements d'enseignement dont elles ont la charge[579].

Puisque les affaires locales sont celles qui sont assurées ou gérées par les collectivités locales, quelles sont les catégories d'affaires locales que l'on rencontre au Congo ? Elles sont énumérées à l'article de la loi n°10-2003 du 6 février portant transmet de compétences aux collectivités locales[580].

Il n'y a pas véritablement de libre administration, si les collectivités locales ne disposent pas de ressources et de moyens financiers nécessaires.

C'est pourquoi, au Congo, l'Etat accorde son concours financier aux collectivités locales par le biais des organes financiers[581].

Parallèlement aux moyens financiers dont disposent les collectivités locales, elles jouissent aussi d'un pouvoir réglementaire consistant dans l'aptitude pour leurs organes délibérants et exécutifs à émettre des actes administratifs unilatéraux de portée générale et à caractère exécutoire dans leur domaine d'intervention[582].

Le pouvoir réglementaire local, déjà circonscrit dans son objet, n'est ni initial, ni autonome en ce qu'il s'exerce dans les conditions fixées par le législateur et peut donc intervenir en dehors de tout texte si ce n'est que pour assurer l'organisation et le fonctionnement des

---

[579] V. L'article 19 de la loi n°10-2003 du 6 février 2003, op. cit.

[580] (49) Les affaires nationales conférées aux collectivités locales :
- La planification, le développement et l'aménagement du territoire ;
- L'urbanisme et l'habitat ;
- L'enseignement public ;
- La santé, l'action sociale et la protection sociale,
- L'environnement, le tourisme et les loisirs ;
- Les sports et l'action culturelle ;
- Les eaux, les forêts, la chasse ;
- L'agriculture, l'élevage et la pêche ;
- L'administration et les finances ;
- Le commerce et l'autorisation ;
- Les travaux publics et les transports ;
- Les mines, l'énergie et l'hydraulique ;
- L'emploi.

[581] V. L'article 18 de la loi n°9-2003 du 6 février 2003 fixant orientations fondamentales de la décentralisation, op. cit

[582] Ibidem, article 16

services de la collectivité[583]. Le pouvoir réglementaire local, appartient ainsi à l'ordre du résiduel dans la mesure où il n'a ni pour objet ni pour effet de remettre en cause le pouvoir réglementaire national.

La libre administration des collectivités locales n'est pas absolue. A cet effet, les actes adoptés par les collectivités locales en méconnaissance de la légalité sont susceptibles d'être anéantis par l'autorité étatique[584] ou sur recours de celle-ci devant la juridiction administrative[585]. Dans ces conditions, la loi ne peut faire obstacle à ce que le représentant de l'Etat ait connaissance de ces actes et puisse exercer son contrôle à leur encontre[586]. Ce dernier reste toutefois limité dans son objet avec, d'une part, le respect de la légalité, justifiant à la jouissance par ledit représentant d'un pouvoir de substitution[587] destiné à pallier les éventuelles inerties de la collectivité et, d'autre part, la sauvegarde des intérêts nationaux.

Par ailleurs, il n'y a pas véritablement de libre administration si les collectivités locales ne disposent pas des ressources ou de moyens financiers nécessaires et, par conséquent, d'un certain degré d'autonomie en la matière. Au Congo, « en sommes-nous si éloignés » ? A cet effet, seul l'examen de la décentralisation comme une « manière d'être de l'Etat » dans les Finances publiques locales nous édifiera.

B- La décentralisation, une « manière d'être de l'Etat » dans les Finances publiques locales.

Les finances publiques locales occupent une place essentielle dans le processus de transformation du Congo qui s'est engagé dans le cadre de la décentralisation territoriale.

L'autonomie reconnue légalement aux organes locaux[588] prend des contours et des contenus plus clairs et plus explicites tout

---

[583] V. MOZOL (P), « La libre administration », in « Dictionnaire encyclopédique de la décentralisation », op. cit, pp. 652 - 653

[584] V. La loi n°8-2003 portant loi organique relative à l'exercice de la tutelle sur les collectivités locale, notamment le chapitre I intitulé « Du contrôle de la légalité sur les actes ».

[585] V. L'article 6, al4 de la loi n°8-2003, op cit.

[586] Ibidem, article 5

[587] Ibidem, article 19.

[588] V. L'article 1er de la loi n°8-2003 du 6 février 2003, op. cit.

particulièrement sur le plan financier[589]. Ainsi l'article 3 de la loi n°9-2003 du 6 février 2003 fixant les orientations fondamentales de la décentralisation consacre avant tout la plénitude des compétences des collectivités locales dans la gestion de leurs affaires. L'article 4 de la loi précitée renchérit dans cette perspective en précisant que cette compétence s'exerce par la maîtrise des ressources humaines, financières et techniques.

L'affirmation de l'autonomie s'accompagne de la logique des budgets locaux. A cet effet, au Congo la logique du budget local découle du particularisme des collectivités locales ; ce qui requiert une présentation générale. Mais un tel exercice nécessite un bref aperçu de la notion du budget.

Dans cette perspective, qu'est-ce qu'un budget ?

Le budget est un acte de prévision et d'autorisation des dépenses[590]. C'est un acte à trois dimensions indissociables. D'abord, le budget est un acte juridique, notamment parce que les recettes et les dépenses sont autorisées démocratiquement. Mais l'autorisation n'a pas la même nature pour les dépenses et les recettes.

S'agissant des dépenses, le budget prévoit des crédits qui constituent les autorisations de dépenser, ce qui ne veut pas dire une obligation de dépenser. Du côté, des recettes, l'obligation et beaucoup plus contraignante[591]. Le budget est aussi un acte politique, car il est le résultat d'une décision prise à la majorité des membres d'un organe délibérant[592].

De ce fait, le budget est un moment important qui requiert des alliances entre les élus des différentes sensibilités politiques. Le budget est enfin un acte financier qui prévoit les recettes et les dépenses pour un exercice[593].

Ainsi, il comporte un ensemble de chiffres, récapitulés en recettes et dépenses et constitue la tranche annuelle de la vie de la collectivité.

---

589 V. L'article 2 de la loi n°9-2003 du 6 février 2003, op. cit.

590 V. GAUDEMET (PM) et MOLINIER (J), « Finances publiques. Politique financière : Budget-Trésor », Editions MONTCHRESTIEN, Paris, 1983, p. 244 et S.

591 Ibidem.

592 V. RIVOLI (J), « Le budget de l'Etat Editions du Seuil, Paris, 1975, p. 61.

593 Ibidem p. 62.

La notion générale du budget étant ainsi élucidée, il est nécessaire important d'observer la logique du budget local au Congo.

Dans cet Etat, le budget local est désigné sous l'appellation du budget général par opposition aux budgets annexes qui s'y rattachent[594]. Le budget général est déterminé par un document primordial (budget primitif) qui est adopté en début d'année[595]. En cours d'année, le budget primitif peut être modifié de différentes manières (budget additionnel ou supplémentaire)[596].

Le budget primitif est à la base de toutes les finances locales, c'est le document de référence.

Il est le premier acte budgétaire qu'adopte la collectivité locale au cours d'un exercice[597]. Il joue le rôle de la loi de Finances de l'année dans les Finances de l'Etat.

Le budget additionnel ou supplémentaire est le rectificatif du budget primitif dont les crédits sont évalués, prévus, autorisés, exécutés et contrôlés dans les mêmes formes que les crédits du budget primitif[598].

Le budget supplémentaire ne se contente pas d'effectuer de simples modifications. Il va au contraire intégrer les résultats constatés du budget de l'exercice précédent[599]. C'est pourquoi, on dit que le budget supplémentaire est un budget de report[600]. Si les décisions modificatrices correspondent aux lois de Finances rectificatives, dans les finances publiques de l'Etat, cependant, le budget supplémentaire n'a pas d'équivalent dans les Finances de l'Etat, car les lois de finances rectificatives ne retracent pas les reports des exercices précédents.

Concernant les budgets annexes, le budget annexe correspond à un service public doté d'une autonomie financière mais sans la personnalité morale[601]. Il s'oppose au budget principal car il n'est que son satellite. Toutefois, il est voté dans les mêmes formes que le budget

---

594 V. L'article 2 de la loi n°30-2003 du 20 octobre 2003 portant institution du régime financier des collectivités locales.

595 V. L'article 2, al2 de la loi n°30-2003 du 20 octobre 2003, op. cit.

596 Ibidem.

597 Ibidem, Article 3.

598 Ibidem, Article 4.

599 V. VALEMBOIS (F), « Le nouveau budget communal », Editions SOFIAC, PARIS, 1996, p. 28.

600 Ibidem p. 30.

601 V. L'article 6 de la loi n°30-2003 du 20 octobre 2003, op. cit.

principal[602]. Enfin, il convient de signaler que la plupart des budgets annexes sont créés pour donner une plus grande souplesse de gestion à certains services publics industriels ou commerciaux.

Le débat sur l'autonomie de la libre administration des collectivités locales suppose de trouver un équilibre entre deux piliers : les ressources et les dépenses.

S'agissant des ressources, au Congo les ressources de la collectivité locale comprennent : les ressources fiscales et des services publics, les aides de l'Etat et le transfert des impôts et les emprunts.

Concernant les ressources fiscales, comme l'Etat, la collectivité locale a la possibilité de recourir à l'impôt pour financer des dépenses[603]. Mais son pouvoir fiscal est limité dans la mesure où il ne s'étend pas à la capacité de décider de la création, de la modification ou de la suppression d'impôt. La matière est du domaine parlementaire en vertu de la Constitution qui donne au Parlement la compétence pour fixer des règles relatives à l'assiette, aux taux et aux modalités de recouvrement des impôts de toutes natures, avec également un champ dans lequel intervient le pouvoir réglementaire[604].

Les ressources fiscales se composent de deux contributions : les contributions des propriétés bâties[605] et les contributions non bâties[606]. Elles fournissent l'essentiel des ressources fiscales de la localité.

La fiscalité locale comporte aussi d'autres prélèvements dont la multitude, la spécificité et parfois la singularité rendent complexe l'approche.

Il s'agit des centimes additionnels à la taxe sur la valeur ajoutée, les contributions des patentes et les autres impôts non inventoriés.[607]

Au Congo, les ressources de la collectivité locale proviennent aussi de l'exploitation de son patrimoine et de ses services publics. Ces ressources varient selon l'importance du patrimoine et selon son mode d'exploitation et de gestion.

---

602 Ibidem, article 6, al. 3.
603 Ibidem, article 22.
604 V. l'article 125 de la Constitution du 25 octobre 2015
605 V. l'article 22, al 1er de la loi n°30-2003 du 20 octobre 2003, op. cit.
606 Ibidem.
607 Ibidem

Les produits d'exploitation du patrimoine sont l'œuvre du domaine privé[608] du domaine public[609].

Le domaine privé se fait en négatif[610]. Ce qui ne constitue pas le domaine public constitue le domaine privé[611]. Son exploitation obéit principalement aux règles de droit privé, dont le juge judiciaire est compétent pour en connaître.

Parmi les ressources de l'exploitation du domaine privé, il y a les ressources du domaine privé immobilier[612] et celles du domaine privé mobilier[613] sont souples, elles ne doivent pas conduire la collectivité locale à brader les biens du domaine. Ainsi, sauf motif d'intérêt général et contrepartie (par exemple la création d'emploi), la collectivité ne peut vendre son patrimoine à un prix inférieur à sa valeur[614].

Quant au domaine public, la gestion est plus délicate compte tenu des principes d'inaliénabilité et d'imprescriptibilité. L'autorité locale doit protéger l'intégrité matérielle du domaine, tout en l'exploitant comme une richesse collective. L'utilisation du domaine public est en principe gratuite. Toutefois, il est possible d'instituer un stationnement payant sur les voies publiques[615]. Ce privilège donne lieu à un versement d'une somme d'argent par les bénéficiaires. Sont ainsi concernés, les produits de droits de voiries, les droits d'organisation des foires etc...[616].

Hormis les ressources fiscales directes et celles issues de l'exploitation du patrimoine, la collectivité locale au Congo bénéficie aussi des concours financiers de l'Etat. Les concours financiers de l'Etat s'effectuent sous la forme des subventions. Dans cette optique, l'Etat

---

608 Ibidem, notamment les sous-sections intitulées :
 a) Domaine privé mobilier ;
 b) Domaine privé immobilier.

609 Ibidem, La sous-section intitulé c) domaine public.

610 V. DOUAT (E) et GUENGANT (A), « Leçons de Finances locales », Editions ECONOMICA, PARIS, 2002, p. 7.

611 Ibidem.

612 V. L'article 22, sous-section intitulée, a) domaine privé immobilier, op. cit.

613 Ibidem, sous-section intitulé b) domaine privé mobilier.

614 V. CAMOUS (D-A), « L'essentiel des Finances publiques locales », Ed ELLIPSES, PARIS, 2010, p .70.

615 Ibidem, p. 71.

616 Pour plus de détails, V. L'article 22, notamment la sous-section intitulée : c) domaine public op. cit.

accorde les subventions à la collectivité locale par le biais des organes financiers sous forme de dotations[617].

A ce propos, il y a la donation globale de fonctionnement, la dotation globale de décentralisation et la dotation globale d'investissement[618].

La dotation globale de fonctionnement est un instrument financier mixte[619]. Mise en place pour compenser la perte de recettes fiscales par les collectivités, elle est aussi redistributive et peréquatrice. Ainsi, la dotation globale de fonctionnement est organisée autour de deux axes : une dotation forfaitaire et une dotation de péréquation[620].

La dotation forfaitaire représente le principal concours de l'Etat aux collectivités locales[621].

La dotation de péréquation a pour objet de rétablir les équilibres, d'atténuer les inégalités entre les collectivités. Elle corrige les insuffisances du potentiel financier[622].

Outre la dotation globale de fonctionnement, il convient de mentionner la dotation globale de décentralisation.

A ce propos, la dotation globale de décentralisation a pour fonction d'assurer la compensation financière des transferts de compétences qui ne donnent pas lieu à un transfert de fiscalité. Véritable instrument d'ajustement, cette forme spécifique de dotation permet d'ajuster les financements étatiques[623]. Dans ce sens, la dotation globale de décentralisation est attribuée à la collectivité locale suite à la décentralisation, pour compenser les nouvelles compétences lui reviennent.

---

[617] V. L'article 22, al. 2 de la loi n°30-2003 du 20 octobre 2003, op. cit.

[618] V. L'article 18 de la loi n°9-2003 du 20 octobre 2003, op. cit.

[619] V. LABIE (F), « Dotation globale de fonctionnement », in LOÏC PHILLIP (dir), « Dictionnaire encyclopédique des Finances publiques », Editions ECONOMICA, PARIS, 1999, p. 31.

[620] V. ECKERT (C), « Finances locales : Constats et perspectives », RFFP, n°131, septembre 2015, PP.175-176.

[621] V. DOUAT (E) et GUENGNANT (A), « Leçons de Finances publiques locales », op. cit, p. 140.

[622] V. DARBOUSSET (C), « Recherches sur la notion de péréquation en droit public », Thèse, Université de la ROCHELLE, 2011, P.30 V. Aussi HOUSSER (M), « Droit de la péréquation financière », Editions L'HARMATTAN, PARIS 2015, P.54.

[623] V. PECHILLON (E), les finances publiques en 100 fiches », op. cit, p. 231.

Enfin, la dotation globale d'investissement constitue une ressource complémentaire que l'Etat apporte à la collectivité locale dans le cadre de la décentralisation. Elle sert à financer certains équipements de la collectivité locale[624].

En défit de cette diversité des concours financiers de l'Etat à la collectivité locale, le législateur congolais a instauré le droit d'emprunter pour la collectivité[625]. La possibilité d'emprunter qui est certainement destinée à la couverture des dépenses d'équipement d'infrastructures est garantie par l'Etat[626].

Le débat sur l'autonomie de la libre administration des collectivités locales suppose non seulement d'évoquer les ressources de la collectivité, mais aussi ses charges.

Dans cette optique, les charges de la collectivité locale au Congo intéressent des dépenses ordinaires et les dépenses en capital[627].

Une décentralisation réussie repose sur la libre administration des collectivités locales qui supposent une autonomie politique et une autonomie administrative de la dépense publique.

Au Congo, ce reflet du choix politique des dirigeants locaux s'exprime principalement au travers des dépenses ordinaires.

Les dépenses ordinaires sont soit obligatoires, soit facultatives[628].

Elles représentent la grande majorité des dépenses publiques locales et, doivent être inscrites au budget. Une omission pourrait entraîner l'application d'une procédure d'inscription d'office au budget par le préfet[629].

Les dépenses obligatoires sont encadrées. En effet, elles sont imposées par l'Etat aux collectivités locales. De ce fait elles grèvent le budget de l'Etat, sans que ces dernières n'aient le choix de les refuser ou d'en modifier la nature.

Dès lors, la tentation est grande pour l'Etat de décentralisation des dépenses qui auparavant lui incombaient. Ce transfert allège la dette

---

624 Ibidem

625 V. l'article 22, al7 de la loi n°30-2003 du 20 octobre 2003, op. cit.

626 Ibidem.

627 Ibidem, article 24.

628 Ibidem, article 25.

629 V. l'article 29 de la loi n°-8-2003 du 6 février 2003, op. cit.

au risque d'asphyxier les collectivités locales et de les priver peu à peu de leur liberté de s'administrer. C'est pourquoi pour limiter ce jeu de dupe, en France, deux mesures protègent les collectivités : le principe de compensation de nouvelles dépenses obligatoires[630] et la compétence du législateur[631].

Au Congo, tout transfert de compétences doit s'accompagner du transfert concomitant des ressources et des charges correspondantes ainsi que du transfert des services, des biens meubles et immeubles et, le cas échéant du transfert du personnel correspondant[632].

Il convient toutefois de signaler que les dépenses qui n'entrent pas dans les catégories énumérées à l'article 25 relatif aux charges des collectivités locales sont des dépenses facultatives.

Les dépenses facultatives ne sont pas définies par le législateur. Mais l'on pourrait penser qu'il s'agit par exemple, d'une subvention à une association, à la création d'un théâtre municipal, à l'ouverture d'un cabinet municipal etc…

---

630 V. CAMOUS (D-A), « L'essentiel des finances publique locales » op. cit, p. 14.

631 V. en France, l'article L .1612 du code général des collectivités territoriales. Aux termes dudit article, « Ne sont obligatoires, pour les collectivités territoriales que les dépenses nécessaires à l'acquittement des dettes exigibles et les dépenses pour lesquelles la loi l'a expressément décidé ». Le Parlement est seul compétent pour imposer des dépenses obligatoires.
Ainsi, le conseil d'Etat a-t-il annulé les dispositions du décret du 26 février 2001 qui confiaient aux maires, agissant en qualité d'agent de l'Etat, la tâche de recueillir les demandes de passeport, de les transmettre aux préfets ou sous-préfet et de les remettre aux demandeurs les passeports. Ces dispositions réglementaires avaient pour effet d'imposer indirectement aux communes des dépenses à la charge de l'état alors que cette compétence revient au Parlement. Sur ce point, V. CE. 5 janvier 2005 commune de Versailles n° 232888)
Le Conseil constitutionnel garantit le principe de la libre administration comme droit fondamental.
Il exige du législateur que :
- Lorsqu'il définit une dépense publique locale obligatoire, il le fasse avec la précision suffisante, quant à son objet et à sa portée, dans le respect du principe de libre administrative. A ce propos, V. CC 90-274 DC 29 mai 1990.
- Les dépenses obligatoires « Répondent à des exigences constitutionnelles ou concourent à des fins d'intérêt général, qu'elles ne méconnaissent pas la compétence propre des collectivités concernées, qu'elles n'entravent par leur libre administration sur ce point V CC 2000-436 DC 7 décembre 2000.

632 V. L'article 13 de la loi n°9-2003 du 6 février 2003, op. cit.

Aux dépenses en capital, se greffent les dépenses en capital[633].

Les dépenses en capital sont destinées à la création, au démarrage ou à la modernisation des services de la collectivité locale, à l'équipement des infrastructures[634]. Elles sont aussi destinées à l'exécution des plans de développement économique et social[635].

Les piliers[636] de l'autonomie de la libre administration nous incitent à l'examen des cadres budgétaires et comptables des finances locales.

Le cadre budgétaire et comptable des finances locales comprend d'une part, la préparation et le vote et, d'autre part, l'exécution et le contrôle du budget local.

Dans cette perspective, au Congo, la préparation et le vote du budget local rappellent la procédure nationale : il est préparé par l'organe exécutif[637] et adopté par l'organe délibérant[638].

Le vote s'effectue chapitre par chapitre, article par article[639].

Cet aperçu rapide du budget permet d'y voir un peu plus clair. Le budget est un document qui évolue car il reflète la réalité de l'activité de la collectivité. Cette évolution correspond au cycle budgétaire qui suit le calendrier des activités de la collectivité locale.

Le cycle budgétaire local ne correspond pas au cycle budgétaire de l'Etat. On sait en effet que l'article 153 de la Constitution de 2015 oblige le Parlement à voter la loi de Finances de l'année avant la session d'octobre. Or précisément, les budgets locaux ne peuvent pas mettre en œuvre un tel calendrier car ces budgets dépendent de la loi de Finances de l'année. Dans ce sens, la loi fixe un calendrier décalé.

Si le budget local est un instrument formidable de la liberté pour les collectivités locales qui peuvent ainsi s'administrer librement,

---

633 V. L'article 24, al2 de la loi n°30-2003 du 20 octobre 2003, op. cit.
634 Ibidem, article 27.
635 Ibidem.
636 Il s'agit des ressources et des charges des collectivités locales.
637 V. L'article 32 de la loi n°30-2003 du 20 octobre 2003, op cit
Ibidem, article 33.
638 Ibidem.
639 Ibidem.

cependant, elles demeurent sous la contrainte et s'expriment essentiellement au travers des principes budgétaires.

A ce propos, la Constitution de 2015 ne prévoit aucune disposition. Elle se contente de préciser que « la République du Congo est un Etat de droit, … décentralisé »[640]. Toutefois, les collectivités locales sont bien garanties par le législateur[641] qui défend la bonne application du principe de la libre administration locale.

Si les sources des principes budgétaires pour les finances de l'Etat sont issues de la loi organique[642] relative aux lois de Finances, pour les finances locales, les sources découlent de la loi n°30-2003 du 20 octobre 2003 portant institution du régime financier des collectivités locales. Il existe cinq principes, deux sont renforcés et trois sont affaiblis.

Les principes renforcés marquent la volonté de soumettre les collectivités locales à des contraintes de plus en plus fortes. L'objet des contraintes est de développer la transparence et la sincérité du budget.

En effet, si le budget est le résultat des élus qui représentent les citoyens, il est normal que le document qui est soumis à l'organe délibérant soit totalement transparent et rigoureux.

Les principes renforcés du budget local sont : l'équilibre et l'unité budgétaire.

L'équilibre budgétaire découle d'une règle de bonne gestion des finances publiques : on ne peut pas dépenser plus que ce que l'on possède. Ce principe comporte une justification touchant à l'égalité des citoyens devant l'impôt[643]. En effet, si le budget est déséquilibré, c'est qu'il comporte un excédent soit du côté des recettes, soit du côté des dépenses.

L'excédent des dépenses est interdit car il signifie que les dépenses sont supérieures aux recettes ce qui va obliger une solution pour les couvrir.

---

640 V. L'article 1er de la Constitution de 2015, op. cit.

641 V. La loi n°8-2003 du 6 février portant loi organique relative à l'exercice de la tutelle sur les collectivités locales

642 V. La loi organique n°36-2017 du 3 octobre 2017 relative aux lois de finances.

643 V. L'article XIII de la Déclaration des droits de l'homme et du citoyen de 1789.

Soit on augmentera les impôts, ce qui est choquant car tous les citoyens devront payer alors que les excédents de dépenses auraient dû être couverts par les recettes. Soit on empruntera ce qui revient à reporter la charge de l'emprunt sur les générations futures. L'excédent des recettes semble signifier, à première vue une bonne gestion des finances publiques puisque l'on dégage un solde positif. En réalité, l'excédent de recettes est également condamnable car il révèle que les impôts ont été supérieurs à ce qui était nécessaire. Pour l'ensemble de ces raisons l'équilibre budgétaire est un principe contraignant pour les budgets locaux. Il s'agit là, de la marque de la tutelle de l'Etat sur les collectivités locales. En effet, si le budget national peut compter un déficit raison de la souveraineté de l'Etat, par contre, le budget local étant sous contrainte ne peut s'affranchir de ce principe rigoureux.

Ainsi, au Congo, la loi n°30-2003 du 20 octobre 2003 portant institution du régime financier des collectivités locales, a défini très strictement ce principe[644].

Le principe de l'unité budgétaire est le second principe renforcé du budget local. Ce principe est quelquefois qualifié de principe de synthèse car il consiste à rassembler l'ensemble des données budgétaires dans un document unique[645].

L'objectif ici est la transparence. En effet, le budget devant être voté par un organe délibérant, il est nécessaire de ne rien lui cacher et de tout regrouper dans le document unique toutes les recettes et toutes les dépenses. La personnalité juridique d'une commune, par exemple, fait qu'elle est propriétaire de tout son patrimoine. Dès lors, son budget doit être unifié afin de connaître avec précision son périmètre financier. La multiplication des interventions économiques des collectivités locales montre que le budget est devenu un noyau autour duquel gravitent de nombreux satellites[646].

Pour lutter contre ces tendances à l'éclatement, le législateur congolais oblige les budgets primitifs à présenter en annexes des

---

[644] Le législateur définit l'équilibre budgétaire dans le cadre des collectivités locales comme un équilibre réel, sans une impasse budgétaire. A ce propos, V l'article 1, al2 de la loi n°30-2003 du 20 octobre 2003, op. cit

[645] Ibidem, alinéa 3.

[646] Il s'agit par exemple des budgets annexes, des établissements publics, des associations subventionnées sur ce point, V l'article 6 de la loi n°30-2003 op. cit.

informations très précises qui permettent aux élus d'être réellement informés des engagements pris par la collectivité[647].

En clair, il existe à côté du budget primitif, les budgets annexes pour les régies personnalisées ou dotées de l'autonomie financière qui assurent la gestion des services à caractère industriel et commercial ou à caractère administratif.

Dans cette perspective, en France, le juge administratif rappelle cette exigence fondamentale du principe de l'unité budgétaire pour interdire la mise en place de dérogations non autorisées par les textes. « Aucune des dispositions du décret ne prévoit de dérogation au principe de l'unité budgétaire et n'autorise, notamment, la création de budgets annexes »[648].

Par ailleurs, les produits et les charges des budgets annexes doivent être repris dans le budget principal à peine d'illégalité et d'annulation de la délibération budgétaire qui les aurait omis[649].

Dans le cadre de l'unité budgétaire, les collectivités locales ont l'obligation de déposer leurs fonds sur un compte ouvert au trésor public[650]. Cette obligation de dépôt au trésor des fonds a pour conséquence de priver les collectivités de la liberté d'ouvrir un compte auprès de l'institution de leur choix et effectuer des placements financiers rémunérés[651].

Compte tenu de tout ce qui précède, l'on constate que les budgets locaux sont étroitement encadrés par des principes que les collectivités locales partagent pour la plupart avec l'Etat. Cependant, si certains s'appliquent avec plus de sévérité, d'autres au contraire sont affaiblis. Et parmi les principes budgétaires affaiblis, il y a : l'annualité, l'universalité et la spécialité.

Concernant le principe de l'annualité budgétaire, le budget des collectivités, comme celui de l'Etat est voté chaque année et couvre l'année civile (du 1er janvier au 31 décembre)[652]. Cependant, à propos

---

[647] Ibidem, Notamment des alinéas 1 et 2.
[648] V. CE, 10 juillet 1987, Région Ile-de-France, n°58874.
[649] V. CE, 9 juillet 1997, Commune de GARGES-LES-GONESSE, n°103 273.
[650] V. L'article 11 de la loi n°30-2003 du 20 octobre 2003, op. cit.
[651] V. CAMOUS (D-A), « L'essentiel des Finances publiques locales » op cit, pp 110 - 111.
[652] V. l'article 41 de la loi n°30-2003 du 20 octobre 2003, op. cit.

de collectivités, il est évident qu'une application stricte de ce principe est impossible. Il rencontre plusieurs exceptions.

Il s'agit d'abord de la date de vote des budgets dans ce cadre, les collectivités ont jusqu'au 31 mars de l'exercice auquel il s'applique pour adopter leur budget.

Par ailleurs, les collectivités bénéficient des journées complémentaires pour procéder au mandatement de leurs dépenses de fonctionnement jusqu'au 31 janvier de l'année suivante[653].

Ensuite, il s'agit de l'indépendance des exercices. Le principe d'annualité pose l'obligation de rattachement des charges et des produits à l'exercice auquel ils se rapportent. Cette obligation concerne la seule section de fonctionnement. Les crédits non utilisés en fin d'année disparaissent.

Pour la section d'investissement, cette règle connaît des assouplissements. Les crédits votés mais non mandatés à la fin de l'exercice constituent des restes à réaliser et sont reportés dans l'exercice suivant. Par ailleurs, l'excédent de la section fonctionnement est reporté dans le budget primitif suivant comme autofinancement dans la section investissement[654].

Enfin, il s'agit de la gestion pluriannuelle. Le principe de l'annualité se heurte à la programmation pluriannuelle d'opération. Aussi connaît-il une autre exception. Les collectivités ont deux choix :

- elles peuvent utiliser le « reste à réaliser ». Elles votent le crédit d'une opération pluriannuelle d'un seul bloc, puis d'année en année la part des dépenses non utilisées est reportée jusqu'à la fin de l'opération.
- elles peuvent aussi prévoir un échéancier qui étale chaque année la part de la dépense. Elles utiliseront alors des autorisations de programmes[655] et des crédits de paiement[656].

---

653 Ibidem.

654 Dans le cadre d'une étude du droit comparé, l'on pourra se référer à l'étude de DOSIERE (R) et HOORENS (D), in « La commune et ses finances », Editions DEXIA Editions, PARIS, p. 78.

655 V. BROLLES (R) et DETROIT (P), « Budget des Communes, gestion et comptabilité » Editions BERGER LEVRAULT, PARIS 1999, p. 54.

656 Ibidem, p. 56.

A propos des principes budgétaires affaiblis, outre l'annualité, l'on distingue aussi l'universalité.

Selon le principe de l'universalité budgétaire l'ensemble des recettes couvre l'ensemble des dépenses[657]. Ceci se traduit par deux règles : la règle de la non-compensation et la règle de la non-affectation.

La règle de la non-compensation interdit la compensation des dépenses et des recettes. Toutes les recettes et les dépenses doivent être retracées[658]. Par exemple, si le Conseil Communal de Mossendjo fait l'achat d'un véhicule contre la reprise d'un ancien, il doit inscrire dans son budget en recette la reprise et en dépense le prix d'achat du véhicule neuf hors reprise.

La compensation des ressources et des dépenses permet en effet de dissimuler certaines charges, ce qui nuit à la lisibilité et à la sincérité du budget.

Quant à la règle de la non-affectation, elle interdit l'affectation d'une recette à une dépense déterminée[659]. Elle implique de verser toutes les recettes dans une caisse unique où l'origine des fonds est indéterminée. Cependant ce principe connaît d'importantes inflexions.

- d'une façon générale, il convient de constater que toutes les recettes sont affectées : soit aux dépenses de fonctionnement soit à celles d'investissements.
- par ailleurs, beaucoup plus que pour l'Etat, les textes prévoient souvent que le produit de certaines recettes secondaires soit affecté à des dépenses précises, correspondant le plus souvent à l'objet même de la taxe ou de la redevance concernée[660].

Enfin, concernant les principes budgétaires, affaiblis, il convient de signaler la spécialité budgétaire.

---

[657] V. BOUVIER (M), « Les finances locales », LGDJ, Coll. « systèmes », 16e éd. PARIS, 2015, P47.
[658] Ibidem p. 48 V. Aussi ALBERT (J.L) et SAÏDJ (L), « Finances publiques » Editions DALLOZ, Coll. « Cours », 9e Ed, PARIS, 2015, p. 38.
[659] Ibidem V. Aussi BOUDET (JF), « Fiches de Finances publiques », Editions ELLIPSES, 2e éd, PARIS, 2015, p. 40.
[660] V. LALUMIERE (P), « Les finances publiques » Editions Armand COLIN, Coll. « U », 8e éd, 1986 p. 35.

Le principe de la spécialité budgétaire signifie que les crédits sont précis et affectés à un certain type de dépense[661]. Le budget sera par conséquent voté et présenté en petites unités ayant chacune sa spécialité[662]. Le chapitre est défini par nature ou par fonction, il est subdivisé en articles[663]. Le législateur congolais prévoit que le projet du budget élaboré par l'organe exécutif est soumis à l'organe délibérant qui l'adopte chapitre par chapitre, article par article[664].

La prévision budgétaire n'est pas une science exacte. Par conséquent, il est primordial d'envisager des évènements possibles de déroger sans conditions aux engagements pris. C'est la raison pour laquelle, l'on a prévu une procédure particulière permettant d'effectuer des virements et des transferts de crédits[665]. Les transferts et les virements des crédits modifient la répartition des dotations entre chapitres[666].

Enfin, les chapitres pour dépenses imprévues[667] appelés familièrement les « chapitres réservoirs » constituent de nombreux éléments qui affaiblissent le principe de spécialité.

En définitive, l'on constate que les principes budgétaires répondent à plusieurs exigences quelquefois contradictoires. Dans cette optique, le droit est en perpétuelle évolution. Et cela ne s'avèrera indubitablement vrai que si l'on examine l'exécution et le contrôle du budget local.

L'exécution du budget est la mise en œuvre des choix qui ont été prévus tant en recettes qu'en dépenses.

Au Congo, plutôt que le système de l'exercice qui consiste à rattacher au budget l'ensemble des opérations le concernant quelle que soit la date à laquelle elles se réalisent[668], c'est le système de la gestion

---

[661] V. SIRIMA (B) et YONABA (S), « Contribution à l'étude du droit budgétaire burkinabé : Réflexions critiques sur sa théorie et sa pratique », in l'ouvrage collectif ronéotypé, Août 1985, pp. 23-27

[662] Ibidem.

[663] V. MARTINEZ (J.C) et DI MALTA (P), « Droit budgétaire » Editions LITEC, 3e éd. PARIS 1999, p. 28.

[664] V. L'article 33 de la loi n°30-2003 du 20 octobre 2003 op. cit.

[665] Ibidem, Article 18.

[666] Ibidem.

[667] V. L'article 14 de la loi n°30-2003 du 20 octobre 2003 op. cit.

[668] Les crédits mis à la disposition de la collectivité locale par le budget doivent être gérés dans le temps conformément à la règle de l'annualité. Cette règle qui prévaut

qui a été retenu. Ce système institue une période d'exécution du budget normalement fixée à 12 mois et correspondant à l'année civile[669].

Toutefois, cette période peut être prolongée jusqu'au 31 janvier de l'année suivante pour les opérations et les écritures éventuelles de régularisation[670]. Afin de mieux cerner les exigences et les contraintes

---

aussi bien en prévision qu'en exécution, a une portée contraignante ; les crédits ne peuvent être utilisés que pour l'année pour laquelle ils ont été votés.
Néanmoins la gestion des crédits dans le temps se caractérise par une relative souplesse.
D'une part en effet le temps de l'exécution diffère dans ses modalités de celui de la prévision. D'autre part, et surtout, même ouvert pour une année, les crédits n'ont qu'une valeur précaire. En effet dès lors qu'ils s'analysent comme une simple autorisation juridique de dépenser et non comme un droit définitivement acquis par les collectivités, ils sont par conséquent toujours susceptibles d'être remis en cause. Dans cette optique, le temps de l'exécution sera différent de celui de la prévision. Dès lors, un choix devient nécessaire entre le système de l'exercice et le système de la gestion.
Dans le système de l'exercice, les opérations exécutées sont rattachées à la loi de Finances qui les a primitivement prévues et autorisées et ce quelle que soit la date de leur recouvrement ou décaissement effectif.
Dans le système de gestion, c'est l'inverse : le critère de rattachement des opérations est constitué par la date de leur encaissement ou décaissement effectif, indépendamment cette fois du fait générateur, c'est-à-dire de l'acte ou de l'évènement qui a donné naissance à une créance ou à une dette.
Face à ces deux systèmes, le législateur congolais a pris le parti d'une clarification et d'une simplification. Il a institué une comptabilité dite budgétaire, destinée à enregistrer et suivre l'exécution des opérations du budget, avec des règles de comptabilisation identiques pour les recettes et les dépenses. Dans cette optique, il a retenu le système de la gestion.
Concernant ses développements et dans le cadre d'une étude du droit comparé, l'on peut se référer à la doctrine notamment aux analyses pénétrantes de : MENASSEYRE (B) et HERNADEZ (J), « le jeu des acteurs dans l'élaboration du budget et son exécution », in R.F.F.P, n°26, 1989, P42 et MAGNET (J), « Eléments de comptabilité publique », LGDJ, coll. « systèmes », PARIS, 2001 p. 57

[669] Le système de gestion retenu pour le législateur congolais se présente ainsi :
- Les recettes sont prises en compte au titre du budget de l'année au cours de laquelle elles sont encaissées par le comptable public ;
- Les dépenses sont prises en compte au titre du budget au cours de laquelle elles sont payées par les comptables assignataires.

Pour une étude détaillée du système de gestion, V. BOUVIER (M), ESCLASSAN (M-C), LASSALE (J-P), « Finances publiques », op pp 348 - 352.

[670] Dans le système de gestion retenu par le législateur congolais, celui-ci précise que « seules les opérations et les écritures éventuelles de régularisation peuvent intervenir entre la date du 31 décembre et le 31 janvier de l'année suivante. A ce propos, V l'article 41 de la loi n°30-2003 du 20 octobre 2003 op cit.

budgétaires, le législateur congolais a introduit la séparation des ordonnateurs et les comptables dans l'exécution des budgets locaux[671]. Cela paraît paradoxal en matière de décentralisation, car elle fait travailler ensemble sur des questions sensibles[672] des élus et les agents de l'Etat.

S'agissant des élus locaux, seul le Président du Conseil est l'ordonnateur du budget de la collectivité locale[673]. Il prescrit l'exécution des recettes et des dépenses. Il peut se faire assister dans cette tâche par des délégataires[674].

Trois phases temporisent les opérations des dépenses de l'ordonnateur. Elles concernent : l'engagement, la liquidation et l'ordonnancement ou le mandatement.

L'engagement est l'acte par lequel une personne publique crée ou constate à son encontre une obligation de laquelle résultera une charge. Cet acte peut être spécifique (signature d'un contrat, d'un marché public) ou permanent (règlement mensuel des dépenses de personnel, paiement des annuités d'emprunt)[675].

L'engagement s'effectue en application des règles juridiques de commande publique (respect du code des marchés publics ou des règles de mise en concurrence et de transparence)[676].

La liquidation est la phase à laquelle l'ordonnateur vérifie la réalité de la dette et arrête le montant de la dépense au vu des titres établissant les droits des créanciers[677].

Deux phases composent la liquidation :

---

[671] V. les articles 44 et 45 de la loi n°30-2003 du 20 octobre 2003 op cit.

[672] Il s'agit notamment des Finances publiques.

[673] V. L'article 44 de la loi n°30-2003 du 20 octobre 2003 op. cit.

[674] Ibidem.

[675] V BOTTIN (M) « Introduction historique au droit budgétaire et à la comptabilité publique de la période classique » in « Histoire du droit des Finances publiques » Editions ECONOMICA Vol I, PARIS, 1987 P.70. Dans le même ouvrage, V MAGNET (J), « la comptabilité publique à l'âge classique » P.110 V ORSONI (G), « l'exécution de la loi de Finances », Editions ECONOMICA, PARIS, 1998, P.85 ; V. Aussi HARCOURT (C), « La réforme vue par un ordonnateur » R.F.F.P, n°76, 2001, p. 34 ; V. Egalement LASCOMBE (M), VANDENDRIESSCHE (X), « Chronique de comptabilité publique », Revue du Trésor n°8-9, 2001, P.42

[676] Ibidem.

[677] Ibidem.

- la vérification du service fait. Dans cette optique, l'ordonnateur vérifie la réalité de la dépense (si les travaux ont bien été exécutés, la commande livrée, le service effectué).
- la vérification des titres de paiement. Il s'agit ici de vérification comptable des factures (TVA, vérification du tiers et du compte bancaire) et des autres justifications produites (devis, marchés etc)

Enfin, quant à l'ordonnancement ou le mandatement, une fois les vérifications ci-dessus citées effectuées, l'ordonnateur signe un acte qui donne ordre de payer au comptable. Cet acte est appelé mandat. Il est accompagné des pièces justificatives (délibérations, factures etc.) afin que le comptable puisse à son tour vérifier la réalité de la dépense[678].

Par ailleurs, il paraît utile de signaler que dès lors qu'une créance publique locale existe, celle-ci doit être apurée par la procédure convenue : mise en recouvrement par l'ordonnateur et recouvrement par le comptable. Une collectivité locale ne peut pas renoncer à une recette[679]. Les ordres d'encaissements transmis par l'ordonnateur au comptable s'appellent les titres de recettes[680]. Ils concernent :

- les ressources domaniales (locations, droits de place) ;
- les amendes et condamnations pécuniaires ;
- les autres recettes non fiscales (recouvrement de prestations rendues, subventions)[681].

Une part très importante des ressources locales (les impôts et taxes) perçus par voie de rôle est à l'initiative de l'Etat qui en assure le recouvrement et le versement aux collectivités locales. Ainsi, l'Etat gère-t-il l'impôt local. Les collectivités sont libérées des tâches de gestion et de perception du produit fiscal qu'elles ont voté. Elles sont

---

678 Ibidem.

679 V. KLOPFER (M), « la gestion financière des collectivités locales », Editions le Moniteur, Paris, 1998, p. 310.

680 Dans le cadre d'une étude du droit comparé, l'on pourra se référer en France, au « Code général des collectivités territoriales », annoté, sous la direction de DOUENCE (JC), Ed DALLOZ, PARIS, 2002, p. 760.

681 Ibidem p. 761.

placées sous le régime de comptes d'avances qui leur permet de bénéficier d'une avance gratuite du produit voté des impôts locaux[682].

Si l'exécution des budgets locaux est l'œuvre des élus locaux, elle associe aussi les agents de l'Etat. Et ces agents, sont les comptables publics.

En effet, les comptables des collectivités locales appartiennent au réseau des comptables directs du trésor[683]. Ils sont nommés par le ministre chargé du budget[684].

Le comptable assure le paiement des dépenses. Mais avant d'apurer la dette, il doit vérifier :

- la régularité des mandats et titres ;
- la qualité de l'ordonnateur et destinataire de l'opération ;
- l'exacte imputation ;
- si le montant des crédits n'est pas dépassé ;
- si la trésorerie permet de payer ;
- si les pièces justificatives fournies sont régulières (factures contrats, délibérations etc)[685].

Le comptable public établit chaque année le compte de gestion de chaque collectivité locale dont il a en charge le contrôle de gestion. Ce compte retrace toutes les opérations, selon la nomenclature comptable de la collectivité[686]. Il est ensuite soumis à l'adoption de la collectivité gérée[687].

Le compte administratif doit être identique au compte de gestion[688]. Il regroupe l'ensemble des ordres de l'ordonnateur qui normalement (sauf irrégularité soulevée par le comptable ou erreur) ont été suivis par le comptable et reportés dans son compte de gestion[689].

---

682 Ibidem.
683 V. GAUDEMET (P-M), MOLINIER (J), « finances publiques. Politique financière. Budget - Trésor », op cit, pp. 372-373
684 V. l'article 45 de la loi n°30-2003 du 20 octobre 2003, op. cit.
685 V. PAUL (M), « Les finances de l'Etat », Ed ECONOMICA, PARIS, 1981 P.564.
686 V. l'article 55 de la loi n°30-2003 du 20 octobre 2003 op. cit.
687 Ibidem, article 56
688 Ibidem.
689 Ibidem, article 55.

Le comptable est responsable pécuniairement de la régularité des opérations sur sa facture personnelle.

En cas de paiement sans justificatif ou de dépassement de crédits, de recettes non encaissées à la date prévue, le comptable doit reverser sur sa fortune personnelle les sommes correspondantes au budget de la localité[690].

Le budget local est soumis au contrôle de régularité, de légalité et des comptes[691].

Au Congo, la loi n°8-2003 du 6 février 2003 portant loi organique relative à l'exercice de la tutelle sur les collectivités locales a substitué au contrôle de tutelle exercé a priori un contrôle a posteriori sur les actes des collectivités locales. En matière financière, sauf cas exceptionnels précisés par la loi[692], la règle est celle de l'absence d'autorisation préalable du représentant de l'Etat. Néanmoins la « libre administration » des collectivités locales demeure soumise à un contrôle. Bien qu'exercé a posteriori ; il peut entraîner l'annulation de certains actes ou leur mise en conformité avec la réglementation.

Ce mode de contrôle apparaît parfaitement conforme à la logique de la décentralisation. En effet, sans constituer un frein à la liberté d'action des collectivités locales, il satisfait malgré tout aux exigences qui sont celles d'un Etat de droit. Il s'agit d'une forme de contrôle de vérification qui, si elle peut parfois apparaître en contradiction avec les nécessités d'une gestion dynamique, se trouve en revanche conforme aux exigences d'une société démocratique.

Au Congo, le contrôle du budget local est superposé selon trois axes qu'il convient de séparer par souci de clarté[693]. Il s'agit du contrôle administratif, budgétaire et juridictionnel.

---

690 Ibidem, article 65.

691 Ibidem, article 51

692 V. PECHILLON (E), « les finances publiques en 100 fiches », op cit p. 252.

693 Le souci de clarté s'explique par le fait que le droit budgétaire a prévu qu'au Congo, les collectivités locales respectent un certain nombre de règles. Dans cette optique, le législateur a organisé des procédures de contrôle des budgets votés et exécutés. C'est ce qu'il convient de voir dans les références qui vont suivre.

Le contrôle administratif est interne. Il est exercé par le conseil de la collectivité locale dans les conditions définies par son règlement intérieur[694].

Concernant le contrôle budgétaire, lorsque le budget a été adopté par l'assemblée délibérante, il doit être transmis à la préfecture et publié afin d'être exécutoire[695]. En effet, le budget est acte administratif qui devient exécutoire de plein droit dès sa transmission au représentant de l'Etat sous réserve d'avoir été régulièrement publié[696].

Les services préfectoraux vont alors procéder, de manière systématique, au contrôle administratif du budget. L'obligation de transmission est en effet précisée par la loi[697] qui dresse la liste des actes les plus importants. Le budget étant nécessairement une délibération, il doit obligatoirement être transmis au représentant de l'Etat pour être exécutoire c'est-à-dire opposable aux tiers et applicables à l'administration. Ceci signifie que tous les documents budgétaires sont soumis à l'obligation de transmission. Il s'agit du budget primitif, des décisions modificatives ou budgets supplémentaires. De la même façon, les documents comptables, notamment le compte administratif dressé par l'ordonnateur, doivent également être transmis au préfet, ce qui permet d'en contrôler et de comparer les prévisions avec les réalisations budgétaires.

Le contrôle exercé par le préfet comporte aussi une phase contentieuse.

La phase contentieuse ou déféré préfectoral permet au préfet de demander au juge administratif d'annuler la délibération adoptant le budget[698].

Le délai de recours est de trente jours à compter de la transmission du budget en préfecture[699]. Et le juge administratif est tenu de rendre son délibéré sous huitaine[700].

---

[694] V. l'article 23 de la loi n°8-2003 du 6 février 2003, op. cit.
[695] V. L'article 34 de la loi n°30-2003 du 20 octobre 2003, op. cit.
[696] Ibidem, article 35.
[697] Ibidem, article 36.
[698] Ibidem, article 40.
[699] Ibidem.
[700] Ibidem

Si le contrôle budgétaire est un contrôle de légalité, il est aussi une procédure d'urgence dans laquelle le juge administratif propose des solutions aux collectivités locales rencontrant des difficultés dans le domaine budgétaire. Le titre III de la loi n°8-2003 du 6 février 2003 portant loi organique relative à l'exercice de la tutelle sur les collectivités locales a prévu quatre cas qui posent tous des questions de procédure. Ils concernent :

- le budget voté hors délai ;
- l'absence d'équilibre réel du budget ;
- le défaut d'inscription au budget d'une dépense obligatoire.
- l'apparition d'un déficit dans l'arrêt des comptes.

S'agissant du budget voté hors délai, si le budget n'a pas été voté dans les délais fixés par la loi ou si le conseil n'a pas adopté le budget pour un motif quelconque, le préfet fait constater ce manquement au conseil.

Dans ce cas, il met en recouvrement les recettes et engage les dépenses ordinaires dans les limites du budget de l'année précédente[701].

Si le budget n'est pas voté dans un délai de vingt jours, le préfet saisit la chambre départementale de la Cour des Comptes et de discipline budgétaire ou à défaut la Cour des comptes et de discipline budgétaire. La chambre ou la Cour formule alors dans le délai d'un mois, des propositions pour le règlement du budget. Le Préfet règle le budget et le rend exécutoire[702].

Enfin, lorsque le budget de la collectivité locale ne peut être voté dans les délais requis, en raison du retard d'information indispensables en provenance du représentant de l'Etat, le conseil bénéficie d'un délai supplémentaire d'un mois[703].

Une collectivité locale peut voter son budget primitif en déséquilibre. Dans ce cas, la procédure suit quelques étapes :

- le représentant de l'Etat saisit la chambre départementale des comptes ou à défaut la Cour des comptes dans un délai de trente jours. Celle-ci propose, à la collectivité locale, les solutions

---

[701] V. L'article 24 de la loi n°8-2003 du 6 février 2003, op cit

[702] Ibidem, article 24, al. 2.

[703] Ibidem, article 25.

nécessaires au rétablissement de l'équilibre et demande au conseil une nouvelle délibération[704].

- li l'organe délibérant ne s'est pas prononcé dans le délai prescrit ou n'a pas pris de mesures de redressement suffisantes, la chambre des comptes ou à défaut la Cour des comptes l'indique au préfet. Le budget sera réglé et rendu exécutoire par le représentant de l'Etat dans le département[705].

Le Préfet, le comptable public ou toute personne ayant intérêt peut saisir la chambre des comptes lorsqu'il y a défaut d'inscription au budget d'une dépense obligatoire.

En effet, si le budget n'a pas prévu une dépense obligatoire, il ne sera pas possible d'en ordonner le paiement, car aucune dépense ne peut être payée en l'absence de crédits disponibles. Dans ce cas, la chambre des comptes ou la Cour des comptes met la collectivité en demeure de l'inscrire au budget. Si la collectivité ne s'est pas conformée à l'avis de la juridiction compétence, celle-ci demande au préfet d'inscrire d'office la dépense au budget.

Le Préfet demeure libre de suivre ou non la demande de la juridiction. En cas de refus de sa part, il doit motiver sa décision de manière explicite[706].

Toutefois, il convient de signaler que si le Président du Conseil refuse de mandater la dépense, le Préfet lui adressera une mise en demeure ou se substituera à lui pour l'opération de mandatement[707].

Enfin, concernant les irrégularités constatées lors de l'adoption du budget local, si un compte administratif est déficitaire, dans la mesure où la loi sur la décentralisation a prévu des seuils au-delà desquels les déficits sont interdits[708], le préfet saisira la chambre des comptes qui proposera des mesures pour rétablir la situation. Ces mesures pourront intervenir dans le cadre du budget primitif ou supplémentaire de l'exercice suivant[709].

---

[704] Ibidem, article 26.
[705] Ibidem, article 26, al. 2.
[706] Ibidem, article 29
[707] Ibidem, article 29, al. 3.
[708] Ibidem, article 31.
[709] Ibidem.

Par ailleurs, dans certains cas le déficit des comptes ne sera pas possible en un seul exercice. Dans ce cas, la proposition formulée pour apurer le déficit pourra s'étaler sur plusieurs exercices[710].

La décentralisation n'est pas seulement un espace d'administration mais aussi de gestion avec des pôles multiples plus ou moins importants. Elle est devenue aussi un espace à risques qu'il est indispensable de contrôler. Et c'est dans cette perspective, que s'inscrit le contrôle de gestion.

Au Congo, le législateur soumet le contrôle de gestion en priorité le à la Cour des comptes et de discipline budgétaire[711]. Cette compétence est d'ordre public[712]. « Le compte saisit le juge », cette petite phrase résume bien de fonctionnement de la justice des comptes qui est systématique.

Dans cette optique, la Cour des comptes est de discipline budgétaire peut présenter a postériori des observations sur la gestion des collectivités locales sous la forme de « rapports d'observation ». Il s'agit d'un examen de la gestion de l'ordonnateur qui doit porter sur la régularité des opérations et sur l'économie des moyens mis en œuvre[713].

La Cour des comptes et de discipline budgétaire ne contrôle pas seulement le budget de l'ordonnateur local, elle juge aussi les comptes des comptables publics locaux[714].

Le jugement des comptes est la mission originelle de la Cour des comptes. Elle contrôle la régularité des opérations faites par les comptables publics dans leur ressort et vérifie que le comptable a bien exercé l'ensemble des contrôles qu'il est tenu d'effectuer[715].

Elle vérifie sur pièce et sur place la régularité des recettes et des dépenses décrites dans les comptabilités des collectivités locales. Elle s'assure de l'emploi régulier des crédits, fonds et valeurs[716].

---

710 Ibidem, article 31, al. 2.
711 Ibidem, article 33.
712 Selon l'expression de VEDEL (G), in Allocution d'ouverture du colloque sur « Les finances communales à l'heure de la décentralisation », PARIS, Sénat, 1985 dont les Actes ont été publiés dans la RFFP, n°13, 1986, P.32 et S.
713 V. l'article 34 de la loi n°8-2003 du 6 février 2003, op cit
714 Ibidem.
715 V. ALBERT (J-L) et SAÏDJ (L), « Finances publiques », op. cit, p. 430.
716 CARASSUS (D) et STECKEL (M-C), « Le développement du contrôle interne de gestion au travers des démarches locales de performance rend-t-il inutiles certains

Elle donne alors décharge au comptable public si les comptes sont réguliers, ou elle le met en débet (somme qu'il doit) si des recettes n'ont pas été recouvrées ou si des dépenses ont été irrégulièrement effectuées[717].

La Constitution de 2015 réaffirme non seulement la décentralisation de l'Etat, elle proclame aussi la laïcité de l'Etat.

PARAGRAPHE II

LA CONSTITUTION DE 2015 PROCLAME LA LAÏCITE DE L'ETAT

Née avec HOBBES[718] et LOCKE[719] dans l'Angleterre au XVIIe siècle, la laïcité, ce mot qui « sent la poudre »[720] a fait son apparition en France en 1871 dans le journal « la patrie »[721]. La laïcité implique une séparation de la société civile et de la société religieuse ; l'Etat n'exerçant aucun pouvoir religieux et la religion aucun pouvoir politique[722].

Le contexte dans lequel se forme la notion de laïcité pousse une partie de la doctrine à assimiler la laïcité à la sécularisation dans la mesure où, cette dernière désigne la conquête de l'autonomie du pouvoir politique ou de l'Etat par rapport au pouvoir de la religion[723].

En définitive, la sécularisation peut être interprétée comme un mouvement de recul de l'influence de la religion, un repli de la croyance menant pratiquement à l'effacement de la religion.

---

contrôles de l'Etat », in HASTINGS-MARCHANDIER (A) (dir) « la performance des contrôles de l'Etat sur les collectivités locales », LGDJ, PARIS, 2001, pp. 235 - 249

717 Ibidem.

718 V. Essentiellement, LEVIATHAN, SIREY, 1971

719 LOCKE (J), cité par DRUMOND (FSCM), in « Le droit et le fait religieux dans le système laïc », in « Droit et religion », Centre d'études du monde arabe, Université Saint Joseph, BEYOURTH, 2004, p. 1.

720 V. RIVERO (J), « La notion juridique de laïcité », Archives de philosophie du droit, 2004, p. 251.

721 V. WEIL (G), « L'histoire de l'idée laïque en France au XIXe siècle », Editions ALCAN, PARIS. 1925, p. 16.

722 Ibidem.

723 V. COQ (G), « Laïcité et République. Le bien nécessaire », Editions du FELIN, PARIS, 1999, p. 18.

Dans ce sens, il serait périlleux de définir la laïcité comme un simple recul de l'influence de la religion. L'idée de laïcité va au-delà du simple repli de la croyance. Dans cet ordre d'idées, la laïcité désignerait un processus au cours duquel l'humanité passe d'un stade où la société dans son ensemble reposait sur le sacré, où les dieux étaient le fondement de l'ordre social à un stade où la société a conquis son autonomie par rapport à la religion[724]. La laïcité serait alors une réalité humaine remise à la responsabilité des humains.

Dans la quête de définitions, il n'est pas possible d'éviter celles qui naissent du rapprochement entre laïcité et neutralité car, nombre d'auteurs considèrent que la notion de neutralité de l'Etat par rapport à la religion a le même contenu que le concept juridique de laïcité[725].

Pour ces auteurs, la notion de neutralité serait opérationnelle et plus précise que celle de laïcité. De ce point de vue, la neutralité religieuse de l'Etat implique la séparation de l'Etat et de la religion au sens d'une autonomie respective, le respect et par l'Etat d'une « parité » de traitement des religions[726]. Le terme « parité » est préféré par rapport à celui de « l'égalité » pour souligner le caractère précis de la notion de neutralité par rapport à la laïcité.

---

[724] E. POULAT, pour tout arranger, propose un troisième mot « nouvelle civilité ». A ce propos, V cet Auteur, in « Liberté, laïcité. La guerre des deux France et le principe de modernité », Editions du CERF, PARIS, 1988, p. 12.

[725] (8) Pour mieux distinguer la dimension philosophico-politique et la portée juridique de la notion de laïcité, il paraît possible d'identifier cette dernière avec un terme moins chargé. On peut considérer que la notion de « neutralité » de l'Etat par rapport à la religion a le même contenu que le concept juridique de laïcité, écrit Jean-Marie WOEHRLING. Sur ces affirmations, V. Cet Auteur in « Réflexions sur le principe de neutralité de l'Etat en matière religieuse et sa mise en œuvre en droit français », in Archives des sciences sociales et des religions, n°101, janvier 1998, pp. 31 - 32.

[726] Dans ce sens, l'on peut dans le commentaire de la Constitution française de 1958 publié sous la direction des professeurs François LUCHAIRE et GERARD CONAC, le professeur Jean Claude MAESTRE présente la signification de la notion de laïcité dans l'article 2 de la Constitution française sous trois aspects : l'effort de sécularisation du pouvoir politique, la liberté de conscience et de culte, la neutralité bienveillante de l'Etat. Sur ces propos, V. LUCHAIRE (F) et CONAC (G), « La Constitution de la République française », Editions ECONOMICA, PARIS, 1980, p. 76.

Et c'est certainement pour cela, que l'on préfère souvent traiter le concept juridique de laïcité au sens de principe de neutralité de l'Etat[727].

Au Congo, le constituant a choisi la notion de laïcité et, il la proclame dans son texte[728].

La laïcité proclamée au Congo dans la Constitution serait-elle l'ignorance ou la garantie ? Serait-elle l'indifférence ou la considération ? Se trouverait-elle sur la voie de l'apaisement ou sur celle de la rigidité ?

La laïcité de l'Etat à l'égard de la religion peut être comprise de deux manières distinctes.

- Une laïcité rigide. Dans ce sens, l'Etat ignore la religion dans la sphère publique. Il refuse d'avoir des relations institutionnelles avec les structures religieuses. Il ne leur apporte aucun appui matériel, financier ou juridique et ne leur crée aucune contrainte spécifique[729].
- Une laïcité diluée. Dans cette hypothèse l'Etat n'a aucun engagement religieux mais entend assurer effectivement la liberté religieuse en apportant un cadre adéquat aux activités religieuses. Il reconnaît l'utilité de ces dernières en leur fournissant certains soutiens[730].

Si la laïcité rigide est apparue en France comme une nécessité[731], cependant, elle n'a pas réussi à s'imposer au Congo comme régime constitutionnel[732]. Son opportunité est mise en question par des exemples tirés des religions[733]. Au Congo, la laïcité rigide serait une utopie, une illusion et, par conséquent une chimère.

---

[727] V. ROMAN (J), « La laïcité comme partage du monde commun » Revue vie sociale n°2. 2011, p. 131 V. Egalement KESSLER (D), « Laïcité, du combat au droit », in le débat, n°77, 1993, P.35

[728] V. L'article premier de la Constitution de 25 octobre 2015, op. cit.

[729] V. TROTABAS (JB), « La notion de laïcité dans le droit de l'église catholique et de l'Etat républicain », LGDJ, Paris, 1961, pp. 13 - 14.

[730] V. RIVERO (J), « La notion juridique de laïcité », D. 1949, p. 137 et S.

[731] V. DRUMOND (FCSM), « Le droit et le fait religieux dans un système laïc », in droit et religion, op. cit. pp. 6 - 7.

[732] V. DZOUMA-NGUELET (H-M), « Constitution et religion en Afrique » Nouvelles Annales Africaines, 2013, p. 124.

[733] Le pluralisme religieux n'est pas un problème pour la Constitution en Afrique.

Mais la laïcité peut être interprétée dans un sens positif qui justifie l'intervention de l'Etat en matière cultuelle en vue de favoriser l'exercice de la liberté religieuse et, par suite, créer des conditions favorables à la pratique culturelle. L'on pourrait dans ce cas, parler de laïcité diluée.

Une analyse sérieuse du constituant africain révèle que cette forme de laïcité pourrait être source d'imagination concernant les relations entre Etat et religion, parce qu'elle serait proche de la réalité.

Et c'est certainement pour cette raison que le constituant congolais l'a retenue. Ainsi, il devient utile de l'analyser.

A. Une laïcité diluée

Le Congo a apporté des nuances et des atténuations au principe de laïcité, et, de multiples formes de collaboration se sont mises en place. La collaboration est officieuse, là où se pencherait pour la séparation. Elle est officielle dans d'autres cas.

S'agissant de la collaboration officieuse, la règle générale est de donner satisfaction aux demandes d'origine religieuse, non pas comme une inflexion à la doctrine de laïcité, mais tout simplement par respect de la liberté religieuse inscrite dans la Constitution[734].

Cette prise en charge est demeurée discrète. Elle ne repose sur aucune base légale ou règlementaire, ce qui lui donne l'avantage de confidentialité et de souplesse, car « pour mieux vivre vivons cachés ». Cette tendance se manifeste dans le statut des aumôneries dans les casernes, les hôpitaux et les établissements d'enseignement[735].

Une certaine reconnaissance de la hiérarchie religieuse et des titres religieux par le pouvoir existe en fait[736]. L'on sait qu'avant de

[734] V. RICCI (J-CL), « Religion et droit constitutionnel », in « Religion et droit », op cit, p. 64.
[735] V. NTAMBUE TSIMBULU, « Religion et laïcité en Afrique ; sphère d'humanisation », Social Compass, vol. 47 n°3, 2000, p. 329 - 341
[736] Ibidem.

nommer un évêque, le Saint-Siège consulte souvent à titre officieux les autorités de l'Etat[737].

Quand la collaboration est officielle, la Constitution va plus loin dans la prise en charge de la religion.

Il en est ainsi des Constitutions qui fixent le texte du serment prêté par le Président de la République après son élection[738]. La plupart des Constitutions placent cet engagement sous l'invocation divine[739].

Toutefois, il convient de signaler que telles dispositions n'existent pas dans la Constitution congolaise.

Dans le cadre de la laïcité diluée, la Constitution congolaise accorde une place à la religion dans la vie publique. A cet effet, elle proclame avec beaucoup de force et de précision des droits fondamentaux[740]. Ainsi, la liberté de croyance et de conscience est inviolable[741]. Le droit de fonder les écoles est reconnu[742]. Une certaine collaboration directe et permanente de l'Etat avec la religion s'est instaurée avec la réalisation des émissions religieuses sur les chaînes de la télévision nationale[743]. Dans ce cas, les frais de réalisation sont pris en charge par l'Etat à la limite d'un plafond fixé par les dispositions du cahier des charges[744].

Enfin, dans le cadre de laïcité diluée, le Congo reconnaît les fêtes religieuses[745].

---

[737] V. NADINE BEDARD-SAINT-PIERRE, « Les prélats africains et les tentatives de démocratisation du débat de la décennie 1990 », Social Compass, vol.53, n°4, 2006, pp.467 - 478.

[738] V. MARTIN (ML) et CABANIS (A), « Le nouvel enjeu religieux dans la Constitution de l'Afrique francophone », Revue Droit sénégalais, n°8, novembre 2009, p. 153.

[739] Ibidem

[740] V. l'article 24, all de la Constitution de 2015.

[741] Ibidem

[742] Dans une conception plus large, l'on peut se référer à la l'article 24 de la Constitution de 2015, op. cit.

[743] Dans la perspective d'une étude du droit comparé, l'on pourra se référer à GAUDEMET (B), in « Le régime de l'information religieuse en droit français », in l'année canonique, n°41, 1999, P.116

[744] Ibidem p. 119.

[745] Dans le cadre d'une étude du droit comparé, l'on pourra citer RICCI (J. CL), in « Religion et droit constitutionnel », op cit, P69.

Dans un Etat, la Constitution est l'acte le plus élevé des actes normatifs. Pour ce faire, elle comporte un degré de généralité et de compréhension qui est le plus vaste dans l'ordre interne de l'Etat[746]. A ce niveau de législation, la Constitution congolaise a toutes les chances de rencontrer la religion. Dès lors, comment prend-t-elle en charge la religion ?

B. La prise en charge de la religion par la Constitution

La Constitution et la religion sont au cœur des défis de notre temps. Nous vivons dans un monde hanté par le risque de voir la religion nier la Constitution, et surtout celui de voir les nouvelles formes d'intégrisme dominer le débat au Congo, au point de vouloir faire des préceptes religieux la règle de droit s'imposant à tous.

C'est pourquoi, il est nécessaire de voir comment la Constitution Congolaise appréhende le fait religieux pour le reconnaître, afin de mieux l'encadrer et rendre compatibles les libertés fondamentales avec les divers préceptes ou interdits traditionnels[747].

Dans l'ensemble, les relations entre la Constitution et la religion sont bien assumées au Congo. En témoigne la prise en charge de la religion par la Constitution dans l'espace public et la garantie qu'elle accorde à la liberté de religion.

S'agissant de la prise en charge de la religion par la Constitution dans l'espace public, elle concerne l'interdiction des différences et la place accordée aux communautés religieuses dans l'éducation.

A propos de l'interdiction des différences, le Congo interdit tout attitude nuisible à la religion. A cet effet, la Constitution interdit aux partis politiques de s'identifier à la religion et, en même temps, elle prohibe les différences de traitement liées à la religion.

Concernant les partis politiques, c'est très logiquement qu'ils se voient interdire de récupérer à leur profit les valeurs religieuses, a fortiori de prétendre s'en attribuer le monopole de la défense.

[746] V. GLELE (M.A), in « Encyclopédie juridique de l'Afrique. Tome I : l'Etat et le droit. Chapitre premier : « Constitution ou loi fondamentale », P. 22.

[747] A ce propos, l'on peut citer l'article 24 de la Constitution de 2015, notamment les alinéas 2 et 3.

L'expression la plus fréquente est celle qui prohibe purement et simplement les partis religieux ou confessionnels[748].

Les dispositions constitutionnelles qui interdisent les différences au niveau des partis politiques expriment clairement le problème auquel les dirigeants congolais sont confrontés. Il faut instituer la démocratie. Pour cela, il faut donc éviter la formation des groupes dont l'action pourrait la mettre en cause.

Un parti politique peut militer en faveur d'un changement de législation ou des structures constitutionnelles de l'Etat. Mais le changement proposé doit être compatible avec les principes démocratiques[749]. C'est pourquoi, les rapports entre la démocratie et la religion se posent avec une acuité particulière au Congo.

En effet, un système même supposé « multi-juridique » fondé sur une religion ne saurait être compatible avec la « société démocratique »[750]. Deux raisons expliquent cela : d'une part, il supprime le rôle de l'Etat en tant que garant des droits et libertés individuels et organisateur impartial de l'exercice des diverses convictions. Dans cette hypothèse, l'individu obéira non pas aux règles établies par l'Etat dans l'accomplissement de ses fonctions, mais aux règles statiques de droit imposées par la religion concernée[751]. D'autre part, ce système enfreindrait indéniablement le principe de non-discrimination des individus dans leur jouissance des libertés publiques[752].

Au Congo, la Constitution interdit aussi les différences de traitement liées à la religion[753]. Quand la Constitution interdit les différences de traitement liées à la religion au Congo, cela signifie que l'Etat assure l'égalité des membres de la communauté nationale devant la loi. Dans ces conditions, nul ne doit être pénalisé en raison de ses convictions.

---

748 V. l'article 58, al4 de la Constitution de 2015, op. cit.

749 V. KABOCLU (I.O), « Liberté religieuse et principe démocratique », in « Constitution et religion », op. cit, p. 4.

750 Ibidem.

751 V. L'arrêt de la Cour Européenne des droits de l'homme. Affaire REFAH PARTISI (Parti de la prospérité) et autres C. Turquie, 31 juillet 2001, cité par KABOCLU (I.O), in « Liberté religieuse et principe démocratique », op. cit, p.30

752 Ibidem.

753 V. L'article 15 de la Constitution de 2015, op. cit.

Il y a là une garantie importante de la liberté.

En effet, il ne servirait pas à grand-chose de proclamer que les opinions religieuses sont libres, si telles ou telles opinions étaient à la base d'un régime constitutionnel, pénalisant les autres. Ce qui fait dire à LOUIS NAUROIS que « la règle existe, même non formulée explicitement, depuis longtemps »[754].

Cette règle n'est que l'un des aspects du principe de laïcité de l'Etat et aussi du principe des citoyens devant la loi[755].

Outre l'interdiction des différences dans l'espace public, la Constitution accorde une place aux communautés religieuses dans l'éducation.

A propos de la place des communautés religieuses dans l'éducation, l'on peut affirmer que l'école « se pense comme un espace où l'on s'instruit des raisons, des choses et des pensées, pour pouvoir un jour trouver en soi la force de se conduire et de se passer de maître[756]. Cela signifie qu'on ne va pas à l'école comme on va à la « mairie » ou à la « perception ». L'élève est inclus dans l'espace scolaire. Il ne se met pas derrière un guichet, parce que la définition de sa personne même est engagée dans la fréquentation de l'école[757].

En accueillant les enfants, l'école n'a pas accueilli la religion. Mais cela ne signifie nullement que l'école s'interdit de parler de religion car l'instruction religieuse constitue l'un des fondements de la liberté religieuse. Il en résulte que les Etats peuvent fonder les écoles privées.

Dans cette perspective, la Constitution congolaise reconnaît la possibilité d'un enseignement privé[758].

---

[754] V. NAUROIS (L), « Aux confins du droit privé et du droit public. La liberté religieuse », Revue trimestrielle de droit civil, 1962, p. 245.
[755] Ibidem.
[756] V. KINTZELER (C), « Question de laïcité », in l'Ane, le Magazine Freudien, n°41, janvier -mars 1990, p.10
[757] Ibidem.
[758] V. Les articles 28, al1 et 29 de la Constitution de 2015, op. cit.

L'école privée peut être affiliée à une religion. Mais il n'existe pas de régime juridique différent des écoles selon qu'elles sont dirigées par des personnes ou organismes[759].

La liberté d'enseignement n'a pas un caractère absolu. A cet effet, la Constitution indique qu'elle doit souscrire aux règles posées par la loi[760]. Ainsi, des mesures de contrôle de l'Etat sont prévues. Elles visent la création et les activités des écoles privées[761]. En général, l'autorisation d'un organe de l'Etat est exigée pour qu'un établissement puisse être crée et, les autorités publiques ont le droit de demander des rapports et des renseignements sur le fonctionnement de l'école[762].

Toutefois les prérogatives de contrôle ne devraient pas être trop poussées, sinon elles auraient pour effet de vider de son sens le statut privé de l'école et son caractère spécifique[763].

Comme on le constate au Congo, la Constitution reconnaît la place des communautés religieuses dans l'éducation, tout comme elle garantit sans difficulté majeure, la liberté de religion.

Sur ce point, la liberté de religion signifie que « toute personne a droit à la liberté de penser, de conscience et de religion ; ce droit implique la liberté de changer de religion ou de conviction ainsi que la liberté de manifester la religion ou sa conviction, seul ou en commun,

---

[759] Dans le cadre d'une étude du droit comparé, l'on peut citer GARLICKI (L), « Les aspects collectifs de la liberté de religion », Annuaire international de justice constitutionnelle, 2000, p. 419.

[760] A ce propos, dans le cadre d'une étude du droit comparé, l'on peut citer l'article 7, alinéa 4 de la Constitution allemande de WEIMAR de 1919, retranscrit dans la loi fondamentale de 1949.

[761] A ce propos, dans le cadre d'une étude du droit comparé, l'on peut citer l'article 7, alinéa 4 de la Constitution allemande de WEIMAR de 1919, retranscrit dans la loi fondamentale de 1949.

[762] Ceci résulte de la conviction selon laquelle les établissements accomplissent une mission publique importante. Ces établissements, dans leurs activités rejoignent directement l'intérêt général.

C'est qui ressort du « Rapport espagnol sur l'aspect collectif des libertés de religion », présenté lors de XIe conférence des Cours constitutionnelles européennes à VARSOVIE en mai 1999, in Annuaire internationale de justice constitutionnelle, op. cit p.106.

[763] Ibidem, p. 110.

tant en public qu'en privé par l'enseignement, les pratiques, le culte et l'accomplissement des rites »[764].

Au Congo, les dispositions constitutionnelles consacrant la liberté religieuse respectent une graduation implicite. Elles commencent par reconnaître la liberté de conscience et finissent par affirmer la liberté de culte, cette dernière étant à peu près toujours affectée d'une formule précautionneuse indiquant qu'elle ne saurait s'exercer que dans le cadre des limites fixées par la loi[765].

La réforme des institutions entreprise par le Président Denis SASSOU-N'GUESSO s'inscrit pleinement dans le contexte international de la gestion publique. Elle se singularise des réformes menées dans d'autres Etats, parce que là où l'ensemble de ces Etats a procédé aux réformes par étapes successives, le Président Denis SASSOU-N'GUESSO a opté pour une réforme d'ensemble marquée par l'introduction d'une démarche de performance. Pour y arriver, il encadre l'Economie par le droit.

Il s'agit de faire en sorte que le Congo à l'échelle mondiale, adopte un langage économique, commun, des règles de développement partagées et un minimum de standards de gestion.

Pour mieux cerner cette démarche, il convient d'observer au Congo, l'encadrement du développement lorsque celui-ci est dicté par la quête de la performance et du développement de l'Economie (chapitre II)

---

[764] Dans le cadre d'une étude du droit comparé, l'on pourra citer les arrêts du conseil constitutionnel français de 1977 et 1985 rendus dans le même esprit, in « Le rapport français sur les aspects collectifs des libertés de religion, présentés lors de la XIe conférence des Cours Constitutionnelles européennes à VARSOVIE en mai 1999 », op. cit, pp 56-60

[765] V. Les articles 24 et 25 de la Constitution du 25 octobre 2015, op cit.

CHAPITRE II

UN ENCADREMENT DICTE PAR LA QUETE DE LA PERFORMANCE ET DU DEVELOPPEMENT DE L'ECONOMIE.

Les bouleversements entrainés par les deux guerres mondiales devaient radicalement transformer le cadre du développement des Etats. A cet effet, l'Etat fit un retour en force sur la scène économique largement encouragé par la doctrine de LORD KEYNES.

De nos jours, la tendance s'est inversée au profit du libéralisme mais avec le maintien d'un fort interventionnisme étatique. Le droit ne cesse ainsi d'être travaillé par les forces contraires que sont le libéralisme et le protectionnisme qui se manifestent par le rôle plus étendu dévolu aux Etats. C'est dire que le droit se trouve dans une situation d'équilibre instable. Cela ne saurait surprendre au regard de la profonde complexité que pose désormais le développement des Etats.

L'on s'est souvent demandé si le droit est une discipline de caractère réductible ou de caractère irréductible. Plus précisément, c'est tout le problème des rapports entre le développement et le droit qui se trouve ainsi posé : celui-là absorbe-t-il celui-ci ou celui-ci se résolve-t-il dans celui-là ? Ainsi formulée, la question n'appelle qu'une réponse dénuée de toute ambiguïté. Le développement et le droit reposent sur l'idée que l'enrichissement de l'Etat est une fin légitime, et que cet enrichissement rend nécessaire l'établissement des relations entre le développement et le droit.

Les relations entre le développement et le droit sont un fait. Elles s'imposent à l'ensemble des Etats. Le droit encadre ainsi le développement. Sans doute, cet encadrement varie-t-il d'Etat à Etat. Il dépend du degré d'ouverture ou de fermeture d'un et de l'autre. C'est ainsi que l'on a pu mesurer qu'au Congo, l'encadrement du développement est d'une part, dicté par la quête de la performance (Section I) et d'autre part, par l'encadrement de l'économie par le droit (Section II).

SECTION I

L'ENCADREMENT DICTE PAR LA QUETE DE LA PERFORMANCE : L'INSERTION DANS LE DROIT DES TECHNIQUES D'UNE ARCHITECTURE FINANCIERE NOUVELLE

Longtemps considérées comme secondaires dans l'économie nationale, les finances publiques jouent de nos jours un rôle considérable. Cette part est encore importante dans les pays en voie de développement où elles entrent pour plus de la moitié dans le fonctionnement de l'économie nationale[766]. C'est en effet l'Etat qui a reçu la mission « sacrée » d'assurer le décollage économique de ces nouveaux Etats qui venaient, pour ainsi dire, d'accéder à la souveraineté internationale au début des années 1960, l'initiative privée s'étant révélée à l'époque, soit totalement inexistante, soit encore très faible et par la suite inapte pour prendre en charge une telle mission. Ce constat qui s'imposait déjà avec évidence à cette période, s'est encore vérifié dans toute sa splendeur à partir 1990 au cours de laquelle il est apparu plus qu'urgent de tirer les conséquences de la gestion chaotique des entreprises publiques nationales (sociétés d'Etat, sociétés d'économie mixte, établissements publics industriels et commerciaux)[767].

L'on mesure l'importance de la masse financière en jeu et son incidence sur l'économie nationale. Cela va susciter quelque curiosité, tout à fait saine, de voir de plus près comment les biens et les richesses sont gérés. Ce n'est là qu'une conséquence du discours à la mode sur la démocratie et la bonne gouvernance abondamment développé sur le Continent africain.

C'est dire que si l'influence des mouvements d'idées sur les finances publiques apparaît au premier abord secondaire ou mineur tant les théories semblaient souvent éloignées de la réalité, de telles conclusions sont aujourd'hui démenties par les faits. Les historiens le savent bien : l'histoire des évènements, pour devenir intelligibles, fait nécessairement appel à celle des faits sociaux et des mentalités[768]. Toute politique s'inscrit dans une culture, et les finances publiques ne

---

766 V. YONABA (S), « Les Finances de l'Etat burkinabé », Collection précis de droit burkinabé, OUAGADOUGOU, 2006, P.17.

767 Ibidem.

768 V. BOUVIER (M), ESCLASSAN (MC), LASSALE (J-P), « Finances publiques », LGDJ, 6e éd. Paris, 2002, P157.

sauraient échapper à ce processus complexe qui, à une époque donnée, conjugue le besoin de comprendre et d'expliquer avec le souci d'agir[769].

En Afrique francophone et, notamment au Congo, en permanence, les principes budgétaires classiques ont subi des aménagements afin de s'adapter aux exigences de l'action étatique[770]. Actuellement, la logique managériale tend à renforcer la dimension pluriannuelle de la prévision financière, ce qui explique la généralisation d'instruments dont les programmes[771] comportant cette dimension.

Ainsi, les innovations techniques ont nécessité une adaptation du cadre juridique. Aujourd'hui la comptabilité publique permet de mieux définir les normes budgétaires, y compris les principes fondamentaux, tel est le cas particulièrement de l'annualité[772]. Actuellement, si l'on peut retrouver encore une telle influence des normes comptables, c'est surtout au sein même du droit budgétaire que se constatent les effets de l'innovation avec les éléments qui assortissent les unités que représentent les programmes, accompagnés de la détermination d'objectifs et d'indicateurs de résultat[773]. Ces instruments se rattachent directement à la nouvelle logique managériale qui affecte l'ensemble des politiques publiques sur la base desquelles la loi organique relative aux lois de finances au Congo a construit les missions de la loi de finances. Outre cet apport essentiel, il faut également souligner la nouvelle orientation des normes procédurales des lois budgétaires[774].

A ce propos, en 2006, plus de deux tiers des pays membres de l'OCDE avaient adopté des techniques destinées à mesurer la

---

769 Ibidem.

770 L'on peut citer en guise d'exemple la loi n°20-2012 du 3 septembre 2012 portant loi organique relative au régime financier de l'Etat congolais, op.cit

771 V. ADAM (F), RIOUX (R), Finances publiques », Presses de sciences po. Paris, 2010, P.35

772 V. PECHILLON (E), « Les Finances publiques en 100 fiches », Ed ELLIPSES, Paris 2011, p.56

773 V. DESMOULIN (G), « La loi organique relative aux lois de Finances ou le renouveau de la règle des quatre temps alternés », Revue Trésor, 2004, p. 503.

774 V. BIED - CHARRETON (H), « La démarche de la performance publique dans le cadre des lois de Finances », in Notes Bleues de BERCY, n°305, Mars 2006, p. 16.

performance des politiques publiques, la Nouvelle-Zélande et l'Australie ayant joué le rôle pilote dès les années quatre-vingt[775].

Au Congo, les instruments accompagnant la démarche de la performance revêtent aussi une dimension démocratique. Dans cette perspective, s'inspirant du législateur financier, le Président Denis SASSOU-N'GUESSO a entrepris des réformes relatives à l'autorisation budgétaire tout en consacrant une gestion publique performante.

PARAGRAPHE I

LES REFORMES RELATIVES A L'AUTORISATION BUDGETAIRE

L'essentiel de la première session du Parlement qui s'ouvre le 15 octobre et se termine le 23 décembre[776] est consacré à la discussion du projet de loi de finances. Le débat budgétaire est donc un des temps forts de la vie parlementaire[777].

Si cela est vrai en occident, l'est-il réellement en Afrique et, notamment au Congo ? Le débat budgétaire dans ce pays offre-t-il au Parlement des possibilités d'action efficace ? Comment permettre au Parlement d'exercer vraiment son pouvoir d'autorisation et de contrôle ? Comment offrir à l'opinion un visage du Parlement autre que celui d'une « chambre d'enregistrement »[778] ? Que faire pour que les fonctionnaires, les ouvriers licenciés, les étudiants et les citoyens mécontents n'adressent plus leurs revendications directement au Gouvernement en employant les moyens qu'ils jugent aptes à faire fléchir l'Exécutif ? Que faire pour que le Parlement soit désormais le

---

775 V. GUILLAUME (H), DUREAU (G) et SILVER (F), « L'Etat et la performance », Presses nationales de la FNSP, Paris, 2006, p. 52.

776 V CAMBY (JP), « La place des finances publiques dans les préoccupations parlementaires », RFFP n°87, septembre 2004, p.42

777 Ibidem

778 V. DZOUMA - NGUELET (HM), « La décision budgétaire dans les Etats francophones d'Afrique op. cit. p. 28.

Dans le cadre d'une étude du droit comparé l'on pourra se référer à : MITTERAND (F), « Le coup d'Etat permanent », Editions Plon, Coll. les débats de notre temps, Paris, 1964, p.136, V Egalement BOUDON (J), « La crise identitaire du Parlement Français », RDP, 1992, p.132, V. Enfin HERTZOG (R), « Les pouvoirs financiers du parlement », RDP n°1/2, 2002, p. 301.

relais des revendications sociales pour l'expression des besoins individuels ou collectifs ?

Ces interrogations illustrent bien la perte de puissance du Parlement face à l'Exécutif. Cela est d'autant plus vrai que le Professeur ROBERT HERTZOG écrit : « ni MONTESQUIEU, ni le BARON LOUIS, ni GASTON JEZE ne suffisent plus à nous éclairer ou nous inspirer. Il faut repenser le sujet »[779].

Dans la quête de solution, au Congo, le Président Denis SASSOU-N'GUESSO applique le droit financier, à l'origine d'une autorisation éclairée et d'un contrôle stimulé.

A. Une autorisation éclairée

La présentation du budget en Afrique francophone est demeurée pendant longtemps archaïque[780]. Et même si elle permet à l'Etat de faire fonctionner les organes administratifs, cependant, celle-ci ne se soucie pas de résultats de son activité. Pourtant l'architecture de la loi de finances devrait être, bien plus qu'aujourd'hui un élément fondamental des choix budgétaires puisqu'elle fixerait le cadre des actions publiques de l'année à venir. Malheureusement, l'adaptation de la loi dc finances relève encore davantage de la ratification que de l'autorisation législative.

Pour corriger cet état de fait, en Afrique centrale les rédacteurs de la directive CEMAC[781] ont restauré l'importance du vote parlementaire sur la loi de Finances.

S'agissant de la réception de cette directive dans le droit financier congolais, l'on remarque qu'il ne s'agit pas seulement d'une

---

[779] V. HERTZOG (R), « Les pouvoirs financiers du parlement », op cit, p. 302.

[780] Il s'agit de budget de moyens qui s'efforce de mesurer les moyens nécessaires à l'accomplissement des tâches administratives de l'Etat. Et cela est d'autant vrai que JACQUES LAUZE écrit : « Le budget de moyens suscite des modes d'arbitrage dans lesquels la qualité des dépenses publiques est perdue de vue. A tous les stades, l'analyse budgétaire est myope. Elle se concentre sur les moyens financiers des services responsables, mais les résultats attendus et constatés sont mal appréhendés ». Sur ces propos, V. Cet auteur, in « Les grands principes du droit budgétaire d'une loi organique à l'autre » RDP n°6, 2001, p.1727.

[781] Il s'agit de la directive n°01/11-UEAC-190-CM-22 du 19 décembre 2011 relative aux lois de Finances au sein de la communauté économique et monétaire de l'Afrique Centrale (CEMAC).

adaptation du droit congolais, mais plus largement d'un contrat social pour les finances publiques[782]. En effet, dans l'application de la directive CEMAC, le droit financier congolais a renforcé le pouvoir financier du Parlement. Désormais, le Parlement doit être en mesure de se prononcer sur les données budgétaires du projet de loi de Finances en toute connaissance de cause. C'est dans ce but qu'en suivant la directive CEMAC, le droit financier congolais associe le Parlement à la définition des options budgétaires (c'est le débat d'orientation budgétaire)[783] consacre un nouveau principe de sincérité budgétaire[784]. Et afin de corriger ou d'infléchir les choix du Gouvernement, le droit financier congolais restaure le droit d'amendement pour les parlementaires[785].

S'agissant du débat d'orientation budgétaire, il s'agit d'une procédure inhabituelle. Le débat d'orientation budgétaire a une fonction préventive afin d'éviter la remise en cause de l'architecture des programmes retenus par le Gouvernement au moment du débat budgétaire. Pour cette raison, le Gouvernement transmet également en vue du débat d'orientation, un rapport présentant la nomenclature des missions et des programmes, ainsi que les objectifs et les indicateurs de performances, dont il est possible de discuter l'utilité[786].

Si en France, la mise en œuvre de la LOLF a donné lieu à des consultations régulières du Parlement, en pratique des commissions des Finances, l'associant aux travaux du Gouvernement et de la Cour des comptes[787], par ailleurs quelques expériences étrangères montrent la démarche d'association du Parlement à la préparation proprement dite

---

782 V. DZOUMA - NGUELET (H-M), « La réception de la directive CEMAC dans le droit financier congolais » Annales de l'Université Marien NGOUABI, 2013, sciences juridiques et politiques, p. 35.

783 L'on pourra citer l'article 11 de la loi organique n°36-2017 du 3 octobre 2017 relative aux lois de finances.

784 V. Notamment, l'article 86 de la loi organique n°36-2017 du 3 octobre 2017, op. cit. En effet, l'article 86 porte essentiellement sur les missions de la Cour des comptes qui doit désormais certifier la sincérité du compté général de l'Etat.

785 V. L'article 67, al. 2 de la loi organique n°36-2017 du 3 octobre 2017 relative aux lois de finances, op, cit. », op cit, p.302.

786 A ce propos, V Les articles 55 et 56 de la loi organique n°36-2017 du 30 octobre 2017 relative aux lois de Finances, op. cit.

787 V. WENDLING (CL) et MAGNE (S), « Un premier bilan de la préparation et l'exécution de la loi de Finances sous le régime de la LOLF du 1er août 2001 », RFFP n°96-2006, p. 181.

du budget[788]. Parmi les quelques exemples remarqués, figurent le Canada et la Suède[789]. De manière générale, ces procédures sont présentées comme les moyens d'introduire une note démocratique, en prenant en compte des démarches de l'opinion dans un processus qui reste largement de nature technocratique.

Concernant le Canada, une appréciation réservée à cette procédure a mis en avant la finalité de soutien à la politique gouvernementale, que d'une introduction reflétant des vœux de l'opinion politique[790].

Bien que limitée à la détermination des grands équilibres macroéconomiques, la pratique suédoise semble la seule qui réserve une influence réelle au Parlement à ce stade préalable[791].

Au Congo, si importantes que soient les Commissions des Finances, il n'en reste pas moins que les pouvoirs budgétaires du Parlement, déjà encadrés et limités en pratique, souffrent jusqu'à présent d'une double insuffisance. D'une part, le rôle du Parlement dans la définition des grandes orientations de la politique budgétaire est inexistant car tout paraît commencer et s'achever avec la discussion budgétaire. D'autre part, aucune instance n'existe au sein du Parlement ou auprès de lui pour faciliter une réflexion sur les incidents des choix budgétaires.

Afin de pallier ces lacunes, le droit financier congolais a institué un débat d'orientation budgétaire[792].

Enfin, l'histoire a montré à plusieurs reprises que les finances publiques pouvaient jouer un rôle majeur dans le déclenchement des transformations en profondeur, voire même des révolutions qu'ont pu

---

788 V. KRISTENSEN (JK), GROSZYK (WS) et BÜHLER (B), « L'élaboration et la gestion des budgets centrés sur les résultats », Revue de l'OCDE sur la gestion budgétaire, vol.1, n°4, Paris 2002, pp. 7 - 37.

789 V. BRAUN (G), « Rapport sur une étude comparative portant sur la réforme de l'Etat à l'étranger », Ris, n°348, 31 mai 2001, p. 10.

790 Concernant le Canada et la Nouvelle Zélande, V. BRAUN (G), « Rapport sur une étude comparative portant sur la réforme de l'Etat à l'étranger, op cit, p. 16.

791 Concernant spécifiquement sur la Suède, V. BRAUN (G), « Rapport sur une étude comparative portant sur la réforme de l'Etat à l'étranger », op. cit p. 12.

792 L'on pourra à ce propos se référer à l'article 11 de la loi organique n°36-2017 du 30 octobre 2017, op. cit.

connaître les sociétés[793]. C'est dans ces moments-là qu'il apparaît de la manière la plus évidente que les Finances publiques représentent non seulement un facteur de changement mais également une grille de lecture de première finalité de ces changements.

La réforme des Finances publiques instituée par le droit financier congolais apparaît comme une réforme de l'Etat[794]. De ce point de vue, il est fondamental dans le cadre de la démocratie de faire en sorte que la réforme n'échappe pas à la décision et à l'appréciation des politiques. L'implication des parlementaires est essentielle surtout en période de renouveau démocratique comme c'est le cas aujourd'hui en Afrique. Leurs choix ou leurs non-choix vont peser très lourd et pour les années, car en matière de Finances publiques, les décisions sont d'abord politiques avant de revêtir un aspect technique. Dans ces conditions, et chacun ici en conviendra, il faudrait associer le Parlement à la définition des options budgétaires. Associer le Parlement à la définition des options budgétaires, c'est aussi d'une certaine façon tenter de prévenir ou de désamorcer à l'avance une contestation qui pourrait se manifester lors de la discussion budgétaire.

Mais il convient de souligner, qu'il ne s'agit pas d'instituer une participation directe du Parlement au processus d'élaboration du budget.

La préparation du projet de loi de Finances reste du ressort du Gouvernement[795].

Il s'agit plutôt d'organiser une sorte de consultation du Parlement[796] et de lui permettre d'indiquer ses préférences ou ses réticences.

Il importe d'indiquer que dans le cadre du droit financier congolais, le débat d'orientation budgétaire porte sur une série de documents qui dépassent le simple cas de généralités[797].

---

793 V. DEBASSCH (CH), « Finances publiques et droit administratif », Mélanges TROTABAS 1967, p. 113.

794 V. DZOUMA – NGUELET (H-M), « La réception de la directive CEMAC dans le droit financier congolais », op cit, p.36

795 V. DUPRAT (JP), « Finances publiques », in « Traité international de droit constitutionnel. Suprématie de la Constitution », op. cit, pp.421 - 422.

796 Ibidem, p. 412.

797 V. L'article 55 de la loi organique n°36-2017 du 3 octobre 2017 relative aux lois de Finances, op. cit.

Ainsi, chaque année, avant le 1er août, le Gouvernement transmet au Parlement des documents de cadrage à moyen terme, accompagnés d'un rapport sur la situation macro-économique et d'un autre sur l'exécution du budget de l'exercice en cours[798].

Dans cette perspective, le droit financier congolais renforce le statut des documents de cadrage à moyen terme dans le processus d'élaboration de la loi de Finances de l'année.

L'autorisation budgétaire éclairée du Parlement congolais prend toute sa signification avec la consécration du principe de sincérité budgétaire.

Concernant ce principe, l'on peut dire qu'il n'existait pas dans la loi organique de 2002 relative au régime financier de l'Etat congolais. Aux termes de cette loi, « les lois de Finances déterminent la nature, le montant et l'affectation des ressources et des charges de l'Etat, compte tenu d'équilibre économique et financier qu'elles définissent »[799].

Désormais la loi organique de 2017 relative au régime financier de l'Etat congolais incorpore un nouveau principe, le principe de sincérité[800]. Peut-être eût-on pu préférer le terme de transparence à celui de sincérité.

Mais cette dénomination a sans doute été choisie pour souligner le contenu « éthique » qu'implique une bonne « gouvernance »[801].

L'utilisation du principe de sincérité par le Président Denis SASSOU-N'GUESSO devrait permettre une adoption éclairée de la loi de Finances par le Parlement.

Au Congo comme dans d'autres Etats de l'espace francophone, le principe de sincérité s'applique à la fois aux lois de Finances et aux comptes de l'Etat[802]. A propos des lois de Finances annuelles et des lois

---

798 Ibidem, article 56.
799 V. sur cette précision, V DZOUMA – NGULET (H-M), in « La réception de la direction CEMAC dans le droit financier congolais », op. cit, P.24.
800 V. l'article 60, al9 de la loi organique n°36-2017 du 3 octobre 2017 relative aux lois de Finances, op. cit.
801 V. LEIDER (ST) et WOLFF (P), "Gestion des Finances publiques : une contribution à la bonne gouvernance financière » Annuaire suisse de politique de développement, Vol.26, n°2, 2007, p.176.
802 Sur ce point et dans le cadre d'une étude du droit comparé, l'on pourra se reporter aux précisions qui ont été apportées par le Conseil Constitutionnel français lors de son examen sur la LOLF (CC 25 juillet 2001).

de Finances rectificatives, la sincérité se caractérise par l'absence d'intention de fausser les grandes lignes de l'équilibre déterminé par la loi de Finances[803].

Pour les lois de règlement, la sincérité implique également l'exactitude des comptes[804].

Quant aux comptes de l'Etat, la comptabilité générale qui décrit le patrimoine et son évolution doit être sincère et refléter une image fidèle de la situation financière de l'Etat[805].

A partir de l'affirmation du principe de sincérité par le Président DENIS SASSOU NGUESSO, les parlementaires congolais devront être en mesure d'apprécier les données budgétaires et financières à leur juste valeur[806].

Enfin, dans leur autorisation éclairée, les parlementaires congolais peuvent désormais modifier le projet de loi de Finances au moment de son examen.

A ce propos, l'application du droit financier congolais par le Chef de l'Etat tend à restaurer le droit d'amendement afin que l'adoption de la loi de Finances ne s'apparente plus à une ratification du projet présenté par le Gouvernement.

Dans cette perspective, l'on peut affirmer que la discussion budgétaire annuelle constitue un moment-clé de toute législature[807]. Elle est l'occasion pour les représentants des citoyens d'analyser et de se prononcer sur le bien-fondé des choix du Gouvernement, traduits à travers ses demandes de financements des politiques et services publics. A l'image des autres projets de loi, les parlementaires congolais disposent d'un droit d'amender les projets de loi du Gouvernement[808]. Les amendements parlementaires ont pour objet de supprimer, rédiger,

---

[803] Ibidem.
[804] Ibidem.
[805] Ibidem.
[806] V. DZOUMA - NGUELET (H.M), « La réception de la directive CEMAC dans le droit financier congolais », op. cit, p. 25.
[807] V. VIDAL (G), « Une nouvelle maîtrise des dépenses publiques et un renouvellement du débat budgétaire », RFFP n°76, 2001, p.163 et S.
[808] V. L'article 67, al2 de la loi organique n°36-2007 du 3 octobre 2017 relative aux lois de finances, op. cit.

modifier ou compléter tout ou partie des dispositions du projet de loi de Finances ou y insérer des dispositions nouvelles.

Dans le cadre particulier des projets de loi de Finances, le droit financier congolais partage les mêmes préoccupations que la directive CEMAC qui offre aux parlementaires la possibilité d'effectuer des mouvements de crédits. Désormais, les amendements parlementaires concernant les dépenses sont recevables lorsqu'ils visent à réduire ou supprimer une ou plusieurs dépenses[809]. Ils sont irrecevables quand ils ont pour conséquence d'accroître une dépense[810]. A propos des recettes, les amendements sont recevables lorsqu'ils visent à accroître les recettes, ou quand ils visent à opérer une compensation entre recettes existantes[811]. Ces amendements sont irrecevables quand ils ont pour conséquence de diminuer les recettes du budget[812].

Dans le cadre du droit financier congolais, la fongibilité des crédits conduit, sans changer les dispositions constitutionnelles à augmenter la marge de manœuvre budgétaire au profit du Parlement.

Mais pour être effectif, ce droit d'amendement nécessite une coordination accrue en amont de l'examen du projet de loi de Finances initial entre le Parlement et le Gouvernement, compte tenu de la modification d'un programme existant sur la définition des objectifs et des indicateurs qui lui sont associés[813].

Enfin, quant à la procédure parlementaire d'adoption de la loi de Finances, le droit financier congolais n'apporte pas de modifications. D'ailleurs sur ce point, il a précédé la directive CEMAC. Ainsi, les délais d'examen du projet de loi de l'année demeurent toujours encadrés. D'une part la durée d'examen du projet de loi de Finances est limitée par les dispositions constitutionnelles : « si le Parlement ne s'est pas prononcé dans un délai de soixante jours, les dispositions du projet peuvent être mises en vigueur par ordonnance »[814]. Cet acte est pris par

---

[809] Ibidem, article 67, al. 2.
[810] Ibidem, article 67, al. 1.
[811] Ibidem, article 67, al. 2.
[812] Ibidem, article 67, al. 1.
[813] V. DZOUMA - NGUELET (H-M), « La réception de la directive CEMAC dans le droit financier congolais », op. cit, p. 19.
[814] V. L'article 65 al2 de la loi organique n°36-2017 du 3 octobre 2017, op. cit.

le Gouvernement dans une matière qui relève normalement du domaine législatif afin de préserver la continuité des activités de l'Etat[815].

Le recours à procédure des ordonnances sanctionne en effet le non-respect par le Parlement du délai d'examen de la loi de Finances[816]. L'article 158 de la Constitution congolaise du 25 octobre 2015, alinéa3 définit ainsi les ordonnances : « elles sont prises en conseil des ministres, après avis de la Cour Suprême ». Il s'agit donc des textes réglementaires[817], mais les ordonnances doivent être ultérieurement ratifiées par le Parlement. Cette disposition est un moyen de pression considérable qui se trouve ainsi mis à la disposition du Gouvernement à l'encontre du Parlement. Dans les faits, elle n'a jamais été utilisée. Son caractère dissuasif permet de rationaliser et de limiter dans le temps le débat budgétaire.

Parce qu'il n'a pas déposé suffisamment tôt, il peut arriver que le projet de la loi de Finances ne soit pas voté le 1er janvier. Dans ce cas, il faut bien malgré tout que les services continuent à fonctionner et, par conséquent, que des crédits soient ouverts à titre provisoire, et que les impôts continuent à être perçus. Le Gouvernement doit donc malgré l'absence du budget, obtenir l'autorisation de continuer à percevoir les impôts selon la législation existante[818] et celle de continuer à payer les dépenses afin de ne poursuivre les actions valables que pour une courte période[819] d'où le nom de « douzièmes provisoires »[820].

Compte tenu de tout ce qui précède, le retour du Parlement salué à juste titre par le Professeur ROBERT HERTZOG semble prendre toute sa signification[821].

---

[815] V. PEZANT (J-L), « Les dispositions instituant un système de délimitation des compétences législatives et réglementaires », in « L'écriture de la Constitution de 1958 », Editions ECONOMICA, PARIS, 1992, p. 510

[816] Les ordonnances peuvent aussi être prises dans le cadre de l'adoption de la loi de Finances, pour sanctionner « L'inertie législative ». Sur ce point, V. l'article 65, al2 de la loi organique n°36-2017 du 3 octobre 2017, op. cit.
Toutefois, pour une étude détaillée des ordonnances, V SAÏDOU NOUROU TALL, in « Les ordonnances en Afrique noire francophone », in « Constitutions et Institutions publiques Africaines », Editions Juridiques Africaine (EDJA) DAKAR, pp.209-254.

[817] Ibidem.

[818] V. l'article 66 de la loi organique n°36-2017 du 30 octobre 2017, op. cit.

[819] Ibidem

[820] Ibidem.

[821] V. HERTZOG, « Quelques aspects de la loi organique relative aux lois de Finances dans ses rapports avec le système administratif », AJDA 2006, p. 531.

Mais au Congo, un tel retour ne sera effectif qu'au vu du renforcement de la fonction de contrôle qui est assignée au Parlement.

Sur ce point, l'utilisation du droit financier par le Président Denis SASSOU-N'GUESSO laisse apparaître un contrôle stimulé.

B. Le contrôle stimulé

« Le Parlement contrôle l'activité législative du Gouvernement », aimait répéter PHILIPPE SEGUIN, le Président de l'Assemblée nationale française[822]. Comment ne pas se rendre à la justesse de cette observation ? A prendre la mesure des choses, en France, le contrôle dynamisé par la LOLF, tant du point de vue de l'investigation que de l'évaluation, s'identifie à un enjeu du pouvoir. Le pouvoir suppose la décision et la décision suppose à son tour la responsabilité[823]. A cet effet, l'Exécutif exerce toutes les siennes[824]. En Afrique, personne ne considère que, le Parlement est responsable de la bonne ou mauvaise politique budgétaire et des erreurs figurant dans les documents adoptés par lui[825]. Le budget reste malgré son passage au Parlement l'œuvre de l'Exécutif.

Ainsi, au Congo, il est devenu urgent de changer cette image. Dans cette perspective, le Président Denis SASSOU-N'GUESSO estime que les Finances publiques devraient devenir le domaine dans lequel l'on restaurerait le pouvoir du Parlement non seulement vis-à-vis de l'Exécutif, mais surtout dans l'esprit des citoyens.

---

[822] V. GICQUEL (J), « LOLF et séparation des pouvoirs. Variations élémentaires sur les forces et les formes budgétaires », RFFP, n°97, 2007, p.11.

[823] V. DAMAREY (ST), « La loi organique du 1er août 2001 relative aux lois de Finances », Ed ELLIPSES, PARIS, 2004, P.13.

[824] A cet effet, le Gouvernement prépare et exécute le budget. Il a éventuellement la possibilité de le corriger ou de rendre compte de ses effets s'ils sont médiocres. Sur ces détails, V DZOUMA - NGUELET (H-M), « La décision budgétaire dans les Etats francophones d'Afrique », op. cit, P.24.

[825] A ce propos, le Professeur SALIF YONABA écrit : « ...lorsque dans le système qui nous sert de référence, l'on relève la contribution très modeste des parlementaires en matière de débats budgétaires et a fortiori, de vérification du bon emploi des derniers publics par l'organe exécutif, il est évident que dans nos contrées une telle entreprise ne peut relever que de la gageure ». Sur ces développements, V. Cet auteur, in « La difficile intégration des règles budgétaires et comptables dans les Etats membres de l'Union économique et monétaire Ouest-africaine (UEMOA) », RFFP, n°79, septembre 2002, p232

C'est ainsi que dans son utilisation par le Président DENIS SASSOU NGUESSO, le droit financier congolais s'est accompagné de nouvelles règles.

Dans cette optique, les Commissions des Finances ont vu réaffirmer les compétences qu'elles détenaient déjà[826], tout comme leurs rapporteurs spéciaux sont désormais organiquement qualifiés pour exercer leurs contrôles sur pièces et sur place auxquels, pas plus qu'auparavant l'on pourra opposer le secret professionnel, du moins en ce que son évocation aurait eu d'abusif[827]. Ainsi, les Commissions des Finances de chaque assemblée procèdent à toutes investigations sur pièce et sur place[828] et à toutes auditions qu'elles jugent utiles[829].

Cette mission est confiée à leur président[830], leur rapport général et leurs rapporteurs spéciaux[831]. Le périmètre du contrôle financier est impressionnant puisqu'il vise toute question relative aux Finances publiques[832]. En outre, le Président de la Commission des Finances peut demander à la justice administrative, statuant en référé, faute d'avoir obtenu les renseignements demandés, au terme d'un délai raisonnable de faire cesser cette entrave sous astreinte[833].

Le Parlement congolais peut aussi compter sur l'assistance de la Cour des comptes[834]. Dans cette collaboration, la mission d'assistance du juge devrait prendre les formes diverses. Il devra d'abord répondre aux demandes d'une assistance formulée par le Président et le rapporteur général de la Commission des Finances. De manière générale, le juge doit réaliser toute enquête demandée par la Commission des Finances sur la gestion des services ou organismes qu'il contrôle[835]. Et afin de renforcer le contrôle parlementaire sur l'utilisation des fonds publics, outre la production des rapports relatifs

[826] V. L'article 83, al2 de la loi organique n°36-2017 du 3 octobre 2017, op. cit.
[827] Ibidem, Article 83, al. 6.
[828] Ibidem, Article 83, al. 4.
[829] Ibidem, Article 83, al. 2.
[830] Ibidem, Article 83, al. 2.
[831] Ibidem, Article 83, al. 3.
[832] Ibidem, Article 83, al. 1.
[833] Ibidem, Article 83, al. 7.
[834] Ibidem, Article 83, al. 9.
[835] V. Sur ce point V DESMOULIN (G), « La loi organique relative aux lois de Finances ou le renouveau de la règle des quatre temps alternés », Revue Trésor, n°8-9, 2004, p.503. V Egalement CARCASSONE (G), « La LOLF et le renouveau du contrôle », RFFP, n°97, 2007, pp. 77 - 85.

aux lois de Finances et aux lois de règlement, le juge devra être investi d'une mission de certification de la régularité, de sincérité et de la fidélité des comptes de l'Etat[836].

Enfin, la loi de règlement est appelée à couronner le contrôle parlementaire. Dans cette optique, le vote de la loi de règlement devrait permettre aux parlementaires congolais d'étendre leurs investigations pour s'assurer de l'exécution régulière de la loi de Finances de l'année. Et son examen serait ainsi un épisode central de la vie politique, au motif que c'est le moment où l'Exécutif rend compte de sa politique économique, financière et sociale. En introduisant désormais la logique de contrôle des résultats et des performances, le Parlement dispose des moyens suffisants adaptés à l'évaluation et à l'efficacité de la dépense publique et, dans ce sens, la loi de règlement est la première solution[837].

Discuté avant la prochaine loi de finances, l'examen de la loi de règlement devient pour le Parlement le moment de vérité pour tirer un bilan politique et économique, et apprécier les résultats et échecs dans chacun des domaines.

Décidément, la Constitution congolaise du 25 octobre 2015 n'aura pas fini d'étonner.

Outre les débats abondants[838)] auxquels, elle a donné lieu, son caractère expansif[839], la Constitution du 25 octobre doit désormais d'abord et avant tout, impliquer un changement de mentalité des gouvernants[840] et, en définitive à la volonté d'accomplir à l'aide de la

---

[836] Cela est d'autant vrai que la loi de règlement ayant trait à un budget est déposée au Parlement accompagné des documents de la Cour des Comptes tels que le rapport sur l'exécution de la loi de Finances, le rapport annuel de certification des comptes de l'Etat et l'Etat et l'avis sur les rapports annuels de performance. Sur ces précisions, V. L'article 60, al. 9 de la loi organique n°36-2017 du 3 octobre 2017, op. cit.

[837] Sur la place de la loi de règlement dans le processus de décision budgétaire, V. BOUVIER (M), ESCLASSAN (M-C), LASSALE (JP), in « Finances publiques », op cit, pp. 449 - 450.

[838] A ce propos, V. MAKOSSO (A-C), « Le régime consensualiste dans la Constitution congolaise du 25 octobre 2015 commentée article par article », op cit, p. 21.

[839] V. Notre étude, notamment, le titre II, Section II.

[840] Aujourd'hui, dans un monde qui s'est « désenchanté », l'on est amené à admettre que la Constitution en soi ne suffit plus à éclairer les décisions, à propos des critères de choix et d'évaluation, qu'il convient d'articuler et, pour la question qui nous concerne ici, avec une éthique de performance. Dans cette perspective, l'on est conduit au Congo, à voir l'insertion dans le droit des techniques d'une architecture

nouvelle « Constitution financière »[841], la révolution annoncée de performance et de la transparence en matière budgétaire.

En termes institutionnels, comment peut-on apprécier la portée de cette authentique « Constitution financière ». A tout bien considéré, elle s'inscrit dans le mouvement général de la refondation de l'Etat avec la révolution du pouvoir parlementaire et de la préservation du pouvoir gouvernemental en matière budgétaire

Il résulte de ce qui précède que le droit financier congolais a déplacé les prérogatives entre les organes de l'Etat sans les redistribuer pour autant. Qu'en est-il résulté ? La consécration d'une gestion publique performante. Cette option mérite qu'on s'y arrête.

PARAGRAPHE II

LA CONSECRATION D'UNE GESTION PUBLIQUE PERFORMANTE

L'évaluation de la performance qui s'attache désormais à la gestion publique ouvre la voie à une rénovation de l'action des services publics. Elle appelle aussi à des modifications des relations existant entre les institutions de la République.

Les Finances publiques ont affranchi l'approche technique, selon laquelle l'autorisation parlementaire n'avait de sens que parce qu'elle débouchait sur un contrôle exhaustif de l'activité gouvernementale et qu'elle plafonnait les dépenses en chapitres[842].

La nouvelle approche postule que la gestion publique doit d'abord être conduite en fonction d'objectifs, et que la décision ne se résume pas à une allocation de moyens budgétaires, mais porte sur leur adéquation au regard des finalités de l'action de l'Etat[843]. La question fondamentale à laquelle conduit la logique de la gestion par

---

financière nouvelle. Cela est sans doute l'élément fédérateur et interprétatif de la consécration d'une gestion publique performante.

[841] La nouvelle « Constitution financière », n'est autre chose que la « loi organique n°36-2017 relative aux lois de Finances du Congo ».

[842] V. TALLINEAU (L), « Quarante ans de propositions de réforme de l'ordonnance de 1959 », RFFP n°71, 2001, pp. 19-29.

[843] V. WENDLING (CL) et MAGNE (S), « Un premier bilan de la préparation et de l'exécution de la loi de Finances sous le régime de la LOLF du 1er août 2001 », op cit, p. 181.

performance n'est plus de savoir quel est le montant des crédits alloués à un organisme ou à une activité, mais de savoir si les moyens budgétaires et humains destinés à atteindre un objectif sont adaptés : non plus « combien », mais plutôt : « pourquoi » ?[844]. L'on vise dans cette optique, le renforcement de l'efficacité de la dépense publique.

Outre cet aspect[845], l'on a observé que le droit financier congolais conduisait à des modifications dans le fonctionnement des institutions. Ce qui a permis à la Cour des Comptes et de discipline budgétaire d'avoir de nouvelles missions. Dès lors, les innovations introduites par le droit congolais suscitent nos développements.

A. Le renforcement de l'efficacité de la dépense publique

La préoccupation d'améliorer l'efficacité des politiques publiques n'est pas nouvelle[846]. En revanche, ce qui est nouveau depuis le début des années 1990, c'est le rapport, plus ou moins étroit qui est entre le sujet de la performance et la procédure budgétaire[847]. Une étude récente de l'OCDE tend à démontrer que près des trois quarts des pays de l'OCDE incluent désormais des données sur la performance dans des documents budgétaires présentés au Parlement[848]. C'est le cas de la France qui, depuis 2006, s'est engagée pour l'ensemble de ses services dans cette démarche de performance[849].

---

[844] V. WALINE (CH), « Le budget de l'Etat. Nouvelles règles, nouvelles pratiques », la Documentation française, 2006, p. 80.
[845] V. L'article 86, alinéas 1 et 2 de la loi organique n°36-2017 du 3 octobre 2017, op cit.
[846] V. SIMMONY (M), « La démarche de performance dans le cadre des Finances publiques », RFFP, n°98, 2007, p. 25.
[847] V. COPE (JF), « Comment faisaient-ils avant ? Maintenant c'est un bonheur, les ministres travaillent sur la performance, la LOLF a changé ma vie », Les Echos, Paris, 17 novembre 2006.
[848] V. « Guide didactique de la directive CEMAC n°01/11-UEAC-190-CM22 du 22 décembre 2011 relative aux lois de Finances au sein de la Communauté économique et monétaire de l'Afrique Centrale (CEMAC), p.7
[849] V. BIED-CHARRETON (H), « La démarche de performance dans le cadre des lois de Finances », op. cit, p. 35.

En Afrique centrale, la directive CEMAC va au-delà des aspects de présentation budgétaire et pose la question du renforcement de l'efficacité de la dépense publique[850].

Au Congo, transposant la directive CEMAC en droit interne, le droit financier regroupe les crédits désormais en programmes[851]. Il définit le programme comme une unité d'exécution budgétaire[852]. Ainsi, un programme regroupe tout ou partie des crédits destinés à mettre en œuvre une action ou un ensemble cohérent d'actions représentatif d'une politique publique[853]. A tout programme sont associés des objectifs précis définis en fonction des finalités d'intérêt général, ainsi que des résultats attendus[854].

La spécialisation des crédits par programme permet l'évolution du contrôle vers l'évaluation[855]. En effet, même s'ils sont souvent confondus, ces deux termes n'ont pas la même signification ni les mêmes implications[856]. Le contrôle sous-tend l'idée de vérification de la légalité et de la régularité pouvant déboucher sur une sanction[857]. L'évaluation est davantage liée à l'idée de bonne gestion[858]. Elle permet d'aller au-delà d'une simple vérification technique et quantitative car il s'agit de déterminer la valeur d'une politique, de vérifier si les objectifs initiaux sont atteints afin de modifier le dispositif pour l'avenir[859]. Dans ce cas, la démarche est différente car une politique peut être mise en œuvre de façon légale et régulière sans pour autant atteindre ses objectifs tandis que ces derniers peuvent avoir été atteints de façon irrégulière. Ainsi, contrôle et évaluation sont différents et complémentaires.

---

[850] V. « Guide didactique de la directive CEMAC n°01/11-UEAC-190-CM22 du 19 décembre 2011, op cit p.79.
[851] V. L'article 19 de la loi organique n°36-2017 du 3 octobre 2017, op. cit.
[852] Ibidem, al. 2.
[853] Ibidem, al. 3.
[854] Ibidem, article 20.
[855] V. SALAUN (E), « La rénovation du contrôle de la dépense publique », Revue Trésor, n°5, 2006, P. 240.
[856] Ibidem.
[857] V. BARILARI (A), « La mise en œuvre de la LOLF. Une occasion pour repenser en profondeur l'action administrative », Revue Trésor, n°5, p. 259 et S.
[858] V. L'article 20 al.2 de la loi organique n°36-2017 du 3 octobre 2017, op. cit.
[859] V. TROSA (S) et PERRET (B), « Vers une nouvelle gouvernance publique : la nouvelle loi budgétaire, la culture administrative et les pratiques décisionnelles », Revue Esprit, février 2005, pp. 65-85.

Les programmes restent élaborés et exécutés dans le cadre ministériel[860]. Le Gouvernement et les administrations devront définir les objectifs poursuivis et demander au Parlement de leur allouer les moyens financiers correspondants.

Lors de la période d'exécution, l'administration disposera d'une plus grande liberté quant à l'utilisation des crédits, mais elle devra rendre compte au terme du processus[861]. Dès lors, le législateur pourra vérifier ou s'assurer si les moyens alloués ont permis d'atteindre les objectifs initialement fixés. Par la suite et en fonction des résultats de l'évaluation, le programme sera poursuivi, arrêté ou modifié[862]. Dans la définition des programmes, il importe donc de trouver un juste équilibre entre la nécessité de réaliser une fongibilité des crédits et la préservation de l'autorisation parlementaire pour que les programmes correspondent à des politiques identifiables.

A travers l'utilisation du droit par le Président Denis SASSOU-N'GUESSO, le renforcement de l'efficacité de la dépense au Congo devient une réalité. En témoigne la fongibilité des crédits qui met fin à des restrictions discrètes quant aux possibilités d'effectuer des mouvements de crédits en cours d'exécution[863].

Dans cette perspective, le droit financier congolais transforme le principe de spécialité budgétaire. Il renforce le schéma classique qui confère la responsabilité de l'exécution du budget au pouvoir gouvernemental. A cet effet, les services gestionnaires auront à leur disposition des enveloppes budgétaires, constituées par programmes, qu'ils devront utiliser au mieux afin d'atteindre les objectifs fixés.

Les responsables des services ne seront pas uniquement contrôlés sur la régularité de leurs opérations, ils le seront également sur l'efficacité de leur gestion[864]. En utilisant le droit financier congolais, le Président Denis SASSOU-N'GUESSO améliore la gestion publique en accordant une large autonomie aux gestionnaires en contrepartie d'une transparence sur les objectifs, la performance et

---

[860] V. L'article 73 de la loi organique n°36-2017 du 3 octobre 2017, op cit.
[861] Ibidem, article 82, al. 8.
[862] Ibidem.
[863] Ibidem, article 30.
[864] Dans cette optique, dans le cadre d'une étude du droit comparé, l'on pourra citer : ARTHUIS (J), « Les rapports du Sénat : Mise en œuvre de la LOLF : un outil au service de la réforme de l'Etat », Commission des finances, n°388, 2002 - 2003, p. 28.

les moyens consommés[865]. La globalisation des crédits conduit à une libéralisation des mouvements de crédits et à une affirmation plus stricte de la spécialité budgétaire, car, même si elle se situe à un niveau différent, la spécialité budgétaire doit toujours être respectée[866].

Toutefois, le caractère limitatif des crédits est de nouveau affirmé par le droit financier congolais[867]. « Les crédits sont limitatifs (…). Les dépenses ne peuvent être engagées et ordonnancées que dans la limite des crédits ouverts »[868]. Si la fongibilité des crédits a conduit logiquement à la disparition des crédits globaux, cependant, les crédits évaluatifs sont conservés[869]. Mais ils ne concernent que les charges financières de la dette[870].

Enfin, les crédits dont la répartition ne peut être déterminée au moment du vote de la loi de Finances, font l'objet d'une dotation[871]. Et selon le droit financier congolais, il s'agit des crédits destinés aux institutions constitutionnelles[872], des crédits pour des dépenses accidentelles et imprévisibles[873] et enfin, des crédits pour mesures générales en matière de rémunération[874].

Puisque les programmes doivent être déclinés dans leur gestion, il faut donc désigner un responsable de programme. S'inspirant de la directive CEMAC, le droit financier congolais a prévu ce nouvel acteur financier[875]. Le responsable de programme élabore la stratégie du programme dont il a la charge et définit les objectifs et les indicateurs de résultats. Il est garant de l'exécution du programme conformément aux objectifs fixés par le ministre[876].

Après le vote définitif de la loi de finances et sa promulgation au journal officiel, le Gouvernement congolais doit repartir les crédits

---

[865] V. L'article 73, al2 de la loi organique n°36-2017 du 3 octobre 2017, op. cit.
[866] V. L'article 22 de la loi organique n°36-2017 du 3 octobre 2017, op. cit.
[867] Ibidem, article 25.
[868] Ibidem.
[869] Ibidem, article 26.
[870] Ibidem.
[871] Ibidem, article 21.
[872] Ibidem, article 21, al. 2.
[873] Ibidem, article 21, al. 2.
[874] Ibidem, article 21, al. 3.
[875] Ibidem, article 73.
[876] Ibidem, article 73, al.2

au sein des différents programmes[877]. Cette opération revêt une importance particulière puisque c'est elle qui détermine les moyens financiers dont les services disposent pour l'année à venir.

Si en France, les crédits sont repartis au moyen du décret de répartition par le Premier ministre[878], par contre, au Congo, la mise à disposition des crédits aux ministres relève du pouvoir réglementaire et prend la forme d'un arrêté du ministre des Finances[879].

Appliquant ainsi les directives CEMAC[880], le droit financier congolais renforce le statut du ministre des finances dans le contexte de la réforme qui transfère l'ordonnancement des dépenses aux ministres[881].

Dans cette logique, le droit financier congolais étend les compétences du ministre des finances afin de préserver les soldes budgétaires définis par la loi de finances de l'année. Et c'est pourquoi, il lui confère le pouvoir de la régulation budgétaire[882], car l'exécution budgétaire ne doit pas engendrer un déficit insoutenable et préjuger des exercices futurs. Le droit financier congolais autorise ainsi le ministre des finances de modifier l'autorisation budgétaire en cours d'année[883].

Désormais, le pouvoir exécutif dispose juridiquement d'une liberté nouvelle pour ajuster le solde d'exécution. Dans cette optique, il peut annuler les crédits dont l'objet est déjà programmé et qui n'ont pas été consommés[884]. Enfin le ministre pourra suspendre temporairement l'utilisation de certains crédits[885]. Cette décision du ministre est prise lorsqu'il est confronté à des difficultés de trésorerie[886]. Les crédits seront libérés dès le retour d'une meilleure conjoncture ou annulés en fin d'exercice dans le cas contraire[887].

---

877 Ibidem, article 19.
878 V. GICQUEL (J), « LOLF et séparation des pouvoirs. Variations élémentaires sur les forces et les formes budgétaires », op. cit, pp. 13-15.
879 V. l'article 71, al2 de la loi organique n°36-2017 du 3 octobre 2017, op. cit.
880 Ibidem.
881 V. L'article 58 de la directive CEMAC, op. cit
882 V. L'article 71, al4 de la loi organique n°36-2017 du 3 octobre 2017 op. cit.
883 Ibidem, Article 71, al. 5.
884 Ibidem, Article 71, al. 7.
885 Ibidem, Article 71, al. 6.
886 Ibidem, Article 71, al5, op. cit.
887 Ibidem, Article 30.

A première vue, la codification de la régulation du budget semble étonnante car elle consiste à valider une pratique autrefois peu avouable[888] mais qui devient honnête aujourd'hui. En outre, cette disposition va à l'encontre de la volonté unanimement affichée de rééquilibrer les pouvoirs budgétaires du Parlement. Cela illustre sans doute la volonté du Président Denis SASSOU-N'GUESSO et du rédacteur de la loi organique d'accorder au pouvoir exécutif les moyens de faire face à une détérioration de l'équilibre budgétaire défini par la loi de finances de l'année.

Le droit financier congolais autorise ainsi la modification des crédits en cours d'exercice.

À cet effet, les mouvements des crédits resteront possibles mais ils sont désormais soumis à des conditions strictes[889]. Tel est le cas des virements des crédits. Ils permettent la modification de la répartition des crédits entre programmes d'un même ministère[890].

C'est aussi le cas des transferts. Il autorise la modification de la répartition des crédits entre programmes de ministères distincts tout en conservant le même objectif[891]. C'est enfin le cas des crédits des décrets d'avance prix en cas d'urgence[892].

Enfin, le droit financier congolais entend éviter les dérives de fin d'année lorsque les services dépensent les crédits inutilisés afin que ces derniers soient reconduits l'année suivante. Dans ce but, les conditions dans lesquelles peuvent s'effectuer le report de crédits sont redéfinies[893].

---

[888] Parmi les critiques formulées sur la gestion budgétaire dans les Etats francophones d'Afrique, la régulation budgétaire est plus souvent citée comme facteur de perturbation de la gestion. En témoigne, le rapport de la Cour suprême du BENIN, notamment, sa chambre des comptes in « Rapport sur l'exécution de la loi de Finances pour l'année 2001, déclaration générale de conformité », COTONOU, 2006, pp.95-99. Toutefois sur cet aspect, et concernant la doctrine, l'on pourra consulter l'ouvrage du Professeur LALUMIERE (P) intitulé « Finances publiques », Editions ARMAND COLUN, Coll. « U », Paris, 1980, p.226, et citer aussi ORSONI (G), in « Régulation budgétaire et non-utilisation des crédits dans l'exercice », RFFP, n°12, 1985, pp. 131 - 167.

[889] V. L'article 28 de la loi organique n°36-2017 du 3 octobre 2017, op. cit

[890] Ibidem.

[891] Ibidem, article 28, al. 3.

[892] Ibidem, article 29.

[893] Ibidem, article 31, al. 3.

Toutefois les dispositions les plus intéressantes sont relatives aux annulations de crédits qui peuvent servir de base à la régulation budgétaire[894].

Mais le droit financier congolais ne fixe aucune limite relative aux annulations de crédits.

Dans sa quête au renforcement de l'efficacité de la dépense publique, le Président Denis SASSOU-N'GUESSO dans l'utilisation du droit financier congolais a introduit la déconcentration de l'ordonnancement comme nouveau mode d'organisation de l'exécution du budget de l'État[895].

À ce propos, les ministres et les hautes autorités responsables des institutions constitutionnelles sont désormais, de droit, ordonnateurs principaux des dépenses de leur secteur ou institution en lieu et place du ministre des finances[896].

Ainsi, il le sont pour les programmes et dotations du budget général, des budgets annexes et des comptes spéciaux relevant de leur secteur[897].

Toutefois, la déconcentration de l'ordonnancement de l'exécution de la dépense ne doit pas être entendue comme un dessaisissement total du ministre des finances par rapport aux circuits de l'ordonnancement.

En effet, il nomme un contrôleur budgétaire auprès de chaque ministre[898] afin d'effectuer le contrôle a priori des actes de dépenses[899]. Enfin l'établissement des documents de cadrage à moyen terme[900], complétés par les autres documents, ainsi que les rapports annuels de performance, permettent au ministre des finances de suivre le rythme et les perspectives des engagements de dépenses.

Comme on le constate, la déconcentration de l'ordonnancement de l'exécution de la dépense vise simplement à alléger les services du ministre des finances et responsabilise les ministres sectoriels, à qui

---

[894] Ibidem, article 30.
[895] Ibidem, article 72, al. 2.
[896] Ibidem.
[897] Ibidem.
[898] Ibidem, article 28, al. 3.
[899] Ibidem, article 28, al. 3.
[900] Ibidem, article 74, al. 4.

sont rattachés des programmes dont la performance sera évaluée sur la base des résultats[901].

Enfin, il convient de signaler qu'en matière de recettes, le ministre des finances demeure l'ordonnateur principal unique des recettes de l'État[902]. En matière de dépenses, il est responsable de la centralisation des opérations budgétaires des ordonnateurs. Cette responsabilité s'étend aussi sur la préparation des lois de finances, notamment la loi de règlement[903] au titre de laquelle il doit présenter les comptes de l'État et en particulier, les résultats de la comptabilité budgétaire avec le développement des recettes et des dépenses budgétaires du budget général, des budgets annexes et des comptes spéciaux[904].

Au plan comptable, les dépenses de l'État sont exécutées selon le principe de séparation des fonctions incompatibles de l'ordonnateur et du comptable[905], et l'on retrouve les traditionnelles phases administratives et comptables qui sont l'engagement[906], la liquidation[907], l'ordonnancement[908] et le payement[909].

Si par une coïncidence aussi heureuse que significative, la Constitution du 25 octobre 2015 marque l'étape du renforcement de l'efficacité de la dépense publique, elle relève aussi celle d'une pleine application des nouvelles missions que le législateur a confiées à la Cour des comptes et de discipline budgétaire.

Dans pareille situation, il n'est ni inhabituel, ni illégitime, qu'une institution de la République souhaite convaincre qu'elle a su réussir une synthèse opportune entre ses traditions fondatrices[910] et la nécessité de s'adapter à son temps.

---

901 V. MIGAUD (D), « La germination de la LOLF », Revue du Trésor, n°7, juillet 2006, p. 403 et S.
902 V. L'article 72 de la loi organique n°36-2017 du 3 octobre 2017, op. cit.
903 Ibidem, article 62.
904 Ibidem, article 60.
905 Ibidem, article 77.
906 Ibidem, article 78, al. 4.
907 Ibidem, article 78, al. 5.
908 Ibidem, article 78, al. 6.
909 Ibidem, article 78, « In fine ».
910 V. DZOUMA-NGUELET (H.M), « La réception de la directive CEMAC dans le droit financier congolais », op. cit, p.22.

En élargissant la consécration d'une gestion publique performante aux nouvelles missions de la Cour des comptes, le législateur fait peser sur celle-ci de nouvelles exigences auxquelles elle doit répondre. Le sujet est celui-ci si nous devons le dire, d'une histoire de (famille).

B. Les missions nouvelles de la Cour des Comptes et de discipline budgétaire.

Dans le mouvement général d'évolution que connaissent les finances publiques, les changements qui affectent les contrôles occupent une place de premier plan[911]. L'on assiste, dans cette perspective, au passage d'une logique ancienne dans laquelle le contrôle de régularité était prédominant[912] à une logique nouvelle dans laquelle l'objectif prédominant du contrôle et celui de l'efficacité de la gestion[913]. Il convient de signaler que ce rapprochement avec la nature des contrôles en vigueur dans le secteur privé est dû au fait que la nouvelle gestion publique impose des contrôles financiers publics différents dans leur nature et leur finalité des contrôles traditionnels.

En effet, l'introduction au sein du secteur public d'une démarche de performance et de responsabilisation et d'adoption d'une comptabilité d'exercice ont inévitablement conduit les auteurs du droit financier congolais vers un contrôle de résultats et des comptes. Ainsi, ils ont défini les nouvelles missions de la Cour des comptes. La Cour assiste désormais le Parlement et certifie les comptes de l'État[914].

La mission d'assistance de la Cour au Parlement concerne l'assistance aux commissions des finances et l'audit des politiques publiques. Dans cette collaboration, la mission d'assistance prend des formes diverses. La Cour doit d'abord répondre aux demandes

---

[911] V. ESCLASSAN (M.C), « Un phénomène international : l'adaptation des contrôles financiers publics à la nouvelle gestion publique », RFFP, n° 101, 2008, p.29

[912] V. LASCOMBE (M) et VANDENDRIESCHE (X), « De la nécessité de maintenir un contrôle juridictionnel en matière lolfique », RFFP, n°100, 2007, p.252.

[913] Ibidem, p. 252.

[914] V. L'article 86, alinéas 5 et 6, de la loi organique n°36-2017 du 3 octobre 2017, op. cit.

d'assistance formulées par le président et le rapporteur général de la commission des finances de chaque assemblée[915].

De manière générale, le juge doit réaliser toute enquête demandée par la commission des finances sur la gestion des services ou organismes qu'elle contrôle.

Afin d'aider le Parlement dans la fonction de contrôle budgétaire et comptable, la Cour adresse chaque année au Parlement des rapports sur les finances publiques[916] dont :

- Un rapport sur la situation et les perspectives des finances publiques. Il constitue un véritable diagnostic des équilibres et des déséquilibres qui caractérisent le financement des besoins collectifs de l'État[917]. Ce rapport a vocation à éclairer les parlementaires lors du débat d'orientation budgétaire.
- Un rapport sur les résultats et la gestion budgétaire. Ce rapport examine non seulement les résultats budgétaires mais aussi et surtout la performance des administrations, la pertinence des objectifs et des indicateurs et les résultats obtenus[918].

L'innovation sans doute la plus essentielle concerne l'institution d'une mission de certification des comptes de l'État dont est investie la Cour des comptes du Congo[919]. Ainsi, sous l'impulsion du droit financier congolais, le souhait du Président américain Thomas Jefferson selon lequel « les finances publiques devraient être aussi claires et intelligibles que le livre de comptes d'un marchand » semble, au moins sur le principe être exaucé[920].

Le droit financier congolais va en effet substituer à la déclaration générale de conformité[921] une certification des comptes de

915 Ibidem, article 83, al. 9.
916 A ce propos, l'on pourra se référer à la directive CEMAC, in « Guides et directives CEMAC relatifs aux Finances publiques », op. cit, p.153.
917 Ibidem, pp.150 – 151.
918 Ibidem.
919 V. L'article 86, al2 de la loi organique n°36-2017 du 3 octobre 2017, op.cit.
920 Le souhait du Président Américain THOMAS JEFFERSON, cité par HURON (D), MARTY (F) et SPLINDLER (J), in « De la certification des comptes de l'Etat : principes, enjeux et difficultés », RFFP, n°100, op. cit, p.138.
921 V. L'article 84 de l'ancienne loi n°1-2000 du 1er février 2000 portant loi organique relative au régime financier de l'Etat congolais.

l'État[922]. Il précise que la Cour des comptes procède à la certification des comptes de l'État[923].

La certification des comptes se définit dans le cadre de la sphère privée, comme une opinion écrite et motivée, formulée par un organisme indépendant, sur la conformité des états financiers à un ensemble donné des règles comptables[924]. Dans sa fonction de certificateur des comptes de l'État, la Cour doit, dans le cadre des normes internationales d'audit établies par la fédération internationale des expert-comptable, émettre une opinion motivée et étayée sur la régularité, la sincérité et la fidélité des comptes de l'État[925] et accompagner celle-ci d'un compte rendu des vérifications opérées[926]. Ainsi d'un point de vue formel, la « certification est annexée au projet de la loi de règlement et accompagnée du compte rendu des vérifications opérées »[927]. Ce compte rendu sous la forme d'un rapport, aura également pour objet d'exposer les observations et recommandations de la Cour relative à la qualité des systèmes de contrôle interne et à l'application des normes comptables[928]. Il ne s'agit pas dans ce cadre d'interpréter les états financiers ou de se prononcer sur l'efficacité des politiques publiques, mais de constater la conformité des états financiers aux règles qui leur sont applicables. Et concernant la certification elle-même, elle peut prendre quatre formes distinctes : la certification sans réserve, assortie d'une ou plusieurs réserves, une opinion défavorable ou refus de certifier, « si les erreurs, anomalies ou irrégularités constatées sont suffisamment significatives pour affecter

---

922 Dans le cadre de l'article 84 précité de l'ancienne loi, il s'agissait de la déclaration générale de conformité. Désormais, dans la loi organique de 2017, il s'agit de certifier la régularité, la sincérité et la fidélité du compte général de l'Etat en conformité avec l'article 61 paragraphe 9. Sur ces précisions, V l'article 86, op. cit de la loi organique n°36-2017 du 3 octobre 2017, op. cit.

923 Ibidem.

924 La Cour des comptes certifie désormais les comptes de l'Etat. Sur ces propos, V. L'article 86, op. cit, al. 3.

925 V. ESCLASSAN (M.C), « Un phénomène international : l'adaptation des contrôles financiers publics à la nouvelle gestion publique », op. cit, p. 33.

926 Ibidem, p. 33.

927 Ibidem.

928 Dans cette hypothèse, et dans le cadre d'une étude du droit comparé, l'on pourra citer : la Cour des Comptes de France, in « Rapport sur l'exécution des lois de Finances en vue du règlement du budget de l'exercice 2002. Fascicule II : Les comptes », 12 juin 2003, p.288.

la validité de l'ensemble des comptes »[929] ou enfin, la constatation de l'impossibilité pour la Cour d'exprimer une opinion[930].

Malgré cette vision relativement claire de ce que peuvent être les modalités de mise en œuvre de la certification des comptes il reste une zone d'ombre substantielle concernant la portée de cette certification. En effet, la question essentielle qui se pose est celle des conséquences éventuelles que pourrait entraîner un refus de certifier les comptes ou dans une moindre mesure, la certification sous réserve. Que fera alors le Parlement congolais ? Pourra-t-il aller jusqu'à refuser le vote de la loi de règlement ? Nous serions alors devant un problème inédit.

L'avenir nous le dira.

L'encadrement du développement par la quête de la performance permet de développer une stratégie dans le temps et d'instituer une présentation d'objectifs qui simplifie le contenu du développement et par conséquent, le rend plus transparent.

La fixation des objectifs stratégiques déclinés en objectifs opérationnels est par ailleurs un facteur de cohérence. En effet, alors que l'annualité enferme l'action administrative dans le court terme, la programmation permet aux fonctionnaires de disposer d'une durée et d'une visibilité qui leur est indispensable pour agir et se sentir responsables.

Ainsi, le passage d'un budget par postes de dépenses à un budget de programmes orienté par les résultats ainsi que les outils de mesure de la performance qui y sont associées constituent une innovation majeure. En somme, le développement reste à consolider. Pour y parvenir, il faut nécessairement encadrer l'économie par le droit. Et c'est ce à quoi le Président Denis SASSOU-N'GUESSO s'attelle.

---

[929] Ibidem, p. 287.

[930] A ce propos, V BOUVIER (M), ESCLASSAN (M-C) et LASSALE (JP), « Finances publiques », op. cit, P.314

SECTION II

L'ENCADREMENT DE L'ECONOMIE PAR LE DROIT

Du point de vue économique, le Congo évolue dans le contexte de sous-développement et d'interventionnisme étatique. L'Etat est principalement responsable du développement économique.

A cet effet, il joue un rôle essentiel dans l'agencement et dans le fonctionnement de l'économie.

Il en est ainsi parce que l'interventionnisme de l'Etat suppose plus de droit, plus de services publics, plus de structures d'encadrement, plus d'entreprises publiques et plus d'agents publics[931]. A cette multiplication de tâches, il revient à l'administration de suppléer au défaut du capital privé et à la quasi-inexistence d'une bourgeoisie nationale. Ainsi, l'administration congolaise acquiert un caractère multifonctionnel. Elle tire son omnipotence de multiples facultés de l'Etat (Etat-providence, Etat entrepreneur, Etat intégrateur, Etat gendarme). L'Etat est alors conçu comme l'organisateur de la croissance économique et du bonheur.

Dans cette perspective, le Président Denis SASSOU-N'GUESSO n'a pas caché son intention de mettre le droit au service du développement économique.

L'on peut ainsi, se demander si le droit peut contribuer à la promotion économique d'un pays en voie de développement. Peut-il être le moyen d'incitation, sinon le support d'une politique globale de développement ? Enfin peut-il aider à définir les objectifs d'une action pour le développement, à modeler les schémas, à constituer un cadre commode et efficace pour l'essor économique ?

Ces questions peuvent surprendre, quand on sait que l'enseignement universitaire a de tout le temps été organisé en vue de faire des juristes les défenseurs spontanés de toutes les situations acquises et de développer en eux un esprit ultra-conservateur.

Cette conception pessimiste doit être dépassée. Le droit doit devenir un instrument d'épanouissement, de progrès économique et de développement.

---

[931] Dans le cadre d'une étude de droit comparé, V DEMBA SY, « L'évolution du droit administratif sénégalais », in « Constitution et Institutions publiques africaines. Etudes doctrinales », EDJA, p.486.

C'est pourquoi, au Congo, le Président Denis SASSOU-N'GUESSO conçoit le droit non seulement comme un instrument pour sauvegarder et promouvoir les droits civils et politiques de l'individu dans une société libre, mais aussi pour établir les conditions économiques, sociales et culturelles lui permettant de réaliser ses aspirations légitimes et de préserver sa dignité.

A cet effet, le droit devient un droit « orienté » au service de l'Etat (Paragraphe I) puisque celui-ci est désormais responsable du développement économique et social du Congo.

Mais l'affaiblissement des bases économiques de l'Etat consécutif a l'aggravation de la crise économique au début des années 1980 a entraîné une remise en cause de la fonction de l'Etat. Ses performances dans la gestion des aspirations de la population sont devenues insuffisantes. Dès lors, le droit « orienté » au service de l'Etat s'est avéré incapable de promouvoir le développement économique et social. D'où ses limites (Paragraphe II).

PARAGRAPHE I

UN DROIT « ORIENTE » AU SERVICE DE L'ETAT

Avant la crise économique des années 1980, au Congo, l'Etat à l'instar de la plupart de ses pairs africains est apparu sous son véritable jour : un Etat interventionniste. Il est omniprésent et intervient dans tous les secteurs de l'économie devenant ainsi le plus grand employeur.

A cette préoccupation, le Président Denis SASSOU-N'GUESSO a ajouté celle de promouvoir les autres secteurs de l'économie. Dans cette optique, n'ayant pas les moyens publics suffisants pour financer ces activités, il doit faire appel aux capitaux étrangers vu la rareté des capitaux nationaux pour ce type d'investissement. Ainsi va-t-il contribuer à l'élaboration de la Charte des investissements[932].

Dès lors, interventionnisme de l'Etat et Charte des investissements deviennent la colonne vertébrale du droit « orienté » au service de l'Etat.

Ainsi est-il devenu urgent d'examiner ces aspects.

---

[932] V. Charte des investissements issus de la loi n°6-2003 du 18 janvier 2003.

A. Un État interventionniste

Au Congo, le modèle économique est dominé par le contrôle étatique des investissements et des structures de l'économie nationale. A cet effet, l'Etat est amené à prendre des mesures et à créer dans le domaine économique des institutions[933]. Il y a là, une grande leçon pour le juriste congolais, quant à l'influence de l'infrastructure économique sur la superstructure juridique dans la mise en place des institutions efficientes. Si on définit le droit économique « comme le droit réunissant l'ensemble des règles juridiques ayant pour objet de donner aux pouvoirs publics la possibilité d'agir activement sur l'économie »[934], on est tenté de conclure avec cet auteur que le « droit économique est un droit politique, soumis comme tel aux grandes fluctuations des principes dont s'inspire la conduite des Etats ». Dans ce sens, au Congo, le droit économique tendrait à imposer l'idée que c'est la situation économique qui commande, à tel point que les idéologies politiques officiellement proclamées aussi bien que les principes juridiques hérités de la colonisation[935] succombent à son déterminisme.

L'explication n'est pas à rechercher dans l'idée du droit français. Elle est imposée par la recherche d'un développement économique.

En effet, entreprendre un développement économique nécessite des capitaux, de la technologie et des hommes capables de le mettre en œuvre. Sur ce point, et sur tant d'autres en matière de développement, les occidentaux et les africains se sont trompés.

Ils ont pensé que les techniques juridiques occidentales qui ont accompagné le développement dans les pays occidentaux, pouvaient être reprises, à la rigueur moyennant quelques adaptations pour l'édification d'économies modernes en Afrique.

En Occident, l'industrialisation nécessitait un chaînage, des capitaux, mais ces capitaux drainés étaient essentiellement autochtones.

---

[933] L'on peut en guise d'exemple, citer le centre national de gestion.

[934] V. JEANTET (FC), « Aspects du droit économique », Mélanges HAMEL, cité par SCHAEFFER (E) dans son étude intitulée « Droit économique en Afrique francophone », in « Dynamiques et finalités des Droits africains », Actes du Colloque de la SORBONNE sur « la vie du droit en Afrique », sous la direction de GERARD CONAC, Editions ECONOMICA, PARIS, 1976, p. 141.

[935] Ibidem, p.142

L'industrialisation nécessitant un développement technologique, malgré sa lenteur, il demeure national. Des entrepreneurs et des travailleurs qualifiés se sont formés spontanément et très progressivement à partir d'initiatives et de risques privés[936]. Lorsque l'Etat est intervenu, autrement qu'épisodiquement, dans le devenir économique de la Nation, c'est que les guerres l'y ont contraint ou que les intérêts économiques antagonistes, qui avaient fait le développement l'ont appelé comme arbitre ou comme régulateur. Ainsi, en Europe, l'Etat n'a guère crée la Nation, ni l'économie[937].

En Afrique, la situation est radicalement différente. Dans ce Continent, c'est l'administration qui doit créer l'Etat, la Nation, l'économie et le tout en même temps.

Cela est d'autant vrai qu'au Congo, il revient à l'administration de suppléer au défaut de capital privé et à la quasi-inexistence d'une bourgeoisie nationale. Dans cette optique, l'administration acquiert un caractère multifonctionnel. A cette multiplication des fonctions de l'administration correspond naturellement un gonflement de taille, de structures et du personnel.

Au Congo, personne ne conteste le caractère primordial du développement économique tant la pauvreté est grande et les capitaux insuffisants. L'absence des moyens financiers locaux a conduit, l'Etat à se substituer au secteur privé défaillant, comme entrepreneur et à devenir un acteur majeur du développement. C'est pourquoi, le Président Denis SASSOU-N'GUESSO a œuvré à l'élaboration de la Charte des investissements. Cette Charte est considérée comme une technique juridique pour promouvoir le droit « orienté » au service de l'Etat.

B. La Charte des investissements, une technique juridique pour promouvoir le droit « orienté »

Même si d'autres éléments du droit[938] peuvent servir d'incitation au développement, la Charte des investissements demeure

[936] Ibidem.

[937] Ibidem, p. 143.

[938] A ce propos, l'on pourra citer en guise d'exemple :

- La Convention d'établissement. Une telle Convention conclue entre l'investisseur et le Gouvernement congolais. Il s'agit de définir contractuellement pour une période de

l'élément essentiel de promotion et d'orientation des investissements privés au Congo. Tous les investissements privés, aussi bien nationaux qu'étrangers, peuvent bénéficier de ce texte. La Charte des investissements apparaît comme l'instrument d'attraction et de sécurisation des capitaux privés.

En simplifiant, et en dégageant les grandes lignes de la Charte, on peut la résumer ainsi. Selon l'importance et l'intérêt qu'elle représente, elle peut du point de vue juridique être regroupée en deux catégories : d'une part, le traitement des investissements, et d'autre part, la protection de ceux-ci.

Les notions de traitement et de protection sont étroitement imbriquées l'une dans l'autre.

Par traitement des investissements, on entend l'ensemble des règles de droit interne ou international qui définissent le régime juridique de l'investissement international, depuis le moment de sa constitution jusqu'au moment de sa liquidation[939].

Par protection des investissements, on entend l'ensemble des règles de droit interne ou international qui préviennent ou sanctionnent les atteintes publiques à l'existence de l'investissement international[940].

En principe, le traitement et la protection de l'investissement international sont définis par le droit interne. Ce droit interne, c'est le

---

25 ans, les conditions de très gros investissements, considérés comme d'intérêt exceptionnel pour le développement de l'économie nationale.
- Les joint-ventures ou sociétés d'intérêts conjugués. Il s'agit de conjuguer dans une même société des intérêts étrangers et des intérêts nationaux, qu'ils soient les uns ou les autres publics ou privés.
Concernant les joint-ventures, pour une étude détaillée, l'on pourra se référer à la brillante étude de JONET (JM) Et EVRARD (M) in « Joint-ventures : des noces au divorce » Ed. LARCIER « Coll. Droits des sociétés » sous la direction de OLIVIER CAPRASSE, PARIS, 2006.

[939] V. CARREAU (D), FLORY (TH), JUILLARD (P), « Droit international économique », LGDJ, PARIS, 1990, pp. 628 - 629.

[940] Les notions de traitement, d'une part, de protection, d'autre part, n'ont pas été clairement isolées jusqu'à une époque récente. C'est ainsi que, dans un passage célèbre, la Cour internationale de justice affirme que « dès lors qu'un Etat admet sur son territoire des investissements étrangers ou des ressortissants étrangers, personnes physiques ou morales, il est tenu de leur accorder la protection de la loi et assurer certaines obligations quant à leur traitement ». Sur ces détails, V. Affaire de la BARCOLONA traction, Belgique c/Espagne, Arrêt du 5 février 1970, paragraphe 33, p. 32.

droit de l'Etat de territorialité de l'investissement, et non le droit de l'Etat de nationalité de l'investisseur[941].

Dans cette perspective, au Congo, c'est au droit public congolais qu'il revient de préciser, dans le respect du droit international les règles de traitement qui régissent l'investissement international. Ces règles seront reproduites dans la Charte des investissements qui fait office de code des investissements.

En optant de privilégier le développement économique par l'appel à l'investissement, la Charte instaure un régime de droit commun a côté duquel, on note un régime spécial.

Concernant le régime de droit commun, la Charte des investissements instaure un climat favorable, par l'établissement des conditions propres à promouvoir l'investissement. La législation définit des avantages qu'elle accorde à l'investisseur par référence au droit commun du traitement par l'allègement des obligations fiscales, dégrèvements d'impôts directs ou indirects[942], des obligations sociales, du régime dérogatoire en matière de règlementation du travail[943] ou encore des obligations en matière de transfert, paiements ou règlements à direction de l'étranger[944].

Dans cette variante, l'incitation à l'investissement pousse l'Etat congolais à l'endroit de l'investisseur international à substituer un régime juridique à un autre. Dans ce cas, ce n'est plus le régime de droit commun qui trouve application, c'est un régime spécial. Dans ce sens, les règles juridiques auxquelles est assujetti l'investisseur ne se fondent plus sur des règles de même nature : d'où la création de zones franches[945].

Quelle que soit la coloration du droit congolais, et que le régime de traitement soit perçu comme de droit commun ou comme spécial, la question fondamentale est et demeure celle de la protection de l'investissement. Or l'Etat souverain peut modifier sa législation ainsi qu'il l'entend et quand il entend. Ce pouvoir de modification unilatérale

---

941 V. CARREAU (D), FLORY (TH), JUILLARD (P), « Droit international économique », op. cit, p. 629

942 V. La Charte des investissements, op. cit Notamment le Titre VII du cadre fiscale et douanier, plus précisément, les articles 23, 24 et 25

943 Ibidem, Article 21.

944 Ibidem, Article 31.

945 Ibidem, Article 29.

susceptible de transformer une règle incitative en une règle dissuasive, peut donc bouleverser le régime de l'investissement.

A ce propos, deux types de stipulations témoignent de la volonté de l'Etat congolais.

En premier lieu, la stipulation sur le choix du droit qui règle le différend est celle des juridictions congolaises[946].

En deuxième lieu, la stipulation sur le mode de règlement des différends résultant de l'interprétation ou de l'application de la Charte traduit une volonté d'internationalisation, dans la mesure où elle écarte le recours aux juridictions nationales pour prévoir la soumission à un règlement arbitral[947].

Dans cette optique, les procédures peuvent, en cas de nécessité, être fondées :

- Sur la Convention qui régit la Cour de justice communautaire.
- Sur le Traité du 17 octobre 1993 qui crée l'Organisation pour l'harmonisation du droit des Affaires en Afrique.
- Sur le Centre international de règlement des difficultés relatives aux investissements internationaux[948].

L'orientation des capitaux privés vers l'investissement dans les activités privilégiées par les programmes de développement est réalisée aussi par le code des marchés publics[949].

Dans cette perspective, l'Etat associe le secteur privé à la définition des stratégies et à la résolution des problèmes économiques et de développement. Par ailleurs, il s'engage à appliquer les règles de la concurrence et de la transparence dans toutes les opérations économiques, notamment dans l'attribution des marchés publics.

Mais, peu à peu, ce modèle économique pourtant admis va affaiblir les bases économiques de l'Etat. L'interventionnisme de l'Etat s'est avéré incapable de promouvoir le développement économique et social.

---

946 Ibidem, Article 37, al. 1.
947 Ibidem, Article 37, al. 2.
948Ibidem, Article 37, al. 3.
949 V. Le code des marchés publics issus du décret N°2009-156 du 20 Mai 2009, portant Code des Marchés publics.

En clair, c'est le problème du développement du Congo qui est posé. Tout cela annonce les limites du droit « orienté » au service de l'Etat.

PARAGRAPHE II
LES LIMITES DU DROIT « ORIENTE ».

Les limites du droit « orienté » au service de l'Etat sont dues essentiellement à l'aggravation de la crise économique et sociale dans les années 80 et au délitement de l'Etat qui a entraîné la réforme de l'administration.

En effet, le bilan de l'interventionnisme de l'Etat fortement empreint de mimétisme[950] a été négatif. Du coup, l'Etat n'a plus les moyens d'assurer sa présence sur le front social et d'assurer sa fonction de protectrice. A l'Etat omniprésent a succédé un Etat discret.

A côté de cela, l'on observe aussi des performances financières décevantes se traduisant par des déficits importants des comptes des entreprises publiques, du budget de l'Etat et de la balance des paiements.

Plus particulièrement, l'intervention s'est traduite par l'existence d'un secteur parapublic important et dont le fonctionnement a entraîné des coûts insupportables pour l'économie nationale.

L'on peut à cet effet, dire que la crise de l'Etat est une crise d'efficacité et de légitimité. Devant cette situation, on assiste à un déplacement des lieux de souveraineté vers les bailleurs de fonds.

La préoccupation clairement affirmée par les bailleurs de fonds devient la remise en cause de l'interventionnisme de l'Etat. Selon eux, la faillite du système économique résulte de la trop implication de l'Etat dans le secteur économique. Aussi les institutions financières internationales préconisent-elles dans tous les plans d'ajustements structurels un démantèlement de l'Etat omniprésent et la substitution à un Etat libéral qui garantit le libre jeu des lois du marché et un

[950] V. SCHAEFFER (E), « Droit économique en Afrique Francophone », in « Dynamiques et finalités des droits africains », op. cit, p.141.

environnement juridique favorable à l'épanouissement des entreprises[951].

Les aides des bailleurs de fonds sont désormais soumises au respect des conditions de plus en plus nombreuses et variées. Ces conditionnalités se résument dans le concept de bonne gouvernance[952].

Formulée par la Banque mondiale au début des années 1990[953] et mise en œuvre par les institutions financières internationales comme préalable à tout processus de développement, la bonne gouvernance limite ainsi considérablement l'interventionnisme de l'Etat.

Puisque la crise de l'Etat au Congo est à la fois une crise d'efficacité et de légitimité, les limites de l'intervention sont d'une part, liées à l'exigence de la bonne gouvernance économique et financière, et d'autre part, à l'émergence de la bonne gouvernance politique.

A. Les limites liées à l'exigence de la bonne gouvernance économique et financière

Le concept de bonne gouvernance est apparu à la faveur de l'échec des premiers programmes d'ajustements structurels (PAS), de la contre-révolution néo-classique, de l'effondrement du communisme et du triomphe de la démocratie libérale ainsi que de l'impact des mouvements de démocratisation en Afrique[954].

---

[951] V. MYRIAM GERVAIS, « La bonne gouvernance et l'Etat africain : la position de l'aide canadienne », in « Les avatars de l'Etat en Afrique », Editions KARTHALA, PARIS, 1997, p. 124 - 125.

[952] La gouvernance est la traduction du terme anglais qui signifie gestion des affaires publiques.

[953] V. WORD BANK, « Governance and developpement» WORK BANK publication WASHINGTON DC 1992, p. 1.

La gouvernance comporte 3 aspects:

- La nature du régime
- Le processus d'exercice du pouvoir dans la gestion des ressources économiques et sociales
- La capacité d'un gouvernement à concevoir, formuler et mettre en œuvre une politique économique.

[954] V. BABACAR GUEYE, « Les transformations de l'Etat en Afrique : l'exemple du Sénégal », in « Constitutions et institutions publiques africaines. Etudes doctrinales », op. cit, p.99.

La Banque mondiale définit le concept de bonne gouvernance comme « la manière dont le pouvoir est exercé dans la gestion des ressources économiques et sociales d'un pays »[955].

La conception de la Banque mondiale se limite essentiellement aux questions touchant la gestion et les politiques économiques[956].

Elle implique l'adoption de décisions économiques telles que :

- L'assainissement du cadre macroéconomique et des finances publiques (simplification des formalités administratives, lutte contre la corruption, partage du coût de l'ajustement par l'ensemble des acteurs économiques)
- Le renforcement des capacités financières et institutionnelles de l'Etat.
- Le cantonnement de l'Etat dans les tâches de souveraineté, de sécurité et de facilitateur, laissant au secteur privé renforcé la charge de produire et de distribuer les richesses selon les lois du marché[957].

En dépit de la conception de la Banque mondiale, la gouvernance est « un produit idéologique qui reflète la doctrine socio-politique anglo-américaine libérale et pluraliste »[958]. Cette conception évoque la limitation des capacités de l'Etat et l'affaiblissement de la sphère publique. Dès lors, selon, ses initiateurs[959], la bonne gouvernance s'inscrit dans le cadre d'un Etat libéral et démocratique.

La montée de la culture de la bonne gouvernance favorise la rationalisation et l'efficacité de la gestion des deniers publics.

En ce qui concerne les Finances publiques, la bonne gouvernance impose d'abord que l'on fasse bon usage des fonds requis

955 V. WORD BANK, « Governance and development", op. cit. p. 1.

956 V. CAMPBELLE (B), "Débats actuels sur la reconceptualisation de l'Etat par les organismes de financement multilatéraux et l'USAID », in « Les avatars de l'Etat en Afrique », op. cit p.82 ; V Egalement CARTIER-BRESSON (J), « La Banque mondiale, la corruption et la gouvernance », Revue du Tiers-monde, n°161, janvier-Mars, 2000, p.167.

957 V. CAMPBELL (B), « Débats actuels sur la reconceptualisation de l'Etat par les organismes de financement multilatéraux et l'USAID », in « Les avatars de l'Etat en Afrique » op. cit. p. 82.

958 Ibidem.

959 Il s'agit des institutions financières internationales.

des contribuables[960]. Elle exige ensuite que le budget présente d'emblée, les objectifs et les programmes d'action auxquels seront affectés les crédits, ce qui permet de mieux apprécier a priori puis de contrôler a postériori l'usage projeté puis fait des deniers publics[961]. La problématique de la gouvernance financière pose la question d'une amélioration de l'alliance du Parlement et l'Exécutif. Celle-ci doit faciliter l'information du premier sur les actions du second et permettre à l'Etat de maîtriser ses finances. C'est dans ce sens que la Banque mondiale et le Fonds Monétaire International proposent aux Etats africains des codes sur la transparence budgétaire[962].

L'exigence d'une transparence budgétaire dans les Etats africains recommande que dans son contenu, comme dans sa présentation, la loi de Finances doit être sincère[963]. La sincérité se caractérise par l'absence d'intention de fausser les grandes lignes de l'équilibre déterminé par la loi de Finances[964]. La sincérité acquiert également une dimension comptable : les comptes de l'Etat doivent être réguliers, sincères et donner une image fidèle de son patrimoine et de sa situation financière[965].

---

[960] L'on précisera qu'il s'agit de la condition posée par l'article14 de la Déclaration des droits de l'homme et du citoyen du 26 août 1780 qui dispose ainsi : « Tous les citoyens ont le droit de contester, par eux-mêmes ou par leurs représentants, la nécessité de la contribution publique, de la consentir librement, d'en suivre l'emploi et d'en déterminer la priorité, l'assiette, le recouvrement et la durée ».

[961] V. SAIDJ (L), « Finances publiques », Editions DALLOZ, 4e éd, Paris, 2003, p. 57.

[962] Les Institutions financières internationales, citées par BOUVIER (M), in « Pour une nouvelle gouvernance financière : repenser et reconstruire les Finances publiques de demain », RFFP, n°87, septembre 2004, p. 301.

[963] V. DESTRET (CH), « L'émergence d'un nouveau concept : le principe de sincérité de la loi de Finances », in « L'ordonnance du 2 janvier 1959 : 40 ans après », sous la direction de DUSSART (V) et ESPLUGAS (P), Presses de l'Université des Sciences sociales de Toulouse, 2000, p.105 V Egalement REILLAN de (G), « Le principe de sincérité budgétaire. L'efficacité des saisines du Conseil constitutionnel à l'épreuve des rapports de la Cour des comptes sur l'exécution des lois de Finances », RFFP, n°78, juin 2002, pp.187-206, V Enfin YONABA (S), « La difficile intégration des règles budgétaires et comptables dans les Etats membres de l'Union économique et monétaire ouest-africaine (UEMOA) », RFFP, n°79, septembre 2002, p.223.

[964] (34) V DAMAREY (ST), « La loi organique du 1er août 2001 relative aux lois de Finances », Ed ELLIPSES, PARIS, 2004, p. 27.

[965] Ibidem, p.28

La transparence sert ainsi de facteur potentiel de dissuasion contre la corruption et, permet par ailleurs de renforcer la confiance des investisseurs.

Si l'édification d'un Etat libéral est devenue une condition essentielle pour la bonne gouvernance des affaires publiques, celle-ci implique une sphère politique dépassionnée reposant sur une forte légitimité des institutions étatiques. La bonne gouvernance acquiert désormais un contenu politique. Et l'on parle de bonne gouvernance politique. Devenue une nouvelle conditionnalité, l'émergence de la bonne gouvernance politique appelle ainsi nos observations.

B. Les limites liées à l'émergence de la bonne gouvernance politique

L'objectif visé par les Institutions financières internationales aux termes de cette conditionnalité est de mettre un terme à l'autoritarisme et à la personnalisation du pouvoir qui ont conduit à la faillite économique et sociale en Afrique[966].

La rupture avec le monolithisme doit se traduire par la reconnaissance de la démocratie pluraliste[967]. Cette consécration doit s'observer aussi bien dans le droit de participation et de contestation des citoyens que la compétition pour la conquête et l'exercice du pouvoir[968].

La démocratie pluraliste suppose la reconnaissance des libertés individuelles et l'institution d'organes juridiques chargés d'en assurer le respect[969]. ALAIN TOURAINE la définit comme le régime où la majorité reconnaît le droit des minorités car elle accepte que la majorité d'aujourd'hui devienne minorité de demain[970].

---

[966] V. BABACAR GUEYE, « Les transformations de l'Etat en Afrique : l'exemple du Sénégal », op. cit, p.103.

[967] V. IBRAHIMA FALL, « Sous-développement et démocratie multi partisane, l'expérience Sénégalaise », Editions N.E.A DAKAR, ABIDJAN, 1977, p. 71.

[968] Ibidem.

[969] Ibidem.

[970] V. TOURAINE (A), « Qu'est-ce que la démocratie ? », Editions FAYARD, Paris, 1994, p.29.

Ainsi, considérée comme force politique utile au fonctionnement des institutions[971], l'opposition par son droit de critique, exerce un contrôle sur la gestion du Gouvernement et, par son activité, a vocation à accéder au pouvoir et réaliser l'alternance démocratique.

L'un des critères de la bonne gouvernance selon les institutions financières internationales est la décentralisation. Dans cette optique, la décentralisation répond d'abord à un souci de bonne gestion, car elle vise à confier à l'administration des affaires de chaque collectivité locale à des personnes qui en sont originaires et en connaissent les problèmes, les difficultés et les besoins. Elle poursuit ensuite un objectif de réduction de la prééminence de l'Etat en transférant une part de ses fonctions au niveau local, à des autorités élues. Dans l'optique de la bonne gouvernance, l'élu local est un leader dont l'action procède d'une vision entrepreneuriale. Sa légitimité dépendra des résultats des politiques mises en œuvre et de ses capacités de gestionnaire[972].

L'ajustement sanctionnant un Etat administratif omniprésent, l'approfondissement de la démocratie ont été à l'origine de l'apparition de la société civile en Afrique.

PAMBOU TCHIVOUANDA définit la société civile comme « ces franges de la communauté des citoyens animés de la seule volonté de faire aussi de la politique comme les responsables politiques du moment, mais de la faire autrement. Elle apparaît à cet effet sous de multiples facettes qui dévoilent la richesse de ses types en action »[973].

Quant à **Maurice KAMTO**, « la société civile est la sphère civile distincte de la sphère de l'Etat et des partis politiques formée de l'ensemble des organisations et personnalités dont l'action concourt à l'émergence ou à l'affirmation d'une identité sociale collective, à la

---

[971] Cette reconnaissance a été confortée et rendue plus solennelle par le constituant congolais de 2015. A ce propos, V. L'article 63 de la Constitution de 2015, op. cit.

[972] V. DEMBA SY, « Décentralisation, gouvernance et développement : le cas du Sénégal », in « Bonne gouvernance et développement en Afrique », Ed Démocratie africaine (IAD), 1997, pp.295 et S.

[973] V. PAMBOU TCHIVOUNDA (G) « Le rôle de la société civile dans l'établissement de l'Etat de droit », Revue juridique et politique, n°2, 2004, p.146.

défense des droits de la personne ainsi que des droits spécifiques attachés à la citoyenneté »[974].

La définition de **Maurice KAMTO** n'induit pas une étanchéité entre la sphère sociale et la sphère de l'Etat et des partis politiques. Il existe au contraire une interaction entre les deux. La société civile n'est pas apolitique. Non seulement, elle constitue un vivier où la société politique recrute ses membres, mais encore, elle intervient dans la politique par le biais des groupes de pression et lobbies et fait usage de ses droits de citoyenneté pour exprimer ses préférences politiques à l'occasion des consultations électorales[975].

Dans son discours néo-libéral, la Banque mondiale intègre dans son projet la société civile comme moyen de promotion de bonne gouvernance[976]. Pour la Banque mondiale, la société civile est devenue un acteur dans la stratégie d'une meilleure efficience des services publics[977]. En outre, forte de son autonomie vis-à-vis des pouvoirs, la société civile apparaît aujourd'hui comme un contre-pouvoir face à l'Etat.

Les organisations de la société civile sont nombreuses et variées. Les plus significatives d'entre elles interviennent dans les domaines de l'organisation des producteurs, de la lutte contre la pauvreté, des droits de l'homme, de la démocratie et de la participation civique[978].

Au Congo, la société civile ne s'est pas seulement signalée comme contre-pouvoir. Depuis 2015, elle se distingue par une participation de plus en plus significative dans des conseils consultatifs nationaux[979].

Compte tenu de ce qui précède, l'on constate que dans un pays comme le Congo, le poids du droit est important. En effet, dans le domaine du développement, l'Etat n'a jamais hésité à utiliser le droit.

---

[974] Maurice KAMTO, « Les rapports entre Etat et société civile en Afrique », cité par BABACAR GUEYE, in « Les transformations de l'Etat en Afrique : l'exemple du Sénégal », op. cit, p. 108.
[975] Ibidem, p. 109.
[976] V. PNUD « Gouvernance et développement humain. Rapport national sur le développement humain 2000 Sénégal-version provisoire », DAKAR, mai 2001, p. 26.
[977] Ibidem, p. 33.
[978] V. PAMBOU TCHIVOUNDA (G), « Le rôle de la société civile dans l'établissement de l'Etat de droit », op. cit, p. 147.
[979] V. L'article 238 de la Constitution de 2015, op. cit.

L'imbrication étroite du droit dans le développement et ceci même dans les Etats considérés comme les plus libéraux est désormais un fait acquis. Très souvent les crises ont joué dans cette situation de structures et dans l'évolution de la société de rôle d'accélérateur.

Le Congo offre à cet égard un excellent terrain d'étude. La présence du droit y est particulièrement forte et il entretient des liens multiples, institutionnels et matériels avec le développement. En effet, la gestion administrée du développement a été l'idée sur laquelle le Congo a fonctionné sans discontinuer depuis son indépendance jusqu'à présent. Ainsi, priorité a été donnée concernant l'environnement économique à l'intervention de l'Etat à travers le droit.

Concernant notre étude, l'on observera qu'aujourd'hui avec l'explosion de la notion de développement, un point de vue pluridisciplinaire et globalisant est désormais bien admis. Il est même devenu tout à fait banal de dire que tout phénomène est complexe, multi relationnel et qu'un minimum de compréhension de celui-ci nécessite une approche de type pluridisciplinaire. Dès lors, le droit s'est dirigé vers cet enrichissement de type « horizontal » sans être hégémonique. Ainsi, outre l'apport du droit au développement, il a su progressivement se tourner vers d'autres types d'interfaces, notamment les relations internationales.

Et c'est dans cette perspective, que le Président Denis SASSOU-N'GUESSO utilise le droit comme facteur des relations internationales (Deuxième partie).

DEUXIEME PARTIE

LE PRESIDENT DENIS SASSOU NGUESSO UTILISE LE DROIT COMME FACTEUR DES RELATIONS INTERNATIONALES

« Comment trouver place sur une terre agrandie par la puissance d'ubiquité et rétrécie par les petites portions d'un globe fouillé partout ? » se demandait CHATEUBRIAND dans ses mémoires[980]. Telle pourrait être la dialectique des relations internationales caractérisées par la multiplication des échanges internationaux dans les domaines économique, technologique, culturel...

Le cadre interétatique est débordé par le champ sans cesse croissant des relations internationales. Tout aspire à l'internationalisation : l'informatique se diffuse au-delà des souverainetés, l'individu se meut avec agilité et rapidité dans cette agglomération planétaire. La conscience collective est peuplée de conflits, de catastrophes, de coopération, parfois de symbolique de paix. La société internationale s'est universalisée[981]. Dès lors, l'on peut affirmer que les relations internationales sont désormais présentes dans des sphères interétatiques, transnationales et inter individuelles.

A cet effet, la doctrine définit les relations internationales comme les rapports et les flux sociaux de toute nature qui traversent les frontières, échappant ainsi à l'emprise d'un pouvoir étatique unique ou auxquels participent des acteurs qui se rattachent à des sociétés étatiques différents[982].

Ainsi, c'est donc le critère de localisation politique qui permet de déterminer si, en présence d'un rapport social donné, il relève ou non des relations internationales.

---

[980] Il s'agit des mémoires d'Outre-tombe (Livre 44, Chap. 5) cité par Brice GOCCOL in, « Relations internationales », Centre de publication universitaires Tour Maine-Montparnasse, Paris 1997, p. 10.
[981] Ibidem.
[982] V. GOUNELLE (M), « Relations internationales », Editions DALLOZ, 7e éd., Paris 2006, p. 15.

Mais, il convient de signaler que la notion de relations internationales fait l'objet de controverse.

En effet, si une partie de la doctrine considère les relations internationales comme un espace de confrontation, l'autre par contre, souligne la coopération et l'intégration des relations internationales.

S'agissant du courant conflictuel, de nombreux acteurs[983] ont établi une théorie des relations internationales mettant l'accent sur le caractère conflictuel de la société internationale. Pour ce faire, ils partent d'abord d'une constatation. Selon eux, il n'y a pas, au sein de la Communauté internationale, d'autorité capable d'imposer à ses membres des règles contraignantes. La société internationale reste fragmentée entre les Etats souverains qui s'expriment en termes de puissance. Les conflits ne sont alors que l'expression de la politique étrangère des Etats. Seule la politique étrangère des Etats et le développement du droit international pourraient assurer un certain « ordre public international[984] ».

Quant au courant solidariste, les relations internationales reposent sur la coopération entre Etats. Dans leur ensemble, les théories solidaristes considèrent la société internationale comme un espace d'échanges et des relations synergiques[985]. Les analyses du courant solidariste des relations internationales sont influencées par les travaux du sociologue Emile DURKHEIM[986]. Sa théorie qualifiée

---

983 Cette conception qui remonte à l'Antiquité se retrouve au XVIIe siècle dans les œuvres de HOBBES qui insiste sur le caractère anarchique de la société internationale et plus particulièrement sur sa dimension conflictuelle.
L'expansion contemporaine du courant conflictuel doit beaucoup aux analyses d'HANS MORGENTHAU. Aux Etats-Unis d'Amérique, ce courant est incarné par Henry KISSENGER et en France Raymond ARON apparaît comme le principal représentant.
Sur ces développements, V. GOCCOL (B), « Relations internationales », op. cit., p. 18.
V. Egalement SUR (S), « Relations internationales », Editions MONTCHRESTIEN, 3e éd., Paris, pp. 30 - 32.

984 V. SENARCLENS de (P), « La Politique internationale », Editions ARMAND COLLIN, Paris, 2000, p. 20.

985 985 Concernant ce courant, l'on pourra citer en guise d'exemple Georges SCELLE qui au XXe siècle, présentera le système international comme un système fondé sur une solidarité sociale et non sur des concepts juridiques comme la notion d'Etat ou de souveraineté. Sur ces propos, V.

986 V.

d' « objectiviste[987] » ou de « solidariste[988] » repose sur des considérations sociologiques. Le droit international est un « Jus gentium[989] » dont les individus sont les principaux sujets. Selon lui, la solidarité de la société internationale, le développement de la coopération et son institutionnalisation vont entraîner la création d'institutions et des règles communes[990].

En conclusion, les différentes théories des relations internationales évoquées ne sont pas pleinement satisfaisantes. En effet, le courant conflictuel qui met l'accent sur le rôle clé de l'Etat en termes de puissance, faisant prévaloir son intérêt national au sein d'une société internationale conflictuelle, n'est pas adaptée aux petites puissances[991].

Les approches mettant l'accent sur l'interdépendance et la coopération dans les domaines économique, technologique, culturel..., ont le mérite d'atténuer la dimension conflictuelle de la société internationale. Cependant, deux remarques méritent d'être apportées.

D'une part, cette vision des relations internationales ne prend pas en compte la hiérarchisation de la société internationale et la nature asymétrique de la dépendance (entre grandes et petites puissances). D'autre part, cette conception tend à sous-estimer la dimension politique au profit d'une organisation technocratique des relations internationales[992].

---

[987] Ibidem.
[988] Ibidem.
[989] Ibidem.
[990] Ibidem.
[991] Les adeptes de ce nouveau cadre conflictuel qui s'affirme également en Angleterre dans les travaux de John HERTZ, Hedley BULL, Martin WIGHT, prétendent rompre avec l'histoire diplomatique. Ils entendent surtout prendre leurs distances à l'égard des perspectives juridiques et institutionnelles qui avaient jusqu'alors marqué la littérature consacrée aux relations internationale. A la conception légaliste et optimiste, à l'« idéalisme » d'inspiration wilsonienne qui avait dominé dans les années 1930 l'étude des relations internationales, ils opposent une analyse politique dite « réaliste », visant à découvrir les lois d'évolution des relations internationales, les rapports de causalité entre les événements et processus. Le réalisme s'inscrit cependant dans un courant doctrinal trouvant ses origines dans la pensée de HOBBES et de MACHIAVEL, ou même de THUCYDIDE dans l'Antiquité grecque.
Sur ces développements, V. SENARCLENS de (P), in « La Politique internationale », op. cit., p. 22.
[992] Ibidem.

En définitive, l'ensemble des courants doctrinaux doit être perçu de façon complémentaire. La réalité sociale des facteurs économiques, la puissance des Etats, la dépendance et la coopération sont constitutifs des relations internationales.

Ainsi, les rapports internationaux qui lient les Etats seront désormais universalisés et institutionnalisés. Les Etats, tous voisins des uns et des autres, doivent désormais apprendre à coexister et coopérer au niveau universel et régional dans de nombreux domaines (politique, économique, écologique, technologique etc)[993].

Malheureusement, l'interdépendance universelle qui caractérise la société internationale n'a pas empêché la multiplication des conflits.

La politique internationale est le plus souvent la conséquence des contradictions entre les Etats. Si la « politique c'est l'amitié », suivant l'expression d'ARISTOTE[994], la politique extérieure des Etats est le résultat d'un compromis entre les différents acteurs internes[995].

Sur le plan externe, la politique des Etats, c'est-à-dire leur action sur l'environnement international ne repose sur aucun cadre juridique structuré, hiérarchisé et contraignant. En l'absence d'une autorité supérieure et confronté à une situation juridique qui ne correspond pas à ses intérêts, l'Etat aura tendance à la modifier ou à la contourner. Si l'institutionnalisation de la société internationale a permis de canaliser la volonté des Etats[996], il n'en demeure pas moins que la paix et la guerre demeurent « l'alpha et l'oméga », c'est-à-dire le commencement et la fin entre lesquels se meut l'action étatique[997].

Dès lors, il appartient au droit de formaliser la volonté souveraine des Etats en l'obligeant à respecter certaines règles communes à l'ensemble de Communauté internationale. La politique étrangère des Etats se trouve ainsi encadrée dans un ensemble normatif

---

[993] V. La Déclaration relative aux principes du droit international touchant les relations amicales, annexe, préambules, A/RES/2625 (XXV), 24 Octobre 1970, pp. 1 et 2.
[994] V. VAISSE (M), « Les relations internationales depuis 1945 », Editions ARMAND COLLIN, Paris, 1999, p. 32.
[995] Ibidem, p. 33
[996] V. « Aspects du système des Nations Unies dans le cadre de l'idée d'un nouvel ordre mondial (1991), et Actualité des conflits internationaux (1992) », deux colloques IEP Aix-en-Provence, Editions PEDONE, Paris, 1991 et 1992, respectivement p. 180 et p. 165.
[997] Ibidem.

où le droit se présente « non seulement comme un instrument de politique internationale mais aussi comme l'un de ses enjeux[998] ». A travers le droit, les Etats cherchent à intervenir dans la constitution et l'application de la règle de droit dont ils seront les principaux destinataires. Ils créent ainsi une véritable « politique juridique extérieure[999] » qu'ils mettent en œuvre dans le cadre de leurs relations diplomatiques.

Et c'est dans cette perspective que le Président Denis SASSOU-N'GUESSO utilise le droit comme facteur des relations internationales.

Lorsqu'on entreprend un effort d'identification des domaines dans lesquels il utilise le droit, l'on s'aperçoit qu'il est utilisé dans les relations politiques (Titre I) et dans le domaine de l'environnement (Titre II).

[998] V. GUILHAUDIS (J.F), « Les relations internationales contemporains », Editions LITEC, Paris, 2002, pp. 51 - 52.
[999] Ibidem, p. 52.

TITRE I

L'UTILISATION DU DROIT DANS LES RELATIONS POLITIQUES

Sur le plan des relations politiques, l'étude du droit s'est d'abord développée compte tenu des traditions internationales[1000] autour de la recherche sur la paix.

En effet, les conflits caractérisent la société internationale. A la différence des sociétés internes, la société internationale ne connaît pas d'instances ou de mécanismes automatiques pouvant assurer la prévention ou le règlement des conflits. Lorsque ceux-ci existent, ils ne sont que faiblement développés.

Dans cette perspective, les conflits favorisent l'étude du droit. Ils rendent plus présente la nécessité de réfléchir sur leur cadre, sur leur éventuelle évolution, sur leur organisation ou leur reconstruction. L'instabilité qu'ils produisent conduit à s'interroger sur les conditions du retour à la stabilité et sur l'enracinement de la paix.

Le Président Denis SASSOU-N'GUESSO considère le conflit comme un trouble insupportable auquel il est nécessaire d'apporter un remède dans les délais les plus brefs. C'est pourquoi, la recherche de la paix en Afrique est devenue pour lui, une obsession. Son utilisation du droit dans les relations politiques reflète cette approche.

Dès lors, il devient nécessaire d'examiner le droit à la paix (Chapitre I). Cet examen ne doit pas faire oublier l'un des grands mérites des Nations Unies : celui d'avoir progressivement transformé un postulat politique et une norme programmatrice[1001] en un des principes juridiques fondamentaux de la Communauté internationale, dotés de la force juridique spéciale propre au Jus cogens. Il s'agit de l'égalité des peuples et de leur droit à disposer d'eux-mêmes. Comment ce nouveau concept a-t-il été accueilli par le Président Denis SASSOU-N'GUESSO ? C'est ce que nous tenterons d'observer dans le Chapitre

---

[1000] V. BRETTON (PH), « Les relations internationales contemporaines », Editions LITEC, Paris, 1993, p. 18.
[1001] V. L'article 1, paragraphe 2 de la Charte des Nations Unies.

II intitulé : Le protocole de Brazzaville ou la réactivation par le Président Denis SASSOU-N'GUESSO d'un droit « endormi ».

CHAPITRE I

LE DROIT A LA PAIX

Au sens étroit du terme, la paix est l'absence de guerre[1002]. Elle est la valeur suprême de la société internationale[1003].

A la suite du cataclysme de la seconde guerre mondiale, alors que les fureurs des combats n'étaient pas encore éteintes, les Nations Unis ont fortement marqué leur intention de « gagner la paix après avoir gagné la guerre ». Dès lors, la notion de paix devrait connaître son extension. Ainsi, la Charte allait avant tout, et dès son article premier mettre l'accent sur la paix et la sécurité internationales. L'on comprend pourquoi le maintien et la consolidation de la paix figuraient en tête des préoccupations fondamentales des Nations Unies[1004]. Dans cette optique, la paix devient le mythe fondateur de la société internationale régularisée.

En faisant tenir à la paix la tête de « l'affiche », les Nations Unis ont manifesté le résultat de lcur effort pour imaginer une solution à la problématique de la guerre. Désormais en face des conflits ou des tensions qui pourront surgir dans le monde, les Etats doivent respecter le droit international. Ils doivent contribuer par tous les moyens à préserver le droit des peuples à la paix en adoptant les mesures appropriées tant au niveau national qu'international[1005]. La paix est désormais un droit : le droit à la paix. Il implique que tout peuple, peut légitimement aspirer à vivre en paix[1006]. Quant aux Etas, ils doivent pouvoir vivre, être garantis, sécurisés dans les frontières que leur a

[1002] V. « Dictionnaire de droit international public », sous la direction de Jean SALMON, Editions BRUYLANT, Bruxelles, 2001, P. 799.
[1003] V. Sur (s), « Relations internationales ». Editions MONTCHRESTIEN, Paris, 1995, P.437.
[1004] V. Cot (J-P) et PELLET (A), « Préambule », in « La Chante des Nations Unies, commentaire article par article », sons la direction de Jean Pierre Cot et Alain PELLET, Editions Economica, Paris, 1991.
[1005] V. « Déclaration sur le droit des peuples à la paix », Assemblée générale, Résolution 39/11/ du 08 Novembre 1984.
[1006] Ibidem.

reconnues la communauté internationale[1007]. Par conséquent, toute occupation, toute situation résultant de la force ou de la décision unilatérale est inacceptable. Le seul règlement possible des conflits est la négociation[1008].

Dans cette perspective, le droit à la paix est aménagé (Section I). Après la guerre froide et la disparition du bloc de l'Est, la société internationale s'est transformée provoquant la multiplication des crises, des conflits régionaux et l'effondrement interne de nombreux Etats. Il s'agit là, des conflits nouveaux auxquels le droit devrait s'adapter (Section II).

SECTION I
L'AMENAGEMENT DU DROIT A LA PAIX.

Le règlement des différends[1009] occupe une place importante dans les relations internationales. En effet, le prolongement des conflits est de nature à mettre en cause la paix et la sécurité dans les rapports internationaux[1010].

En droit interne, le juge est l'instance naturelle appelée à trancher les différends à résoudre les litiges qui opposent les différents sujets de droit qu'il s'agisse des personnes de droit privé ou des personnes de droit public. La décision de justice, revêtue de l'autorité de la chose jugée, a pour mission de rétablir la paix dans la société civile.

En droit international, l'absence d'une institution analogue au juge de paix ne signifie pas pour autant une absence de règles auxquelles doivent se soumettre les sujets de droit international pour le

---

[1007] Ibidem

[1008] V. « Déclaration du Ministre des relations extérieures de la France », débat devant le Sénat, J. O.R.F, Sénat, 04 Décembre 1981, P.3550, citée dans l'A.F.D. I, 1982, P.1086.

[1009] Concernant la notion de différent, la définition la plus employée est celle qu'a donnée la Cour de la HAYE : un différend est désaccord sur un point de droit ou de fait, une contradiction, une opposition de thèses juridiques ou d'intérêts entre deux personnes ». À ce propos, V. Arrêt du 30 Aout 1924 sur les exceptions préliminaires : C.P.J.I, série A n°2, P. 11.

[1010] V. RANJEVA (R), CADOUX (CH), « Droit international public », Editions EDICEF, VANVES CEDEX, p. 225.

règlement de leurs différends. Dans cette perspective, le droit à la paix a été aménagé.

L'aménagement de ce droit comporte un principe (Paragraphe I). Mais comme il est difficile de demander au droit de résoudre tous les conflits portant sur le domaine politique, quelques ajustements ont été apportés sans remettre en cause le droit international. Dans ce sens, le principe lié à l'aménagement du droit à la paix a été atténué (Paragraphe II).

PARAGRAPHE I

LE PRINCIPE

L'interdiction du recours à la force armée est le principe auquel doivent se soumettre les sujets de droit international[1011]. Il s'agit d'une obligation de résoudre les différends par les moyens pacifiques. Cette obligation est le corollaire du « principe » de droit international général constitué sur la base de l'article 2, paragraphe 4 de la Charte des Nations Unies, qui peut être lu conjointement avec celui qu'énonce l'article 2, paragraphe 3[1012] pour garantir collectivement le maintien de la paix et de la sécurité internationales. Le principe de l'interdiction à la force armée a été concrétisé par des résolutions déclaratoires de l'Assemblée générale, et est notamment précisé dans la Déclaration relative aux principes du droit international touchant les relations amicales et la coopération entre Etats[1013].

Quoi qu'il en soit, il demeure que le système de sécurité collective institué par la Charte constitue un élément décisif de l'ordre juridique international.

La notion de sécurité collective a été empruntée par la Charte au Pacte de la société des nations dont elle s'est efforcée de corriger les lacunes et les imperfections. L'idée que la paix est un bien indivis, partagé par tous les Etats membres de la Communauté internationale, y a été reprise et amplifiée en partant d'un constat : tout conflit ou menace de conflit international, même localisé, est susceptible de dégénérer en

---

1011 Ibidem.
1012 V. LACHS (M), « Commentaire », in « La Charte des Nations Unies », op. cit., pp. 31 - 38.
1013 V. A/ Rés. 2625 (XXV), 24 Octobre 1970

menace ou rupture de la paix internationale à l'échelle mondiale[1014]. Dans une telle conception, tous les Etats membres de l'Organisation universelle sont à la fois susceptibles de porter atteinte à cette paix et destinés à collaborer entre eux et avec l'institution, pour faire cesser la menace ou l'atteinte à la paix[1015].

Sur cette base, la Charte a établi une sorte de « contrat social international » aux termes duquel chaque Etat membre doit renoncer à l'usage de la force dans ses relations avec les autres Etats[1016].

Dans l'éviction du recours à la force, ce sont les Etats eux-mêmes qui doivent trouver les voies et moyens de dégager une issue pacifique à leurs litiges[1017]. Dans cette optique, l'on parle de la volonté concordante des Etats en litige. En contrepartie logique de cet abandon étatique, il est reconnu aux Organisations internationales les moyens nécessaires à l'accomplissement de la police internationale[1018].

En effet, eu égard au fait que ce sont les Etats qui restent maîtres du jeu, pour répondre aux contestations, aux défis et aux crises, et surtout pour orienter le droit, le règlement pacifique des différends s'effectue aussi dans le cadre de la diplomatie multilatérale. Dans cette perspective, il est intéressant d'observer ces différends procédés de règlement pacifique des différends.

A. La volonté concordante des Etats en litige.

L'article 33, paragraphe 1 de la Charte, reconnait la primauté des parties au différend pour choisir le procédé de règlement leur convenant le mieux. C'est le principe de la volonté concordante des Etats en litige ou mieux encore « le principe du libre choix des moyens » sur lequel met l'accent la Déclaration de Manille de 1992[1019].

L'interdiction du recours à la force ou « l'obligation de règlement pacifique » désigne une obligation de négocier sur l'objet du différend, de façon à trancher en vue de parvenir à un accord. En effet,

---

[1014] V. DUPUY (P.M), « Droit international public », op. cit. P. 500.
[1015] Ibidem.
[1016] V. L'article 02, paragraphe 4.
[1017] V. QUENEUDEC (J.P), « Règlement pacifique des différends », commentaire, in « La Charte des Nations Unies », op, cit., p. 572.
[1018] V. L'article 33, paragraphe 2 de la Charte.
[1019] V. QUENEUDEC (J.P), « Règlement pacifique des différends », op. cit., p. 568.

face à un différend qui les oppose, deux Etats ont, par application du principe général de bonne foi, une obligation de négocier « en vue de parvenir à un accord »[1020]. Cette formule signifie que les deux parties doivent se comporter d'une façon qui rende l'éventualité de l'accord raisonnable. Par contre, elles ne sont nullement tenues d'accepter des termes de règlement qu'elles jugeraient contraires à leurs intérêts[1021]. Mais l'obligation de négocier sur un différend supporte que celui-ci existe. Et lorsqu'il existe, cette existence peut être elle-même contestée[1022]. A ce propos, la jurisprudence rappelle que l'existence du différend ne doit pas résulter d'une assertion unilatérale par un Etat[1023].

Si le droit peut être considéré comme moyen et base de règlement les différends internationaux, cependant, tous ces différends ne peuvent pas être efficacement résolus sur la base du droit. Dès lors, il convient aux Etats en litige de rechercher le mode de solution le plus approprié au type de problème soulevé. Ce mode de règlement direct entre les parties comporte la négociation[1024] et l'intervention d'une tierce partie[1025].

La négociation est la technique la plus ancienne de règlement de différends[1026]. Elle consiste d'abord en échange de vue entre les parties dans le but de définir d'un commun accord, et autant que faire se peut, la procédure ainsi que la solution à envisager[1027]. A cette fin, les parties échangent leurs points de vue sur les différentes propositions réciproques avancées pendant les négociations et concluent leurs travaux par la rédaction d'une convention internationale dont les termes définissent les conditions dans lesquelles le litige est résolu[1028].

1020 V. COMBACAU (J), sur (S), « Droit international public », Editions MONTCHRESTIEN, 5e éd., Paris, p. 560.

1021 Ibidem, p. 561.

1022 V. L'Avis consultatif de la CIJ du 30 Mars 1950, Recueil, 1950, 65, p. 74.

1023 Ibidem.

1024 V. DAILLIER (P), PELLET (A), « Droit international public » LGDJ, Paris, 1994, pp. 780 - 781.

1025 Ibidem.

1026 V. GEAMANU (G), « Théorie et pratique des négociations en droit international », R.C.A.D.I, 1980-I, vol 166, p. 365.

1027 V. RANJEVA (R), CADOUX (CH), « Droit international public », Op., cit., P.27

1028 Dans ce cadre, l'on pourra citer en guise d'exemple l'article 283 du Traité de Montégo Bay sur le droit de la mer.

En effet, aux termes de cette disposition, les parties s'engagent à entrer en négociation en vue du règlement d'un litige avant de recourir à d'autres modes de règlements des différends.

L'obligation de négocier s'impose d'abord en soi dès que deux sujets de droit international sont en litige, parce qu'elle constitue le minimum de ce qui est attendu d'eux pour régler pacifiquement le différend. A ce titre, la négociation directe entre Etats en conflit constitue la technique de droit commun. Elle s'applique en toutes circonstances, même sans texte[1029].

Très souvent, la négociation n'est qu'un des éléments d'un engagement plus vaste ; elle intervient alors soit en tant que préalable nécessaire à une procédure complexe en amont d'un autre procédé de règlement, par exemple l'arbitrage[1030], soit en vue de faciliter l'achèvement de la procédure en aval d'un autre mode, tel que le règlement juridictionnel[1031].

En principe, l'obligation de négocier n'implique pas l'obligation d'arriver à une solution concertée ; tout au plus exige-t-elle la poursuite de la négociation aussi longtemps que nécessaire[1032].

La négociation peut être bilatérale ou multilatérale[1033].

Afin de débloquer une situation aigüe ou d'éviter une escalade ou de donner une meilleure opposabilité internationale à la solution négociée, les parties en litige peuvent solliciter l'intervention d'une tierce partie. Dans ce mode spécifique, le tiers s'efforce de faciliter la reprise des négociations entre les parties et propose directement aux parties des suggestions, des projets ou des avants projets de règlement de différends[1034].

Dans le mode de règlement recourant à l'intervention d'une tierce partie, l'on distingue : la médiation, l'enquête et la

---

[1029] A cet effet, selon la C.P.J.I, le règlement judiciaire, « n'est qu'un succédané au règlement direct et amiable de ces conflits entre les parties ». Dans cette optique, V. L'ordonnance du 19 Aout 1929, Affaire zone ranches entre la France et la Suisse, série A, n° 22.

[1030] V. C.I.J, 26 Novembre 1957, Affaire du droit de passage en territoire indien, exceptions préliminaires. Rec. 1957, pp. 148 - 149.

[1031] V. C.I.J, in « L'affaire du plateau continental de la mer Egée, Rec. 1978, p. 12.

[1032] V. DAILLIER (P), PELLET (A), « Droit international public », Op. cit, p. 783.

[1033] V. Conférences de Genève de 1954 et de 1962 sur l'Indochine et le ROOS. V. Aussi la Conférence de Paris de 1972-1973 sur le Vietnam.

[1034] V. Goy (R), « Quelques accords récents mettant fin à des guerres civiles » A.F.D.I, 1992, Pp. 112 - 135.

conciliation[1035]. Parmi ces procédures bien spécifiques, seule la médiation fera l'objet de nos développements.

La médiation a souvent été confondue avec les bons offices[1036]. L'on désigne cette notion l'action d'un ou de plusieurs Etats, ou d'une organisation internationale, ou exceptionnellement d'une personnalité publique ou privée qui, à la demande et l'assentiment des parties en litige, s'efforce de faciliter le règlement du différend[1037]. Le médiateur amène les parties à reprendre leurs négociations et participe activement à la recherche des solutions en suivant les discussions, en intervenant pour que les points de vue se rapprochent et, en même temps, en proposant, en cas de besoins des solutions spécifiques.

D'origine coutumière, la méditation a été codifiée par les conventions de la Haye du 29 juillet 1899 et du 18 octobre 1907. Cela s'explique par le fait que le but essentiel poursuivi par la médiation consiste à assurer le maintien de la paix et de la sécurité internationale.

L'on est sans doute ici au cœur de la relation établie par la Charte des Nations Unies entre le règlement pacifique des conflits et le maintien de la paix. L'on constate ainsi que cette relation ne résulte pas uniquement de la Charte mais est également établie dans le droit coutumier. Dans cette optique, la Cour Internationale de Justice dans son arrêt du 27 juin 1986[1038], souligné que même en se plaçant en dehors du cadre conventionnel, l'obligation de trouver une issue pacifique à tout différent dont la persistance est de nature à mettre en péril le maintien de la paix apparaît comme complémentaire du principe de droit international général portant interdiction du recours à la force. Cela est d'autant vrai qu'en Amérique centrale, la Cour s'est appuyée

---

[1035] S'agissant de la médiation, V. RUZIE (D), « Droit international public », MEMENTOS DALLOZ, série droit public-science politique, sans la direction d'Yves JEGOUZO, DALLOZ, Paris, 2000, P.
Concernant l'enquête, V. BENSALAH (T), « l'Enquête internationale dans le règlement des conflits », L.G.D.J, Paris, 1976.
Enfin, quant à la conciliation, V. COT (J-P), « Le conciliation internationale », Editions PEDONE, Paris, 1968.
[1036] V. DAILLIER (P), PELLET (A), « Droit international public », op. cit, p. 785.
[1037] Ibidem.
[1038] V. Affaire des activités militaires et paramilitaires au Nicaragua et contre celui-ci (Nicaragua c. Etats-Unis), CIJ, Recueil, 1986, p. 145, para. 290.

sur ce « principe de droit international coutumier » pour appeler les Etats en litige à contribuer à l'établissement d'une paix durable[1039].

Toutefois, il n'en demeure pas moins que tout litige entre deux Etats peut conduire à une dégradation du climat dans leurs relations mutuelles, sans mettre nécessairement la paix en péril. Dans ce cas, il compromet sérieusement les « relations amicales » que la Charte prescrit aux Nations Unies de développer entre les Nations[1040]. Dans cette hypothèse, l'on admet l'examen du règlement par le Conseil de sécurité est admis, même en l'absence de véritables menaces contre la paix[1041].

Aussi, la Déclaration de Manille de 1982 en a-t-elle tiré en quelque sorte la conséquence logique. Elle prévoit, en effet, que l'obligation de règlement pacifique s'applique à tous les différends internationaux, quelle que soit leur gravité ou leur nature. Seule compte, la finalité poursuivie par le règlement pacifique[1042].

Dans cette perspective, la Déclaration de Manille précise que si les parties n'ont pas réuni par les moyens traditionnels à régler un différend dont la prolongation semble devoir menacer le maintien de la paix, le conseil de sécurité en sera obligatoirement saisi[1043].

Ainsi, l'article 33, paragraphe 2 de la Charte ménage au profit de la diplomatie multilatérale une possibilité d'intervention. Toutefois, celle-ci est conçue comme devant être exceptionnelle. Dès lors, dans le cadre des dispositions de la Charte sur le règlement pacifique des différends, la diplomatie multilatérale apparaît comme un ultime recours pour les parties en litige, après qu'elles aient épuisé les autres moyens pacifiques de règlement. Comment s'effectue ce mode de règlement ? C'est ce qui importe d'observer.

1039 Ibidem, para. 291.

1040 V. L'article 1er, paragraphe 2 de la Charte.

1041 A ce propos, V. L'examen par le Conseil de sécurité en 1960 de l'affaire opposant l'Argentine à Israël à la suite de l'enlèvement d'EICHMANN en territoire argentin ; S / PV. 865 à 868.

1042 Ceci paraît plus conforme à l'idée qui sous-tend le principe de l'article 2, paragraphe 2 de la Charte.

1043 V. A./Rès/37/10, 1ère partie, para. 7.

B. Le règlement pacifique des différends dans le cadre de la diplomatie multilatérale.

Lorsqu'ils ont créé les premières organisations politiques internationales, les Etats leur ont assigné comme finalité principale, le maintien de la paix, en particulier par l'apaisement et la prévention des tensions internationales[1044]. La tendance la plus naturelle était de transposer, dans leur cadre, les modes de règlements déjà acceptés et mis en œuvre dans les rapports interétatiques.

Ainsi, l'article 33, paragraphe 2 de la Charte autorise le conseil de sécurité, s'il juge nécessaire à « inviter » les Etats en litige à régler les différends par des moyens pacifiques énumérés au paragraphe I[1045]. Dès lors, peut-on dire que le Conseil doit simplement s'en tenir à aider éventuellement les Etats à régler leur conflit entre eux ?

L'utilisation de l'expression « s'il juge nécessaire » pourrait laisser penser que le Conseil de Sécurité dispose ici d'un pouvoir propre, qu'il peut exercer de sa propre initiative sans attendre que le différend lui soit soumis par l'une des parties en litige ou par un Etat membre[1046]. En réalité, dans la pratique, le Conseil de sécurité ne peut être saisi d'un différend que sur la base d'une communication émanant des Etats, de l'Assemblée générale ou du Secrétariat général[1047]. L'expression a seulement pour objet de conférer au Conseil de sécurité un pouvoir discrétionnaire pour apprécier si un différend est de nature à menacer le maintien de la paix et de la sécurité et, partant, s'il devient nécessaire d'inviter les parties à rechercher une solution pacifique.

Toutefois, il convient de signaler que le Conseil de sécurité se fonde rarement de manière expresse sur l'article 33, paragraphe 2, lorsqu'il est appelé à examiner un différend dont la prolongation menace le maintien de la paix. C'est pourquoi, parmi les recommandations contenues dans la Déclaration de Manille sur le règlement pacifique des différends internationaux figure celle selon laquelle « les Etats membres devraient raffermir le rôle du Conseil de

---

[1044] V. DAILLIER (P), PELLET (A), « Droit international public », op cit. p. 791

[1045] Ces moyens sont : la négociation, l'enquête, la médiation, la conciliation, l'arbitrage, le règlement judiciaire, le recours aux organismes ou accords régionaux, ou d'autres moyens pacifiques selon le choix des parties en conflit.

[1046] L'on pourra dans ce cas, se référer à l'étude de JIMENEZ DE ARECHADA (E), « Les traitements des différends internationaux », in RCADI, Vol. 85, pp. 41 - 46.

[1047] V. DAILLIER (P), PELLET (A), « Droit international public », op, cit., pp. 798 - 799.

Sécurité pour qu'il puisse s'acquitter pleinement et effectivement de ses responsabilités dans le domaine du règlement des différends[1048].

Ainsi, le Conseil se voit conférer la responsabilité principale du maintien de la paix et de la sécurité internationale[1049]. A ce titre, il agit au nom des Etats membres.

Afin d'éviter des procédés dilatoires, le droit de saisine est littéralement attribué par la Charte[1050]. Dès lors, tout Etat membre, partie ou non à un différend, impliqué ou non dans une « situation » peut attirer l'attention du Conseil sur ce différend ou cette situation[1051]. La compétence du Conseil ayant son fondement dans la Charte, elle s'impose à tous les Etats.

Par ailleurs, si les parties à un différend potentiellement conflictuel ne réussissent pas à le régler par divers moyens énoncés à l'article 33, elles le soumettront au Conseil de sécurité[1052]. Celui-ci pourra alors recommander les termes de règlement qu'il jugera approprié, ce qui l'investit ainsi d'un véritable rôle de conciliation[1053].

Poursuivant la répartition des compétences au sein des Nations Unies, la Charte organise aussi l'intervention de l'Assemblée générale. Dans cette optique, l'Assemblée générale ne dispose que de compétences plus vaguement définies et subordonnées à celles du Conseil. En vertu de la résolution Acheson et de sa pratique, elle a pu les étendre et les préciser.

S'agissant des compétences en vertu de la Charte, les compétences de l'organe plénier sont définies de façon à ne pas empiéter sur la responsabilité principale du Conseil, tout en maintenant la compétence générale de principe dont dispose l'Assemblée[1054]. Dès lors, l'Assemblée ne doit faire « aucune recommandation sur un

---

[1048] V. A/Res/37/10, 2e partie, paragraphe 4.
[1049] V. L'article 24 de la Charte.
[1050] V. L'article 35 paragraphe I
[1051] Ibidem.
[1052] V. L'article 37 de la Charte.
[1053] A ce propos, V. LABOUZ (M-F), « Commentaire des articles 36 et 37 », in « La Charte des Nations Unies », op. cit, pp. 629 - 640.
[1054] V. COMBACAU (J), SUR (S), « Droit international Public » op. cit., p. 642.

différend ou une situation dont traite le Conseil »[1055]. Aussi doit-elle lui renvoyer toute question dont elle discute et qui appelle une action[1056].

Toutefois, l'Assemblée générale conserve pour le reste sa compétence générale, qui lui permet de « discuter toutes questions ou affaires rentrant dans le cadre de la Charte ou se rapportant aux pouvoirs et fonctions de l'un de ces organes »[1057]. Elle peut aussi discuter « toutes questions se rattachant au maintien de la paix et de la sécurité internationale » dont elle est saisie par un Etat ou par le Conseil[1058]. Elle peut adopter des recommandations sur ces questions comme sur les « principes généraux de coopération pour le maintien de la paix et de la sécurité internationales[1059] ». Elle peut également « recommander des mesures propres à assurer l'ajustement pacifique de toute situation »[1060]. Enfin, l'Assemblée générale participe en application des articles 5 et 6 à la suspension ou à l'expulsion des membres pour violation de la Charte, en prenant la décision finale sur recommandation du Conseil de sécurité.

La pratique, marquée par des avancées et des reculs de la compétence de l'Assemblée générale, est moins restrictive que ne laisse entendre le texte de la Charte. Face à la menace de blocage de l'activité du Conseil par le veto des membres permanents, l'Assemblée a recherché les moyens de pallier l'inefficacité de la procédure prévue par la Charte. La résolution Dean ACHESON[1061] est la solution en ce sens.

La résolution 377 (V) du 3 novembre 1950 dénommée « résolution Dean ACHESON » prévoit en effet que, dans l'hypothèse où « le Conseil de sécurité manque à s'acquitter de sa responsabilité principale » parce que « l'unanimité n'a pu se réaliser parmi ses

---

[1055] V. L'article 12 de la Charte.
[1056] Ibidem, Article 12, paragraphe 1.
[1057] V. L'article 10 de la Charte.
[1058] Ibidem, Article 11, paragraphe 2.
[1059] Ibidem, Article 11, paragraphe 1.
[1060] Ibidem, Article 14.
[1061] Il s'agit de la résolution 377 (V) du 3 novembre 1950 dénommée « Résolution DEAN ACHESON » du nom de son instigateur, le secrétaire d'Etat américain de l'époque.
Cette résolution a été adoptée par l'Assemblée Générale dans le contexte de la guerre de Corée
L'URSS avait renoncé à siéger pour protester contre le refus de reconnaître la capacité du nouveau Gouvernement communiste chinois à représenter la Chine aux Nations Unies.

membres permanents », l'Assemblée se réunira d'urgence afin de recommander aux membres « les mesures collectives à prendre » y compris « l'emploi de la force armée », en cas de « rupture de la paix ou d'acte d'agression ».

Dans la pratique, l'utilisation de la résolution ACHESON a été très prudente[1062]. Cela est d'autant vrai, que c'est parfois le Conseil de sécurité lui-même, acquiescent à la résolution qui a convoqué l'Assemblée, et parfois elle l'a été sans que la résolution ACHESON soit formellement invoquée[1063]. En revanche, l'Assemblée n'a jamais recommandé l'emploi de la force dans ce cadre. Mais il l'a plutôt réintégré dans le cadre de ces compétences générales[1064].

Outre le Conseil de sécurité et l'Assemblée générale, les Etats reconnaissent au Secrétaire général de l'ONU un rôle important. En effet, l'article 99 de la Charte permet à ce dernier d' « attirer l'attention du Conseil de sécurité sur toute affaire qui, à son avis, pourrait mettre en danger le maintien de la paix et de la sécurité internationales[1065] ».

Dans cet ordre d'idées, il convient de signaler qu'au cours des années 1980, l'influence du Secrétaire général s'est accrue non seulement sur la base de l'article 99, qui permet au Secrétaire d'attirer l'attention du Conseil de sécurité sur toute affaire susceptible de mettre en danger le maintien de la paix et de la sécurité internationales, mais aussi du fait de l'autorité personnelle acquise par monsieur PEREZ DE CUELLAR lui-même[1066]. C'est ainsi qu'il a été amené à intervenir de façon plus ou moins directe dans le règlement d'un certain nombre de conflits. Ainsi, il a été choisi comme médiateur, par la France et la Nouvelle Zélande, pour régler le différend qui les opposait à propos de l'Affaire RAIBOW WARRIOR[1067].

Dans sa quête de maintien de la paix, la Charte consacre un chapitre[1068] aux « accords régionaux » en matière de règlement des

[1062] V. COMBACAU (J), SUR (S), « Droit international Public » op. cit., p. 643.
[1063] Ibidem.
[1064] Ibidem, pp. 643 - 644.
[1065] V. SMOUT (M-C), in « La Charte des Nations Unies », op. cit., pp. 1327 - 1335.
[1066] V. DUPUY (P-M), « Droit international Public » op. cit., p. 471
[1067] Ibidem.
[1068] V. Le Chapitre VIII.

affaires qui touchent au maintien de la paix et de la sécurité et se prêtant à une action de caractère régional[1069].

A ce propos, les membres des Nations Unies qui concluent de tels accords « doivent faire tous leurs efforts » pour régler d'une manière pacifique, par le moyen de ces accords, « les différends d'ordre local avant de les soumettre au Conseil de sécurité » de l'ONU[1070].

Dans cette perspective, il se pose le problème de l'articulation du système universel et des systèmes régionaux de règlement des différends.

Dans ce cadre, la Charte n'établit pas une quelconque hiérarchie des mécanismes existants, ni une répartition des compétences selon un critère matériel.

Certes, le paragraphe 3 de l'article 52 de la Charte prévoit que le Conseil de sécurité « encourage » l'utilisation des procédures disponibles au plan régional pour les différends « d'ordre local », mais sa compétence propre n'est en rien diminuée. L'article 52 permet seulement d'affirmer qu'un Etat membre de l'ONU ne viole pas la Charte en faisant d'abord appel aux moyens disponibles dans une Organisation régionale et en défendant la thèse que ces moyens sont plus adaptés aux circonstances de l'espèce, du moins tant que leur échec n'est pas établi. Ainsi, plusieurs organisations régionales prévoient dans leur Charte constitutive des dispositions relatives aux règlements pacifiques des différends entre leurs membres[1071].

En Afrique, l'Organisation de l'Unité Africaine devenue l'Union Africaine prévoit pour le règlement des différends le recours aux procédures classiques de la négociation, de la médiation, de la considération et de l'arbitrage[1072].

Si face à un différend qui les oppose, deux Etats ont l'obligation de négocier « en vue de parvenir à un accord », cependant, ce principe a été assoupli. En d'autres termes, il a été atténué.

[1069] V. L'article 52 de la Charte.
[1070] V. L'article 52, paragraphe 2.
[1071] En guise d'exemple, l'on pourra citer l'Organisation des Etats américains ou la Ligue arabe.
[1072]

PARAGRAPHE II

L'ATTENUATION DU PRINCIPE

HERACLITE d'EPHESE disait : « la guerre est la mère du droit des gens »[1073]. Cela est d'autant vrai que la relation belliqueuse est l'une des plus naturelles des peuples. A ce propos, pendant longtemps, le droit international ne faisait aucune restriction au recours à la force ou pour mettre en œuvre de manière coercitive le droit ou encore pour protéger les intérêts politiques, économiques ou militaires[1074]. Aucune raison ne pouvait donc justifier l'éviction du recours à la force.

Bien que considéré comme un attribut essentiel de la souveraineté de l'Etat par le droit international, le recours discrétionnaire à la force par les Etats naquit quand furent établies les prémisses nécessaires à l'obligation pour les Etats de recourir individuellement ou collectivement à la force en de légitime défense[1075].

L'on est ainsi surpris, qu'à partir du moment où le droit interdit aux Etats de recourir à la force, ce même droit maintient corrélativement une sorte de soupape de sûreté, en organisant un droit de légitime défense. Il permet à un Etat en lutte à la violence illicite de réagir à son tour pour se défendre.

Toutefois, le droit de recourir à la force fait l'objet d'une réglementation. Celle-ci a commencé à revêtir un caractère positif au 19e siècle, avant de s'épanouir au 20e siècle.

Dans cette perspective, le bien-fondé de l'atténuation du principe ne s'amènera indubitablement vrai que si l'on observe le recours discrétionnaire à la force des Etats et la réglementation du recours.

A. Le recours discrétionnaire à la force des Etats

Le maintien de la paix et de la sécurité internationale n'est pas seulement fondé sur un contrat social, il repose également sur

---

[1073] HERACLITE d'Ephèse, cité par DUPUY (P-M), in « Droit international Public » op. cit., p. 520.
[1074] V. CASSESE (A), in « La Charte des Nations Unies, Commentaire article par article », op. cit., p. 772.
[1075] V. L'article 51 de la Charte.

l'institutionnalisation de la légitime défense[1076] souvent présentée comme une exception au principe de l'interdiction du recours à la force.

La légitime défense revêt une importance dans les communautés juridiques où la protection du droit est une fonction exclusive d'organes appropriés et où il est, par suite interdit aux membres de ces communautés de se faire justice eux-mêmes[1077]. C'est donc d'une façon générale dans le cadre du droit international que la notion de légitime défense trouve son application.

Ainsi, sur le plan normatif, la légitime défense ne porte pas atteinte ni à l'indépendance politique ni à l'intégrité d'un Etat. Par conséquent, elle rentre pleinement dans le cadre de l'article 2, paragraphe 4 de la Charte[1078]. La légitime défense est fondée sur une approche cohérente de la prohibition du recours à la force, même s'il est vrai que sur le plan politique, une tension ne manque pas d'apparaître et qu'un recours sans frein à la légitime défense pourrait violer la prohibition de son efficacité.

L'article 51 de la Charte permet l'emploi de la force seulement en réaction à une « agression armée » et à condition que soient observées les normes de procédure qui prescrivent que le Conseil de sécurité soit immédiatement informé de l'action armée en légitime défense. L'agression de la part d'un autre Etat est une violation des droits souverains de la victime, laquelle en ayant recours à la légitime défense ne fait rien d'autre que de réagir pour la réalisation du droit. Ceci implique que la légitime défense doit se limiter à repousser l'agression armée. Dès lors, la victime de l'agression ne doit pas occuper le territoire de l'agresseur, sauf si cela vise à empêcher de continuer sous d'autres formes. C'est pourquoi, l'article 51 de la Charte ne permet pas une action militaire qui aille au-delà de ce qui est nécessaire pour repousser l'agression[1079].

[1076] La légitimité défense est un fait objectivement licite commis pour repousser une violence effective et injuste. Sur ces précisions, V. CASSESE (A), in « La Charte des Nations Unies, Commentaire article par article », op. cit., p. 771.

[1077] Ibidem.

[1078] Ibidem.

[1079] Dans cette perspective, la thèse soutenue par Israël est sans fondement juridique. En effet, cet Etat a plusieurs occasions invoqué la légitime défense préventive, notamment en 1967 contre l'Egypte, en 1975 contre les camps palestiniens au Liban, en 1981 à l'encontre de l'Irak pour justifier la destruction sur le territoire de cet Etat d'un réacteur susceptible d'utilisation militaire.

Dans leur tentative d'extension consistant à invoquer la légitime défense, durant de nombreuses années, au moment des guerres de libération coloniale, les pays du Tiers-monde ont affirmé au sein de l'Organisation des Nations Unies la légitimité du recours à la force pour défendre les peuples colonisés et leur permettre d'exercer leur droit à disposer d'eux-mêmes[1080].

Dans cette perspective, l'on peut se demander si un Etat non directement atteint par une agression au nom d'une appartenance quelconque à un sous-système du système international ou d'un accord le liant à un pays agressé peut recourir à l'emploi de la force pour aider un autre Etat victime de l'agression. L'on parle dans ce cas, de la légitime défense collective.

Le cas de la légitimité défense est complexe. L'argument généralement avancé pour justifier cette complexité ou mieux encore la mise à l'écart des dispositions de la Charte est fondé sur le caractère « inhérent » ou « naturel » du droit de légitime défense tel qu'énoncé à l'article 51.

Dans cet ordre d'idées, l'arrêt de la Cour Internationale de Justice dans l'affaire des activités militaires Nicaragua - Etats-Unis (1986) a accordé à cette question des développements intéressants. A cet effet, il consacre le caractère restrictif du droit de légitime défense collective en rappelant l'importance des critères de nécessité et de proportionnalité. Pour ce faire, il s'appuie sur les termes dans lesquels la Déclaration 2625 de l'Assemblée générale relative aux principes du droit international touchant les relations amicales entre les Etats qui réitère l'interdiction du recours à la force. Pourtant, à d'autres égards, la même décision élargit dans une certaine mesure le champ et les modalités de la légitime défense. Elle le fait de deux façons. D'une part, en admettant, sur la base de la résolution 3314 de l'Assemblée générale qui est assimilable à l'agression armée, seule susceptible de justifier l'exercice de la légitime défense. D'autre part, et surtout, l'arrêt consacre la thèse du caractère coutumier du droit de légitime défense[1081].

[1080] V. DUPUY (P-M), « Droit International Public » op. cit., p. 505.

[1081] V. CIJ, Affaire des activités militaires Nicaragua - Etats-Unis, Recueil, 1986 p. 102 et s.

En définitive, la Cour justifie qu'un Etat ou un groupe d'Etats puissent prétendre exercer la légitime défense en dehors des contraintes institutionnelles établies à l'article 51 de la Charte.

Dans cette optique, en dépit de la résistance de la Communauté internationale à l'égard des tentatives d'interprétation extensive des motifs justifiant l'exercice du droit de légitime défense, celui-ci a néanmoins pris une place beaucoup plus considérable que la part résiduelle qui lui a été réservée par l'article 51 de la Charte.

Si le droit international a admis le recours à la force des Etats, toutefois, celui-ci a été réglementé.

B. La réglementation du recours à la force

L'usage de la force est une théorie comme en pratique, une hypothèse régulière en droit international[1082]. Afin de restreindre l'usage de la force dans les conflits ouverts, qu'ils soient ou non compatibles avec le droit, le droit international comporte une réglementation du recours persistant à la force[1083].

Avant la Charte des Nations Unies, le droit postérieur à la première guerre mondiale comportait d'importantes restrictions du droit de recours à la force[1084]. La réglementation contemporaine apparaît ainsi comme l'aboutissement d'un long effort normatif.

Concernant les caractères du droit postérieur à la première guerre mondiale, les Etats pouvaient librement recours à la guerre. La conséquence classique de l'état de guerre étant la rupture automatique des relations internationales entre Etats concernés, chaque belligérant chargerait un Etat tiers de défendre ses intérêts sur le territoire de son adversaire. En clair, il s'agissait de la règlementation de la conduite des hostilités. A ce propos, c'est le « droit de la Haye »[1085] qui s'appliquait. Ainsi, la réglementation concernait d'abord la conduite des hostilités

---

1082 V. DAVID (E), « Principe de droits des conflits armés », Editions BRUYLANT, Bruxelles, 1994, p. 76.

1083 V. COMBACAU (J), SUR (S), « Droit international Public » op. cit., p. 619.

1084 Pour une étude suffisamment édifiant de ces restrictions, V. COMBACAU (J), SUR (S), « Droit international Public » op. cit., p. 619 - 622.

1085 Ce droit concerne la conduite des hostilités pour limiter le choix des « moyens de nuire à l'ennemi ». Sur ce point V. L'article 22 de la Convention III de la Haye de 1899.

sur terre et la réglementation de l'usage de certaines armes. La réglementation de la guerre sur mer inclut les principes généraux applicables aux hostilités terrestres. Elle comporte également un certain nombre de règles spécifiques, notamment celles qui assimilent les sous-marins aux bâtiments de surface[1086].

Dans cette optique, la capture des navires de commerce ennemis est autorisée selon certaines procédures : c'est « le droit de prise ». En matière d'occupation de guerre, les Conventions de la Haye reconnaissent à l'occupant des compétences étendues sur le territoire conquis lorsqu'il se trouve placé de fait sous l'autorité de l'armée ennemie[1087]. Toutefois, il convient de signaler que l'occupation n'opère pas par elle-même le transfert de souveraineté.

La revendication d'un droit ne suffit pas à légitimer le recours à la force. C'est plutôt l'idée de la défense du droit qui doit être fortement exprimée[1088]. Cette idée a largement inspiré les effets poursuivis durant l'entre-deux guerres. A cet effet, l'on distingue deux étapes : celle du Pacte de la Société des Nations et celle de BRIAND-KELLOGG.

Le Pacte de la SDN (1919) est l'antécédent direct de l'organisation de la sécurité collective entreprise par la Charte des Nations Unies. Il comprend à ce titre une dimension normative et une dimension institutionnelle.

- Sur le plan normatif, le Pacte ne procède pas à une limitation aussi extensive du recours à la force que la Charte. Il se borne à déclarer illicites certains recours à la guerre, ce qui implique a contrario que la prohibition n'est pas générale. Dans cette optique, les guerres « d'agression[1089] » ainsi que celles dirigées contre un Etat qui se conforme à une décision arbitrale ou juridictionnelle[1090] sont interdites. En revanche, en cas d'échec des différentes procédures relatives au mode de règlement pacifique[1091], la guerre redevient licite à l'expiration d'un

[1086] V. Le Traité de Londres du 22 Avril 1930.
[1087] V. L'article 42 de la Convention IV de la Haye de 1907.
[1088] Cela a été affirmé par les alliés durant la première guerre mondiale. A ce propos, V. COMBACAU (J), SUR (S), « Droit international Public » op. cit., p. 621.
[1089] V. l'article 10 du Pacte de la société des Nations (1919).
[1090] V. L'article 13, paragraphe 6 du Pacte de la SDN op. cit.
[1091] S'agissant des différentes procédures relatives au mode de règlement pacifique, l'on pourra citer : l'arbitrage, ou l'examen par le Conseil de la SDN sur ces précisions, V. L'article 12, paragraphe 1.

moratoire de trois mois, destinés à permettre de nouveaux efforts diplomatiques.

- Sur le plan institutionnel, outre l'intervention des organes, (Assemblée ou Conseil), dans le règlement pacifique des différends, le Pacte comporte un mécanisme de mesures coercitives[1092]. Mais elles doivent être prises à l'unanimité du Conseil ou de l'Assemblée. Elles n'ont qu'une simple valeur de recommandation, reposant sur une libre application par les Etats[1093].

Enfin, quant au Pacte BRIAND - KELLOGG conclu en 1928 sur la base d'une initiative française acceptée par les Etats-Unis[1094], il vise à élargir les prohibitions initiales en réduisant les fissures du Pacte de la SDN. Il condamne « le recours à la guerre pour le règlement des différends internationaux ».

Toutefois, chaque Etat demeure en définitive juge de sa propre attitude, et les hypothèses de guerre licite subsistent[1095].

En conclusion, l'on peut dire que les distinctions rigides sur lesquelles était fondé le droit classique de la guerre avaient le mérite de la clarté. Cependant, elles ont été progressivement remises en cause à l'époque contemporaine.

La volonté d'accroître autant que faire se peut la protection des populations civiles a conduit à abandonner la notion de guerre classique, pour consacrer celle beaucoup plus large, de « conflits armés ». Le recours à la force s'est de plus en plus dégagé du formalisme de la déclaration de guerre. La guerre interétatique n'est plus que l'une des catégories des conflits armés. Les conflits internes deviennent de plus en plus nombreux. L'une des marques de ces conflits est qu'ils n'échappent pas au droit qui doit s'adapter à ces nouveaux conflits. C'est ce qu'il convient d'examiner.

[1092] V. L'article 16 du Pacte de la SDN

[1093] Ibidem.

[1094] Sur ces précisions, V. COMBACAU (J), SUR (S), « Droit international Public » op. cit., p. 621.

[1095] V. Chapitre X du Pacte de la SDN op. cit.

SECTION II

L'ADAPTATION DU DROIT A LA PAIX AUX NOUVEAUX CONFLITS

Mais comme le conflit est en Afrique ce que la maladie est à notre existence, la majorité des conflits qui ont lieu aujourd'hui sur le continent Africain sont des conflits internes. En effet, à l'intérieur des frontières d'un Etat, des populations civiles sont victimes des exactions commises par les rebelles, des milices ou des bandes incontrôlées. La plupart de ces conflits entraînent l'effondrement des institutions nationales. L'Etat est littéralement en faillite ; il n'y a plus d'administration, plus de police, plus de système judicaire. L'explosion du conflit est parfois tellement aigüe qu'aucun moyen de maitrise de son flux ne droit être négligé. Ainsi, à la traditionnelle réserve qui entoure le règlement des conflits à « l'Africaine » malgré des garanties qu'il offre aux parties en conflits, l'utilisation du droit devient une solution pour la gestion du conflit. Il s'agit d'assurer la paix par le droit.

Dans cette perspective, le droit a prévu des modes de règlement des différends qui visent à dépasser le face-à-face des belligérants en conflit pour faire intervenir un tiers impartial, dans un cadre diplomatique ou institutionnel[1096]. Dans la nébuleuse des moyens de règlement des conflits, la médiation[1097] est la modalité la plus souple qui retient régulièrement l'attention des autorités politiques en Afrique. C'est ainsi qu'elles ont toujours réaffirme leur volonté politique de voir le Président Denis SASSOU-N'GUESSO dans la médiation de nombres conflit qui interviennent en Afrique. C'est ainsi que le Président du Congo utilise le droit à la paix en l'adaptant successivement dans la cuise centrafricaine (Paragraphe I) est dans celle de la Libye (Paragraphe II).

1096 V. RANJEVA (R), CADOUX (CH), « Droit international public », op. cit., pp. 228 - 229.

1097 L'on désigne par la médiation, l'action d'un ou plusieurs Etats, ou d'une organisation internationale, ou exceptionnellement d'une personne publique ou privée qui, à la demande et avec l'assentiment des parties en litiges, s'efforce de faciliter le règlement du différend. Toutefois, le médiateur ne dispose d'aucun pouvoir de décision. Les solutions acceptées par les parties seules lient celles-ci et mettent fin au litige.
Sur ces précisions, V. RANJEVA (R), CADOUX (CH), « Droit international public », op. cit., p. 229.

PARAGRAPHE I

L'ADAPTATION DU DROIT A LA PAIX DANS LA CRISE CENTRAFRICAINE

La crise politique en République Centrafricaine est née de la contestation du processus de 2011[1098]. L'échec de la mise en œuvre de l'accord politique signée le 11 janvier 2013 à Libreville (Gabon) entre le Gouvernement de François BOZIZE et la rébellion SELEKA a accentué la crise. Ainsi la coalition rebelle SELEKA avait fini par renverser le Président François BOZIZE le 24 Mars 2013, et son chef Michel DJOTODIA s'était autoproclamé Président de la République.

L'avenir de ce nouveau pouvoir Centrafricain s'est joué Ndjamena (Tchad), lors de la 4ème session extraordinaire des chefs d'Etats et de Gouvernement des Etats de la Communauté Economique des Etats de l'Afrique Centrale (CEEAC), le 18 Avril 2013[1099].

Au cours de cette réunion, une feuille de route a été adaptée. Celle-ci fixait la transition à 18 mois et maintenait Monsieur Michel DJOTODIA comme chef de l'Etat et Monsieur Nicolas TIANGAYE au poste de Premier Ministre[1100]. La feuille de route précisait aussi que l'accord de Libreville du 11 Janvier 2013, demeurait la seule base des arrangements politiques durant toute la transition et aucune autorité de transition ne devait se présenter aux futures élections.

Le Groupe International de Contact (G.I.C) mis en place par le Conseil de paix et de sécurité de l'Union africaine est dirigé par le Président Denis SASSOU NGUESSO. Ce Groupe s'est réuni pour la première fois à Brazzaville (Congo) le 3 Mai 2013.

A l'issue de cette réunion un appel dit « appel de Brazzaville » a été lancé. Dans cet appel, le Groupe International de Contact sollicitait entre autres le soutien financier des Etats membres de la CEEAC et des partenaires bilatéraux pour réactiver les services administratifs et publics en vue de préparer les opérations électorales en République centrafricaine[1101].

[1098] V. Le dossier relatif à la Conférence de Paix de décembre 2013 à Paris, notamment le volet Paix et sécurité en Afrique.
[1099] Ibidem.
[1100] Ibidem.
[1101] Ibidem, p. 4.

Dans son engagement à favoriser la paix, le Président Denis SASSOU NGUESSO, Médiateur international dans la crise centrafricaine s'est déployé à mettre en œuvre une conception large du maintien de la paix et une prise en charge de l'élargissement du champ de cette notion.

A. La mise en œuvre par le Président Denis SASSOU-N'GUESSO d'une conception large du maintien de la paix

Dans ce contexte, le Président Denis SASSOU-N'GUESSO est amené à jouer un rôle prédominant. Il s'agit en effet pour lui, d'agir à la fois rapidement et fermement. Mais il ne peut toutefois le faire sans contestation par les belligérants que dans le cadre du droit. Or ce dernier est lui-même affecté en principe à une fin exclusive, le maintien de la paix. Dès lors, à moins de réformer la Charte de l'ONU, ce qui paraît aujourd'hui difficile et politiquement aléatoire, il fallait donner à la notion de maintien de la paix une conception suffisamment large pour y faire entrer l'observation du cessez-le-feu et l'interposition.

S'agissant de l'observation du cessez-le-feu, l'Accord de cessation des hostilités entre les belligérants en République centrafricaine est intervenu à Brazzaville, le 23 juillet 2014[1102]. La cessation des hostilités impliquait l'arrêt immédiat des hostilités et l'abstention de tout acte militaire ou toute autre forme de violence[1103]. Dans l'Accord de cessez-le-feu, les belligérants en République centrafricaine s'abstenaient de tous les actes de violences contre les populations civiles et militaires. Ces actes de violences incluaient les exécutions sommaires, la torture, le harcèlement, les incendies volontaires des villages, des biens publics et privés, les destructions des édifices religieux, le pillage, la détention et l''exécution arbitraires des civils et militaires[1104].

Les opérations de maintien de la paix mise en œuvre par le Président Denis SASSOU-N'GUESSO ne limitent pas seulement à surveiller le cessez-le-feu, elles concernent aussi l'interposition.

[1102] V. L'Accord de cessation des hostilités en République centrafricaine, Brazzaville, le 23 juillet 2014.
[1103] Ibidem, Article 2, al. 1.
[1104] Ibidem, Article 2, al. 2.

Concernant l'interposition, les conflits internes nous apprennent qu'il ne suffit pas de prescrire de bons ingrédients, il faut que le dosage, soit adéquat. Ce qui a provoqué le mouvement des populations réclame que le maintien de la paix soit doté de moyens de dissuasion. C'est en ce moment que l'interposition devient nécessaire. L'interposition est une présence renforcée des forces étrangères dans un Etat en crise afin de veiller au rétablissement de la paix. L'opération SANGARIS du 7 décembre 2013[1105] en Centrafrique nous offre une meilleure illustration.

L'accélération du rythme de maintien de la paix par le Conseil de sécurité a créé le 15 septembre 2014, la Mission Intégrée Multidimensionnelle des Nations Unies pour la stabilisation de la République Centrafricaine (MINUSCA)[1106]. Son mandat constituait à :

- Surveiller le cessez-le-feu ;
- Maintenir une présence dans les villes assiégées pour dissuader toute attaque et préserver les vies ;
- Tenir l'aéroport de Bangui - M'poko ;
- Reformer et restaurer le secteur de la défense et de la sécurité[1107].

La MINUSMA a su accomplir tout cela avec à peine douze mille (12.000) casques bleus[1108].

Par ailleurs, les parties s'engageaient à s'impliquer dans le processus global de réconciliation nationale, en s'abstenant d'entraver la libre circulation des personnes et des biens sur l'ensemble du territoire, ainsi que dans le travail des forces nationales et internationales dans l'exécution de leurs mandats donnés par les différentes résolutions des Nations Unies[1109].

[1105] V. La Résolution du Conseil de sécurité du 5 décembre 2013 visant à restaurer la sécurité en Centrafrique.

[1106] A cet effet, V. La Résolution 2149 du Conseil de sécurité.

[1107] V. « Le Rapport de fin de la transition centrafricaine 2013 – 2016, Bangui 8 avril 2016.

[1108] Ibidem.

[1109] Ibidem.

Enfin, les belligérants s'engageaient à extirper de leurs rangs et à rapatrier tous les mercenaires afin qu'ils regagnent leur pays respectif avec l'appui de la Communauté internationale[1110].

Le maintien de la paix est une manifestation de la capacité du monde à coopérer. Le maintien de la paix dans la crise centrafricaine doit s'adapter à l'évolution de la société internationale. A cet effet, le Médiateur international devra s'attaquer aux causes profondes du conflit et dépasser les seules tâches militaires qui caractérisent les opérations de maintien de la paix.

Pour cela, le Président Denis SASSOU-N'GUESSO doit avoir un rôle beaucoup plus riche que d'être simplement « la bouche des résolutions des Nations Unies ».

La paix et sécurité internationales ne découlent pas seulement de l'absence de guerre et de conflits armés. D'autres menaces de nature non militaire à la paix et à la sécurité trouvent leur source dans l'instabilité dans le domaine économique, social et humanitaire.

L'on assiste ainsi à l'élargissement du champ du maintien de la paix. Et l'on peut se demander comment le Président Denis SASSOU-N'GUESSO a pris en charge un tel élargissement dans la crise centrafricaine.

B. La prise en charge de l'élargissement du champ du maintien de la paix par le Président Denis SASSOU NGUESSO

Dans le cadre de la prise en charge de l'élargissement du champ du maintien de la paix par le Président Denis SASSOU NGUESSO, l'on voit apparaître les actions d'un tout autre type.

La première action se déroule non plus sur un plan international mais interne de la RCA afin de veiller directement à l'établissement d'un régime politique stable et authentiquement démocratique. Cette action s'effectue par le biais de l'assistance électorale, destinée à permettre le déroulement régulier des opérations de vote. Dans ce cas, lors de la 7ème réunion du Groupe International de Contact sur la RCA tenue à Brazzaville, le 16 mars 2015, les participants ont pris acte de la décision du Président Denis SASSOU NGUESSO, Médiateur

[1110] Ibidem.

international de la crise centrafricaine de proroger la transition de six mois jusqu'au 15 août 2015[1111].

Par ailleurs, les participants ont demandé aux autorités de transition, ainsi qu'à l'autorité nationale des élections (ANE), de prendre d'urgence des dispositions politiques, juridiques, financières et matérielles nécessaires pour accélérer le processus électoral et faciliter avant le 15 août 2015 au plus tard, la tenue d'élections libres, transparentes et crédibles qui marqueront la fin de la transition.

Enfin, les participants se sont félicités de la mise en place du programme d'appui au cycle électoral centrafricain, signé le 25 novembre 2014, instituant un Fonds fiduciaire, afin de permettre la mobilisation des ressources à hauteur de 44 millions de dollars[1112]. Ils se sont réjouis des contributions déjà, et ont demandé à tous ceux qui ont fait des promesses de contributions d'honorer leurs engagements pour combler le déficit de 18 millions de dollars identifié à ce jour[1113].

En second lieu, on constate la subordination du maintien de la paix à des actions d'assistance humanitaire. L'exemple a été donné dans le cadre de la mise en œuvre de la feuille de route recadrée du Gouvernement de transition[1114]. Cette feuille de route condamne les déplacements internes des populations provoqués par les violences enregistrées au nord-est du pays. Les participants demandent aux groupes armés pour qu'ils cessent les violences contre les humanitaires et les civiles, et n'entravent pas l'accès des humanitaires aux populations civiles, dans le respect du droit humanitaire[1115].

La feuille de route renforçait ainsi le lien établi entre respect du droit humanitaire et maintien de la paix.

Le droit humanitaire est une branche du droit international qui s'inspire du sentiment d'humanité et qui est centré sur la protection de

---

[1111] V. Le document relatif à la 7ème Réunion du Groupe international de contact sur la RCA à Brazzaville, Brazzaville, le 16 mars 2015, p. 12.

[1112] Ibidem, p. 14.

[1113] Ibidem, p. 8.

[1114] V. Le Document relatif à la 7ème Réunion du Groupe international de contact sur la République Centrafricaine tenue à Brazzaville, le 16 mars 2015, notamment le Document réservé spécifiquement aux conclusions. Pour ce faire, V. Document, op. cit., p. 4.

[1115] Ibidem.

la personne humaine[1116]. Le droit humanitaire affirme l'importance de la personne humaine, quelle que soit sa nationalité en tant que dépositaire des droits définis dans l'ordre international. Pour le Président Denis SASSOU NGUESSO, le droit humanitaire est caractérisé par la mise à l'écart du lien d'allégeance entre l'individu à protéger et l'Etat soumis à l'obligation de protection. Une confirmation en sera donnée lorsqu'il demande aux autorités de la transition centrafricaine d'œuvrer au démantèlement du camp des déplacés internes se trouvant à l'aéroport de Bangui. Dans ce sens, il exhorte la Communauté internationale à consentir les efforts pour le restaurer des services sociaux de base[1117].

La conception du Président Denis SASSOU NGUESSO, au demeurant très légitime, procède d'une idéologie du droit international. Elle résulte de l'idée que ce droit, même s'il procède la volonté des Etats, est assigné à la réalisation des certaines « fins humaines »[1118].

Enfin, en troisième et dernier lieu, la prise en charge de l'élargissement du champ du maintien de la paix est marquée par son utilisation pour justifier l'assistance économique et financière.

Dans ce cadre, le Président Denis SASSOU-N'GUESSO a appelé les autorités de la transition à mettre en œuvre les réformes relatives à la gestion des finances publiques, y compris la mise en place d'une Agence comptable centrale du Trésor[1119].

Il a aussi exhorté les autorités centrafricaines à réinstaller les règles financières à l'intérieur du pays au fur et à mesure que l'autorité de l'Etat était restaurée. Concernant le climat des affaires, il a invité ces autorités à redynamiser la cadre permanent de concertation entre les secteurs public et privé. A l'endroit des partenaires internationaux, le Président Denis SASSOU-N'GUESSO a lancé un appel pressant pour qu'ils fournissent un appui budgétaire à la RCA[1120].

[1116] V. DUPUY (PM), « Droit international public », op. cit., p. 525.
[1117] V. Le Document relatif à la 7ème Réunion du Groupe international de contact sur la République Centrafricaine, notamment le Document réservé aux conclusions. op. cit., p. 1.
[1118] Ibidem.
[1119] Ibidem, p. 5.
[1120] Ibidem, p. 6.

Si le droit à la paix a su s'adapter à la crise centrafricaine, en Libye, « en sommes-nous si éloignés » ? L'interrogation appelle une étude approfondie.

PARAGRAPHE II

L'ADAPTATION DU DROIT A LA PAIX A LA CRISE LIBYENNE.

Rien n'est difficile pour un juriste lorsqu'il analyse la crise libyenne. L'on devait à cet effet, être prudent quand on décrit ce qui se passe dans ce pays. Peut-on affirmer que les forces en présence empêchent le droit de se développer ? Faut-il seulement poser la question ?

A chaque instant quand une société est en mouvement, aussi tôt, son système habituel de régulation c'est-à-dire le droit lui fait retrouver l'équilibre. Mais lorsqu'un événement grave survient, le système habituel de régulation ne suffit plus : c'est la crise. Dans ce cas, il faut faire appel à un autre système de régulation pour retrouver un autre équilibre. C'est le cas de la Libye où la crise a obligé de passer d'un système de régulation à un autre. A cet effet, l'on passé d'une utilisation difficile du droit au droit saisi par la politique.

A. Une utilisation difficile du droit

Les sources du conflit, l'instabilité dans le pays, la prolifération des armes non contrôlées en grandes quantités, la présence des groupes terroristes dont la finalité est de contrôler des territoires dans la logique de la philosophie de l'Etat islamique ou d'Al-Qaïda compliquent l'utilisation du droit et imposent une réflexion fondée sur la science politique qui emprunterait l'analyse systématique. Le fait le plus significatif de ce point de vue est l'action grandissante des puissances militaires sur la scène libyenne.

Tout ceci met en relief un fait important : l'internationalisation du conflit avec la constitution d'un système militaire international.

La conséquence de ce processus est que l'Afrique apparaît comme un sous-système international. Pour comprendre cela, il importe de savoir ce qu'on entend par un système international. Un tel éclairage nécessite une définition du terme système.

D'une manière générale, quatre points permettent de définir le terme système[1121] :

1. Un système est constitué d'éléments ;
2. Entre ces éléments, il existe des relations ou interactions ;
3. Ces éléments et leurs relations forment un tout, une totalité ;
4. Cette totalité manifeste une certaine organisation.

Le premier point n'appelle pas de remarques particulières, si ce n'est que les éléments d'un système peuvent être de nature différente en fonction du type de système considéré. Ces éléments peuvent être par exemple des entités concrètes, des concepts ou même des variables.

Les relations et interactions entre les éléments ont une importance facile à savoir. En effet, un certain nombre d'éléments sans relations entre eux ne sauraient constituer un système, car ils ne représenteraient qu'une juxtaposition d'objets isolés[1122].

Ces deux premiers concepts (éléments et relations) sont à la base de nombreuses définitions du concept de système, notamment celle selon laquelle un système est un ensemble d'éléments en interaction[1123].

A notre avis, une telle définition est insuffisante, car il faut aller plus loin et faire recours à d'autres concepts pour définir un système.

La référence au concept de totalité nous semble indispensable si l'on veut comprendre ce qu'est le système. C'est cette référence qui manque de la définition de P. DELATTRE[1124].

Un système n'est en effet pas un simple agrégat d'éléments en interaction, mais c'est tout, une totalité, et selon ERVIN LASZLO, « le

---

[1121] V. BRAILLARD (PH), « Théories des systèmes et relations internationales », Editions BRUYANT, Bruxelles, 1977, p. 51.
[1122] Ibidem, p. 53.
[1123] V. DELATTRE (P), « Système, structure, Evolution. Essai d'analyse épistémologiques ». Editions MALOINE-DOIN, Paris, 1971, pp. 11 et 47. V. Aussi CLELLAND (CH). Celui-ci, par contre, parle d'une réunion d'éléments ayant des propriétés identifiables, entre lesquels les relations sont perçues. Sur ces précisions, V. cet auteur in « Système and history in international relations. Some perspectives for empirical reseach and theory », General systems, Vol. III, 1958, p. 129.
[1124] Sur ce point, voir supra, notamment la référence 1123.

concept de totalité définit le caractère de ses parties prises isolément ». Dans la mesure où il en est ainsi, le tout est par conséquent autre que la simple somme des parties[1125].

Enfin, c'est l'organisation des parties à l'intérieur du tout qui fait que le système est une totalité, et non une simple somme ou agrégat d'éléments. Pour Andras ANGYAL, « dans un agrégat, les parties sont ajoutées, dans la totalité, les parties sont disposées en un système. Le système ne peut être dérivé de ses parties »[1126].

Chaque type de système est caractérisé par un degré d''organisation qui lui est propre, degré qui dépend des relations entre les éléments du système et des contraintes qui se manifestent au niveau de ces relations.

Le concept d'organisation est donc très important pour la compréhension de ce qu'est le système.

Si l'on tente de réunir les quatre points que nous venons d'examiner, on peut définir le système comme un ensemble d'éléments en interaction, constituant une totalité et manifestant une certaine organisation. Dans ce cas, le système international est un ensemble d'entités politiques indépendantes qui sont de façon régulière en interaction[1127] ou encore un ensemble caractéristique des relations entre les entités fondamentales de la politique mondiale[1128].

Il est nécessaire, dès que l'on absorbe l'étude du système international en tant que tel, c'est-à-dire au niveau de l'analyse systématique, d'opérer une distinction entre système international et sous-systèmes internationaux.

Les sous-systèmes internationaux sont des systèmes formés par plusieurs acteurs internationaux ayant entre eux des interactions d'une spécificité ou d'une intensité particulières[1129]. Il ne suffit donc pas de

---

[1125] V. LASZLO (E), « Introduction to system philosophy, Toward a new paradig of contemporary thought », London, New-York, Paris, GORDON and BREACH, 1972, p. 36.

[1126] V. ANGYAL (A), « Foundations for science of personality », HARVARD University Press, 1941, p. 258.

[1127] V. FRANKER (J), « International politic. Conflit and harmony », London, ALLEN LANE, the Penguin Press, 1969, p. 39.

[1128] Ibidem.

[1129] V. SIOTIS (J), « Social science and study of international relations. A perspective from Geneva », the yearbook of world affaires, 1970, p. 19.

plusieurs acteurs internationaux pour former un sous-système international. Il faut qu'entre ces acteurs, il existe un faisceau particulier d'interaction.

Comme nous l'avons déjà relevé, un système international est caractérisé par le type qu'il manifeste. A cet effet, l'on distingue divers types d'interactions entre les acteurs internationaux. Dès lors, on peut parler de sous-système.

Pour ce faire, l'Afrique est un sous-système du système international formé par les acteurs ayant un faisceau d'interaction particulièrement spécifiques. Elle devrait inspirer, imprimer une certaine dynamique à la Communauté internationale et lui imposer une constante régulation entre les positions, les intérêts et les aspirations des africains.

Or tel n'est pas le cas. En effet, dans crise libyenne, face aux désordres plus ou moins profonds qui la caractérisent, l'Afrique ne dispose pas d'institutions fortes susceptibles de régler le conflit.

Aujourd'hui, en Libye le principal dominant de la régulation du conflit, demeure celui de la puissance.

A ce propos, le dictionnaire ROBERT définit la puissance comme un « moyen ou droit grâce auquel on peut faire quelque chose ». Cette définition rejoint celle de Serge SUR[1130] qui analyse la puissance comme une capacité à plusieurs degrés « une capacité de faire ; capacité de faire faire ; capacité d'empêcher de faire ; capacité de refuser de faire », qui dépend à la fois des moyens dont dispose l'Etat et des circonstances extérieures.

HANS J. MORGENTHAU affirme que la puissance peut se concevoir comme « l'entreprise d'un homme sur les esprits et les actions des autres »[1131]. Dans le cadre de la société internationale, la puissance d'un Etat se traduit par « sa capacité de projeter et d'étendre son influence politique, idéologique, économique militaire, culturelle, technologique… sur d'autres Etats »[1132].

[1130] V. SUR (S), « Relations internationales », Editions MONTCHRESTIEN, Paris, 1995, p. 253.
[1131] HANS J MORGENTHAU, cité par Brice GOCCOL, in « Relations internationales », op. cit., p. 18.
[1132] Ibidem.

S'agissant de la Libye, c'est la puissance relative des forces en présence qui déterminerait les solutions que l'on tente d'apporte au conflit, quand on sait que les pays non africains, ayant constaté l'impuissance de l'Union africaine, se sont imposés pour afficher leur puissance.

La présence de nombreux mercenaires en Libye, place désormais la puissance au centre de toute régulation du conflit. Ainsi, la puissance consacre l'autonomisation du militaire par rapport au droit. Les intervenants dans la crise libyenne n'ont plus intérêt que le conflit s'arrête, surtout quand on sait qu'ils sont en même temps vendeurs d'armes.

L'Union africaine ne peut pas dans cette optique dissuader les puissances étrangères en Libye des dégâts qu'elles subiraient, même s'il faut pousser à l'absurde l'idée selon laquelle « un Petit » peut dans certaines circonstances dissuader « un Grand » en dépit de la disproportion entre les dégâts qu'il causerait et ceux qu'il subirait. Dans ce cas, quelle est la « valeur » du Petit ? Et quel serait « le risque » apprécié par le Grand ?

La doctrine des intervenants en Libye se fondant sur la puissance permet aux forces étrangères à l'Afrique de mettre en scène leur diplomatie, précisément la « généralisation de l'escalade ». Ainsi, la crise libyenne a profondément changé le sens de l'application du droit.

Pour ce faire, invitée par la Communauté internationale à résoudre la crise libyenne, l'Union Africaine par l'intermédiaire de son Médiateur a jugé utile que le droit soit saisi par la politique. Mais comment imaginer une telle procédure ? C'est ce que tente de mettre en œuvre le Président Denis SASSOU NGUESSO.

B. Le droit saisi par la politique

Lors de la première réunion du Groupe de contact ONU – UA sur la Libye tenu à Oyo (Congo) le 12 mars 2020, le Président Denis SASSOU NGUESSO, Président du Comité de Haut niveau de l'Union africaine a appelé à la mise en place d'une Commission préparatoire équitable pour la Conférence de réconciliation nationale libyenne[1133].

La réunion d'Oyo, s'inscrivait dans le cadre des actions menées par l'Union africaine pour règlement de la crise libyenne. L'idée était de convaincre les principaux protagonistes, AL-SARRAJ pour le Gouvernement reconnu par l'ONU, et HAFTAR, pour l'autoproclamée Armée nationale de libération, à s'asseoir et œuvrer dans ce sens.

Dans cette optique, une feuille de route relative au « Forum de réconciliation nationale » fut rédigée[1134]. Selon les Nations Unies, la feuille de route qui comprend des réformes politiques, économiques et sécuritaires constitue la seule voie légitime pour les dirigeants libyens pour sortir de la crise. Quant à la France, le dialogue politique doit être relancé avec la participation active des pays voisins de la Libye et de l'Union africaine, de la Ligue des Etats arabes et de l'Union européenne[1135]. A ce propos, la Représente spéciale adjointe des Nations Unies, a promis que son organisation n'épargnera aucun effort pour obtenir des leaders politiques libyens qu'ils assument leurs responsabilités et s'engagent en faveur d'un cessez-le-feu et d'un règlement politique[1136].

Par ailleurs, elle a exhorté toutes les parties à reprendre les pourparlers dans le cadre de l'Accord politique en vue de la tenue des élections dans le cadre constitutionnel agréé[1137].

Pour ce faire, devait-elle faire appel aux participants à la Conférence de Berlin pour mettre fin à l'appui militaire extérieur, en violation de l'embargo sur les armes[1138].

Dans cette perspective, à Berlin, les participants à la Conférence sur la Libye qui s'est tenue le 10 janvier 2020 à l'invitation de la Chancelière fédérale Angela MERKEL, ont d'abord reconnu le rôle crucial que jouent les Nations Unies pour faciliter un processus politique et de réconciliation inter-libyen, sur la base de l'Accord politique de 2015 et de la résolution 2259 (2015), sur la base d'autres

---

[1133] V. Le « Document relatif à la première réunion du Groupe de contact ONU-UA sur la Libye qui s'est tenue à Oyo (Congo) le 12 mars.

[1134] Ibidem.

[1135] Ibidem, p. 21.

[1136] Ibidem, p. 22.

[1137] Ibidem.

[1138] Ibidem.

résolutions pertinentes du Conseil de sécurité et des principes agréés à Paris, Palerme et Abou Dhabi[1139]. Les participants ont aussi reconnu le rôle important que jouent l'Union africaine et son Comité de haut niveau des Chefs d'Etat et de Gouvernement sur la Libye, la Ligue des Etats arabes, l'Union européenne et les pays voisins en faveur de la stabilisation de la Libye[1140].

Concernant le cessez-le-feu, les participants ont félicité la réduction sensible de la violence, des négociations entreprises à Moscou le 13 janvier, ainsi que d'autres initiatives internationales destinées à ouvrir un accord sur le cessez-le-feu[1141]. En vue d'obtenir un cessez-le-feu sans équivoque, ils ont exigé les Etats à respecter pleinement l'embargo sur les armes instauré par la résolution 1970 (2011) du Conseil de sécurité des Nations Unies.

En outre, les participants ont appelé tous les acteurs à renoncer à toute activité contribuant à aggraver le conflit ou incompatible avec l'embargo sur les armes.

La Conférence de Berlin sur la Libye a été une étape importante d'un processus plus large et mené par les libyens eux-mêmes, dans la mesure où elle visait à mettre en terme définitif à la crise dans ce pays en remédiant de manière globale aux causes structurelles du conflit. En témoignent, la prise en compte du droit international humanitaire, du dialogue économique et la création d'un Comité international de suivi des engagements pris dans le cadre du processus de Berlin.

S'agissant du respect du droit international humanitaire, les participants ont demandé à toutes les parties en litige de protéger les populations, notamment les personnes déplacées, les migrants, les réfugiés y compris les prisonniers[1142]. Par ailleurs, les parties en conflit doivent protéger les infrastructures civiles. L'on pourra dans ce sens, citer les aéroports[1143].

Quant au dialogue économique, les participants à la Conférence de Berlin, encouragent la mise en œuvre des réformes économiques structurelles. Pour ce faire, ils soutiennent la création d'une

---

1139 V. « Les conclusions de la Conférence de Berlin sur la Libye » du 19 janvier 2020, p. 1.
1140 Ibidem.
1141 Ibidem, p. 2.
1142 Ibidem.
1143 Ibidem, p. 5.

Commission d'experts économiques libyens inclusive, composée de représentants officiels et d'experts libyens reflétant la diversité géographique et institutionnelle du pays[1144].

Enfin, concernant le suivi de la mise en œuvre des engagements pris dans le cadre du processus de Berlin, les participants ont appelé le Secrétaire Général des Nations Unies, son Représentant spécial pour la Libye et la présidence du processus de Berlin à communiquer les résultats de ce processus et de cette Conférence aux libyens. Dans cette optique, le Premier Ministre M. SARRAJ et le Maréchal HAFTAR ont désigné leurs représentants au Comité militaire 5+5 proposé par MANUL[1145].

Toujours dans le cadre du suivi, les participants ont créé un Comité international de suivi composé de tous les pays et organisations internationales présents à la Conférence de Berlin, ce comité devra se réunir à deux niveaux :

Il y a d'abord, une session plénière mensuelle au niveau des hauts fonctionnaires. Cette session est présidée par le MANUL. Les lieux de réunion sont tournants. Le Comité international de suivi est chargé du suivi des progrès réalisés dans la mise en œuvre des engagements pris dans le cadre du processus de Berlin[1146].

Enfin, il est prévu des groupes de travail technique. Ceux-ci tiennent leurs réunions à huis clos et ces réunions auront deux fois par mois. Chaque groupe est dirigé par un représentant de l'ONU. Lors des sessions à huis clos, les participants pourront évoquer les obstacles à la mise en œuvre, partager les informations pertinentes[1147].

Compte tenu de ce qui précède, l'on constate que la recherche d'une solution durable à la crise en Libye s'éloigne de plus en plus du droit. Ce qui rend l'utilisation du droit difficile. Dans ces conditions, l'on peut affirmer que le droit est saisi par la politique.

[1144] Ibidem, p. 6.

[1145] V. « Le Document de mise en œuvre opérationnelle des conclusions joint en annexe aux conclusions de la Conférence de Berlin sur la Libye du 19 janvier 2020 », p. 7.

[1146] Sur cet éclairage, V. « Le Document de mise en œuvre opérationnelle des conclusions joint en annexe aux conclusions de la Conférence de Berlin sur la Libye du 19 janvier 2020 », p. 8.

[1147] Ibidem.

Si dans le passé, la paix s'identifiait simplement à l'absence de guerre, à partir de 1945 les rédacteurs de la Charte des Nations Unies devaient lui donner une traduction beaucoup plus satisfaisante. Ainsi, la paix devenait l'égalité des peuples et de leur droit à disposer d'eux-mêmes ; ce qui constitue désormais le deuxième but des Nations Unies[1148].

Cette évolution conceptuelle et cette adaptation du but de la paix aux nouvelles conditions de la société internationale ont été transposées dans le droit constitutionnel congolais[1149].

Sur ce fondement, la Constitution congolaise du 8 décembre 1963 pose ce but, l'on devrait dire ce principe : « le Peuple congolais proclame son attachement aux principes de l'autodétermination et de la libre disposition des peuples... »[1150].

Malgré l'adhésion du Congo à ce droit d'une importance capitale, les autorités politiques de l'époque n'ont pas perçu sa portée. Il a fallu attendre le Protocole de Brazzaville du 13 décembre 1988 pour voir le Président Denis SASSOU-N'GUESSO réactiver ce droit à l'autodétermination et à la libre disposition des peuples. Et c'est donc à juste titre que nous qualifions le Protocole de Brazzaville comme la réactivation par le Président congolais Denis SASSOU NGUESSO d'un droit « endormi ».

[1148] V. L'article 1, paragraphe 2 de la Charte des Nations Unies.
Aux termes de cet article, « les buts des Nations Unies sont les suivants :...
2. Développer entre les Nations des relations amicales fondées sur le respect du principe de l'égalité de droits des peuples et de leur droit à disposer d'eux-mêmes, et prendre toutes autres mesures propres à consolider la paix du monde ; ».

[1149] A ce propos, le préambule de la Constitution congolaise du 8 décembre 1963 stipule : « Le peuple congolais proclame son attachement aux principes de l'autodétermination et de la libre disposition des peuples... »

[1150] V. Le préambule de la Constitution congolaise du 8 décembre 1963, op., cit.

CHAPITRE II

LE PROTOCOLE DE BRAZZAVILLE OU LA REACTIVATION PAR LE PRESIDENT DENIS SASSOU NGUESSO D'UN DROIT « ENDORMI »

Peu importe la technologie officielle utilisée (communiqué conjoint, arrangement, accords, protocole) le « Protocole de Brazzaville fait partie de ces arrangements » en forme simplifiée. Sauf erreur de notre part le Protocole de Brazzaville n'a pas été conclu sous réserve de ratification parlementaire. La signature vaut donc engagement juridique. Comme quoi, à l'époque contemporaine, plus les problèmes juridiques apparaissent difficiles èt conflictuels, plus la tendance est à la mise à l'écart du Parlement. Comme le disait le Président Parti Communiste chinois MAO TSE TOUNG « peu importe la couleur du chat pourvu qu'il attrape la souris ». Dans le cadre de notre étude, si la paix y gagne, qui s'en plaindrait. Voilà qu'à travers le Protocole de Brazzaville, les différents négociateurs ont obtenu des résultats qui n'avaient jamais été envisagés comme possibles auparavant.

Ainsi, à partir d'une sorte de traités-gigognes se conditionnant les uns les autres, le Président Denis SASSOU-N'GUESSO est parvenu à réactiver un droit longtemps « endormi ».

SECTION I

LA REACTIVATION PAR LE PRESIDENT DENIS SASSOU NGUESSO D'UN DROIT « ENDORMI »

De quoi s'agit-il quand ou parle d'un droit « endormi » ? A cette question, quelques réponses peuvent être données.

Le préambule de la constitution Congolaise adaptée le 8 Décembre 1963 énonce : « le peuple congolais proclame son attachement aux principes de l'autodétermine et de la libre disposition des peuple… ». En clair, il s'agit du droit des peuples à disposer d'eux-mêmes.

En vertu de ce droit, les peuples déterminent librement leur statut politique et assurent leur développement économique, social et culturel. Ainsi, le principe d'autodétermination irradie le droit des peuples. Il est le droit des peuples par excellence[1151] et le pivot des droits collectifs[1152].

S'agissant du droit à l'autodétermination, malgré sa réception dans le droit constitutionnel Congolais, ce droit a été utilisé de manière « timide » par les dirigeants de l'époque.

Sans entrer dans les raisons d'une telle attitude, l'ou se, contentera de souligner que le droit l'autodétermination a connu une « effervescence » juridique et politique en 1986 quand le Président Denis SASSOU-N'GUESSO fut porté à la tête de l'OUA à l'occasion de la 22e Conférence des Chef de l'Etat et le gouvernement de cette organisation[1153]. Des lors, parler de la réactivation par le Président Denis SASSOU-N'GUESSO d'un droit « endormi » ne serait pas jongler avec les mots et tenter par une acrobatie juridique, de dire ce qui ne convient pas à la réalité. Dans le cadre de notre analyse, l'honnêteté intellectuelle ne permet que deux attitudes : ou bien on déplore la « timidité » ci-dessus évoquée et on considère qu'elle constitue une adhésion faible à un droit incontesté ; ou bien on en prend acte, et on considère qu'un te « engouement » traduit la volonté de favoriser l'éclosion de l'autodétermination.

Tel est notre sentiment qui se trouve de surcroit renforcé par le contenu du droit à l'autodétermination (Paragraphe I) et par la mise en œuvre de ce droit par le Président Denis SASSOU-N'GUESSO (Paragraphe II).

[1151] V. L'avis consultatif de la C.I.J sur le Sahara occidental. Sur cette précision. V. C.I.J, Recueil 1975, p. 31.

[1152] V. « Le droit à l'autodétermination : Application des résolutions de l'ONU Etude établie par H. GROS ESPIELL, Rapporteur spécial de la Sous-commission de la lutte contre les mesures discriminatoires et la protection des minorités ». Doc. Off. N.U.E/CN4/Sub.2/405/Rev.1, 1979, p. 17.

[1153] V. KAMBA (J-M), « Les grands moments de la diplomatie congolaise sous Denis SASSOU NGUESSO », Cabinet du Chef de l'Etat. Département de la Communication, des Médias et des Relations publiques, Brazzaville, 2013, p. 11.

PARAGRAPHE I

LE CONTENU DU DROIT A L'AUTODETERMINATION

Si après tant d'études qui lui ont été consacrés[1154], le droit à l'autodétermination divise encore les internationalistes, c'est qu'il est aussi équivoque que fondamental. Tendant, par une formule mobilisation, à tirer de l'idéal démocratique des conséquences pratiques, il met le droit international au service d'intérêts politiques parfaitement respectables, sans être assuré que les conditions nécessaires pour qu'il remplisse sans fonction soient réunies[1155].

La fonction première du droit international est, en effet, de déterminer les obligations qui pèsent sur les Etats et, accessoirement, sur les autres acteurs de la vie internationale. Les conditions nécessaires à l'accomplissement de cette fonction sont d'une part, une normativité suffisante, c'est-à-dire, un degré de précision du contenu des règles de droit suffisant pour orienter le comportement de leurs destinataires, et d'autre part, une positivité, c'est-à-dire une force d'application de ces règles qui, s'agissant d'Etats souverains, passe par leur consentement exprès ou tacite et se traduit normalement dans un instrument conventionnel ou une pratique coutumière.

Or, la positivité, et plus encore la normativité du droit à l'autodétermination sont profondément équivoques. Pour saisir cette ambiguïté, et tenter de la réduire, il faut avoir d'abord présentés à l'esprit les différentes conceptions de ce droit au cours des temps. A partir de là, l'on comprend qu'il est indispensable d'éviter l'amalgame entre les différentes versions du droit à l'autodétermination, de prouver pour chacune d'elles sa positivité sans l'étendre automatiquement aux autres, de n'attribuer à tout instrument de droit positif que le sens qui

---

1154 L'on pourra citer guise d'exemples : H. GROS ESPIELL « Le droit à l'autodétermination : Application des résolutions de l'Organisation Nations Unies », op cit. ; CRISTEAU (A) « Le droit à l'autodétermination : Développement historique et actuel sur la base des instruments des Nations Unies », New-York, Nations Unies, 1981 ; HILLING (C) et HUTCHINS (P) « L'autodétermination : Un droit à géométrie variable : Si les québécois choisissent l'indépendance, les peuples autochtones de Québec pourraient demander d'être intégrés à l'Etat canadien », Le devoir, Montréal, Samedi 4 juin 1994, p. 13.

1155 V. CHARPENTIER (J), « Le droit des peuples à disposer d'eux-mêmes et le droit international positif », Revue québécoise de Droit international, Vol. 2, 1985, p.9.

est le sien sans chercher à couvrir de sa valeur juridique des interprétations qu'il n'a jamais été question de lui donner.

C'est en ayant à l'esprit cette préoccupation constante que nous devons aborder l'examen du contenu du droit à l'autodétermination. Dans cette optique, après l'adoption de la Charte des Nations Unies, diverses conceptions de l'autodétermination commencèrent peu à peu à être élaborées et approfondies. C'est ce que nous voudrions d'abord établir.

A. Les différentes conceptions politiques du droit à l'autodétermination

Les premières et les plus actives des conceptions furent celles des pays socialistes[1156]. La conception socialiste reprend et développe les idées de LENINE. D'abord, elle conçoit l'autodétermination comme un postulat anticolonialiste. A cet effet, la libre disposition signifie surtout la libération des peuples soumis à la domination coloniale et à ses prolongements[1157].

Le second point concerne l'application de la libre disposition aux pays souverains et indépendants. Dans ce cas, il s'agit du droit d'un peuple d'exercer un libre choix dans le cadre d'un système étatique dont on ne veut pas modifier le statut international. Ainsi, pour les juristes des pays socialistes, dans un pays souverain la libre disposition signifie le droit du peuple à choisir un régime socialiste[1158].

Le troisième point a trait au lien entre libre disposition et droits de l'homme. Ce lien laisse entendre que l'autodétermination constitue la condition préliminaire fondamentale dans l'exercice des droits de l'homme. Selon les pays socialistes, si un peuple est opprimé (par un régime colonial et raciste), parler de respect des droits et libertés fondamentales de chacun n'a aucun sens[1159].

Enfin, les pays socialistes tendent à relier la libre disposition au principe de l'égalité souveraine des Etats et à celui de la non-ingérence

---

[1156] V. CASSESE (A), « Commentaire de l'article 1, paragraphe 2 », in « La Charte des Nations Unies. Commentaire article par article », Sous la direction de COT (J-P) et PELLET (A), Editions ECONOMICA, Paris, pp. 45-46.
[1157] Ibidem.
[1158] Ibidem.
[1159] Ibidem.

dans les affaires intérieures, dans la mesure où dans sa dimension « externe » la libre disposition équivaut « au droit à exister comme Etat »[1160].

En définition, il est important de souligner que la conception socialiste prend en considération la libre disposition « externe » aussi bien qu' « interne ». Mais les socialistes entendent cette dernière dans une optique idéologique.

Concernant les pays du tiers monde, l'on assiste dans cet espace, à un regroupement des peuples et à leur sainte-alliance[1161]. Dans cet ordre d'idées, les peuples déploient des efforts incessants pour se frayer un chemin dans la société des Etats. Le droit des peuples s'est ainsi nourrit de cette vie. Dans le tiers monde, ce ne sont pas les Etats, les chancelleries ou les diplomates qui sont à l'origine du droit des peuples à disposer d'eux-mêmes. Ce sont les aspirations et les exigences des peuples qui sont à son origine. Cela est d'autant vrai lorsqu'on observe le rôle joué par les Conférences des peuples[1162].

Dès lors, pour les Etats du Tiers Monde, la libre disposition signifie principalement la lutte contre le colonialisme et le racisme, la lutte contre la domination de tout oppresseur étranger qui occupe illégitimement un territoire et un peuple, la lutte contre toutes les manifestations de néo-colonialisme, notamment celles consistant en l'exploitation par des puissances étrangères des ressources naturelles des peuples et des pays en voie de développement[1163].

Dans cette perspective, la Conférence de la Havane (Cuba en 1966) marque l'agressivité des Etats du Tiers Monde. A ce propos, le Communiqué final de la Havane constitue une illustration parfaite. Il énonce les principes et le programme sur lesquels s'établissent le consensus[1164].

Les principes résultent d'une constatation : l'impérialisme, le colonialisme et le néo-colonialisme sous la direction des Etats-Unis, mènent une politique d'intervention systématique et d'agression

---

[1160] Ibidem.

[1161] V. JOUVE (E), « Le droit des peuples », P.U.F, « Que sais-je ? », n° 2315, Paris, 1986, p. 20.

[1162] Ibidem.

[1163] Ibidem, pp. 22 - 23.

[1164] V. « La Déclaration générale de la première Conférence de solidarité latino-américaine du 5 Août 1967 ».

militaire contre les pays des trois continents. Ils reposent sur un postulat : l'impérialisme ne renoncera jamais de lui-même à sa politique d'exploitation, d'oppression, de pillage, d'agression et d'ingérence. Ils fondent une détermination : la Conférence déclare le droit inaliénable des peuples à jouir d'une totale indépendance politique. Pour être effective, cette indépendance doit être accompagnée d'une libération économique. Ils expliquent un choix : le recours à toutes les formes de lutte, « y compris la lutte armée »[1165].

Le programme témoigne d'une double exigence. Les peuples, en lutte pour la libération, doivent obtenir le droit de contrôle national sur les ressources fondamentales. Celui de nationaliser les banques et les entreprises les plus importantes, de développer le secteur public, de refuser le remboursement des dettes frauduleuses et antinationales imposées à leur économie.

En vue d'atteindre ces objectifs, la Conférence proclame le droit de l'ensemble des peuples libérés à commencer avec tous les pays, sur des fondements égalitaires, et à la nécessité de mettre fin à la fluctuation permanente des prix.

La volonté de lute anti-impérialiste conduit la Conférence à énoncer le droit des peuples à se débarrasser des bases militaires et à « combattre les pactes militaires et la présence des troupes impérialistes ou mercenaires »[1166].

Désormais, une place de plus en plus importante sera faite aux Mouvement de libération. Cela n'a rien de surprenant, car parmi les critères déterminant la qualité d'un pays non aligné, l'un d'eux est ainsi libellé « apporter un soutien aux mouvements de libération nationale »[1167].

Comme on peut le constater, les pays du Tiers Monde ont mis une sourdine aux conflits ethniques et tribaux qui sont fréquents dans ces Etats. Ainsi, pour eux, seule la libre disposition « externe » doit être considérée.

Enfin, concernant la conception du droit à l'autodétermination des occidentaux, l'on peut affirmer que leur stratégie a surtout consisté à repousser la formulation du droit des peuples à disposer d'eux-mêmes,

---

1165 Ibidem, p. 5.

1166 Ibidem.

1167 V. JOUVE (E), « Le droit des peuples », op. cit, p. 26.

avancée par les pays socialistes et ceux du Tiers Monde, soutenant que l'article 1, paragraphe 2, de la Charte se limite à sanctionner un principe général, dépourvu comme tel de valeur juridique[1168].

Mais sous la pression des pays socialistes et des pays non alignés, les occidentaux ont proclamé le droit à la libre disposition comme un droit du peuple de chaque Etat à choisir librement un régime ou Gouvernement qui réponde complètement à ses aspirations[1169]. En d'autres termes, la libre disposition a été conçue d'abord comme une libre disposition interne et un principe d'application universelle (il s'applique aux peuples de tous les pays du monde). Par ailleurs, le droit à l'autodétermination a été étroitement lié aux droits de l'homme, mais dans sens différent de celui préconisé par les pays socialistes[1170].

Les différentes conceptions politiques du droit à l'autodétermination ainsi élucidées, il parait utile d'envisager l'action des Nations Unies.

B. L'action des Nations Unies

Le droit des peuples à disposer d'eux-mêmes constitue un des fondements de la Charte des Nations Unies[1171]. Dans ce cadre, quel peut être le rôle de l'ONU en ce qui concerne le droit des peuples à disposer d'eux-mêmes ? Certes, faciliter, promouvoir la réalisation de ce droit. Mais cette mission n'exige-t-elle pas que l'ONU ait une doctrine en la matière ? La question du droit des peuples à disposer d'eux-mêmes qui est et reste l'un des thèmes majeurs des débats onusiens[1172] ne contribue-t-elle pas à amplifier les divisions de la « Communauté internationale » ?

Par ses résolutions, l'ONU ou plus exactement l'Assemblée générale pose les fondements d'un nouvel ordre international, conforme aux aspirations des peuples décolonisés.

[1168] V. CASSESE (A), « Commentaire de l'article 1, paragraphe 2 », in « La Charte des Nations Unies. Commentaire article par article », op. cit., p. 46.
[1169] Ibidem.
[1170] Ibidem.
[1171] V. NGYEN QUOC DINH, DAILLIER (P), PELLET (A), « Droit international public », LGJD, 4e éd., Paris, 1992, pp. 488 - 500.
[1172] En effet, lorsqu'on se réfère à la question du Sahara occidental

Dans le cadre du droit des peuples à disposer d'eux-mêmes, notamment dans son effet de mise en œuvre du droit, l'ONU a été l'architecte des lignes directives d'action qui s'intègrent et se complètent.

Dans ce sillage, l'ONU s'est fait l'interprète du désir de liberté de tous les peuples dépendants[1173]. Pour ce faire, elle a proclamé la nécessité pour les peuples soumis à domination coloniale (ou raciste) de s'en libérer en acquérant l'indépendance[1174].

En second lieu, le droit des peuples à déterminer librement leur destin est reconnu au peuple soumis à une domination étrangère, c'est-à-dire aux peuples qui vivent dans les territoires occupés par des puissances étrangères[1175].

En troisième lieu, la majorité des Etats membres de l'ONU énoncent le concept que les peuples coloniaux et ceux soumis à domination étrangère auxquels les puissances dominatrices nient l'indépendance par la force, ont le droit d'acquérir l'indépendance en employant la force, et corrélativement les Etats tiers ont le devoir de les aider.

En quatrième lieu, selon une résolution 523 (VI) du 12 janvier 1952, les Nations Unies reconnait au pays insuffisamment développés « le droit de disposer librement de leurs richesses ». La résolution 626 (VII) du 21 décembre 1952 est spécifiquement consacrée au « droit d'utiliser et d'exploiter librement leurs richesses et leurs ressources naturelles ». Une autre, du 12 décembre 1958, crée la Commission pour la souveraineté permanente sur les ressources naturelles chargée de mener une enquête approfondie sur la situation de ce droit. Elle doit formuler des recommandations tendant à renforcer ce droit. Le 15 décembre 1960, l'Assemblée générale recommande le respect de ce droit. Enfin, le 14 décembre 1962, la résolution 1803 sur la « souveraineté permanente sur les ressources naturelles » proclame que « le droit de souveraineté permanente sur les ressources naturelles » proclame que « le droit de souveraineté permanente des peuples et des

---

1173 V. A/Rés/1514(XX) 14 décembre 1960, préambule, paragraphe 3.

1174 V. Le paragraphe I de la Déclaration sur l'octroi de l'indépendance aux pays et aux peuples coloniaux - Sur ces précisions, V. Résolution 1514 (XX) du 14 décembre 1960.

1175 V. CORTEN (O), « Droit des peuples à disposer d'eux-mêmes et Uti possidetis : deux faces d'une même médaille ? », Revue belge de droit international, 1998, p. 166.

nations sur leurs richesses et leurs ressources naturelles doit s'exercer dans l'intérêt du développement national et du bien-être de la population de l'Etat intéressé ».

En définitive, l'on constate que les Nations Unies ont accueilli la libre disposition comme un instrument de légitimation international de nouveaux sujets (les peuples dépendants). La libre disposition serait aussi un moyen de condamnation des formes d'exploitation économique des Etats en voie de développement. Elle serait également un moyen de « délégitimation » internationale des situations d'oppression d'un Etat sur un peuple situé sur un autre territoire (c'est le cas des peuples victimes d'une occupation ou d'une domination étrangère). La libre disposition serait enfin, un moyen pour légitimer sur le plan international des groupes sociaux ou religieux qui sont exclus du gouvernement d'un pays souverain[1176].

Si les Nations Unies ont favorablement accueilli le droit à l'autodétermination des peuples, comment ce droit a-t-il été mise en œuvre par le Président Denis SASSOU-N'GUESSO dans le règlement du problème de l'Afrique australe ? Cette question mérite qu'on s'y arrête.

PARAGRAPHE II

LA MISE EN ŒUVRE DU DROIT A L'AUTODETERMINATION DES PEUPLES PAR LE PRESIDENT DENIS SASSOU NGUESSO DANS LE REGLEMENT DU PROBLEME DE L'AFRIQUE AUSTRALE.

Le droit à l'autodétermination des peuples bien que d'actualité, n'est pas une idée nouvelle. En effet, on peut constater que le droit à l'autodétermination est aussi vieux que le concept de Nation lui-même et qu'il fut à la source d'un grand nombre de conflits dans l'histoire de l'humanité[1177]. Malgré ceci, force est de constater que de nos jours, le manque de volonté de traduire ce droit, en un droit clairement défini et, accepté universellement. En est-il ainsi parce qu'il existe de nombreux

---

[1176] V. CASSESE (A), « Commentaire de l'article 1, paragraphe 2 », in « La Charte des Nations Unies. Commentaire article par article », op. cit., pp. 49 - 50.
[1177] CHARBONNEAU (CH), « Le droit des peuples à disposer d'eux-mêmes : un droit collectif à la démocratie… et rien d'autre », Revue québécoise du droit international, Vol. 9, 1995, p. 111.

déséquilibres de forces entre les peuples composant le globe, notamment ayant déjà assumé leur droit à l'autodétermination et qui refusent d'accorder ce droit aux autres qui y aspirent toujours ?

Transposée à notre réflexion, cette interrogation revêt une grande importance. A ce propos, le droit à décolonisation qui lui, est reconnu par la très grande majorité des Etats[1178] et dont le domaine d'application est circonscrit, ne constitue qu'une des facettes d'un véritables droit, plus large de l'autodétermination des peuples. Les modalités de ce droit demandent cependant à être clairement définies, ce qu'on peut considérer dans le cadre de l'Afrique australe comme étant une tâche fastidieuse vue la réticence de l'Afrique du sud à envisager l'émergence d'une véritable règle de droit international qui risquerait de promouvoir les droits collectifs des peuples sur leur territoire.

Pour arriver à nos fins, nous nous pencherons sur la mise en œuvre du droit à l'autodétermination par le Président Denis SASSOU NGUESSO. A cette étape, nous porterons une attention particulière à l'utilisation de ce droit comme un droit collectif des peuples à l'indépendance et à l'égalité. Puis, toujours en examinant ce droit, nous verrons comme le Protocole de Brazzaville est une pièce sensible de l'Afrique australe.

A. L'utilisation du droit à l'autodétermination comme un droit collectif à l'indépendance et l'égalité.

Le 4 juillet 1776, la Révolution américaine consacrait simultanément, droits de l'homme et droits des peuples. A cet effet, la Déclaration d'indépendance des Etats-Unis invoquait, le droit pour un peuple de se séparer d'un autre[1179]. Comment se manifeste cette séparation ? Par un vote ou par l'action d'une minorité éclairée ?

[1178] V. GROS ESPIELL « Le droit à l'autodétermination : Application des résolutions des Nations Unies », op. cit. ; V. Aussi CRISTEAU (A) « Le droit à l'autodétermination : Développement historique et actuel sur la base des instruments des Nations Unies », op. cit. V. Enfin HILLING (C) et HUTCHINS (P) « L'autodétermination : Un droit à géométrie variable : Si les québécois choisissent l'indépendance, les peuples autochtones de Québec pourraient demander d'être intégrés à l'Etat canadien », op. cit., p. 13.

[1179] V. JOUVE (E), « Le droit des peuples », op. cit, p. 107.

Sans entrer dans de telles discussions, l'on se contentera de noter combien il est indispensable que jamais de prouver le fondement juridique, s'il existe d'un tel droit. Or, nos développements démontrent que le droit à l'autodétermination des peuples à l'indépendance ne trouve de fondement ni dans le droit conventionnel ni dans le droit coutumier. Si le contraire a pu être soutenu, c'est que le droit à l'autodétermination tel qu'envisagé par le Président Denis SASSOU-N'GUESSO n'a rien d'autre qu'un droit collectif garantissant l'indépendance et permettent le respect des droits de la personne humaine.

S'agissant du concept d'autodétermination, l'on peut affirmer qu'il ne consiste pas une tâche fastidieuse que cela peut sembler de prime abord.

Pour ce faire, l'on peut souligner que cette notion s'entend comme étant le droit d'une aux institutions politiques nécessaires, afin d'assurer son existence et selon son développement le respect de ses caractéristiques propres, propres, qui la distinguent des autres communautés[1180].

Quant au fondement juridique du droit à l'autodétermination des peuples à l'indépendance, le seul texte de droit positif qui pourrait conférer une valeur conventionnelle à un tel droit est l'article 1er, paragraphe 2[1181] de la Charte de l'ONU. Mais si sa valeur juridique est incontestable[1182], sa signification n'a jamais été celle qu'on a voulu lui donner. En effet, il ne proclame ni le droit de tout peuple à l'indépendance, ni même celui des seuls peuples soumis à domination coloniale.

Toutefois, il convient de signaler que le texte de ce paragraphe concerne les relations amicales entre les Etats et assimile le mot « Nation » au mot « Etat ».

1180 V. MOREAU DEFARGES (PH), « L'organisation des Nations Unies et le droit des peuples à disposer d'eux-mêmes » IFRI, Vol. 58, n°3, Autonome 1993, p. 112.

1181 Enfin, aux termes de cet article, il s'agit de « développer entre les Nations des relations amicales fondées sur le respect de principe de l'égalité de droits des peuples et de leur droit à disposer d'eux-mêmes… ».

1182 Même si l'article 1er ne pose en effet que les buts à atteindre par les membres de l'Organisation, il limite leur souveraineté.

Par ailleurs, il est important de noter que les relations amicales ont deux exigences : e respect de leur égalité et leur droit, notamment celui des peuples érigés en Etat, à disposer d'eux-mêmes.

Comme on le constate, il n'a jamais été question d'inscrire dans la Charte de l'ONU, le droit des peuples à l'indépendance. Il ne figure d'ailleurs pas le seul chapitre où il aurait dû logiquement se trouver : chapitre XI sur les territoires non autonomes.

Privé de base conventionnelle, le droit des peuples à l'indépendance serait-il consacré par la coutume ? Il n'est pas contestable qu'il existe une masse de résolutions des Nations Unies, notamment de l'Assemblée générale[1183] qui ont proclamé par des formules générales un certain droit des peuples à l'indépendance. Mais le comportement des Etats à l'occasion de l'adoption de ces textes, puis leur application, comportement essentiel à la formation d'un principe coutumier, prouve que ce droit était exclusivement limité aux peuples soumis à une domination coloniale. Dès lors, le droit des peuples à l'indépendance se trouverait-il assimilé à l'obligation de décolonisation ?

Dans le contexte de la Namibie, en assimilant l'autodétermination au droit à l'indépendance, le Président Denis SASSOU-N'GUESSO cherche à rendre l'indépendance obligatoire en la plaçant sous l'emprise d'un texte qui proclamerait, normalement celle-ci. Ainsi, place-t-il l'autodétermination sous l'égide d'un idéal démocratique dont les Nations Unies ne cessent de se réclamer.

Cette assimilation repose, en effet, sur l'idée, l'on dirait presque sur le postulat que tous les peuples colonisés veulent l'indépendance. Dès lors, parler d'autodétermination ou parler d'indépendance revient au même. Désormais, c'est sur ces données politiques et juridiques que l'affaire de Namibie va être résolue[1184].

[1183] A ce propos, l'on mentionne d'abord la Résolution 1514, Doc. Off. A.G. 15e session, 1960, Doc. Off. A.G. 15e session, 1960, Doc N.U. a/4684 ? Sur la « Déclaration sur l'octroi de l'indépendance aux pays et aux peuples coloniaux. Il s'agit enfin de la Résolution A.G. Rés. 2625, Doc. Off. A.G 25e session, 1970, Doc. N.U A/5217, Sur la « Déclaration relative aux principes de droit international touchant les relations amicales et la coopération entre Etats conformément à la Charte des Nations Unies.

[1184] Dans le contexte politique de l'Afrique australe, il s'agit « d'un droit inaliénable du peuple sud-ouest africain à l'indépendance et à la souveraineté nationale »...

Enfin, il est nécessaire de souligne que dans sa quête de solution pour résoudre le problème de l'Afrique australe, le Président Denis SASSOU-N'GUESSO inclut le droit à l'autodétermination, l'égalité des peuples.

Pour lui, tous les peuples sont créés égaux. Par conséquent, ils sont doués par le Créateur de certains droits inaliénables. Parmi ces droits, se trouvent la vie, la liberté et la recherche du bonheur.

Selon le Président Denis SASSOU NGUESSO, les droits reconnus à la personne humaine et aux peuples font l'objet d'obligations imposées aux Etats. Ainsi, les Etats sont tenus de faciliter la réalisation du droit des peuples à disposer d'eux-mêmes et respecter ce droit. Ces obligations imposées aux Etats ont dès lors une origine conventionnelle ou coutumière. S'il s'agit d'obligations conventionnelles, il faut les limiter au sens du texte[1185]. S'il s'agit d'une obligation coutumière, il faut ici comme partout, qu'elle puisse être révélée par des pratiques générale et continue. S'agissant des droits de l'individu, et c'est le cas de Nelson MANDELA en Afrique du Sud, des libertés essentielles liées à son intégrité physique, comme l'interdiction de la torture.

L'assimilation du droit à l'autodétermination aux droits de l'homme par le Président Denis SASSOU-N'GUESSO dans le règlement du problème de l'Afrique australe met à « nu » le régime d'apartheid d'Afrique du Sud. Ainsi, ce régime se trouve directement condamné par le droit international public. Cela révèle une contribution efficace du Président congolais et fait du Protocole de Brazzaville, une pièce essentielle du dispositif de règlement du problème de l'Afrique australe.

B. Le Protocole de Brazzaville, une pièce essentielle du dispositif de règlement du problème de l'Afrique australe.

Le Protocole de Brazzaville apparait comme un tournant important, sinon décisif, dans la recherche d'une solution pacifique en

---

proclamé pour la première fois en 1961, par l'Assemblée générale de l'ONU (Résolution 1702 - XVI) et qui, en 1966, « révoque le mandat » de l'Afrique du Sud (Résolution 2145 - XVI).

[1185] V. GAILLARD (PH), « Vingt ans de dialogue avec Pretoria », Jeune Afrique, 21 et 28 décembre 1988, p. 55.

Afrique australe. C'est la diplomatie du « pas-à-pas »[1186] illustrée par médiateurs interposés. La méthode retenue est celle de la plus grande discrétion avant l'annonce du résultat. Dans cette optique, aucun progrès n'est possible sans que les négociateurs ne soient d'accord à la fois sur chaque point discuté et sur l'ensemble des pourparlers tout au long des négociations.

Cette démarche est utilisée au cours des négociations qui ont conduit à l'adoption du Protocole de Brazzaville, lequel rappelle dans le préambule. Ce point fondamental : »... les délégations confirmant leur engagement à agir en accord avec les principes d'un règlement pacifique en Afrique australe, signé à New York le 13 juillet 1988..., chaque élément étant indispensable pour règle global ».

L'ensemble des accords conclus à Brazzaville constitue avec leurs annexes un dossier complexe qui déborde le seul cas de Namibie même s'il est au cœur d'un contentieux aux multiples imbrications.

Le Protocole de Brazzaville a le mérite d'arrêter les combats entre sud-africains et cubains /angolais[1187].

Mais comment peut-on justifier un tel dimât quand le quand on sait que la tension était très forte dans le passé ?

A cet effet, trois facteurs principaux expliquent l'aboutissement du Protocole de Brazzaville.

C'est tout d'abord « l'effet GORBATCHEV » et les retombés de la nouvelle diplomatie soviétique orientée vers une véritable « coexistence pacifique », la réduction des armements et l'apaisement des tensions. De même, Washington a progressivement pesé sur Pretoria dans le cadre de sa politique bilatérale d'engagement constructif. Dans ce sens, Moscou a conseillé vivement Luanda et la Havane pour leur faire entendre raison[1188].

Il convient aussi de rappeler qu'en 1985, le Président américain Ronald REAGAN avait proposé à l'Union soviétique de rechercher une

---

[1186] L'expression a été utilisée à Brazzaville par le Premier ministre sud-africain des affaires étrangères « Pik » BOTHA. Sur cette précision, V. CADOUX (CH), « Vers la création prochaine d'un Etat de Namibie ? » Analyse des « Accords de 1988 », op. cit., p. 22.

[1187] V. Les articles 2 et 4 du Protocole de Brazzaville du 13 décembre 1998.

[1188] V. CADOUX (CH), « Vers la création prochaine d'un Etat de Namibie ? » Analyse des « Accords de 1988 », op. cit., pp. 20 - 21.

solution à cinq conflits régionaux. Le conflit d'Angola figurait parmi les cinq, et comme la solution de l'affaire de Namibie passe par la question de l'Angola, ceci explique cela[1189]. Ainsi, l'ombre de Moscou a tout au long des négociations éclairé le paysage.

L'autre facteur qui, dans ce contexte de rapprochement diplomatique des deux superpuissances, a joué un rôle non négligeable est la lassitude générale qui a ces guerres internationales[1190]. L'on observe également une demande de « négociations » en Angola entre le Gouvernement central du Président Dos SANTOS et le mouvement « rebelle » de l'UNITA, dirigé par Jonas SAVIMBI[1191]. Mais le problème ici est très complexe et dépasse, le seul cadre de la Namibie. C'est du moins l'interprétation que donnent certains observateurs[1192].

Enfin, l'évolution interne en cours du régime politique sud-africain poussait Pretoria non pas à des concessions mais à une plus grande souplesse à partir du moment où la perspective d'un règlement définitif du problème namibien devenait une probabilité assortie de garanties sérieuses[1193].

Dès lors, le Protocole de Brazzaville du 13 décembre 1988 marque un aboutissement. Cette « construction des Nations »[1194], commencée avec le Conseil pour la Namibie, et poursuivie par l'aide à l'autodétermination, s'achève avec l'indépendance. Dans cette optique, la formule lancée par le Président sud-africain, BOTHA « adapt or die » (il faut s'adapter ou mourir)[1195], valable pour la politique d'apartheid, mais aussi pour l'affaire de Namibie a été un signal fort.

Si le Protocole de Brazzaville constitue une étape importante dans le règlement du problème de l'Afrique australe, quels ont été ses effets ?

1189 Ibidem.

1190 Ibidem.

1191 OLARA A. OTUNNU, « L'Afrique australe : vers une détente ? », Revue Politique étrangère 3/1988, p. 604.

1192 Ibidem, p. 619.

1193 Ibidem.

1194 V. LUCCHINI (L), « La Namibie, une construction des Nations Unies », AFDI, 1969, p. 355.

1195 V. CADOUX (CH), « Vers la création prochaine d'un Etat de Namibie ? » Analyse des « Accords de 1988 », op. cit., pp. 20 - 21.

SECTION II

LES EFFETS DU PROTOCOLE DE BRAZZAVILLE

Concernant les effets du Protocole de Brazzaville, tout doit être dit rien n'aurait pu être acquis dans le règlement du problème de l'Afrique australe sans ce Protocole.

A Brazzaville, à l'issue de la signature du Protocole le 13 décembre 1988, ainsi que l'écrit le journal français " Le Monde " du 24 décembre, les différents négociateurs saluaient dans leurs divers télégrammes aux protagonistes « ... un événement d'une importance historique ».

De ce Protocole, les négociateurs décident et programment la procédure d'indépendance de la Namibie.

A cela l'on peut ajouter un point important au Protocole. En 1988, l'Afrique du Sud estime que le développement de la Namibie lui est un fardeau. Elle n'a plus peur d'une Namibie « marxiste ». Elle s'est habituée à ce voisinage depuis l'indépendance de l'Angola (1975) et du Mozambique et depuis l'avènement en 1980 de l'indépendance du Zimbabwe.

Dès lors, le Protocole de Brazzaville devait ouvrir la voie à la libération de Nelson MANDELA et à l'indépendance de la Namibie.

PARAGRAPHE I

LA LIBERATION DE NELSON MANDELA

La question de l'égalité des peuples en Afrique du Sud était toujours débattue à l'ONU. Elle était considérée comme la plus ancienne quand on se réfère à son inscription à l'ordre du jour de l'Assemblée Générale[1196] et la plus neuve quand on considère que rien ne changeait au pays de l'apartheid. Mais à partir de 1988, elle devait connaître un tournant important.

En effet, l'arrivée du Président Denis SASSOU-N'GUESSO à la tête de l'OUA en juillet 1986[1197] devrait modifier profondément la

---

1196 V. « Comité spécial contre l'apartheid. Rapport à l'Assemblée Générale, 31e Session, Vol. II, 1977, p. 1. Doc A/31/22.

1197 V. KAMBA (J-M), « Les grands moments de la diplomatie congolaise sous Denis SASSOU NGUESSO », op. cit. p. 10.

façon d'aborder cette question. La réception du problème sud-africain dans l'action du Président congolais est désormais circonscrite dans deux directives bien distinctes, celle du renforcement de la juridisation de l'apartheid à laquelle viendra se greffer l'insertion du problème des sanctions dans la libération tant attendre.

A. Le renforcement de la juridisation de l'apartheid par le Président Denis SASSOU NGUESSO

Dans ce cadre, le militantisme cède le pas sur le juridisme. Pour le Président Denis SASSOU NGUESSO, il n'est plus question d'inviter, fût-ce avec insistance, l'Afrique du Sud à réexaminer sa politique mais bien à y changer. Il s'agit d'intensifier les pressions, dans un conflit qui reste fondamentalement politique, en les appuyant sur des obligations juridiques tirées d'une lecture de la Charte Nations Unies du droit international général. C'est là une façon de mieux forcer le changement en Afrique du Sud en faisant appel au droit pour justifier l'action entreprise par le Président Denis SASSOU-N'GUESSO et pour convaincre la Communauté internationale d'agir dans le même sens.

Cette démarche est particulièrement nette sur le terrain de l'apartheid.

Dans cette perspective, le Président Denis SASSOU-N'GUESSO va se fonder sur les actions déjà entreprises par l'ONU. A ce propos, l'élimination de l'apartheid était un objectif proclamé depuis longtemps par les instances de l'ONU. A cet effet, elle se bornait à rappeler sans cesse l'Afrique du Sud au respect de ses obligations internationales en vertu des articles 1 et 56 de la Charte.

Les actions de l'ONU comportaient plusieurs volets.

Il y a d'abord l'ouverture des centres d'informations sur l'apartheid[1198]. En 1973, il s'est ouvert la décennie de lutte contre la discrimination et l'apartheid avec un programme élaboré à l'intention des Etats et des individus[1199].

[1198] V. La Résolution 2439 XXIII du 19 décembre 1968, demandant à tous les Etats d'encourager d'urgence « la mise sur pied des Comités nationaux pour combattre l'apartheid ».

[1199] La décennie s'est ouverte officiellement le 10 décembre 1973 (Rés. 2919-XXVII, 15 novembre 1972) avec un programme adopté par l'Assemblée Générale le 2 novembre 1973.

Ensuite, il y a des séminaires et des Conférences organisées par le Secrétaire général de l'ONU, ou sous ses auspices. La première démarche en ce sens remonte au cycle d'études sur l'apartheid organisé en 1966 à Brasilia (Brésil), renouvelé en 1967 à Kitwé (Zambie)[1200]. La proclamation de Théran (mai 1968) donne une ampleur solennelle à la dénonciation de la discrimination raciale, pendant que le manifeste sur l'Afrique australe de l'OUA (septembre 1969) projette au premier plan le caractère spécifique de la lutte contre l'apartheid[1201]. Dès lors, les séances se multiplient sous l'impulsion du Comité spécial contre l'apartheid[1202].

Enfin, parmi les manifestations de cet esprit de combativité accrue, il convient de mentionner outre la condamnation à l'unanimité de l'apartheid par la conférence du Commonwealth[1203], trois conférences internationales : la conférence de Dakar (décembre 1976), la conférence de Maputo (16 - 21 mai 1977) et la Conférence mondiale de Lagos pour une action contre l'apartheid. La Conférence mondiale de Lagos s'inscrivait dans le programme d'action adopté en décembre 1976 par l'Assemblée Générale sur la base des recommandations du séminaire international de la Havane organisé en mai 1976 par le Comité spécial contre l'apartheid[1204].

L'effort de juridisation de l'apartheid développé par l'ONU devrait être renforcé par le Président Denis SASSOU-N'GUESSO.

Le renforcement de la juridisation de l'apartheid par le Président Denis SASSOU-N'GUESSO se produira lors du 8ème Sommet des pays non-alignés à HARARE[1205]. Au cours de ce sommet, le Président de la

---

[1200] V. CADOUX (CH), « L'organisation des Nations Unies et le problème de l'Afrique australe. L'évolution de la stratégie des pressions internationales », AFDI, Vol. 23, 1977, p. 145.

[1201] Ibidem.

[1202] L'on pourra citer en guise d'exemple, la Conférence de Genève de 1974 sur l'apartheid, appuyée par l'Assemblée Générale. Sur ce point, V. Résolution 3164-XXVII.

[1203] V. « Survey of current affairs, vol. 7, n° 7, July 1977, p. 258 et s. ».

[1204] V. « Déclaration et Programme d'action », in « objectif : Justice, Vol. 8, n° 1, Printemps 1976, pp 9-13 ».

[1205] V. KAMBA (J-M), « Les grands moments de la diplomatie congolaise sous Denis SASSOU NGUESSO », op. cit. p. 11.

République Populaire du Congo[1206] a exhorté tous les pays non-alignés à joindre unanimement leurs suffrages à ceux de l'ONU pour éradiquer l'apartheid.

L'action du Président Denis SASSOU-N'GUESSO visait d'abord à faire connaître la philosophie de l'apartheid et ses conséquences concrètes. Elle visait ensuite, à provoquer et à accentuer l'isolement du Gouvernement sud-africain.

Afin de lutter efficacement contre l'apartheid, il propose aux pays non-alignés la création du Fonds Africa[1207].

Ce Fonds est destiné à aider les pays de la ligue de front à surmonter les effets induits des sanctions contre l'Afrique du Sud sous apartheid. La présidence du Fonds Africa ainsi créée à New Dehli, est confiée à Rajiv GANDI (Premier ministre de l'époque)[1208].

L'acte de portée internationale ayant fait du Président Denis SASSOU-N'GUESSO un héros dans la libération de Nelson MANDELA ne s'est pas limité au renforcement de la juridisation de l'apartheid, elle s'est poursuivie avec l'insertion du problème des sanctions dans la libération tant attendue.

B. L'insertion du problème des sanctions dans la libération de Nelson MANDELA.

Dans cette perspective, le Président Denis SASSOU-N'GUESSO affirme sans ambiguïté, sa conviction que la situation en Afrique du Sud constitue une menace à la paix et la sécurité internationales. Ainsi, les mesures prises au titre du Chapitre VII de la Charte des Nations Unies sont indispensables pour résoudre le problème de l'apartheid. Dès lors, les sanctions économiques universelles et obligatoires sont le seul moyen d'aboutir à une solution pacifique. Il ne s'agit plus, d'un rappel du devoir de coopération qui

---

[1206] Telle était l'appellation de la République du Congo avant le Renouveau démocratique et institutionnel intervenu à l'issue de la Conférence nationale souveraine tenue à Brazzaville du 5 février au 10 juin 1991.

[1207] V. KAMBA (J-M), « Les grands moments de la diplomatie congolaise sous Denis SASSOU NGUESSO », op. cit. p. 11. V. Aussi OBA (P), « Le Protocole de Brazzaville. Une victoire méconnue », Editions KARTHALA, Paris, 2015, p. 123.

[1208] V. KAMBA (J-M), « Les grands moments de la diplomatie congolaise sous Denis SASSOU NGUESSO », op. cit. p. 11.

pèse sur les Etats membres de l'ONU, mais de la mise en place d'une stratégie visant des résultats concrets.

L'insertion du problème des sanctions dans la libération de Nelson MANDELA n'a en soi rien d'original puisque les questions concernant l'apartheid participaient de l'évolution générale observée au sein de l'ONU.

Dans cette optique, la coopération ONU - OUA a été l'axe majeur de l'exigence de solidarité dans les sanctions. Cette coopération fut officialisée en 1969 lorsque l'Assemblée générale approuva le « Manifeste sur l'Afrique australe »[1209] adopté par la Conférence des Chefs d'Etat et de Gouvernement de l'Organisation de l'Union Africaine réunie à Addis-Abeba en septembre 1969. C'est le départ véritable du militantisme africain contre l'Afrique australe, du refus de tout dialogue[1210] et d'une pression permanente sur le système des Nations Unies entretenue par des Déclarations de l'OUA (1211). L'insertion du problème des sanctions dans l'égalité des peuples en Afrique du Sud aura finalement réussi à développer une certaine solidarité et, en tout cas, un rapprochement de points de vue dans l'analyse de la situation dans le pays de l'apartheid. En guise d'exemples, l'on pourra citer la Déclaration de la première Conférence Afro-arabe. Cette Déclaration posait les fondements d'une coopération systématique entre l'OUA et la Ligue arabe (1212). L'on pourra aussi citer, la Déclaration des Ministres des Affaires étrangères de la Communauté européenne[1211]. Elle soulignait le rôle effectif de l'OUA. Désormais, rien ne se ferait plus sans consultation de l'OUA. Dans leur Déclaration, les Ministres affirmaient notamment qu'ils continueraient à apporter leur soutien aux tentatives de l'Organisation de l'Unité Africaine. Ils réitéraient leur condamnation de la politique de l'apartheid pour promouvoir les règles de la majorité démocratique

---

[1209] V. « Résolution 2505-XXIV ».

[1210] Il s'agit là, des vertus auxquelles le Président ivoirien Félix HOUPHOUET-BOIGNY croyait.

[1211] Le Manifeste de 1969 de l'OUA a été suivi de plusieurs autres Déclarations solennelles, notamment une Déclaration sur l'Afrique australe et une Résolution sur l'Afrique du Sud adoptées en 1975 à la 9e session extraordinaire du Conseil des Ministres de l'OUA. Sur ces précisions, V « Le texte in Nations Unies, groupe de l'apartheid », Notes et documents, n° 1915, Mai 1975.

ainsi que l'établissement d'un Gouvernement non raciste en Afrique du Sud[1212].

A l'égard des Institutions spécialisées et autres organes de l'ONU, le ton de l'OUA change. L'on est passé de l'appel pressant à la solidarité, soit par suppression de leur activité, ou encore par l'exclusion de l'Afrique du Sud. La portée pratique des résolutions n'est plus la même lorsque l'Assemblée générale passe de la formule générale stéréotypée[1213] à la dénonciation personnalisée des Institutions tels, le Fonds Monétaire International et la Banque Internationale pour la Reconstruction et le Développement, régulièrement cités à partir de 1968 pour manque manifeste de coopération[1214].

L'appel à la solidarité des sanctions s'adresse de plus en plus aux Organisations internationales non gouvernementales auxquelles il est demandé leur appui dans la lutte contre l'apartheid, et aux sociétés publiques et privées invitées à collaborer à la stratégie de pressions[1215].

Dans cet ordre d'idées, le Président Denis SASSOU-N'GUESSO devrait prendre des mesures qui, dans certains cas, se sont avérées douloureuses pour l'économie congolaise. Ainsi, décidait-il de la suppression du Vol TAP Brazzaville - Lisbonne[1216], et celle de l'escale du Vol UTA qui reliait chaque semaine Paris - Brazzaville -

---

[1212] V. Nations Unies, Ass. Gén., Document A/32/61,17 mars 1977 ».

[1213] Le texte est publié à la Revue générale de Droit international public, 1977/3, p. 928.

[1214] Ibidem.

[1215] Par exemple : « L'Assemblée Générale ... invite les institutions spécialisées et les autres organismes des Nations Unies intéressés à poursuivre et intensifier leur coopération avec l'Organisation de l'Unité Africaine. Sur ces précisions, l'on pourra citer : La « Résolution 3066-XXVIII, paragraphe 5, du 15 décembre 1973.
L'on pourra aussi citer la Résolution 2874-XXVI, du 20 décembre 1971, paragraphe 7 qui « demande notamment à la Banque Internationale pour la Reconstruction et le Développement et au Fonds Monétaire International, de prendre toutes les mesures nécessaires pour cesser toute assistance financière, économique technique ou politique aux gouvernements portugais et sud-africains jusqu'à ce qu'ils renoncent à leur politique de discrimination raciale et de domination coloniale ».

[1216] T.A.P, est la dénomination de la société portugaise des transports aériens.

Johannesbourg[1217]. A travers la suppression de cette escale, le Congo perdait environ 400 millions de francs CFA par escale supprimée[1218].

En acceptant ce sacrifice financier, le Président Denis SASSOU-N'GUESSO entendait imposer aux Etats membres de l'ONU une double responsabilité juridique et morale qui devait transparaître dans la libération de Nelson MANDELA le 11 février 1990.

Toutefois, il paraît utile de signaler que la libération du célèbre opposant Nelson MANDELA est intervenue au moment où le Président Denis SASSOU-N'GUESSO était en plein vol du DC. 10 de la Compagnie " Air Afrique " en direction de Washington. Il se rendait ainsi, aux Etats-Unis sur invitation de Président américain Georges BUSH (père). L'invitation s'effectuait sous le signe de l'implication du Président Denis SASSOU-N'GUESSO dans le règlement du problème de l'Afrique australe[1219].

Si le Protocole de Brazzaville a contribué à la libération de Nelson MANDELA, il a aussi favorisé l'indépendance de la Namibie.

PARAGRAPHE II

L'INDEPENDANCE DE LA NAMIBIE

La Namibie anciennement appelée « Sud-Ouest Africain » a connu successivement la colonisation allemande de 1884 à 1915, le mandat sud-africain de 1920 à 1946, puis une « présence continue » de l'Afrique du Sud, malgré la fin des mandats en 1946 et la levée du mandat en 1971[1220]. La « présence continue » de l'Afrique du Sud s'est poursuivie jusqu'à l'accession du pays à l'indépendance en mars 1990, malgré la lutte de la SWAPO (South West Afric People Organisation) et de ses alliés angolais et cubains[1221]. Ainsi, ce pays n'a connu que la dépendance et son administration a en effet dépendu de l'Afrique du

[1217] L'Union des Transports aériens (U.T.A) était la dénomination de la société aérienne privée de la France.

[1218] V. KAMBA (J-M), « Les grands moments de la diplomatie congolaise sous Denis SASSOU NGUESSO », op. cit. p. 14.

[1219] V. OBA (P), « Le Protocole de Brazzaville. Une victoire méconnue », Editions KARTHALA, Paris, 2015, p. 211.

[1220] V. GOY (R), « L'indépendance de la Namibie » A.F.D.I, Vol. 37, 1991, p. 387.

[1221] Ibidem

Sud avant de passer sous le contrôle du Conseil des Nations Unies en 1996.

Dès lors, il devait connaître une double dépendance entre deux pouvoirs, l'un intérieur[1222], l'autre extérieur[1223].

Mais à partir de 1978, la Namibie devait dépendre d'un « plan international » défini à l'ONU, puis entre les Etats en conflit. Ce plan visait à préparer et à appliquer l'autodétermination du pays. Ainsi, l'indépendance de la Namibie revêtait l'aspect d'une indépendance issue d'un « plan international » établi en dehors de l'Etat concerné. Un tel aspect suscite autant de curiosité et cela, mérite qu'on on s'y arrête.

A. Une indépendance issue d'un « plan international » établi en dehors de l'Etat concerné.

L'indépendance de la Namibie a été autant plus compliquée et passionnée qu'elle a été obtenue de l'extérieur.

En effet, la Namibie était l'un des « cancers » qui empoissonnaient et menaçaient l'existence des Nations Unies. Il s'agit là, d'une question qui concernait l'organisation internationale à différents titres.

D'abord, elle constituait une survivance du colonialisme. Or la Charte, en affirmant dans son article premier le droit des peuples à disposer d'eux-mêmes, faisant obligation à ses membres de combattre le colonialisme. La Résolution 1514 (XV) du 14 décembre 1960,

---

1222 Le pouvoir intérieur est celui de l'Afrique du Sud. Effectif à l'intérieur du pays, ce pouvoir se limite à des compétences intérieures. A cet effet, Pretoria a tenté de faire du sud-ouest africain une cinquième province. Elle a aussi imposé en 1964 une fragmentation du pouvoir, avec onze groupes ethniques et dix foyers des homelands ou bantoustans. Sur ces développements, V. La Résolution 439/78 du 13 novembre 1978 du Conseil de sécurité condamnant ses réformes.

1223 Quant au pouvoir extérieur, celui-ci siège à l'ONU. Il n'est effectif qu'à l'extérieur du pays et se limite à des compétences externes. Pour ce faire, l'Assemblée Générale a créé un Comité spécial par Résolution du 19 mai 1967. Il s'agit d'un organe subsidiaire de l'Assemblée composé de 18 Etats. Enfin, l'Assemblée a prévu, puis désigné un Commissaire des Nations Unies pour la Namibie. Sur ces propos, V. Désignation A/PV/1524, 17juin 1967. Il s'agit d'un organe subsidiaire de l'Assemblée composé de 18 Etats. Enfin l'Assemblée a prévu, puis désigné un commissaire des Nations Unies pour la Namibie. Sur ces propos, V. Désignation A/PV/1524, 17 juin 1967.

connue sous le nom de Déclaration sur l'octroi de l'indépendance aux pays et peuples coloniaux, démontrait que la lutte contre le colonialisme était un thème majeur de préoccupation et d'action des Nations Unies. C'est sur ce thème que les pays du Tiers Monde ont établi un front commun concernant la Namibie, ils ont soutenu que la politique de l'Afrique du Sud constituait une grave menace de conflit, qu'il appartenait à l'ONU de dissiper[1224].

Enfin, l'ONU avait inscrit au nombre des buts, qu'elle proposait de réaliser, la défense des droits de l'homme. Le massacre de Sharpeville en 1960, les multiples pétitions adressées à l'ONU, la politique de ségrégation raciale pratiquée sur le territoire namibien[1225] sont autant de preuve de la méconnaissance par l'Afrique du Sud de ce principe. C'est-là, un second titre de la compétence de l'ONU qui ne peut être contesté au nom de la règle de la « compétence nationale de l'Etat »[1226]. Or, en ce qui concerne les droits individuels et les libertés fondamentales, un tel engagement figure dans la Charte[1227], dans la mesure où les Nations Unies s'engagent solennellement et expressément à respecter et à protéger les droits individuels.

Dès lors, s'agissant d'une affaire de son ressort, l'ONU a établi progressivement de l'extérieur le plan de l'indépendance de la Namibie. Ce plan établi en deux étapes, s'articule autour du règlement au niveau de l'organisation internationale et du règlement entre les Etats en conflit.

Concernant le règlement au niveau de l'Organisation internationale (ONU), il résulte de la résolution 435 (78) du Conseil de sécurité adoptée le 29 septembre 1978. Cette résolution apparaît comme la formule qui ouvre définitivement la voie de l'indépendance.

En effet, elle décide et programme la procédure d'indépendance de la Namibie en créant sous son autorité un « groupe d'assistance des Nations pour la période de transition ». Il devra aider le Représentant

---

1224 V. LUCCHINI (L), « La Namibie, une construction des Nations Unies », A.F.D.I, Vol. 15, 1969, p. 356.

1225 Ibidem.

1226 V. Le Professeur DELBEZ, « Les principes généraux du droit public international », cité par LUCCHINI (L), in « La Namibie, une construction des Nations Unies », A.F.D.I, Vol. 15, 1969, p. 356.

1227 L'on pourra à cet effet, citer l'article 1, paragraphe 2 de la Charte des Nations Unies.

spécial du secrétaire général des Nations Unies à exécuter le mandat qui lui a été confié[1228].

Par ailleurs, la résolution 435 (78) exige que l'Afrique du Sud coopère avec le Conseil de sécurité et le Secrétaire général[1229].

Enfin, la Résolution avertit l'Afrique du Sud que, si elle ne respectait pas cette Résolution, le Conseil de sécurité serait obligé de se réunir immédiatement pour engager des actions appropriées en vertu de la Charte des Nations Unies, y compris son chapitre VII, afin d'assurer l'observation par l'Afrique du Sud des résolutions susmentionnées[1230].

Toutefois, il convient de signaler que cette menace de sanction n'a jamais troublé outre mesure l'Afrique du Sud. Dans cette optique, la question de l'indépendance sera enterrée pendant un temps indéfini.

Il a fallu attendre 1988, pour assister à la résurrection de la résolution 435/78. Cette résurrection est due aux accords qui soulevaient trois problèmes importants[1231].

Le premier problème concernait les moyens alloués au Groupe d'assistance des Nations Unies pour la période de transition (G.A.N.U.P.T ou U.N.T.A.G) chargé de vérifier le bon déroulement des opérations électorales et le respect des consignes militaires. En 1978, les textes recommandaient environ dix mille « casques bleus » pour un séjour d'au moins un an (soit un coût de 700 millions de dollars). Mais le 16 janvier 1989, le Conseil de sécurité a voté une résolution en ce sens, tout en réduisant de 50% ces dépenses malgré les réticences des pays africains[1232]. Sauf erreur de notre part, c'est la première fois dans l'histoire des Nations Unies que les cinq membres permanents du Conseil de sécurité ont lutté ensemble contre les exigences des pays du continent africain et du groupe des non-alignés réunis.

Le second, problème était relatif à l'organisation de la période transitoire en Namibie dans l'attente de l'exercice du droit à

1228 V. Résolution 435/78, paragraphe 1.
1229 V. Résolution 435/78, paragraphe 5.
1230 V. Résolution 435/78, paragraphe 6.
1231 V. OLARA A. OTUNNU, « L'Afrique australe : vers une détente », Revue politique étrangère 3/1988, p. 603 - 619.
1232 V. La Résolution du 16 janvier 1989 demandait au Secrétaire général de « réexaminer les besoins du l'U.N.T.A.G afin de définir toutes les mesures tangibles de compression des dépenses qu'il serait possible de prendre ».

l'autodétermination. A cet effet, la date du 1er novembre 1989 est arrêtée pour cette opération décisive[1233].

Enfin, le troisième problème était le sort de l'enclave de Walvis-Bay (baie de la baleine). Il constituait l'obstacle le plus sérieux posé à une indépendance complète de la Namibie.

Pour des motifs historiques et juridiques, mais surtout en raison d'intérêts stratégiques et économiques, la République sud-africaine entendait maintenir dans sa souveraineté cette enclave. A ce propos, le Président P. W. BOTHA affirmait : « la Namibie, oui ; Walvis-Bay, jamais… La Namibie indépendante n'y aurait accès qu'à condition d'entretenir de bons rapports avec l'Afrique du Sud »[1234].

Si l'indépendance de la Namibie a été obtenue d'une part, à partir d'un règlement à l'ONU, elle résulte d'autre part, d'un règlement entre les Etats en conflit.

Dans cette optique, le règlement entre les Etats en conflit traduit le lien (couplage, linkage) entre le problème de la Namibie et ceux de la région[1235].

Alors qu'au début de l'année 1988, l'affaire de la Namibie était toujours diplomatique enlisée et que rien ne laissait présager une évolution rapide, les accords conclus au cours de second semestre sont venus bouleverser les données du problème[1236].

En effet, pendant que la résolution 435/78 du Conseil de sécurité prenait de plus en plus un « coup de vieux » diplomatique en prenant de l'âge, voilà qu'en quelques mois (mai – décembre 1988)[1237] la Résolution a retrouvé jeunesse et vigueur. Les pourparlers commencés le 2 mai à Londres et poursuivis à New-York, au Caire puis à Genève et à Brazzaville et terminés enfin à New-York ont obtenus des résultats qui n'avaient jamais été envisagés comme possible au cours de la

---

[1233] C'est l'un des points clé de la Résolution 435/78.

[1234] V. Le Président sud-africain, cité par LEYMARIE (PH), in « Pérennité des atouts stratégiques de Pretoria », Le Monde diplomatique, Février 1989, p. 10 V. Egalement CADOUX (CH), « L'organisation des Nations Unies et le problème de l'Afrique australe », A.F.D.I, 1977, pp. 152 - 158.

[1235] V. ONU, « Chronique », Mars, 1989, pp. 34 - 38.

[1236] V. Texte : A/43/964 - S/20325, du 14 décembre 1988 et Texte : A/A.43/989 - S/20346, du 22 décembre 1988.

[1237] Il s'agit de l'Accord de New-York du 20 juillet 1988, de l'Accord de Genève du 5 août 1988, et du Protocole de Brazzaville du 13 décembre 1988.

décennie écoulée[1238]. Quatre séries d'accords constituent la somme de ce marathon diplomatique. Dans l'ordre chronologique, ce sont :

- L'accord de New-York du 20 juillet 1998. Il détermine le cadre global des pourparlers à venir en définissant, en quatorze points, les principes de règlement pacifique du sud-ouest de l'Afrique[1239].

Parmi ces quatorze points figurent, la mise en œuvre de la Résolution 435/78 sur l'indépendance de la Namibie et le repli suivi du retrait de l'Angola des troupes cubaines. Il y a aussi et surtout le principe de « la reconnaissance du fait que les membres permanents du Conseil de sécurité ont un rôle de garants de tout accord qui pourrait être établi lors des négociations ». Dès lors, le Conseil de sécurité se retrouvait rétabli dans son rôle de responsable de la paix et de la sécurité internationale[1240], en ce qui concerne le sud-ouest de l'Afrique. Il convient de signaler à ce propos que le Conseil de sécurité avait été évacué par la République d'Afrique du Sud durant de longues années d'incompréhension mutuelle[1241]. Et l'on peut ainsi affirmer que l'accord de New-York remet en selle, le Conseil de sécurité pour la préparation à l'indépendance de la Namibie. Enfin l'accord ouvre la perspective d'un arrêt de la lutte armée.

- L'accord de Genève du 5 août 1988 prévoit un cessez-le-feu quasi immédiat. Si cet accord est présenté comme un accord de cessez-le-feu, dans la pratique, il va au-delà, car il constate officiellement des points d'accord. Il y en a trois principaux

• Il constate tout d'abord que les pourparlers ont progressé et que les négociations de Genève ont été détaillées, positives et fructueuses.

1238 Inspirée par la volonté d'assurer l'évolution du territoire vers l'émancipation, l'action de l'organisation internationale, au cours de cette période est restée vaine face à la résistance opposée à l'Union sud-africaine. A ce propos, V. La Résolution 2145 (XXI) adopté le 27 octobre 1966.

1239 Le mot « principe » doit être pris ici au sens de principe de morale internationale » et non pas comme principe général de droit au sens de l'article 38 du statut de la Cour Internationale de Justice.

1240 V. L'on pourra à cet effet, citer l'article 1, paragraphe 1 de la Charte des Nations Unies.

1241 V. LUCCHINI (L), « La Namibie, une construction des Nations Unies », op. cit. 366.

• Il constate ensuite que les délégations « se sont entendues sur une série d'étapes nécessaires pour préparer l'indépendance de la Namibie, conformément à la résolution 435 du Conseil de sécurité, et pour ramener la paix dans l'Afrique du Sud-ouest.

L'accord de Genève a le mérite d'avoir arrêté provisoirement les combats entre sud-africains cubains/angolais. Et l'on peut dès lors, commencer la grande négociation sur le fond du problème. C'est dans ce contexte qu'intervient la Protocole de Brazzaville signé le 13 décembre 1988[1242].

- Le Protocole de Brazzaville du 13 décembre 1988 s'inscrit dans la continuité de « l'esprit de Genève ». il est la pièce essentielle du dispositif d'ensemble qui prévoit la mise en place effective de la Résolution 435/78 du Conseil de sécurité. Mais il aura fallu plus de trois mois après négociations ponctuées de pauses[1243] et même de menaces de retrait de la part de l'Afrique du Sud ainsi que des pressions intermédiaires[1244] pour parvenir presque à la surprise générale à la conclusion du Protocole de Brazzaville. La question du calendrier et des modalités du retrait des troupes cubaines a été, en effet, au centre des discussions et des suspicions, Pretoria s'inquiétant très sérieusement des mouvements et renforts cubains observés dans le sud-Angola[1245].

En définitive, du Protocole de Brazzaville, l'on peut retenir ce qui suit :

- Le maintien des Accords conclus à Genève le 5 août 1988. Ils sont d'ailleurs complétés par un second accord également

[1242] Pour une étude approfondie du Protocole de Brazzaville, V. OBA (P), « Le Protocole de Brazzaville. Une victoire congolaise méconnue », Editions KARTHALA, Paris 2015, pp. 7- 250.

[1243] La signature du Protocole de Brazzaville a été reportée à deux reprises suite à une « sortie » de la délégation sud-africaine. Sur ces précisions, V. OBA (P), « Le Protocole de Brazzaville. Une victoire congolaise méconnue », op. cit., pp. 173 - 174.

[1244] Ibidem.

[1245] A ce propos, le Chef de la délégation sud-africaine, M. NEIL VAN HEERDEN, déclarait aux journalistes : « Les mouvements cubains dans le sud angolais ne sont guère conformes à l'esprit, voire à la lettre, des Accords de Genève... Nous avons l'impression que les cubains sont en train de préparer la guerre alors que nous préparons la paix. La poursuite ininterrompue de ces opérations constituerait à nos yeux une violation flagrante des Accords conclus ». Sur ces déclarations, V. Le Monde, 10 septembre 1988, p. 5.

conclu à Genève le 15 novembre à propos du calendrier du retrait des troupes cubaines.

- L'engagement des parties contractantes de solenniser cette série d'accords par un Traité tripartite, à New-York, et d'échanger les prisonniers de guerre après la signature de cet accord. Le Protocole recommande au Secrétaire général des Nations Unies que le 1er avril 1989 soit désigné comme la date de mise en place de la Résolution 435/78 du Conseil de sécurité.
- La décision de créer une Commission conjointe pour le suivi des accords et dont la composition et la mission sont déterminées par une annexe au Protocole de Brazzaville.

Le Protocole de Brazzaville aura permis de « déverrouiller » une situation figée depuis une décennie[1246].

- Enfin, les accords de New-York du 22 décembre 1988 viennent à la fois confirmer et compléter les précédents. Les accords de New-York comprennent en fait trois accords complémentaires mais distincts[1247].

- Un accord tripartite signé par l'Angola, Cuba et la République d'Afrique du Sud qui reprend pour l'essentiel le contenu du Protocole de Brazzaville ;
- Un accord bilatéral Angola-Cuba concernant les modalités du retrait cubain ;
- Et un accord conclu entre ces deux Etats et le Secrétaire de l'ONU portant « sur les arrangements concernant la vérification, qui doivent être approuvés par le Conseil de sécurité »[1248]. C'est donc au Conseil de sécurité en sa qualité de garant de la responsabilité de la procédure de vérification que revient cette mission très complexe. Il devra, à cet effet, créer une « entité au sein des Nations Unies chargée de la vérification en Angola »,

---

1246 V. L'Accord intitulé entre la République Populaire d'Angola, la République de Cuba et la République sud-africaine. Cet Accord tripartite est rédigé en portugais, espagnol et anglais, chaque langue faisant foi. Dans l'accord, « Les parties s'engagent en huit articles sur les dispositions déjà arrêtées dans le Protocole de Brazzaville.

1247 V. CADOUX (CH), « Vers la création prochaine d'un Etat de Namibie ? : Analyse des accords de 1988 », A.F.D.I, Vol. 34, 1988, p. 25.

1248 V. L'article 2 du Protocole de Brazzaville du 13 décembre 1988.

complètement distincte de la Commission conjointe prévue à l'annexe de Protocole.

Le dispositif laborieux mis en place à l'issue de ces différentes négociations devait donner le feu vert à la mise en application de la Résolution 435/78, c'est-à-dire de l'indépendance de la Namibie. Et cette indépendance fut proclamée le 31 mars 1990.

L'indépendance de la Namibie est reconnue avec éclat. Elle est proclamée en présence non seulement du Président de l'Afrique du Sud M. Frederik DE KLERK, et du célèbre opposant M. Nelson MANDELA, mais aussi des représentants de 147 Etats[1249]. La Namibie accède ainsi aux techniques des relations internationales propres à l'Etat souverain[1250].

Si l'indépendance de la Namibie a été longtemps attendue, quels ont été les acteurs de cette indépendance ?

B. Les acteurs de l'indépendance de la Namibie.

Conduite d'Etat à Etat et dans la discrétion[1251], les négociations se sont déroulées selon le processus le plus classique qui soit. Il fallait obligatoirement négocier à trois ou à quatre Etats au plus[1252] pour espérer obtenir enfin un résultat. Mais il fallait également et constamment tenir informer la Communauté internationale[1253] dont l'aval apparaissait comme une condition incontournable du succès à la négociation. L'on est ainsi par des procédures diverses et variables, passé du libéralisme classique à un multilatéralisme plus ou moins reconnu.

La seule méthode a été celle du pragmatisme et de la plus grande discrétion avant l'annonce du résultat.

1249 V. JOANNON (P), « Namibie : une laborieuse indépendance », Universadray , 1983, p. 298.

1250 A cet effet, la Namibie devient le 160e membre de l'ONU, le 23 avril. Sur cette précision, V. Assemblée Générale, Résolution S/18/1, 23 avril sur sa déclaration d'acceptation de l'obligation de la Charte des Nations Unies, V. ONU, « Chronique », septembre 1990, pp. 14 - 17.

1251 OLARA A. OTUNNU, « L'Afrique australe : vers une détente ? », op cit., p. 605.

1252 Ibidem.

1253 Ibidem, p. 606.

Cette méthode a permis de relancer en 1988, par des médiateurs interposés, une diplomatie « du pas-à-pas » pour aboutir à l'indépendance. Les parties directement intéressées dans l'indépendance de la Namibie sont nombreuses, mais la distribution des rôles ne les met pas toutes sur le même plan. Dans cette optique, les acteurs se répartissent en trois rangs.

Il y a d'abord quatre Etats qui sont : la République sud-africaine, l'Angola, Cuba et les Etats-Unis. Dans ce groupe, la République sud-africaine et l'Angola jouent le rôle de premier plan, Cuba faisant par la force des choses équipe avec l'Angola, et les Etats-Unis n'intervenant qu'au titre de médiateur[1254]. Il convient de signaler que les USA n'était qu'un médiateur officieux, mais reconnu officiellement dans le Protocole de Brazzaville[1255].

Les accords conclus sont selon leur objet des accords libéraux[1256] ou des accords tripartites[1257]. Avec la médiation américaine, ces accords prennent une coloration « quadripartite ».

Ensuite, au rang de l'indépendance de la Namibie, l'on note des pays et des personnalités. Dans cet ordre d'idées, seront remerciés le gouvernement suisse et le Président de la République Populaire du Congo, le Colonel Denis SASSOU NGUESSOU au départ facilitateur, mais devenu Médiateur incontournable à l'épreuve des faits. D'autres personnalités africains seront, mais à titre privé, citées pour leur contribution au succès des négociations[1258].

[1254] Cela par l'intermédiaire du Secrétaire d'Etat adjoint américain pour les Affaires africaines en l'occurrence CHESTER CROCKER qui aura effectivement eu un rôle considérable, ne serait-ce que par sa patience dans la politique américaine d' « engagement constructif ».

[1255] Le rôle de médiateur officiel dans le Protocole de Brazzaville a été reconnu de la manière suivante : « Les délégations représentant les Gouvernements de la République Populaire d'Angola, la République de Cuba et République d'Afrique du Sud, se retrouvant à Brazzaville avec la médiation du Gouvernement des Etats-Unis d'Amérique ».

[1256] Le Secrétaire d'Etat américain SHULTZ soulignait ainsi « à quel point il avait été difficile, sinon miraculeux, de conclure de tels Accords ». Sur ce point, V. Le Monde du 24 novembre 1988.

[1257] Ibidem.

[1258] En guise d'exemple, l'on pourra citer l'hommage appuyé rendu au Président du Zaïre, le Maréchal MOBUTU SESE SEKO par le ministre sud-africain des Affaires étrangères M. PIK BOTHA, lors de la cérémonie de signature de Brazzaville, en décembre 1988.

L'on pourra aussi citer, le Secrétaire général de l'ONU, Monsieur PEREZ DE CUELLAR. Celui-ci, bien que tenu officiellement à l'écart des négociations inter-étatiques, était informé en permanence de l'évolution des pourparlers.

Il convient enfin, de citer dans ce second cercle des participants, l'URSS. Concernant ce pays, l'Union Soviétique, absente apparemment de la scène, était « parraine » par définition de l'Angola et de Cuba. Informée et consultée, l'URSS était en permanence dans la coulisse[1259]. En clair, rien aurait pu être acquis à propos de l'indépendance de la Namibie sans ce contrat innomé entre Washington et Moscou.

Enfin, au dernier rang de l'indépendance de la Namibie, il y a ceux qui n'ont jamais été consultés ni entendus, mais qui sont sur le terrain les plus intéressés par les résultats des négociations. Il s'agit de la SWAPO, de l'UNITA, ou même de l'ANC[1260].

Comme on peut le constater, dans l'indépendance de la Namibie, l'Organisation de l'Union Africaine (OUA) a été complètement tenue à l'écart par les « premiers rôles » malgré la présence sur le continent des leaders politiques réputés « charismatiques ».

Dans ce cadre, le pragmatisme a obligé les Etats africains partisans d'un dialogue avec l'Afrique du Sud[1261] et quelques Etats de la Ligue de front, à tenir un discours plus réaliste que les « faucons de l'OUA »[1262].

L'universalité des relations internationalises a élargi le champ d'action de la politique étrangère du Congo sur le plan interne et externe. En effet, la politique étrangère n'est plus cantonnée aux relations politiques. Elle s'étend aujourd'hui aux relations économiques, commerciales et culturelles. Sur le plan externe, elle ne

---

[1259] Le Vice-ministre soviétique des Affaires étrangères, M. Anatoli ADIMISHIN avait régulièrement des consultations avec M. Chester CROCKER avant le début des négociations et ces consultations parallèles se sont poursuivies tout au long des négociations. A ce propos, V. OLRA A. OTUNNU, « L'Afrique australe : vers une détente ? », op. cit., p.610.

[1260] V. Le Monde, 9 février 1989.

[1261] Ces Etats étaient : le Malawi, la Cote d'Ivoire, le Zaïre… Sur ces précisions, V. CADOUX (CH), « Vers la création prochaine d'un Etat de Namibie ? Analyse des Accords de 1988 » op. cit., pp. 19 – 20.

[1262] Ibidem.

se définit plus comme une politique de bon voisinage, pouvant être conditionnée par des évènements qui surviennent sur l'ensemble de la planète.

Depuis quelques années, la politique étrangère du Congo s'inscrit dans le cadre d'une « Communauté internationale » soucieuse des problèmes écologiques.

C'est dans cette perspective, que le Président Denis SASSOU-N'GUESSO utilise le droit dans le domaine de l'environnement (Titre II).

TITRE II

L'UTILISATION DU DROIT DANS LE DOMAINE DE L'ENVIRONNEMENT

Dans son avis consultatif du 8 juillet 1996, la Cour Internationale de Justice de la Haye déclarait : « l'environnement n'est pas une abstraction mais bien l'espace où vivent les êtres humains et dont dépendent la qualité de leur vie et leur santé pour les générations à venir »[1263]. Dans cette optique, l'environnement devient une nouvelle fonction sociopolitique de l'Etat. Cela est d'autant vrai que l'Organisation des Nations Unies qui en réunissant les Etats en 1972 adoptait la Déclaration de Stockholm selon laquelle : « l'homme a un droit fondamental ... à des conditions de vie satisfaisantes dans un environnement dont la qualité lui permette de vivre dans la dignité et le bien-être »[1264].

Ainsi, la politique de l'environnement ne se présente plus comme une simple politique technique et spécialisée, mais comme la manifestation d'un nouveau droit de l'homme. Les valeurs attachées à la protection de l'environnement seront étroitement liées à la survie de l'homme sur terre et à la satisfaction de ses besoins essentiels (eau, air, nourriture)[1265]. Les besoins sont conditionnés par les grands équilibres naturels de la biosphère (climat, faune, flore) qui sont en grande partie dépendant de la consommation des ressources naturelles et de l'impact des activités humaines sur le milieu naturel.

De ce fait, l'environnement acquiert le statut de droit fondamental parce que les politiques mises en œuvre expriment des solidarités nouvelles entre d'une part l'homme et la nature, et d'autre part les hommes entre eux à l'échelle universelle compte tenu de l'interdépendance des éléments de l'environnement (Bassins

---

1263 V. Recueil CIJ, 1996, P.241-249 paragraphe 29.

1264 V.PRIEUR (M), « Environnement », in « Traité international de droit constitutionnel », op.cit. P.604.

1265 Ibidem.

hydrographiques, milieu marin et zones côtières, climats et couche d'ozone)[1266].

Ayant désormais un fondement scientifique et un fondement social, l'environnement va faire l'objet d'une organisation juridique qui donnera naissance au droit de l'environnement.

L'ampleur d'un tel droit et la valeur éthique attachée à l'environnement vont entrainer le Président Denis SASOU-N'GUESSO à utiliser le droit pour protéger l'environnement dans le Bassin du Congo. Dans la quête de la protection, il se réfère au principe de précaution.

Le principe de précaution n'apparaît pas expressément dans la plume des pères fondateurs de la Commission climat du Bassin du Congo, pourtant l'idée est omniprésente dans leurs réflexions et sera dévoilée par le Président Denis SASSOU-N'GUESSO[1267]. Par conséquent, il s'agit donc d'une référence implicite du Chef de l'Etat congolais au principe de précaution (Chapitre I).

Le principe de précaution fait aujourd'hui l'objet de vives querelles. Son acceptation n'a pas été facile, même s'il est indéniable qu'il est consacré par le Président Denis SASSOU-N'GUESSO (Chapitre II).

1266 V.COHENDET (M.A.), « Vers la constitutionnalisation du droit de l'homme à l'environnement », in vingt ans de protection de la nature, hommage à Michel DESPAY, Ed. PULIM, Limoges, 1997, P.253

1267 Une lecture attentive de la Déclaration des Chefs d'Etat et de Gouvernement des Pays africains sur l'Action en faveur du Co-émergence du Continent, notamment la page n°2, permet d'observer cela.

CHAPITRE I

UNE REFERENCE IMPLICITE AU PRINCIPE DE PRECAUTION

Si dans la Commission climat du Bassin du Congo, le Président Denis SASSOU-N'GUESSO consacre la mise en œuvre de la transition climatique et de la transformation économique du Bassin du Congo[1268], il le fait selon une formulation qui lui est propre en évitant d'utiliser le mot « principe de précaution » et en préférant reformuler les orientations d'initiatives prioritaires dans une logique de développement durable[1269].

Cela peut se justifier par le fait que le principe de précaution fait l'objet de plus vives controverses[1270]. La crainte exprimée est que ce principe bloquerait la recherche scientifique et le développement économique en imposant la preuve du risque zéro à chaque fois qu'il y aurait une incertitude scientifique sur un projet ou une activité risquant d'entrainer des dommages irréversibles à l'environnement[1271].

Il s'agit d'un principe « selon lequel les mesures de prévention doivent être prises lorsqu'il y a des motifs raisonnables de s'inquiéter du fait des substances ou de l'énergie introduite directement ou indirectement dans le milieu qu'elles puissent entraîner des risques pour la santé de l'homme, nuire aux ressources biologiques ou aux écosystèmes, porter atteinte aux valeurs d'agreement ou entraver d'autres utilisations du milieu, même s'il n'y a pas de mesures concluantes d'un rapport de causalité entre les apports et les effets ».[1272]

Puisque dans le Protocole instituant la Commission climat du Bassin du Congo, les Chefs d'Etat et de Gouvernement africains réunis à Marrakech (Maroc) s'appuient sur la Convention-cadre des Nations

---

1268 V. l'article 2 du Protocole de Brazzaville du 29 Avril 2018 instituant la Commission Climat du Bassin du Congo.

1269 Ibidem.

1270 V. DE SADELER (N), « Réflexions sur le statut juridique du principe de précaution », in E.ZACCAI et J.N. MISSA, « Le principe de précaution. Signification et conséquences » Editions de l'Université de Bruxelles, 2000, P.126

1271 Ibidem.

1272 Ibidem.

Unies sur les changements climatiques et sur l'Accord de Paris sur le climat[1273], la lutte contre les changements climatiques invoqués par le Président Denis SASSOU-N'GUESSO implique que pour protéger l'environnement dans le Bassin du Congo des mesures de précaution doivent être largement appliquées par les Etats. Dans cette perspective, sans que cela ne soit mentionné dans le Protocole, notamment dans l'objet de la Commission climat du Bassin du Congo, le Chef de l'Etat congolais se réfère au principe de précaution.

Ainsi présenté, la référence au principe de précaution se développera en deux temps : son émergence (Section I) et ses interprétations possibles (Section II)

SECTION I
L'EMERGENCE DU PRINCIPE DE PRECAUTION

Dans les milieux spécialisés, non seulement juridique, mais aussi philosophique et scientifique, les experts s'entendent pour dire que le principe de précaution est né de la jonction de la science, de la politique et du droit. En effet, il est d'abord apparu dans la législation environnementale Américaine des années 70[1274] avant d'être par la suite théorisé dans la règlementation Allemande[1275] de la science, de la politique et du droit. Et, précisément concernant ce dernier point, le principe de précaution a fait son entrée par l'entremise des propositions Allemandes faites à l'occasion de la conférence des Ministres de la Mer du Nord[1276]. Plus tard, le principe évoluera sur ce terrain au moyen de la Commission d'Oslo et de la Commission de Paris portant sur les régimes globaux de l'environnement marin[1277]. La Déclaration de Londres, qui a résulté de la deuxième conférence internationale sur la

---

[1273] V. le Préambule du Protocole de Brazzaville du 29 Avril 2018, op. cit.

[1274] V. BOUTENNET (M) et GUEGAN (A), « Historique du principe de précaution », Ed. Odile Jacob, La documentation française, Paris, 253.

[1275] Ibidem.

[1276] Cette conférence a été organisée à Londres les 24 et 25 Novembre 1987. C'est à cette occasion que les parties ont souligné qu'il était impérieux d'adopter une approche de précaution dans la règlementation du déversement de substances dangereuses en mer du Nord.

[1277] V. NAKSEU NGUEFANG (G), « Le principe de précaution dans le contexte du protocole international sur la prévention des risques biotechnologiques », Les Cahiers de droit, Vol. 43, n° 1, MARS 2002, P.43.

protection de la mer du nord devait à son tour souligner l'importance du principe de précaution[1278].

Le principe de précaution sera entériné au cours des autres conférences portant sur des questions d'intérêt universel.

A cet effet, le Programme des Nations Unies pour l'Environnement (PNUE) va davantage reconnaître l'importance du principe de précaution. Il le considère comme un principe général de la politique de l'environnement[1279]. Dans cette optique, le Programme des Nations Unies pour l'Environnement (PNUE) recommande qu'en raison des dommages irréversibles découlant de l'impact des décharges polluantes de l'environnement marin, il serait impérieux que tous les Gouvernements adoptent le « principe de précaution » comme base de leur politique en matière de prévention et d'élimination de la pollution marine[1280].

Par la suite, cette recommandation aura plus d'écho au niveau régional où plusieurs accords tant multilatéraux que bilatéraux adopteront le principe de précaution. Quelques exemples illustrent ces propos :

- Sur le plan international, la Convention sur la pollution atmosphérique à longue distance, adoptée le 13 novembre 1979 par la Commission Economique des Nations Unies pour l'Europe[1281].

1278 S'agissant de l'importance du principe de précaution, le chapitre VII de la Déclaration de Londres se résume ainsi : « ...dans le but de protéger la mer du Nord des éventuels effets dommageables des substances hautement dangereuses, une approche prudente ou alors sage est nécessaire et doit exiger des actions pour assurer le contrôle de telles substances même avant qu'un quelconque lien causal ait été établi par une évidence scientifique claire.

1279 V. Le programme de Nations Unies pour l'environnement, cité par NAKSEU NGUEFANG (G), in « Le principe de précaution dans le contexte du protocole international sur la prévention des risques biotechnologiques », op.cit.P.43

1280 Décision 15/ 27, May 25 1989, on the Precautiontionnary Approch to Marine Pollution, including Waste- Dumping at sea UN General Assembly, official Records, 44 th Session, Supplement No.25 (A/44/25), P.152

1281 Les parties contractantes à la Convention sur la pollution atmosphérique transfrontière à longue distance du 13 Novembre 1979 ont, d'une part, reconnu « la possibilité que la pollution de l'air, y compris la pollution atmosphérique transfrontière, provoquent à court et à long terme des effets dommageables », et ont, d'autre part, manifesté leur crainte que « l'augmentation du niveau des émissions de polluants atmosphériques dans la région puisse accroître ces effets dommageables ».

- En Europe, la Déclaration de Bergen sur le développement durable dans la région de la Communauté Economique Européenne[1282].
- En Afrique, la Convention de Bamako sur l'interdiction d'importer des déchets dangereux et le contrôle de leurs mouvements transfrontaliers en Afrique du 30 janvier 1991 interdisant l'interdiction sur ce continent des déchets dangereux, laquelle convention a précisé le caractère contraignant du principe de précaution dans son article 4, alinéa 3-f, qui prévoit qu'une telle interdiction doit être faite « sans attendre d'avoir de preuve scientifique »[1283].
- En Asie et Pacifique, ce principe apparaît pour la première fois lors de la conférence ministérielle sur l'environnement de la Commission Economique et Sociale de l'Asie et Pacifique, qui, par le paragraphe 19 de la Déclaration qui en a résulté, prévoit que « dans le but de rendre concret le développement durable, les politiques doivent être fondées sur le principe de précaution »[1284].

Enfin, même si le principe de précaution est encore en chantier, il convient de souligner qu'il trouve sa consécration internationale dans la Déclaration de Rio de Juin 1992[1285].

Eu égard à toutes ces inquiétudes, le second protocole de la Convention a souligné clairement la nécessité du principe de précaution dans les termes qui suivent : « Résolues à prendre des mesures de précaution en prévision des émissions de polluants atmosphériques et afin de prévenir ou de réduire au minimum ces émissions et d'en atténuer les effets nocifs… »

[1282] V. Les paragraphes 7 de la Déclaration de BERGEN sur le développement durable de 1990.

[1283] S'agissant de la Convention de Bamako sur l'interdiction d'importer des déchets dangereux et le contrôle de leurs mouvements transfrontières, il est intéressant de préciser que cette Convention est la première qui aura clairement affirmé que le principe de précaution et aura ainsi sa mise en œuvre. En effet, le principe de précaution paraît dans le dispositif parmi les obligations incombant aux parties, et tout particulièrement parmi celles qui concernent la production des déchets en Afrique.

[1284] V. Report of the UN ESCAP Ministerial Meeting in the Environment, BANGKOK, App. 15.16 octobre 1990, P. 8, paragraphe 19.

[1285] Il s'agit de la Déclaration de Rio sur l'environnement et le développent, issue de la conférence de Nations Unies sur l'environnement et le développement réunie à Rio de Janeiro du 03 au 14 Janvier 1992

La promotion du principe de précaution dans la protection de l'environnement est l'œuvre des Etats et des Organisations non gouvernementales qu'il importe d'observer.

PARAGRAPHE I

LE ROLE DES ETATS ET DES ORGANISATIONS INTERNATIONALES DANS LA PROMOTION DU PRINCIPE DE PRECAUTION

La protection de l'environnement est un phénomène récent qui correspond à un mouvement d'origine internationale visant à donner aux politiques d'environnement une place prééminente au sein des politiques publiques. Il n'est pas étonnant que les Etats et les Organisations non Gouvernementales se soient saisis de l'environnement pour lui donner une place transversale dont l'importance politique et sociale exprime de nouvelles solidarités.

Dans cette perspective, la promotion du principe de précaution sera largement portée et influencée par un fort mouvement de l'opinion publique à travers le rôle des Etats et des Organisations non gouvernementales (ONG).

A. Le rôle des Etats dans la promotion du principe de précaution

Le droit international de l'environnement a introduit une série de principes [1286] qui orientent les politiques de l'environnement.

Dans cet ordre d'idées, cinq groupements des pays ont adopté des positions plus ou moins divergentes à l'égard du principe de précaution[1287].

Le premier groupe, dit « de Miami » est composé de certains Etats exportateurs agricoles des OGM. Il s'agit de l'Argentine, de l'Australie, du Canada, du Chili, des Etats Unis et de l'Uruguay. Ce

---

[1286] Il s'agit des principes de prévention, de précaution, des informations et de participation. Il faut y ajouter le principe pollueur payeur à la fois économique et juridique puisqu'il est souvent confondu avec le principe de responsabilité.
Sur ces propos, V. KISS (A), BEURIER (J.P), « Droit international de l'environnement », Ed. PEDONNE, 4è éd., Paris, 2010, P.119.

[1287] V. KISS (A), BEURIER (J.P.), « Droit international de l'environnement », op.cit., p.121.

groupe est farouchement opposé dès le départ à une régularisation internationale des biotechnologies. C'est pourquoi ce groupe défend une réglementation internationale fondée sur la certitude scientifique et sur l'évaluation des risques[1288].

Le deuxième groupe rassemble des pays de l'Union européenne qui sont en principe des importateurs des OGM, notamment ceux qui relèvent de l'agroalimentaire et de l'industrie pharmaceutique. Ce groupe est celui qui défend le plus le principe de précaution. La place qu'il accorde au principe au sein des accords multilatéraux dans l'architecture juridique régionale de l'Europe est une parfaite illustration[1289].

Le troisième groupe est constitué de 77 pays en développement et la Chine. Ces pays regroupent une biodiversité importante. A l'instar des pays de l'union européenne, ils sont des fervents défenseurs du principe de précaution[1290].

Le quatrième groupe réunit les pays de l'Europe centrale et de l'Est. Ces pays ont des positions moins tranchées sur le principe de précaution[1291].

Enfin, le cinquième groupe, regroupe les pays de l'Organisation de Coopération et de Développement Economique (OCDE) qui ne sont ni exportateurs agricoles ni membres de l'Union Européenne. Il s'agit de la Corée du Sud, du Japon, du Mexique, de la Norvège, de la Nouvelle-Zélande, de Singapour et de la Suisse. Leur position à l'égard du principe de précaution n'est pas tranchée. Toutefois, il convient de signaler que ces Etats rendent de plus souvent possibles des négociations de coulisse[1292].

Outre les Etats, il est aussi important de souligner le cas des Organisations non gouvernementales (ONG) dans la promotion du principe de précaution.

[1288] Sur ce point, l'on peut se reporter à l'analyse de VIAL (CL) in « Libre circulation des marchandises et protection des droits fondamentaux : à la recherche d'un équilibre » R.T.D.H, 2004, p.435.
[1289] Ibidem.
[1290] V. PRIEUR (M), « Le principe de précaution au service des générations futures » in mélanges M. BAZEY, LEXIS NEXIS, Ed. LITEC, Paris, 2009, p.283
[1291] Ibidem.
[1292] Ibidem.

B. Le cas des organisations non gouvernementales

La promotion du principe de précaution par les Organisations non gouvernementales (ONG) est plus active dans la protection de l'environnement, de la santé humaine et des consommateurs[1293]. Ces organisations ont la particularité de mener leurs activités sans aucun objectif à but lucratif.

Dans leur lutte pour la promotion du principe de précaution, l'industrie est le principal adversaire des organisations non gouvernementales (ONG).

C'est dans ce contexte hautement politisé qu'il faut situer la lutte des Organisations non gouvernementales (ONG). En effet, nous vivons dans des sociétés où tout ce qui n'est pas formellement interdit est permis et où la science fonde et légitime les décisions étatiques qui réglementent, répriment ou interdisent. Toutefois, avant de pouvoir interdire une activité ou un produit, l'Etat doit avoir de solides raisons et celles-ci doivent reposer sur des preuves scientifiques irréfutables qu'il a la charge de présenter.

Cela est d'autant plus vrai qu'au Canada, l'affaire « Ethyl Corporation v. Government of Canada (1997 - 1998) »[1294] illustre au plus haut point la nécessité pour l'Etat de fonder ses décisions sur la preuve scientifique ou, tout au moins, sur un début de preuve scientifique avant d'interdire un produit.

L'examen attentif des faits de cette affaire permet de constater que le Gouvernement canadien s'est saisi du thème de l'environnement et de la santé pour essayer de justifier un arbitrage douteux dans une affaire qui opposait l'industrie de l'automobile et l'industrie pétrolière.

[1293] A ce propos, l'on peut se référer à l'analyse de DUPLESSIS (Y), HETU(J) et PIETTE (J), in « protection de l'environnement au QUEBEC », Ed. Thémis, Montréal, 1982, pp. 70 - 71.

[1294] L'affaire « ETHY corporation V. Government of Canada (1997-1998) a été invoquée par MAURICE ARBOUR dans un article intitulé « le principe de précaution dans le contexte du commerce international : une intégration difficile », Les Cahiers de droit, op.cit., P.13

L'affaire a fait le tour du monde et a été généralement considérée comme la reddition de l'Etat canadien devant une multinationale qui s'est battue pour sauvegarder ses intérêts commerciaux sur le marché au détriment de la protection de l'environnement.

En effet, le 25 avril 1997, le gouverneur général du Canada sanctionne la loi sur les additifs à base de manganèse[1295]. Cette loi avait pour objet d'interdire le commerce interprovincial et l'importation à des fins commerciales de certaines substances à base de manganèse, substances qui sont énumérées dans une annexe. Mais cette dernière ne mentionnait en fait qu'une seule substance, notamment le méthyl-cyclopentadienyl manganèse tricarbonyl (MMT)[1296], un additif qui remplace le plomb dans l'essence sans plomb et qui est importé et distribué au Canada depuis 1977 par une seule société, soit Ethyl Canada Inc., une filiale d'Ethyl Corporation dont le siège social est en Virginie. D'entrée de jeu, soulignons que, si l'objet réel de la loi était d'éliminer l'utilisation du méthyl-cyclopentadienyl manganèse tricarbonyl (MMT) au Canada, cependant, cette loi n'empêche ni la production, ni l'utilisation du méthyl-cyclopentadienyl manganèse tricarbonyl (MMT) au Canada. Elle interdit seulement son importation et sa vente entre les provinces.

Curieusement, le Gouvernement canadien a justifié l'adoption de sa décision par des motifs fondamentaux liés à la protection de l'environnement, de la santé et du consommateur.

La position du Gouvernement canadien nous semble critiquable. En effet, si tel était le cas, pourquoi le Gouvernement n'avait-il pas proscrit toute production et toute vente intra provinciale, partout au Canada ?

Pourquoi a-t-il recouru à une loi spéciale pour prohiber un produit particulier ?

Pourquoi ne s'est-il pas appuyer sur la loi sur la protection de l'environnement ou sur celle relative à la protection de la santé ?

[1295] Il s'agit de la loi sur les additifs à base de manganèse, L.C.1997, entrée en vigueur le 24 juin 1997.

[1296] Le M.M.T est un produit fabriqué en Virginie et exporté ; il s'agit dans un additif qui est ajouté à l'essence sans plomb pour augmenter l'indice d'une octave. Cet ajout à lieu à la raffinerie et le M.M.T se trouve dans 95% de l'essence sans plomb vendu au Canada. ETHYL Canada, une filiale d'ETHYL corporation, est le seul importateur et le seul distributeur partout au Canada.
Sur ces précisions, V. ARBOUR (M), « Le principe de précaution dans le contexte du commerce international : une intégration difficile », op.cit., p. 14.

Compte tenu de ce qui précède, nous avons là un mauvais arbitrage gouvernemental effectué à la suite des pressions de l'industrie automobile.

Cela est d'autant vrai, que selon un rapport de santé Canada en date de 1994[1297], il n'existe aucun risque pour la santé avec le méthyl-cyclopentadienyl manganèse tricarbonyl (MMT) ajouté à l'essence. De son côté, le Rapport de la société royale du Canada affirmait qu'il n'y avait aussi aucun risque pour l'environnement[1298].

Ainsi, la loi fédérale a été immédiatement attaquée par Ethyl Corporation devant un tribunal établi conformément aux règles de l'ALENA[1299]. Ce tribunal a conclu le 24 juin 1998 qu'il avait compétence pour entendre le fond du litige, rejetant ainsi les prétentions canadiennes pour échapper au règlement d'arbitrage. Le Canada a mis fin aux actes de procédures devant ce tribunal en acceptant les conditions d'un compromis en trois points avec Ethyl Canada.

D'abord, méthyl-cyclopentadienyl manganèse tricarbonyl (MMT) est retiré de la liste des substances interdites aux fins d'importation et de commerce interprovincial.

Ensuite, le Canada publie un communiqué officiel le 20 juillet 1998 déclarant que les données scientifiques courantes ne démontrent pas que le méthyl-cyclopentadienyl manganèse tricarbonyl (MMT) endommage le fonctionnement des systèmes antipollution et qu'il n'y a pas de nouvelles preuves scientifiques qui modifient les conclusions de santé canada faites en 1994. Par ailleurs, il affirmait que le méthyl-cyclopentadienyl manganèse tricarbonyl (MMT) ne posait aucun risque pour la santé.

Enfin, le Canada a accepté de verser 13 millions de dollars américains pour plus les frais liés à la poursuite d'Ethyl Corporation et pour la perte de profits enregistrée durant la période d'interdiction.

1297 Il s'agit du Rapport du Groupe Spécial constitué en vertu de l'article 1700 concernant le différend entre l'Alberta et le Canada relativement à loi sur les additifs à base de manganèse du 12 juin 1998.

1298 Ibidem.

1299 V. L'affaire ETHYL corporation V. Government of Canada présentée devant le tribunal d'arbitrage de l'ALENA, le 12 juin 1998.

Dans le recours d'Ethyl Corporation contre la loi fédérale, les Organisation Non Gouvernementales (ONG) ont soutenu et rallié la position de la société qu'elles ont substantiellement influencée.

L'osmose entre les Etats et les organisations non gouvernementales (ONG) s'est sensiblement concrétisée dans la promotion du principe de précaution durant les négociations des protocoles relatifs à la protection de l'environnement, de la santé humaine et des consommateurs. Au cours de ces négociations, les Organisations non gouvernementales (ONG) ont obtenu le statut d'observateurs. Tout cela a rendu possible la participation des uns et des autres aux séances plénières, où les observateurs ont parfois droit à la parole.

Quelle que soit la valeur réservée au principe de précaution, nul ne doute qu'il demeure une source de conflits pour son interprétation. Dès lors, il devient urgent d'analyser les interprétations possibles du principe.

PARAGRAPHE II

LES INTERPRETATIONS POSSIBLES DU PRINCIPE DE PRECAUTION

Le principe de précaution est désormais présent dans de nombreux Accords internationaux[1300], plus précisément dans les Conventions internationales qui assurent l'encadrement juridique des activités susceptibles d'être potentiellement risquées pour l'environnement[1301].

L'élaboration du principe s'est réalisée sur la base d'une tension entre les diverses parties. Une grande partie de la controverse est apparue notamment sur sa nature (s'agit-il d'un principe de droit ou d'une approche dans la gestion des risques ?) et sur ces conditions d'application (sur quelle base est-il légitime d'invoquer ou de

---

[1300] L'on peut par exemple, citer le Protocole international sur la prévention des risques biotechnologiques, connu sous le nom de protocole sur la biodiversité adoptée en janvier 2001.

[1301] C'est le cas des biotechnologies que le chapitre 16 de l'agenda 21 invoque tout en précisant qu'elles n'ont pas seulement des aspects positifs, puisqu'elles peuvent également créer des problèmes de l'environnement.

déclencher sa mise en œuvre ? quel degré acceptable de certitude scientifique faut-il avant d'agir ?)

L'absence d'unanimité autour de la signification du principe exige que, dans notre analyse nous examinons successivement la nature et les conditions d'application du principe de précaution.

A. La nature du principe de précaution

Les tensions révélées entre les diverses parties ci-dessus citées, ont permis de noter des divergences relativement au sens à réserver au principe de précaution. Pour les uns, il s'agit d'une approche dans la gestion des risques, c'est-à-dire d'un principe dépourvu de tout effet juridique contraignant. Pour les autres, il est bien question d'un principe au sens fort du terme, une véritable norme juridique s'imposant à l'autorité supérieure.

Le défi, dans la construction du principe de précaution, c'est de pouvoir intégrer des conceptions contradictoires nées, d'une part, de la nécessité de protéger le droit, et d'autre part de la nécessité de réduire les risques des effets négatifs sérieux et irréversibles sur l'environnement.

Ainsi, la signification du principe ne peut s'apprécier qu'en fonction du contexte global dans lequel il entend s'insérer. C'est pourquoi, un rappel des différentes conceptions du principe est un préalable nécessaire pour une meilleure compréhension du principe.

1) Le principe de précaution serait une approche dans la gestion des risques

Rappelons à cet effet que pour les Etats Unis et le Canada, chefs de file du groupe de « Miami », le principe de précaution n'a qu'une valeur de proclamation[1302]. Il n'est pas un principe du droit international et qu'il est tout au plus possible de le qualifier d' « approche » dont la teneur peut varier selon le contexte et que, en tout état de cause, son application ne peut conduire à mettre de côté des dispositions expresse d'un traité validement conclu[1303]. La précaution est alors revendiquée

[1302] V. NAKEU NGUEFANG (G), « Le principe de précaution dans le contexte du Protocole international sur la prévention des risques biotechnologiques », op.cit. p.55.
[1303] Ibidem.

comme un type d'approche, dépourvu de tout caractère contraignant. Dans cette perspective, « l'Affaire du bœuf aux hormones »[1304] est très édifiante.

Cette affaire qui oppose le Canada et les Etats-Unis aux Communautés européennes à la fin des années 90, présente un intérêt particulier sur le statut du principe de précaution. En l'espèce, une directive du Conseil des Communautés européennes avait interdit l'importation de la viande provenant d'animaux auxquels des hormones de croissance ont été administrées. Selon les européens, l'utilisation de ces hormones à des fins anabolisantes présente un risque pour la santé humaine et animale. Des éleveurs canadiens et américains s'estimant lésés par cette décision, le Canada et les Etats-Unis portèrent plainte devant l'Organisation Mondiale du Commerce (OMC) pour motif que la directive européenne était contraire au droit de l'Organisation Mondiale du Commerce (OMC), notamment à l'Accord sur les mesures sanitaires et phytosanitaires 'Accord SPS). Ils alléguaient que cet accord exige que toute mesure sanitaire soit fondée sur des « preuves scientifiques suffisantes » et sur une « évaluation des risques »[1305] ou sur les « renseignements pertinents disponibles »[1306]. Les européens quant à eux, plaidaient que s'il existe le moindre doute quant à l'innocuité d'un produit, le bénéfice du doute doit favoriser le consommateur, que le manque de connaissances scientifiques sur le principe (en l'occurrence le cancer) et sur les mécanismes auxquels il obéissait n'était pas une raison suffisante pour ne pas prendre des mesures de précaution, que l'Accord SPS n'empêche pas un Etat partie

---

1304 V. « OMC, Mesures communautaires concernant les viandes et des produits carnés (hormones) » in, « Rapport du Groupe Spécial w./DS/48/R, 18 Aout 1997 » ; V. Aussi, « OMC, Mesures communautaires concernant les viandes et des produits carnés (hormones) », wt/ DS48/AB/R 16 janvier 1998, organe d'appel AB-1997 - 4.

1305 L'article 5, al.2 de l'Accord sur les mesures sanitaires et phytosanitaires (ASPS) présente une sorte de définition de l'évaluation du risque quand il dit que, dans cette évaluation, les membres tiendront compte des preuves scientifiques disponibles, des procédés et des méthodes de production pertinents, de la prévalence des maladies ou de parasites spécifiques, de l'existence de zones exemptes de parasites ou des maladies, des conditions écologiques et environnementales pertinentes et des régimes de quarantaines ou autre. Il s'agit donc dans un processus scientifique qui implique une analyse objective des faits et des preuves.

1306 Ibidem.

de se montrer prudent dans l'établissement des normes sanitaires, même en cas de données scientifiques contradictoires ou d'incertitudes[1307].

Dans sa décision en date du 17 Août 1997 le tribunal d'arbitrage[1308] fit droit aux prétentions canado-américains. Il conclut que les Communautés européennes, en maintenant des mesures sanitaires qui ne sont pas établies sur la base d'une évaluation des risques[1309] et en soutenant de telles mesures qui ne sont pas fondées sur des normes internationales existantes, ont agi d'une manière incompatible avec les prescriptions contenues dans l'Accord SPS.

Pour l'essentiel, la décision est maintenue par le tribunal d'appel[1310] qui constate que la plupart sinon la totalité des études scientifiques auxquelles les Communautés se sont référées, ont abouti à la conclusion que l'utilisation de ces hormones est sans danger si celles-ci sont administrées conformément aux bonnes pratiques vétérinaires[1311].

Le principe de précaution est donc une norme prescriptive[1312]. Sa mise en œuvre consiste à interdire une partie d'agir si la probabilité de la réalisation du risque potentiel est mineure, à autoriser l'action quand la probabilité se révèle grande[1313]. Ce faisant, il incite lorsqu'il interdit d'agir, à renoncer à une « action non maitrisée »[1314] en raison de l'incertitude par rapport aux risques éventuels.

[1307] V. GODARD (O), « De la nature du principe » dans E. ZACCAI et J.N. MISSA in « Le principe de précaution, significations et conséquences », op. cit. p.24.

[1308] Dans la terminologie diplomatique du droit de l'OMC, il faudrait plutôt parler du « Rapport du Groupe spécial d'arbitrage ».

[1309] Selon l'opinion du Canada exprimée au cours de la même affaire, l'évaluation du risque comprend quatre étapes : la mise en évidence du danger, la caractérisation du danger, l'évaluation de l'exposition et la caractérisation du risque. Elle se distingue de la gestion du risque qui consiste à soupeser les différentes options en fait de solution.

[1310] Ce tribunal est mieux connu sous un nom plutôt bizarre d'un « Organe d'Appel » pour éviter toute référence à la notion de tribunal.

[1311] Dans l'affaire Japon –Mesures visant les produits agricoles, WT/DS/6/R. Rapport du Groupe spécial, 27 octobre 1998, confirmé par l'Organe d'appel WT/ DS/6/AB/R 22 février 1999, les européens ont continué d'appliquer leur politique d'interdiction. Ce qui allait provoquer l'institution des sanctions commerciales par les Etats-Unis et le Canada.

[1312] V.GODARD (O), « De la nature du principe de précaution », op.cit.p.26.

[1313] Ibidem.

[1314] Ibidem.

Par ailleurs, le principe de précaution peut être appliqué lorsque les mesures juridiques, économiques, techniques, scientifiques et même éthiques ont été prônées[1315]. Ainsi, le principe de précaution peut être considéré comme un moyen destiné à éclairer les décideurs afin qu'ils tiennent compte des données de la science, de la technologie et de l'économie dans la réglementation de la protection de l'environnement.

Le principe de précaution serait donc une approche structurée dans la gestion des risques. Une certaine méthode pourra d'ailleurs conduire à ce processus. Il s'agira :

- d'abord de déterminer le niveau de pollution dont l'environnement pourra être victime à cause des matières polluantes ;
- ensuite, d'évaluer l'impact qui suppose l'antériorité de cet aspect sur toute prise de décision. Dès lors, l'évaluation de l'impact devient un élément fondamental et même inévitable dans le processus de décision. En clair, il s'agit pour les autorités de s'informer et de faire procéder à des expérimentations préalables avant d'autoriser le déploiement d'une activité potentiellement dangereux pour l'environnement ;
- enfin, les autorités devront mesurer, calculer, évaluer est maitriser le risque induit de l'activité polluante[1316].

Cette troisième étape a également une dimension particulièrement économique[1317]. C'est la prise en considération de la nécessité d'une rationalité économique dans la politique de précaution. Ainsi, il est important d'établir une comparaison entre le coût global pour la société de l'action envisagée et l'inaction, tant à court qu'à long terme[1318].

1315 V. FREESTONE (D) et HEY (E), « Origins and Development of Precautionary Principe » dans D. FREESTONE et E.HEY (dir), « The Precautionary Principe and International law. The Challenge of Implementation », BOSTON, KLUWER Law International, 1996, p.12.

1316 Sur tous ces développements, V. Le Protocole international sur la prévention des risques biotechnologiques. Ce Protocole est aussi dénommé « Protocole de Carthagène ou Cartagena ». Le Protocole international sur la prévention des risques biotechnologiques a pour objet d'encadrer la sécurité des transferts, la manipulation et l'utilisation des organismes vivants modifiés, bref, le mouvement transfrontalier de ceux-ci lorsqu'ils sont susceptibles d'avoir un effet nocif sur la diversité biologique.

1317 Ibidem, Article 15 du Protocole précité.

1318 Ibidem, Article 16.

Si pour le groupe de « Miami » le principe de précaution est une simple approche, pour les Etats membres du Bassin du Congo, le principe de précaution même s'il n'est pas expressément mentionné dans le Protocole instituant la Commission Climat du Bassin du Congo, est une approche rationnelle dans la gestion des risques[1319].

En effet, bien qu'aucune étude ne lui ait consacrée, les experts s'entendent pour dire que cela trouve son cadrage dans la mise en œuvre de l'Accord de Paris, étant donné que les paragraphes 2 de l'article 15 de l'Accord ne sont ni punitives, ni contraignantes, la conformité ne pourra être évaluée que sur les rapports fournis par les parties dans le cadre de la Convention ainsi que tout autre document pertinent fourni par la partie concernée...[1320].

Si pour le groupe de « Miami » et les experts du Bassin du Congo estiment que le principe de précaution est une simple approche dans la gestion des risques, cependant, d'après les européens, le principe de précaution est un principe de droit général[1321]. Ainsi, il ne serait pas superflu d'analyser cet aspect.

2) Le principe de précaution, un principe de droit général

Pour mieux cerner la fonction juridique du principe de précaution, il est nécessaire de cerner d'abord ce qu'un « principe » en droit.

En effet, le terme « principe » en droit est considéré comme un « simple énoncé constatatif ou axiomatique »[1322]. Dans cet ordre d'idées, le mot principe peut avoir deux sens.

1319 V. L'on peut déceler cela, dans les travaux des ministres de la CEEAC et de la Communauté de l'Afrique de l'Est sur l'Opérationnalisation de la Commission Climat pour le Bassin du Congo, le Fonds Bleu pour le Bassin du Congo. Ces travaux étaient issus de la Conférence extraordinaire desdits ministres tenue à Brazzaville (Congo) du 3 - 5 Octobre 2017.

1320 Ibidem.

1321 V. ARBOUR (M), « Le Principe de précaution dans, le contexte du commerce international : une infraction difficile », Les Cahiers du droit, Op.cit. , p .31.

1322 V.CORNU (G) (dir), « Le vocabulaire juridique de l'Association HENRI CAPITANT » Ed. PUF, Paris, 1987, P.613. V. Aussi ARNAUD (A.J.) (dir), « Dictionnaire encyclopédique de théorie et de sociologie du droit », LGDJ et Story Scienta, Paris et Bruxelles, 1988, p. 120.

Il peut tout d'abord signifier « une règle ou une norme générale » sans aucun signe juridique, mais d'où peuvent découler des normes juridiques. L'on peut citer à cet effet, le cas du « principe de souveraineté de l'Etat »[1323].

D'autre part, le « principe » peut indiquer une véritable norme juridique qui, bien qu'elle soit exprimée en termes généraux, a pour fonction de servir de repère à différents usages, tout en s'imposant à l'autorité supérieure. Il s'agit là de la caractéristique de la norme juridique[1324].

Quel que soit le poids de la valeur juridique véhiculé par un principe, celui-ci comprend dès lors qu'il est porté sur le terrain du droit, un caractère normatif.

Ainsi, le principe de précaution comporte un caractère normatif[1325]. Dans cette optique, une partie de la doctrine estime que le principe doit être considéré comme « une règle ou un standard guidant l'action », et, plus, encore, ce principe paraît comme un « impératif »[1326]. D'où la nécessité de distinguer clairement un principe en tant qu'énoncé reflétant une constatation sans aucun caractère contraignant du principe tel que le conçoit la science du droit. Le principe de précaution semble appartenir à cette dernière catégorie.

A ce propos, l'émergence du principe de précaution en droit international s'est réalisée par l'entremise des propositions allemandes faites à l'occasion de la Conférence des Ministres sur la mer du Nord[1327]. Ces propositions s'inspiraient du droit allemand[1328]. La Commission d'Oslo, la Commission de Paris sur les régimes globaux de l'environnement marin[1329] et la Déclaration de Londres résultant de

---

1323 Ibidem.

1324 V. KAMTO (M), « Droit de l'environnement en Afrique », Ed. EDICEF/ AUPELF, Paris, 1996, p. 72.

1325 V. KOURILSKY (P.) et VINEY(G), « Le Principe de Précaution : Rapport au Premier Ministre ». La Documentation française, Paris, 2000, p.253.

1326 Ibidem.

1327 A l'occasion de cette Conférence, les parties ont souligné qu'il était impérieux d'adopter une approche de précaution dans la règlementation du déversement de substances dangereuse en mer du Nord.

1328 V. NAKSEU NGUEFANG (G), « Le principe de précaution dans le contexte du Protocole international sur la prévention des risques biotechnologiques », Op.cit., p.43.

1329 Ibidem

la deuxième Conférence internationale sur la protection de la mer du Nord ont tous souligné l'importance du principe de précaution en droit international[1330].

En Afrique, il est intéressant de précision que la Convention de Bamako est la première Convention qui aura clairement affirmé le principe et aura ainsi prévu sa mise en œuvre.

Dans cette Convention, le principe de précaution est inscrit dans le dispositif relatif aux obligations générales incombant aux parties, notamment celles concernant la production des déchets en Afrique[1331].

Le principe de précaution est prescriptif des règles de conduite. A cet effet, sur le plan juridique, il suppose que, lorsqu'un risque est imaginé ou a été défini, sans une preuve scientifique de la réalisation, cela ne devrait pas servir de raison pour ne pas mettre en place un système de prévention d'un tel risque. Le principe de précaution comporte donc un caractère anticipatoire qui l'oriente vers le futur. Ce principe prend en considération la marge d'incertitude dans la réalisation de dommage écologique et du temps relativement long qui peut s'écouler avant sa manifestation concrète[1332]. Dans cette optique, toute activité à caractère dangereux devra être encadrée d'une réglementation stricte en vue d'éviter la survenance d'éventuels dommages. Dans le cas contraire, la responsabilité de ceux qui ont la mission de mettre en place une telle réglementation pourrait être engagée du fait de ce manquement[1333].

Une autre signification du principe de précaution peut être donnée à la suite de ce qui précède. C'est la prépondérance du droit sur la science. De fait, habituellement, il faut qu'seuil de pollution soit dépassé pour engager la responsabilité de son auteur[1334]. Or, avec le principe de précaution, les parties semblent dans une certaine mesure ignorer le principe du seuil acceptable. Seule l'idée de risque exige de

---

1330 V. Le chapitre VII de la Déclaration de Londres.

1331 Il s'agit de la Convention de Bamako sur l'interdiction d'importer des déchets dangereux et le contrôle de leurs mouvements transfrontières en Afrique du 30 Janvier 1991

1332 V. « La Déclaration de Rio sur l'environnement et le Développement » Op.cit., notamment la note 12, Principe 15.

1333 V. DUPUY (P.M), « CR 97/6, Audience du 7 Mars 1997, Affaire du projet GABCIKOVO-NAGYMAROS, P.15 et s.

1334 V. MARTIN (G.J), « Précaution et évolution du droit », Editions Dalloz, 1995, p.95.

déployer son activité en l'entourant de toutes les mesures de précaution. En d'autres termes, cela signifie que même s'il n'y a pas de certitude quant à la réalisation de ce risque, si celui-ci est tout simplement soupçonné, on est tout de même tenu de s'entourer des mesures de précaution. Sinon, tout éventuel dommage engage immédiatement la responsabilité de son auteur[1335]. Ainsi et suivant une démarche rigoureuse, l'on pouvait tenter d'affirmer qu'il y a présomption de responsabilité toutes les fois qu'apparaît une idée du risque et non seulement lorsque le seuil de pollution est dépassé.

En définitive, le principe de précaution est doublement perçu en droit international. A ce propos, il acquiert à la fois une approche souple et celle dite rigoureuse[1336].

S'agissant de l'approche souple, le principe de précaution est une recommandation ayant pour objet d'éclairer les Etats dans l'élaboration et la mise en place des lois et des politiques de la protection de l'environnement[1337].

Quant à l'approche dite rigoureuse, le principe de précaution qui pose l'interdiction de toutes les éventuelles exploitations des ressources naturelles et toutes les activités humaines dans certains écosystèmes sans avoir au préalable prévue les mesures de précaution[1338]. Dans cette perspective, le principe de précaution peut être conçu comme créant un devoir de respecter l'action de précaution en vue d'éviter le risque, ce qui permet d'établir un lien entre ce principe et le droit de la responsabilité internationale, sur le fondement du manquement du devoir de précaution[1339]. Ainsi, comme l'ont souligné certains auteurs, le principe de précaution renforcerait la notion de la responsabilité pour faute[1340].

1335 Ibidem, p.97.

1336 V. « La Déclaration de Rio sur l'environnement et le développement », op.cit., notamment la note 12, principe 15.

1337 Ibidem.

1338 Ibidem.

1339 Dans cette optique, l'on peut se référer aux observations du Professeur P.M Dupuy dans l'Affaire du Projet GABCIKOVO-NAGYMAROS, op.cit., p. 20.

1340 V. MARTIN (G.J), « Précaution et évolution du droit », op. cit., p.98. V. Egalement SADELEER (N), « Les principes du pollueur-payeur, de prévention et de précaution. Essai sur la genèse et la portée juridique de quelques principes du droit de l'environnement », Ed. BRUYLANT, Bruxelles, 1999, P.212.

C'est dans ce contexte général qu'il faut situer toute discussion théorique sur la nature du principe de précaution. Cette discussion est moins prononcée à l'égard des conditions d'application du principe. Ainsi, sur quelle base est-il légitime d'invoquer le principe et de déclencher sa mise en œuvre ?

Cette interrogation mérite qu'on s'y arrête.

B. Les conditions d'application du principe de précaution

Le principe de précaution fait aujourd'hui l'objet des vives querelles au sein de la doctrine. L'on essaye de lui trouver un sens et une véritable signification juridique. Néanmoins, il est aisé de reconnaître que ce principe est en émergence, tout particulièrement sur le plan mondial où les traités internationaux relatifs à l'environnement, en font un aspect fondamental dans leur corpus juridique[1341]. A titre d'exemple, les biotechnologies modernes offrent un potentiel considérable pour le bien-être de l'être humain, comme le souligne le préambule du protocole de Cartagena[1342] pourvu qu'elles soient développées et utilisées dans des conditions de sécurité satisfaisantes pour l'environnement et la santé humaine.

A cet effet, la question qu'il faut d'abord poser est de savoir : le dommage doit-il être à la fois grave et irréversible ou est-il possible de prendre en considération tout type de dommages ? Ensuite, qui peut décider de la gravité du dommage : chaque Etat pris individuellement ou une Organisation internationale ?

Les grandes incertitudes qui apparaissent quand on examine les conditions d'application du principe de précaution, expriment la complexité des mesures qui permettent d'éviter le danger ou d'en atténuer les effets

Selon la Déclaration de Rio sur l'environnement et le développement « pour protéger l'environnement des mesures de précaution doivent être largement appliquées par les Etats selon leurs capacités. En cas de dommages graves ou irréversibles l'absence de

---

[1341] Tel est le cas du Protocole international sur la prévention des risques biotechnologiques.

[1342] V. « Le Préambule du Protocole de Cartagena sur la prévention des risques biotechnologiques relatif à la Convention sur la biodiversité biologique » Montréal, 29 janvier 2000, note 1.

certitude scientifique absolue ne doit pas servir de prétexte pour remettre à plus tard l'adoption des mesures effectives visant à prévenir la dégradation de l'environnement[1343] ».

Ainsi, s'agissant des conditions d'application du principe de précaution, la Déclaration de Rio parle des dommages graves et irréversibles. La formule avait déjà été employée par la Commission économique des Nations Unies pour l'Europe en 1990[1344] et reprise par la Convention sur les changements climatiques. Dès lors, l'appel au principe de précaution ne peut se faire qu'à partir d'un certain seuil de gravité, laissant ainsi dans l'oubli les dommages dont il ne vaut guère la peine de se préoccuper.

Par ailleurs, la Déclaration de Rio laisse un espace certain pour des considérations scientifiques. La mesure de précaution doit être fondée sur un minimum de connaissances scientifiques. Dans cette perspective, le principe tout en dispensant la nécessité d'une preuve scientifique absolue, doit tenir compte de la démarche scientifique avant de se mettre en mouvement[1345]. Il s'agit là, du point de départ du principe de précaution. En effet, entre la preuve absolue et l'absence de toute preuve se trouve nécessairement un espace sensible où le risque peut-être objectivement analysé selon les méthodes scientifiques sans pouvoir être définitivement prouvé.

Par ailleurs, la Commission des Communautés européennes conditionne le recours au principe de précaution à la procédure de l'analyse de risque[1346] et tient pour acquis que les mesures prises au titre de précaution demeurent les mesures provisoires en ce sens qu'elles ne peuvent plus être maintenues si les données scientifiques nouvelles conduisent à l'absence de risque[1347].

Au dire de la Commission, la formulation d'une politique fondée sur le principe de précaution doit commencer par une évaluation scientifique aussi complète que possible du risque à prévenir et par la

---

1343 V. « L'article 10 de la Déclaration de Rio sur l'environnement et le développement », op.cit.

1344 V. « La Déclaration de Bergen sur le Développement durable dans la région de la Communauté économique européenne, Mai 1990.

1345 V. ARBOUR (M), « Le Principe de précaution dans le contexte du commerce international : une intégration difficile », op. cit. p. 21.

1346 V. « Communication de la Commission des Communautés européennes sur le recours au principe de précaution », Bruxelles, la Commission, 2000, p. 29.

1347 Ibidem.

détermination du degré d'incertitude scientifique[1348]. Le recours au principe de précaution présuppose la mise en évidence d'effets potentiellement négatifs découlant d'un phénomène, d'un produit ou d'un procédé et une évaluation scientifique du risque[1349]. Le but de l'analyse du risque est d'empêcher tout recours injustifié au principe de précaution en tant forme déguisée de protectionnisme et d'éviter des décisions inspirées par des craintes ou des perceptions irrationnelles[1350].

De ce qui précède, est-il possible d'entendre par là que le principe devra être à la base de toute activité comprise dans le champ d'application de la Commission Climat du Bassin du Congo ? Sans aucun doute. Même si ce texte juridique reste « réservé », il porte tout de même la nécessité d'anticiper et de prévenir les causes de réduction des effets climatiques. Tout bien considéré, l'unanimité devrait être faite quant à la nécessité de ce principe, tant il est vrai que la Commission Climat du Bassin du Congo n'est en réalité qu'un prolongement juridique et technique de la Convention cadre des Nations Unies et de l'Accord de Paris sur le climat. Par conséquent, les grands principes pris en considération de ces textes juridiques de base devraient nécessairement se retrouver dans ceux qui en résultent. Dans cette perspective, la Commission Climat du Bassin du Congo serait une consécration par « ricochet » du principe de précaution.

SECTION II

LA COMMISSION CLIMAT DU BASSIN DU CONGO : UNE CONSECRATION PAR « RICOCHET » DU PRINCIPE DE PRECAUTION

Il est intéressant de remarquer que s'agissant de l'institution de la Commission climat du Bassin du Congo, les fondateurs se sont inspirés des influences croisées de la Convention cadre des Nations Unies sur les changements climatiques et de l'Accord de Paris sur le Climat[1351]. Ces textes internationaux sur l'environnement énoncent

---

[1348] Ibidem

[1349] Ibidem

[1350]. V. PRIEUR (M), « Environnement », in « Traité international de droit constitutionnel », op. Cit. p. 629.

[1351] V. « Le Préambule du Protocole instituant la Commission Climat du Bassin du Congo, Brazzaville, 29 Avril 2018 ».

parmi les principes devant guider les parties, celui qui les conduit à prendre des mesures de précaution[1352].

C'est dans le contexte général de cette référence que l'on peut dire que la Commission climat du Bassin du Congo est une consécration par « ricochet » du principe de précaution.

En dépit de cette consécration, il importe d'indiquer que la Commission climat du Bassin du Congo est le résultat d'une longue réflexion entamée dès 2016[1353] ayant décidé d'instituer trois Commissions dédiées à la lutte contre les changements climatiques (Sahel, Bassin du Congo et Etats insulaires)[1354]; c'est-à-dire, un grand progrès qui sera entériné lors de la Conférence des Chefs d'Etats et de Gouvernement de l'Union Africaine du 31 janvier 2017.

Au Congo, la consécration juridique nationale viendra à la suite du Décret du 11 février 2020 du Président de la République[1355].

La Commission climat du Bassin du Congo opère une jonction entre la mise en œuvre de la transition climatique et la transformation

---

[1352] S'agissant des textes internationaux énonçant le principe de précaution, textes dont les fondateurs du Bassin du Congo se sont inspirés, l'on peut citer en guise d'exemple, la Convention cadre des Nations-Unies sur les changements climatiques. A ce propos, la Convention précise : « qu'il incombe aux parties de prendre les mesures de précaution pour prévoir, prévenir ou atténuer les causes des changements climatiques ou en limiter les effets néfastes. Quand il y a risque de perturbations graves ou irréversibles, l'absence de certitude scientifique absolue ne doit pas servir de prétexte pour différer l'adoption de telles mesures étant entendu que les politiques et les mesures qu'appellent les changements climatiques requièrent un rapport coût-efficacité de manière à garantir les avantages globaux au coût le plus bas possible ». Sur ces précisions. L'article 3 al. 3 de la Convention précité.

[1353] V. « La Déclaration finale du Sommet des Chefs d'Etat et de Gouvernement africains de l'Action en faveur d'une Co émergence du continent qui s'est tenu à Marrakech (Maroc), le 16 Novembre 2016.

[1354] Les trois commissions sont dédiées à :

- La région du Sahel, présidée par le Niger ;
- La région du Bassin du Congo présidée par la République du Congo ;
- Les Etats insulaires, présidés par le République des Seychelles.

Sur tous ces développements, V. « La Déclaration finale du sommet des Chefs d'Etats et de Gouvernement africains de l'Action en faveur d'une Co émergence du continent », op.cit.

[1355] Il s'agit du Décret n°2020-27 du 11 Février 2020 portant ratification du Protocole instituant la Commission Climat du Bassin du Congo.

du Bassin du Congo[1356]. Dans cette perspective, l'on constate dans cet espace géographique une généralisation des engagements en matière de lutte contre les effets néfastes du changement climatique.

Puisque l'environnement touche aux relations de l'homme avec la nature, une politique environnementale satisfaisante exige une approche globale de sauvegarde portant autant sur les biens naturels que sur l'économie.

Dans le Bassin du Congo, « en sommes-nous si éloignés » ?

Toute réponse à la question nécessite au préalable un aperçu général sur la Commission climat du Bassin du Congo (Paragraphe I).

PARAGRAPHE I

UN APERÇU GENERAL SUR LA COMMISSION CLIMAT DU BASSIN DU CONGO

Dans l'émergence d'un nouveau modèle économique conciliant la lutte contre les changements climatiques et le développement durable du continent africain, le 16 novembre 2016, sur invitation du Roi du Maroc, sa Majesté MOHAMED VI, s'était tenu à Marrakech (Maroc), le Sommet des Chefs d'Etat et de Gouvernement des pays africains sur l'action en faveur d'une co-émergence du continent.

Au cours de cette rencontre, les Chefs d'Etat et de Gouvernement ont, à travers une Déclaration, réaffirmé l'importance d'une mise en œuvre des Objectifs de Développement Durable, fondés sur les principes de Rio.

Pour les mettre en œuvre, ils ont créé trois Commissions suivantes :

- La région du Sahel, présidée par la République du Niger ;
- La région du Bassin du Congo, présidée par la République du Congo ;
- Les Etats insulaires, présidée par la République des Seychelles.

[1356] V. L'article 2 du Protocole instituant la Commission Climat du Bassin du Congo, Brazzaville, le 29 Avril 2018.

Parmi ces Commissions, seule la région du Bassin du Congo fera l'objet de notre étude.

Concernant la Commission Climat du Bassin du Congo, l'on peut s'interroger sur son organisation avant de nous étendre sur ses missions.

A. L'organisation de la Commission Climat du Bassin du Congo

La Commission Climat du Bassin du Congo couvre les pays membres de la Communauté de l'Afrique Centrale (CEEAC), ceux de la Communauté de l'Afrique de l'Est et tout autre pays qui adhère aux objectifs[1357]. Les pays qui la constituent au moment de la rédaction de notre ouvrage sont : Angola, Burundi, Cameroun, Congo, Gabon, Guinée Equatoriale, Kenya, République Centrafricaine, République Démocratique du Congo, Rwanda, Sao-Tomé et Principe, Soudan du Sud, Tanzanie, Tchad et Zambie.

S'agissant de la gouvernance, la Commission Climat est gérée par :

- Un organe exécutif : composé des Chefs d'Etat et de Gouvernement de la Commission Climat du Bassin du Congo, l'organe exécutif a pour mission de définir la politique climat du Bassin du Congo et de fixer les orientations ;
- La Conférence des Ministres ; elle concerne les ministres de l'environnement et des finances de la CEEAC et de la Communauté de l'Afrique de l'Est sur le développement et la promotion de la finance.
- Par ailleurs, la Conférence est ouverte à d'autres ministres, comme ceux de l'économie et ceux des autres segments de l'économie verte et de l'économie bleue.
- Un Comité de suivi : il est chargé de veiller à la mise en œuvre des décisions du Comité exécutif ;
- Un Secrétariat : le Secrétariat assure le fonctionnement opérationnel de la Commission Climat du Bassin du Congo ;

[1357] V. Eléments sur la structuration de la Commission Climat du Bassin du Congo, in « Conférence extraordinaire des Ministres de la CEEAC et de la Communauté de l'Afrique de l'Est sur l'opérationnalisation de la Commission pour le Bassin du Congo, du Fonds bleu pour le Bassin du Congo, Brazzaville, 3 - 5 Octobre 2017 ».

- Un Comité scientifique et technique : il définit les actions prioritaires et aide à la prise de décision ;
- Un Comité Consultatif : assure la mobilisation, la concertation et la participation des parties prenantes. En outre, il émet des avis.

L'on peut enfin signaler que les instances de Gouvernance peuvent créer des groupes thématiques et établir les modalités de leur mise en œuvre[1358].

L'organisation de la Commission Climat du Bassin du Congo étant ainsi élucidée, quelles sont ces missions ?

B. Les missions de la Commission Climat du Bassin du Congo

Créée pour accélérer la mise en œuvre de la transition climatique et de la transformation économique du Bassin du Congo[1359], les missions de la Commission s'articulent autour des engagements pris par les Chefs d'Etat et de délégation issue de leur Déclaration et du Mémorandum d'entente d'Oyo[1360].

- Ainsi, ont-ils pris plusieurs engagements destinés entre autres à :
- Promouvoir les politiques et les mesures requises en matière d'adaptation et d'atténuation, qui soient aussi des catalyseurs pour une transformation structurelle profonde en matière de développement durable en Afrique ;
- Accélérer la réalisation des initiatives déjà identifiées ou lancées, en s'appuyant non seulement sur les ressources propres des Etats de la Commission Climat, mais également en

---

1358 Ibidem.

1359 V. l'article 2 intitulé « objet » du Protocole instituant la Commission Climat du Bassin du Congo. Op. cit.

1360 Il s'agit du Mémorandum d'entente signé le 9 Mars 2017 à Oyo en République du Congo entre la République d'Angola, la République du Burundi, la République du Cameroun, la République Centrafricaine, la République du Congo, la République démocratique du Congo, la République Gabonaise, la République de Guinée Equatoriale, le Royaume du Maroc, la République du Rwanda, la République du Tchad, la République Unie de Tanzanie et la République de Zambie.

mobilisant les bailleurs de fonds multilatéraux et bilatéraux ainsi que les acteurs non étatiques ;

- Encourager et faciliter l'investissement dans le développement durable
- Promouvoir la participation du secteur privé des acteurs non étatiques et de la société civile à la lutte contre les changements climatiques ;
- Encourager et accompagner les actions de coopérations Nord-Sud et Sud-Sud ;
- Etablir les synergies avec les autres instruments de l'Union Africaine en matière de diplomatie climatique et environnementale ;
- Mobiliser les partenaires techniques et financiers bilatéraux et non étatiques du continent pour des appuis techniques multiformes ;
- Œuvrer à la recherche des modes financements innovants du développement durable.

Soucieux d'une traduction rapide de l'objectif de limiter le réchauffement climatique dans le Bassin du Congo, la contribution des rédacteurs des missions de ce Bassin a été sans doute d'essayer de trouver un point d'équilibre entre le droit qu'a un Etat de se prémunir contre certains risques environnementaux qu'il juge inacceptable et les droits que possèdent les autres Etats en régulant les comportements dans la Commission Climat du Bassin du Congo. C'est là, un point important qui devrait retenir notre attention.

PARAGRAPHE II

LA REGULATION DES COMPORTEMENTS DANS LA COMMISSION CLIMAT DU BASSIN DU CONGO

La Commission Climat du Bassin du Congo appelle à une réflexion profonde sur la façon dont celle-ci appréhende les avancées technologiques de la lutte contre les changements climatiques.

Elle cherche à susciter le débat social et à donner la voix tant aux experts[1361] qu'aux simples citoyens[1362] par la régulation des comportements dans la Commission.

En effet, lors de la Conférence extraordinaire des Ministres de la CEEAC et de la Communauté de l'Afrique de l'Est sur l'opérationnalisation de la Commission Climat du Bassin du Congo, du Fonds Bleu pour le Bassin du Congo[1363], les Chefs d'Etat et de Gouvernement ont, à travers une Déclaration adoptée à l'unanimité, réaffirmé l'importance d'une mise en œuvre adéquate des objectifs de développement durable fondés sur des principes de Rio[1364] en particulier de « la responsabilité commune pour relever le défi du changement climatique »[1365].

Or, les analyses présentes dans les Conventions internationales[1366] laissent entendre que « la responsabilité commune pour relever le défi du changement climatique » n'a pas de définition convenue en droit international général et ne fait pas l'objet d'une formulation faisant autorité. Il s'agit d'un concept à géométrie variable. Par conséquent, il peut revêtir différentes significations selon le contexte juridique dans lequel il opère. D'ailleurs, dans le Déclaration de Rio sur laquelle la Commission Climat du Bassin du Congo s'appuie, son application semble limitée aux dommages graves ou nuisibles[1367].

1361 Concernant cette réflexion, V. « Proposition de projet de décision portant structuration de la Commission Climat du Bassin du Congo et institutionnalisation de la Conférence des ministres de l'environnement et des finances de la CEEAC et de la Communauté de l'Afrique de l'Est »
Le reflexe sur la façon d'appréhender les avancées technologiques de la lutte contre les changements climatiques est clairement apparue dans l'exposé des motifs au cours de la Conférence extraordinaire des ministres des pays membres de la Commission Climat du Bassin du Congo, tenue à Brazzaville, 3-5 Octobre 2017.

1362 Ibidem.

1363 Cette Conférence s'est déroulée à Brazzaville du 3 au 5 octobre 2017.

1364 V. L'exposé des motifs, notamment le point n°2 de la Déclaration issue de la Conférence extraordinaire précitée.

1365 Ibidem.

1366 Concernant ces Conventions internationales, l'on pourra en guise d'exemple, citer la Déclaration de Rio sur l'environnement et la convention cadre des Nations –Unies sur les changements climatiques.

1367 V. Déclaration de Rio sur l'environnement et le développement, issue de la conférence des Nations-Unies sur l'environnement et le Développement réunies à Rio de Janeiro du 3 au 14 juin 1992, publiée dans PRIEUR (M) et DOUBE-BILLE (S) (dir), « Recueil francophone des traités et textes internationaux en droit international », Ed. BRUYANT, Bruxelles 1998, P.33

Les mesures adoptées sont temporaires et donc parfaitement révisables à la lumière de nouvelles connaissances[1368].

Dans cette perspective, les mesures prises dans la Commission Climat du Bassin du Congo doivent contrer les dommages graves et irréversibles. Par ailleurs, ces mesures demeurent provisoires.

Ainsi présentées, ces mesures suscitent quelques développements.

A. Les mesures prises doivent contrer les dommages graves et irréversibles

Il s'agit des mesures de précaution que les Etats membres de la Commission Climat du Bassin du Congo prennent pour protéger l'environnement.

A cet effet, la Déclaration de Rio sur l'environnement et le développement comporte une définition intéressante du concept : « pour protéger l'environnement des mesures de précaution doivent être largement appliquées par les Etats selon leurs capacités. En cas de dommages graves ou irréversibles, l'absence de certitude scientifique absolue ne doit pas servir de prétexte pour remettre à plus tard l'adoption des mesures effectives vivant à prévenir la dégradation de l'environnement[1369] ».

Ainsi, les mesures doivent être prises lorsqu'il y a des motifs raisonnables de s'inquiéter du fait des substances ou de l'énergie introduites directement ou indirectement dans le milieu, qu'elles puissent entrainer des risques pour la santé de l'homme, nuire aux ressources biologiques ou écosystèmes, porter atteinte aux valeurs d'agrément ou entraver d'autres utilisations du milieu, même s'il n'y pas de preuves concluantes d'un rapport de causalité entre les apports et les efforts[1370].

A la base d'une mesure de précaution, il doit y'avoir des motifs raisonnables de se faire de souci. Dans ce cas, il faut bien comprendre

---

[1368] Ibidem.

[1369] V. La Déclaration de Rio sur l'environnement et le Développement, op.cit.

[1370] Dans cette perspective, l'on peut se référer à la Déclaration de Bergen sur le développement durable dans la région de la Communauté économique européenne, Mai 1990.

que c'est la science qui doit s'inquiéter et non une quelconque opinion publique ou une quelconque assemblée de parlementaires qui n'ont pas l'expertise scientifique.

Concernant la régulation des comportements dans la Commission Climat du Bassin du Congo, l'appel pour relever le défi du changement climatique ne pourra se faire qu'à partir d'un certain seuil de gravité, laissant ainsi dans l'oubli les petits dommages dont il ne vaut guère la peine de se préoccuper.

La Commission Climat devrait seulement demander aux Etats membres d'agir, de faire quelque chose même s'ils n'ont pas toutes les données scientifiques entre leurs mains pour protéger l'environnement.

Le défi du changement climatique dans le Bassin du Congo appelle une action, mais la nature de celle-ci demeure indéterminée et variera nécessairement selon les hypothèses envisagées. Il convient aussi de signaler que parlant d'absence de certitude scientifique absolue, la Commission Climat laisse un espace certain pour des considérations scientifiques. La lutte contre les changements climatiques doit être fondée sur un minimum de connaissances scientifiques. Ainsi, cette lutte, tout en dispensant de la nécessité d'une preuve scientifique absolue, si jamais une telle preuve existait, devra tenir compte de la démarche scientifique avant de se mettre en mouvement. Tel serait là son point de départ et, son point d'arrivée ne serait pas très loin de la preuve la plus complète possible.

Comme les connaissances scientifiques évoluent constamment, la mesure de précaution qui est adoptée aujourd'hui peut finalement se révéler excessive demain et devra, par conséquent, être révisée ou annulée. Dès lors, l'existence de la mesure sera toujours fonction des données scientifiques. C'est pourquoi, les mesures prises dans la Commission Climat du Bassin du Congo demeurent provisoires.

B. Les mesures prises au titre de la précaution demeurent des mesures provisoires

En inscrivant son action pour relever le défi du changement climatique dans l'action du droit international de l'environnement[1371],

[1371] En inscrivant son action pour relever le défi du changement climatique dans l'action du droit international, la Commission Climat du Bassin du Congo se réfère

la Commission Climat du Bassin du Congo, même si elle ne mentionne pas expressément le principe de précaution, toutefois, il est reconnu qu'il s'y trouve appliqué[1372].

Dans cet ordre d'idées, un Etat membre ne doit pas adopter n'importe quelle mesure : non seulement il doit tenir compte des renseignements qu'il a en sa possession, mais il doit aussi examiner ceux qui sont entre les mains des organisations compétentes et ceux que peuvent détenir d'autres Etats[1373].

La Commission conditionne le recours au principe de précaution à la procédure de l'analyse de risque[1374] et tient pour acquis, que les mesures prises au titre de la précaution demeurent des mesures provisoires en ce sens qu'elles ne peuvent plus être maintenues si données scientifiques nouvelles concluent à l'absence de risque.

En continuité avec la philosophie qui découle de l'attitude de la Commission Climat du Bassin du Congo, la Commission des Communautés européennes a formulé récemment les lignes directrices pour orienter la pratique des Etats européens dans leur prise de décision fondé sur le principe de précaution. Selon elle, ce principe « couvre des circonstances particulières où les données scientifiques sont insuffisantes, peu concluantes ou incertaines, mais où, selon des indicateurs découlant d'une évaluation scientifique objective et préliminaire, il y a des motifs raisonnables de s'inquiéter que les effets potentiellement dangereux sur l'environnement et la santé humaine, animale ou végétale soient incompatibles avec le niveau choisi de protection »[1375].

---

en guise d'exemple à la Convention de Paris pour la protection du milieu marin du Nord-Est Atlantique.

1372 Puisque dans son institution, les fondateurs de la Commission Climat du Bassin du Congo s'inspirent de la Convention cadre des Nation-Unies sur les changements climatiques et de l'Accord de Paris sur le Climat Dans cette optique, l'on peut conclure que la Commission Climat du Bassin du Congo applique implicitement le principe de précaution.

1373 A ce propos, dans le cadre d'une étude du droit comparé, l'on peut citer la « Communication de la Commission des Communautés européennes sur le recours au Principe de précaution ».

1374 Ibidem.

1375 Ibidem.

Au-delà de la Commission Climat du Bassin du Congo, c'est aussi une mesure provisoire qui a été l'objet d'une interprétation dans l'affaire Japon - Mesures visant les produits agricoles[1376].

Dans cette affaire, le tribunal d'appel de l'Organisation Mondial du Commerce (OMC) donne raison aux Etats-Unis qui se plaignent d'une mesure prise en vertu d'une loi japonaise sur la protection de végétaux. Cette loi qui datait du début des années 50, interdisait l'importation de certains produits agricoles provenant notamment des Etats-Unis, au motif qu'ils sont porteurs d'un organisme dangereux (le carpocapse des pommes). L'interdiction à l'importation pourrait toutefois être levée si un pays exportateur proposait un traitement phytosanitaire qui permettrait d'atteindre un niveau de protection équivalent à celui qui découlait de l'interdiction. Dans cette affaire, le Japon estimait qu'il était dans « une position qui justifie une approche sur la précaution et que sa prescription relative aux essais par variété devait donc être comprise dans le contexte du principe de précaution ». Dans son jugement, le tribunal d'appel a précisé tout d'abord que la mesure japonaise était maintenue sans preuves scientifiques suffisantes. Ensuite, que la mesure était illégale parce que le Japon avait omis de se conformer au principe de précaution. Enfin, le tribunal d'appel a eu l'occasion de préciser les conditions d'application d'une mesure provisoire.

Dans cette optique, un Etat peut provisoirement adopter une mesure, si cette mesure est imposée relativement à une situation dans laquelle les informations scientifiques pertinentes sont insuffisantes. La mesure doit ensuite être adoptée sur la base des renseignements pertinents disponibles. Conformément à cette seconde condition, la mesure provisoire ne peut être maintenue par le membre qui a adopté la mesure que s'il s'efforce d'obtenir des renseignements additionnels nécessaires pour procéder à une évaluation plus objective du risque[1377].

Comme nous l'avions ci-dessus souligné, le principe de précaution est en quelque sorte incorporé dans la Commission Climat du Bassin du Congo sans qu'il en soit fait mention expresse. Il s'agit en fait d'un principe qui autorise des mesures dans les cas où les preuves

---

[1376] V. l'affaire « Japon- Mesures visant les produits agricoles », WT/DS/6/R. Rapport du Groupe spécial, 27 Octobre 1998.

[1377] Sur la confirmation du jugement, V. La décision in « L'organe d'appel WT/DS/6/AB/R 22 février 1999.

scientifiques sont insuffisantes, à charge cependant de recueillir des renseignements additionnels nécessaires dans un délai raisonnable pour faire une évaluation plus objective du risque.

Cela démontre que dans la Commission Climat du Bassin du Congo que les mesures prises pour lutter contre les effets néfastes du changement climatique sont placés sous haute surveillance, qu'elles ne peuvent être prises à tort et à travers et qu'il y a des conditions très strictes à respecter.

Ainsi, réunies à Bonn (Allemagne) le 14 novembre 2017, le segment des ministres de la réunion préparatoire au sommet des Chefs d'Etat sur l'opérationnalisation de la Commission Climat du Bassin du Congo devait inscrire l'opérationnalisation de la Commission dans le cadre de la mise en œuvre de la Déclaration de Brazzaville.

A travers cette inscription, les participants à la réunion marquaient leurs engagements en matière de lutte contre les effets du changement climatique. Que prévoit cette opérationnalisation ?

CHAPITRE II

L'OPERATIONNALISATION DE LA COMMISSION CLIMAT DU BASSIN DU CONGO

Afin d'avancer ensemble et accélérer la réalisation des initiatives visant à renforcer la résilience du Continent face aux menaces du dérèglement climatique, les ministres de CEEAC et de la Communauté de l'Afrique de l'Est, réunis à Brazzaville le 5 octobre 2017, ont décidé d'accélérer l'opérationnalisation de la Commission Climat du Bassin du Congo.

Le but de cette opérationnalisation était de passer à des actions et solutions concrètes à la lutte contre les changements climatiques en lien avec le développement économique des Etats, le développement des entreprises et l'amélioration des conditions de vie des populations.

Dans cette perspective, la création d'un fonds devenait de plus en plus urgente.

L'illustration de cette urgence sera la création du fonds bleu.

Devenu un mécanisme important de l'opérationnalisation de la Commission Climat du Bassin du Congo, la création de ce Fonds va alors attirer notre attention.

SECTION I

LA CREATION DU FONDS BLEU

Fruit d'un processus issu de plusieurs étapes[1378], la création du Fonds Bleu remonte à la COP22 à Marrakech (Maroc). Au cours du sommet, Sa Majesté le Roi MOHAMED VI a annoncé la création de trois commissions[1379] en vue de répondre aux problématiques majeures qui se posent en Afrique.

[1378] V. La note de cadrage du Fonds bleu pour le Bassin du Congo issue de la Conférence extraordinaire des Ministres de la CEEAC et de la Communauté de l'Afrique de l'Est pour l'opérationnalisation de la Commission pour le Bassin du Congo, du Fonds bleu pour le Bassin du Congo, Brazzaville, 3-5 octobre 2017.
[1379] Ibidem.

Plus tard, lors du sommet d'Oyo (Congo), les pays membres du Bassin du Congo, ainsi que le Maroc ont signé un mémorandum d'entente pour fixer les domaines d'intervention prioritaires du Fonds Bleu[1380].

Par la suite, les ministres en charge de l'environnement des pays membres du Bassin devaient décider de lancer une étude de préfiguration du fonds afin de définir ses caractéristiques institutionnelles et techniques du Fonds[1381]. A cet effet, ils vont élaborer un plan stratégique d'investissement pour le Bassin du Congo. Ils érigent enfin le Fonds en outil structuré et commun de financement[1382]. Conçu comme moyen et initiative pour accélérer le financement des projets relatifs au développement durable, le Fonds Bleu devient l'instrument financier du Bassin du Congo.

PARAGRAPHE I

LE FONDS BLEU, UN INSTRUMENT FINANCIER DU BASSIN DU CONGO

A y voir de près, les objectifs fixés par la Commission Climat du Bassin du Congo ont le pouvoir de limiter considérablement le changement climatique. En effet, si ces objectifs étaient effectivement atteints, ils permettraient de concevoir un monde où chacun vivrait confortablement et s'endormirait le ventre plein de nourritures nutritives, où des infrastructures modernes seraient accessibles aux habitants des milieux ruraux et où le changement climatique ne menacerait plus l'existence des hommes. Ce rêve peut-il être atteint ? N'est-ce pas là qu'une fantaisie utopiste ?

Pour les dirigeants des Etats membres de la Commission Climat du Bassin du Congo, ce rêve pourrait devenir une réalité grâce au Fonds bleu. Dans leur communiqué final de la réunion des ministres (Bonn, 14 novembre 2017), ils ont présenté le Fonds bleu comme l'instrument financier de la Commission Climat du Bassin du Congo.

1380 V. L'article 5 du Mémorandum d'entente pour la création du Fonds bleu pour le Bassin du Congo, Oyo (République du Congo), 9 Mars 2017.

1381 V. Le chapitre III de la Note de Cadrage du Fonds bleu pour le Bassin du Congo, issue de la Conférence extraordinaire des Ministres de la Commission Climat pour le Bassin du Congo, op.cit.

1382 Ibidem.

Afin d'accomplir une telle mission, l'on peut s'interroger sur le financement de ce Fonds.

A. Le financement du Fonds Bleu

Le véhicule financier du Fonds notamment son modèle d'abondement ou son alimentation, sa capitalisation et sa localisation résultent du Mémorandum d'entente pour la création du Fonds Bleu pour le Bassin du Congo d'Oyo du 9 Mars 2017[1383].

Ainsi, face aux besoins importants de financement pour la lutte contre le changement climatique dans le Bassin du Congo, les pays membres ont mis en place un système de mobilisation de source de financements publics et privés[1384]. Mais avant d'envisager la mobilisation des ressources, les Etats membres ont fixé le siège du Fonds à Brazzaville (République du Congo)[1385]. Ils ont décidé enfin, que les avoirs du Fonds Bleu devaient être domiciliés dans une institution financière Africaine[1386], notamment la Banque Africaine de Développement[1387].

Concernant le modèle d'abondement du Fonds, les ressources proviennent :

- des apports des Etats membres ;
- des apports des partenaires financiers ;
- des mécanismes nationaux, sous régionaux et internationaux de financement ;
- des financements novateurs tels le paiement pour les services environnementaux, gérés par les services éco systémiques liés à la gestion durable des eaux ;
- des dons et legs ;
- des souscriptions des Fonds ;

1383 Ibidem.

1384 V. L'article 6 du Mémorandum d'entente pour la création du Fonds bleu pour le Bassin du Congo, op.cit.

1385 Le Mémorandum d'entente pour la création du Fonds bleu pour le Bassin du Congo, op.cit., notamment l'article 4, al.1.

1386 Ibidem Article 4, al. 2.

1387 Ibidem, Article 4, al. 3.

- des intérêts reçus des prêts consentis ;
- des produits financiers générés par les placements ;
- des emprunts concessionnels contractés auprès des pays extérieurs ou institutions nationales, multinationales ou internationales ;
- de toute autre ressource pouvant être générée par les activités du Fonds[1388].

Ayant bâti une architecture financière simple, efficace et ambitieuse, favorisant l'accès des Etats membres du Bassin du Congo aux financements, ces Etats s'engagent ainsi à travailler avec leurs partenaires à créer plus de transparence, prévisibilité et de durabilité dans la réorientation qualitative des flux financiers pour un développement durable. C'est donc à juste titre qu'ils font de la promotion du développement durable, une priorité du Fonds Bleu.

B. La promotion du développement durable, une priorité du Fonds Bleu

Le concept du développement durable est issu du rapport de la Commission mondiale sur l'environnement et le développement intitulé « notre avenir à tous » ou rapport BRUNTLAND[1389]. Il vise à concilier les points de vue divergents des pays du Nord et des pays du Sud sur le rôle de l'environnement dans ses relations avec le développement économique. Il s'agit d'instaurer un nouveau type de politique économique qui intègre les préoccupations de l'environnement.

Dans cette optique, la déclaration de Rio de 1992 énonce deux lignes directrices qui serviront de fondements pour l'action de la communauté internationale. Ainsi, le droit au développement doit d'abord être réalisé de façon à satisfaire équitablement les besoins relatifs au développement et à l'environnement des générations futures et présentes[1390].

1388 Ibidem, Article 6.

1389 V. PRIEUR (M), « Environnement », in « Traité international de Droit constitutionnel » op.cit. p. 605.

1390 Ibidem, pp. 605 - 606.

Enfin, pour parvenir à un développement durable, la protection de l'environnement doit faire partie intégrante au processus de développement et ne peut être considérée isolement[1391].

Depuis 1992, le développement durable est devenu une référence systématique à la fois dans les traités internationaux[1392] et dans les droits nationaux[1393]. A cet effet, la déclaration de Johannesburg sur le développement durable de 2002 et le plan d'action sur le sommet mondial pour le développement, renforcent la place du développement durable en proclamant la complémentarité et l'interdépendance des trois piliers du développement durable à savoir ; le développement économique, le développement social et la protection de l'environnement[1394].

La constance de la référence au développement durable a conduit à y voir un nouveau principe de droit international. Ce qui fait dire au professeur Pierre-Marie DUPUY que ce concept exprime « clairement l'universalité d'une opinio juris »[1395]. D'ailleurs, le développement durable a acquis droit de cité à la Cour internationale de justice qui estime que « le concept de développement durable traduit

---

[1391] C'est dans ce sens que le Conseil constitutionnel s'est prononcé. Selon le juge constitutionnel français, ce qui est recherché c'est le développement durable, donc la conciliation entre développement économique, progrès social et protection de l'environnement, dans tous les secteurs d'activités. Sur ces précisions V. Décision du Conseil in « Cons.Const.28 Avril 2005, n°2005-516 DC).

[1392] V. Dupuy (P.M.), « Où en est le droit international de l'environnement à la fin du siècle ? », RG DIP, 1987, P.873 - v. également DOUMBE-BILLE (S.), « La nouvelle Convention Africaine de MAPUTO sur la conservation de la nature et des ressources naturelles », RJ. Env. 2005, P. 5.

[1393] La Constitution Suisse révisée en 1999, dans son article 2 élève le développement durable au rang de but constitutionnel. Cet article proclame que la Confédération Suisse « favorise la prospérité commune, le développement durable, la cohésion interne et la diversité culturelle du pays.
La Constitution de la Lituanie prévoit que l'Etat s'assure de l'utilisation durable des ressources naturelles. A ce propos, V. l'article 54 de la Constitution de 1992.
Enfin, la Constitution grecque a ajouté en 2002 le développement durable à l'article 24, al. 1.

[1394] La Déclaration de Johannesburg sur le développement durable de 2002, citée par Michel PRIEUR, in « Environnement », op.cit. p. 606.

[1395] V. Dupuy (P.M), « Où en est le droit international de l'environnement à la fin du siècle ? », op.cit. p. 875.

cette nécessité de concilier le développement économique et la protection de l'environnement »[1396].

Mais le développement durable n'implique pas seulement la prise en compte de l'environnement dans la politique économique. Il est un concept englobant aussi les exigences de la gouvernance moderne qui inclut la prise en compte des droits fondamentaux dont le droit de l'homme à un environnement saint[1397]. La mise en œuvre du développement s'accompagne de la reconnaissance du droit de l'homme à l'environnement. L'Association de droit international dans sa déclaration de New DELHI du 6 Avril 2002 sur les principes de droit international relatif au développement durable, considère que ce dernier nécessite une approche intégrée qui vise à réaliser le droit de tous les êtres humains à un niveau de vie adéquat. La Commission de droit de l'homme du Haut-Commissariat des Nations Unies quant à elle, a adopté une résolution n°2003-71 du 25 Avril 2003 consacrée aux droits de l'homme et à l'environnement en tant qu'élément du développement durable. Cette résolution constate que les dégâts causés à l'environnement peuvent avoir des effets potentiellement néfastes sur l'exercice de certains droits de l'homme (droit à la vie, droit à la dignité, droit à l'eau) et que par ailleurs le respect des droits de l'homme et des libertés fondamentales est essentiel pour assurer le développement durable.

Cette conception du développement durable contraste avec celle de la Commission climat du Bassin du Congo.

Pour les Etats membres de la Commission, concernant le développement durable, il s'agit de mettre en place un modèle de croissance durable des pays du Bassin à travers une transformation économique du Bassin du Congo[1398]. Considéré comme le second poumon écologique mondial et le quatrième réservoir de la biodiversité

[1396] Comme l'a exprimé le juge WEERAMANTRY à la Cour internationale de justice le 25 Septembre 1997.

[1397] Le droit de l'homme à un environnement sain, fait partie des droits de l'homme de la troisième génération. Sur ces droits, V. Les articles 19 à 24 de la Charte africaine des droits de l'homme et des peuples. Sur le plan de la doctrine, l'on peut se référer à l'analyse du Professeur AHADZI (KOFFI), in « Droit de l'homme et développement : théories et réalités », Revue la voie de l'intégration juridique et judiciaire africaine, n° 3 et, année 2003, pp.15-24

[1398] V. La note cadrage du Fonds bleu pour le Bassin du Congo, op.cit.

de la planète[1399], le développement durable dans le Bassin du Congo vise à transformer la mono-économie des Etats membres, fondée sur l'industrie du bois qui génère la déforestation, en une économie décarbonée et diversifiée[1400].

Cette démarche se traduira d'un point de vue opérationnel par la structuration d'un portefeuille des projets identifiés dans chacun des plans nationaux[1401]. Ces projets seront le cas échéant, complétés par les projets des acteurs de la société civile et notamment des collectivités locales et des entreprises[1402]. Dans cette perspective, la problématique relative au développement durable dans le Bassin du Congo s'articule autour des programmes sectoriels de l'économie verte[1403] et ceux de l'économie bleue[1404].

Compte tenu de ce qui précède, l'on constate que le développement durable dans le Bassin du Congo ne fait aucune mention au droit de l'homme à l'environnement. Pourtant le droit à l'environnement débouchant sur le développement durable sur la pression internationale, les Etats membres du Bassin du Congo auraient dû considérer le développement durable comme un nouveau droit de l'homme. Cela aurait renforcé son insertion aux côtés des programmes sectoriels répertoriés[1405]. Malheureusement, les Etats membres du Bassin du Congo se sont limités aux exigences de la gouvernance économique.

Puisque les ressources du Fonds Bleu proviennent d'une part des apports des Etats membres, et d'autre part des bailleurs de fonds bilatéraux et multilatéraux[1406], la contribution des partenaires financiers en vue de la mise en place d'un modèle de croissance durable dans les pays du Bassin du Congo sera certainement assortie de conditions.

1399 Ibidem.
1400 Ibidem.
1401 Ibidem.
1402 Ibidem.
1403 Ibidem, notamment la partie consacrée aux programmes sectoriels de l'économie verte.
1404 Ibidem, V. La partie réservée à la liste non exhaustive des programmes sectoriels de l'économie bleue.
1405 Il s'agit des programmes sectoriels de l'économie verte et ceux de l'économie bleue ci-dessus mentionnés
1406 V. L'article 6 du Mémorandum d'entente pour la création du Fonds bleu pour le bassin du Congo, op.cit.

L'on voit ainsi apparaître d'éventuelles limites du Fonds. Celles-ci méritent d'être apprécier.

PARAGRAPHE II
LES LIMITES EVENTUELLES DU FONDS BLEU

D'une manière constante, des conceptions économiques sous-tendent les pratiques financières des Etats, des bailleurs de fonds et les finalités assignées à leur budget. La rigidité du budget de « moyens » découlait, au départ, de la volonté de faire prévaloir sa neutralité au regard du marché de l'argent et donc visait principalement à en garantir l'équilibre ; le contexte où prédominaient ainsi les dépenses de souveraineté explique l'automacité qu'exprimait l'aphorisme célèbre : « il y a des dépenses, il faut les couvrir »[1407]. Mais cette vision étroite fit l'objet de critiques de la part de Gaston JEZE qui préconisait une analyse plus globale des finances publiques, incluant la dimension sociale, accentuée par la guerre de 1914 - 1918[1408].

Avec l'accroissement continue des dépenses publiques et la rareté des ressources disponibles, les Gouvernements et les bailleurs de fonds actuels ont dû considérer avec davantage d'insistance de coût des politiques publiques et mettre en place d'instruments d'analyse propices à des choix mettant en relief la performance de l'action administrative.

Les nouveaux dispositifs normatifs traduisent cette préoccupation d'une gestion des Finances orientée par la recherche de la performance, contribuant à valoriser leur dimension économique, mais dans un sens différent de celui qui prévalait avec la théorie keynésienne, préoccupée d'abord par la réalisation d'un équilibre macro-économique auquel l'équilibre était strictement subordonné. Désormais, il s'agit de transposer des techniques de management d'entreprise, afin d'apprécier les performances des gestionnaires publics et des politiques qu'ils mettent en place.

[1407] Cette formule exprimait le caractère nécessaire des services pris en charge par l'Etat. A ce propos, V. LAFFERRIERE (J), WALINE (M), « Traité élémentaire de Science et de législation financières », LGDJ, Paris, 1952, P.26

[1408] V. JEZE (G), « Cours de finances publiques » Ed. GIARD, Paris, 1925, pp. 11-12.

Dans le cadre du Bassin du Congo, il s'agira d'apprécier les performances des décideurs politiques dans le financement des projets structurants pour doter les pays du Bassin du Congo d'un développement économique ambitieux, répondant aux enjeux de la transition climatique et de la transformation économique du Bassin du Congo.

Les réflexions doctrinales autour de la démarche de performance sur l'environnement ne sont pas nombreuses jusqu'à présent. Un pas considérable vers une reconnaissance effective va être franchi dans notre étude. Dans la présente étude, nous ferons état du fait qu'implicitement dans la perspective d'une démarche de performance, le Fonds Bleu ne financerait pas les risques potentiels qui ne présentent pas un caractère sérieux (A), tout comme il ne financerait non plus les risques potentiels des dommages minimes ou négligeables (B).

A. Le Fonds Bleu ne financerait pas des risques potentiels qui ne présentent pas un caractère sérieux

La première limite au financement des risques potentiels par le Fonds Bleu répond à la question suivante : Quel est le degré de certitude scientifique quant à la dangerosité d'une matière et de la possibilité que son utilisation entraîne la survenance d'une atteinte à l'environnement qui doit être acquis pour qu'il soit financé par le Fonds Bleu ?

Dans cette hypothèse, il nous semble d'après les interprétations faites à la démarche de performance que le Fonds Bleu ne financerait pas le cas de risques potentiels s'ils ne présentent pas un caractère sérieux.

La démarche de la performance dans la conduite de la lutte contre les effets du changement climatique consiste en la recherche de l'efficience, de la qualité des services rendus et de l'efficacité c'est-à-dire la capacité à atteindre les objectifs fixés.

Dans le Bassin du Congo, la démarche de performance s'enrichit dans le renforcement de la gestion du Fonds Bleu selon les objectifs suivants : la discipline budgétaire globale, l'allocation stratégique des ressources et la prestation efficiente des services publics.

Le Fonds Bleu n'a pas été conçu pour le financement des risques mineurs, mais plutôt pour des risques dont l'existence repose sur une preuve scientifique établie.

Dès lors, si la réalisation d'un risque est susceptible d'entraîner des dommages graves dans le Bassin du Congo, le Fonds Bleu devrait, à coup sûr, s'appliquer.

Ainsi, même s'il est interprété comme un instrument financier de la Commission Climat du Bassin du Congo, le Fonds Bleu ne pourrait pas s'appliquer aux cas des dommages minimes ou négligeables à l'environnement.

B. Le Fonds Bleu ne financerait pas des risques potentiels des dommages mineurs ou négligeables à l'environnement.

La seconde limite à l'application du Fonds Bleu présenterait un contour beaucoup plus précis que la première limite évoquée. Elle exclut de l'application du fonds bleu les situations ou l'état des connaissances laisserait présager la survenance de dommages minimes plutôt que de dommages importants en cas de réalisation du risque.

Cela est d'autant plus vrai qu'au Canada, la décision rendue par la Cour suprême dans l'affaire « Canada Pacifique limitée C. Le Majesté la Reine du chef de l'Ontario »[1409] va dans le sens de la seconde limite relative au Fonds bleu.

En effet, bien que cette décision concerne une poursuite entreprise contre la loi ontarienne relative à la protection de l'environnement, les enseignements généraux qui peuvent en être tirés sont sans doute transposable à l'endroit de ceux qui sont compatibles d'intervenir dans le Bassin du Congo, en raison des similitudes existant entre la disposition ontarienne faisant l'objet de la contestation judiciaire et la demande de performance évoqué dans le cadre du changement climatique dans le Bassin du Congo.

En l'espèce, la compagnie Canadien Pacifique avait été poursuivie en vertu de l'article 13, al 1 de la loi sur la protection de l'environnement de l'Ontario pour avoir occasionné illégalement le rejet d'un contaminant dans l'environnement. Le Canadien Pacifique

---

[1409] V. Canadien Pacifique limitée C. Sa Majesté la Reine, Chef de l'ORTARIO, 1995, 2 R. C.S. note 68, pp. 1067 - 1069

avait procédé à un brûlage contrôlé des herbes sèches et des broussailles sur son emprise ferroviaire dans la ville de Kenora, ce qui avait entrainé le rejet d'une épaisse fumée préjudiciable à la santé et aux biens des personnes résidant à proximité. Comme moyen de défense à l'accusation, la compagnie avait soulevé un motif d'inconstitutionnalité, à savoir que l'article 13, al 1 de la loi ontarienne était vague et imprécise. Ce motif n'a pas été retenu par la Cour suprême, qui a estimé que la disposition en cause n'était pas vague ni imprécise au point de ne pas constituer un guide suffisant pour un débat judiciaire. Par cette décision, la Cour légitime la démarche du législateur qui consiste à interdire toute atteinte à l'environnement au moyen d'une interdiction générale de pollution plutôt qu'au moyen d'une réglementation détaillée.

Compte tenu de ce qui précède, l'on peut souligner qu'il ne faut pas sous-estimer les difficultés que présuppose l'application du Fonds bleu. Celui-ci n'est pas une réponse à tous les maux. Les conditions nécessaires à son application doivent être clairement définies.

La réflexion à son sujet doit d'une part, chercher à délimiter une sphère d'application qui tienne compte d'un certain nombre de paramètres et d'autre part, les conditions de son appropriation par la Communauté internationale (Section II).

SECTION II

LES CONDITIONS D'APPROPRIATION DU FONDS BLEU PAR LA COMMUNAUTE INTERNATIONALE

Si le Bassin du Congo demeure un espace géographique qui suscite beaucoup d'intérêt au niveau planétaire, par la diversité de ses ressources naturelles, ses écosystèmes aquatiques et forestiers[1410], il appelle une réflexion profonde sur le droit et sur la façon dont le droit appréhende la lutte contre le changement climatique. En effet, à travers le Fonds Bleu, véritable instrument financier de la Commission Climat du Bassin du Congo, l'on assiste à une révolution des rapports entre la science et le droit. Le droit ne se limiterait plus à contrer les effets

---

[1410] Il s'agit là du mot de circonstance de Monsieur ANTHONY OHEMENG-BOAMAH, Représentant Résidant du PNUD au Congo. Ces propos ont été prononcés lors de la deuxième réunion du Comité ad hoc régional du Fonds bleu pour le Bassin du Congo, Brazzaville, 31 Juillet - 1ère Août 2018.

dommageables des risques connus et prouvés scientifiquement, mais il interviendrait aussi pour envisager les risques futurs, ceux qui ont certes un début d'existence scientifique mais qui restent souvent ignorés.

Dans la mesure où le Fonds Bleu devient un outil rationnel dans le financement des effets dommageables du changement climatique, son appropriation par la Communauté internationale présuppose qu'il y ait une analyse économique sérieuse (Paragraphe I).

Les décisions des Etats membres du Bassin du Congo doivent s'inscrire généralement dans un contexte juridique global ou l'arbitraire et la discrimination seront systématiquement dénoncés et sanctionnés. Les populations dans ces Etats attendent des acteurs politiques qu'ils agissent avec un minimum de rationalité et d'une manière conforme au droit. Dès lors, le Fonds Bleu cherche à susciter un débat social et à donner la voix tant au juge qu'au simple citoyen. C'est même là, la condition juridique (Paragraphe II).

PARAGRAPHE I

LES CONDITIONS LIEES A L'ANALYSE ECONOMIQUE

Tout paraît concourir à faire la preuve que l'environnement est devenu une question largement incertaine, que la gamme des choix possibles est si étendue que le succès des décisions prises relève très largement de l'improbable. Toutefois, s'il était fait une application triviale d'un tel principe d'incertitude, aucune recherche fondamentale ne pourrait plus s'envisager, la certitude de l'incertitude apparaissant tout à la fois stérilisante et contradictoire. Aussi faut-il admettre le paradoxe et laisser jouer le principe contre lui-même, ce qui est dans le domaine qui est ici le nôtre, conduit à accepter la nécessité qu'il y a à poser le Fonds bleu au cœur d'une question qui concerne et intéresse la gouvernance d'une approche planétaire.

Aujourd'hui, dans un monde qui s'est « désenchanté », l'on est amené à admettre que la Commission Climat du Bassin du Congo en soi ne suffit plus à financer le Fonds bleu. A cet égard, l'on est conduit à voir dans le Fonds bleu l'élément fédérateur d'une nouvelle culture de gestion en gestation, et ce parallèlement au développement d'une analyse économique.

Dans le cadre de cette gestion, la problématique de l'appropriation du Fonds bleu par la Communauté internationale pose le problème de l'analyse coût-bénéfice qui est à inventer.

A. L'analyse coût-bénéfice

Quand on aborde l'analyse coût-bénéfice, de grandes interrogations apparaissent. En effet, à force de trop insister sur la lutte contre les effets néfastes du changement climatique dans le Bassin du Congo, n'y a-t-il pas risque de nuire au développement économique qui engendre toujours un coût pour l'environnement ? Les mesures environnementales qui seront établies sur la base de cette lutte n'en viendront-elles pas à coûter plus cher finalement que la réparation des dommages qui pourraient éventuellement causés à l'environnement ? Quel est le rôle de l'analyse coût-bénéfice dans la lutte contre le changement climatique ?

Dans cette perspective, un point est bien connu : l'analyse coût-avantage relève d'une conception trop restrictive du calcul des avantages et des inconscients quand il y a comparaison du coût des mesures proposées et du coût de l'inaction[1411] . Elle permet de comparer le coût de l'inaction à celui de l'action.

L'analyse coût-bénéfice est présente dans la Convention sur les changements climatiques de 1992. Aux termes de l'article 3 de ladite Convention, « il incombe aux Etats partie de prendre des mesures de précaution pour prévoir, prévenir ou atténuer les causes des changements climatiques et en limité les effets néfastes. Quand il y'a un risque de perturbation graves ou irréversible, l'absence de certitude scientifique ne doit pas servir de prétexte pour différer l'adoption de telles mesures, étant entendu que les politiques et les mesures qu'appellent les changements climatiques requièrent un bon rapport coût efficacité, de manière à garanti des avantages globaux au coût le plus bas possible ».

[1411] C'est l'opinion de Nicolas De SADELEER, qui commente les lignes directrices de l'analyse économique. Sur ce point, V. cet auteur in « Réflexions sur le statut juridique du principe de précaution », dans E. ZACCAI et J.N MISSA, in « Le principe de précaution, significations et conférences », op.cit., p. 128.

L'analyse coût-bénéfice a été également proposée par la Commission des Communautés européennes[1412]. A cet effet, elle recommande que les mesures de précaution soient « basées sur les avantages et charges potentiels de l'action et de l'absence d'action (y compris le cas échéant et dans la mesure du possible, une analyse de rentabilité économique)[1413].

Selon la Commission des Communautés européennes, l'examen des avantages et charges ne peut pas se réduire seulement à l'analyse économique coût-bénéfice. Il est plus vaste dans sa portée, intégrant des considérations non économiques, comme la protection de la santé et l'impact socioéconomique des options considérées. Dans cette optique, un Etat peut être prêt à payer un coût plus élevé afin de garantir l'environnement ou la santé.

Compte tenu des exigences de plus en plus présentes de l'analyse coût-bénéfice dans de nombreuses Conventions, la Communauté internationale dans l'appropriation du Fonds bleu exigera certainement qu'on prenne en considération cette analyse.

L'autre innovation qu'apporte l'analyse économique est l'exigence de la proportionnalité. En quoi consiste-t-elle ?

B. L'exigence de la proportionnalité

Les mesures prisent dans le cadre de la lutte contre les effets néfastes du changement climatique dans le bassin du Congo, ont tout d'abord l'objet d'évaluer l'effet des mesures en rapport avec le but poursuivi, ce qui conduit à mettre sur les deux plateaux de la balance, l'importance de l'objectif à atteindre, d'une part, et les effets négatifs des entraves règlementaires d'autre part. L'application de la proportionnalité permettra d'opérer une distinction entre interdiction et règlementation. Par conséquent, la proportionnalité de la mesure en cause conduira à annuler une mesure qui aurait la forme d'une interdiction là où une règlementation pourrait se révéler efficace[1414].

[1412] Ä cet effet, l'article 174, al. 3 du Traité de la Communauté européenne oblige celle-ci à tenir compte des charges et des avantages qui peuvent résulter de l'action ou de l'inaction en matière d'environnement.

[1413] Ibidem, note 29, p. 4.

[1414] .DE SADELEER (N), « Réflexions sur le statut juridique du principe de précaution », op. cit. p. 186.

Enfin, les mesures pour lutter contre le changement climatique servent à déterminer l'impact des mesures sur les parties qui peuvent être touchées par elles[1415], ce qui laisse entendre que ces mesures doivent être « économiquement acceptables[1416] » Dans cette optique, l'on peut se demander si le test doit reposer sur une analyse « Coût-bénéfice » ? Si tel est le cas des intérêts socio-économiques puissants ne risquent-ils pas de discréditer toute mesure qui voudrait s'en réclamer ?

L'aspect le plus intéressant qui se dégage dans l'exigence de la proportionnalité est la relation que la notion de proportionnalité entretient avec l'effet néfaste du changement climatique. La relation ci-dessus évoquée réside dans l'analyse des effets dommageables. En effet, l'évaluation de ces effets relève du domaine de la science et, elle est menée par des experts. La gestion des effets dommageables est une décision politique sur l'appréciation des effets. De ce fait, elle relève de l'ordre politique et, par conséquent, appartient à l'autorité politique.

Ainsi, l'on peut conclure que l'exigence de la proportionnalité permet d'éviter toute mesure arbitraire. Dès lors, elle ne peut en aucun cas se confondre avec une obligation d'abstention ou d'interdiction pour éviter tout dommage quel qu'il soit. Si l'on se donne la peine de répertorier les conditions d'appropriation du Fonds bleu par la Communauté internationale, l'on constate que l'adhésion des bailleurs de fonds fait une place importante à l'analyse économique. Cela n'est pas un débat strictement universitaire et abstrait. D'ailleurs, la pratique des Etats fait entrer dans ce débat, les conditions liées à l'analyse juridique pour renforcer le processus d'appropriation du fonds bleu.

PARAGRAPHE II

LES CONDITIONS LIEES A L'ANALYSE JURIDIQUE

Les décisions de tout Etat de droit s'inscrivent dans un contexte juridique global. Dans le domaine de l'environnement et s'agissant du Bassin du Congo, l'on craint que des Etats se servent de la protection de l'environnement pour établir des mesures arbitraires. L'on redoute

---

[1415] Ibidem.

[1416] Ibidem.

principalement que ces mesures soient le « Cheval de Troie » qui prônera la voie à la l'arbitraire vert.

Puisque les Etats membres du Bassin du Congo sont des Etats de droit, les décisions qu'ils prennent pour financer les risques du changement climatique ne doivent pas être arbitraires et destructrices du droit.

C'est dans ce contexte qu'il faut situer le contrôle du juge.

A. Le Contrôle du juge

Une analyse préliminaire révèle que le Fonds bleu et le droit partagent deux préoccupations : le contrôle du juge et le processus de décision.

En effet, le Fonds bleu intervient dans des situations de lutte contre les effets néfastes du changement climatique. Les conséquences de ces décisions sont incertaines sur le plan scientifique. Dès lors, le Fonds bleu se traduit par un processus qui doit faciliter la gestion et la diminution des effets.

De son côté, le droit s'est beaucoup penché sur la question du contrôle du juge à l'égard des décisions des organismes administratives, et il s'intéresse notamment à la procédure qui doit entourer les décisions de l'administration publique[1417].

Dans le Bassin du Congo, le Fonds bleu constitue à la base une stratégie de gestion des risques soumise à l'attention des décideurs appelés à prendre position dans un contexte d'incertitude scientifique. Dans cette optique, le décideur dispose d'un pouvoir discrétionnaire. Or, les valeurs qui sous-tendent ce pouvoir de rendre des décisions dans le contexte du fonds bleu nécessitent le respect de certaines conditions[1418].

Compte tenu de ce qui précède, notre étude se situe dans la perspective de ce que nous appellerions le « droit du contrôle judiciaire

---

[1417] V. CARTIER (G), « Le principe de précaution et la déférence judiciaire en droit administratif, Les Cahiers de droit, op. Cit. , p.81.

[1418] L'on pourra à cet effet citer, l'analyse coût-bénéfice, l'exigence de la proportionnalité.
L'on pourra aussi citer la nécessité d'élargir l'espace public du dialogue, pour mettre à la société civile de s'exprimer quant aux mesures à prendre.

des décisions des autorités administratives dans le Bassin du Congo ». Elle se propose de voir dans quelle mesure le Fonds bleu est susceptible de s'intégrer aux règles et principes généraux qui s'appliquent à tous les décideurs publics investis d'un pouvoir discrétionnaire.

Ainsi, concernant le contrôle judiciaire des décisions administratives dans le Bassin du Congo, au fur et à mesure que les pouvoirs de l'administration et ses domaines d'interventions s'étendent, le contrôle classique du juge devient insuffisant et inadapté pour traquer l'illégalité des motifs du fait des actes administratifs. En effet, dans le cas du Bassin du Congo où les décideurs disposent d'un pouvoir discrétionnaire, le juge refuserait souvent de contrôler, la qualification juridique des faits, de crainte de se livrer à un examen de l'opportunité de la décision litigieuse[1419].

Pour adapter son contrôle à l'évolution des pouvoirs des décideurs dans la Bassin du Congo, le juge devrait introduire dans son contrôle la participation de la société civile.

Cette participation est rendue nécessaire par le fait que, lorsque les preuves scientifiques sont insuffisantes ou contestées, les questions deviennent alors des questions sociales qui concernent au tout premier chef, les citoyens[1420]. Le fonds bleu s'applique dans des situations qui sortent du domaine de la science académique pour entrer dans celui des marges incertaines qui servent à la décision politique.

L'appréciation de la société civile a pour résultat d'imposer aux décideurs politiques l'obligation de ne pas se livrer à une appréciation déraisonnable, c'est-à-dire manifestement erronée.

Dans le Bassin du Congo, le pouvoir discrétionnaire ne devrait pas revêtir un caractère sacrosaint, abusivement assimilé à un pouvoir soustrait au contrôle du juge. Le juge dans le Bassin du Congo devrait pousser plus loin son contrôle à l'instar du Conseil d'Etat en France[1421].

[1419] V. BOCKEL (A), « Contribution à l'étude du pouvoir discrétionnaire » AJDA, 1978, p. 355.

[1420] V. SCHWARTZENBERG (RG), « Colloque Science et Société, l'intelligence publique au service de la science », cité par Geneviève CARTIER, in « Le principe de précaution et la déférence judiciaire en droit administratif «, Les cahiers de Droit, op. cit. 86.

[1421] L'on citera le Conseil d'Etat en France par ses techniques de contrôle largement développées en matière d'application de l'erreur manifeste d'appréciation ou du bilan coût-avantage.

L'élargissement du processus de délibération portant sur les décisions à prendre dans le Bassin du Congo constitue probablement la valeur le plus importante que véhicule le fonds bleu.

L'on peut prévoir que du fait du contrôle du juge sur les décisions prises dans le cadre du Bassin du Congo, va se développer un contentieux environnemental mettant en cause les Etats du Bassin du Congo. En effet, la Commission Climat du Bassin du Congo devra donner aux citoyens des Etats membres un droit de recours individuel devant les tribunaux pour faire consacrer l'effectivité des droits environnementaux. Le juge dans le Bassin du Congo saura donc, compte tenu de son autorité interprétative, utiliser le droit pour procéder à des avancées environnementales.

Cela dit, quel processus convient-il d'adopter dans le contexte du fonds bleu ? Autrement dit, comment instaurer un débat public élargi, une délibération appropriée pour que la Communauté internationalité s'approprie le Fonds bleu ?

Si l'Europe tend à généraliser la pratique des conférences de citoyens[1422], qui consistent à mettre en présence experts et simples citoyens dans le but d'engager un dialogue notamment de confronter savoir expert et valeurs sociales[1423], dans le Bassin du Congo, la réponse à cette question exige une magistrature d'intermédiation incombant à la société civile.

B. Une magistrature d'intermédiation incombant à la société civile

Qu'est-ce qui justifie l'intervention de la société civile dans une prise de décision qui semble par nature exiger des compétences scientifiques ?

L'expertise nécessaire pour la prise de décision dans le Bassin du Congo s'oppose-t-elle à la participation de la société civile ? En d'autres termes, comment justifier la participation de la société civile à

Sur ces précisions, V. BABACAR KANTE, « Unité de juridiction et droit administratif. L'exemple du Sénégal ». Thèse, Doctorat d'Etat en Droit public, Université d'Orléans, 1983, p. 343.

1422 V. ROGER (C), « Analyse de risque et de principe de précaution : vers de nouveaux rapports « connaissance »/ « politique » ? [En ligne], 2000 [http : www.ima.fr. / Contract Départements / ESR/ Comprendre / Js/ risque html] (22 Mai 2001), p. 2.

1423 Ibidem.

des décisions qui impliquent des considérations scientifiques complexes ? A l'inverse, comment éviter dans le Bassin du Congo que les experts deviennent des décideurs ?

La méconnaissance du droit à l'environnement dans le Bassin du Congo, revêt un double aspect : son ignorance par la majorité des citoyens et le refus éventuel de ceux-ci d'y recouvrir, tout particulièrement de saisir les juridictions d'Etat.

Désabusées, les populations pensent que l'environnement est l'œuvre des experts et décideurs politiques. Et l'on voit ainsi peindre l'absence de la société civile dans la protection de l'environnement.

La responsabilité de la protection de l'environnement devrait incomber en fait, au premier chef, à la société civile qui aurait pour objectif de faire progresser la lutte contre le changement climatique dans tout le Bassin du Congo. Son initiative en faveur de la protection de l'environnement devrait être plus développée et mieux structurée. Celle-ci devrait s'exprimer à travers le mouvement associatif[1424]. Ce mouvement devrait conseiller les populations sur la manière de faire face aux risques du changement climatique, de mener les négociations en leur nom, chaque fois que cela paraît nécessaire avec les autorités.

A notre avis, la participation de la société civile est largement justifiée. Elle est même rendue nécessaire par une reconnaissance du fait que lorsque les preuves scientifiques sont insuffisantes ou contestées, les questions deviennent alors des questions sociales qui concernent, au tout premier chef les citoyens.

Nous avons souligné plus haut que le Fonds bleu s'applique dans des situations qui sortent de la science académique pour entrer dans celui des marges incertaines qui servent à la décision politique. C'est ce que le Professeur Roger GERARD SCHWARTZENBERG appelle la « science citoyenne »[1425]. En effet, les citoyens manifestent un désir accru associé à des mécanismes de décision, et cela est d'autant vrai lorsque les décisions se prennent dans des situations susceptibles d'engendrer des risques. Dès lors, dans le Bassin du Congo, le Fonds bleu rend la science plus discutable et engendre des devoirs pour les

---

[1424] Le mouvement associatif pourrait être constitué de : ligues, Comités, Associations, Syndicats, Collectifs, Fédérations etc.

[1425] V. SCHWARTZENBERG (RG), « Colloque Science et Société, l'intelligence publique au service de la science », op. cit., p. 86.

Etats membres qui doivent organiser le dialogue avec la société civile. Le Fonds bleu impose aux Etats membres du Bassin du Congo de nouvelles responsabilités. Ces nouvelles responsabilités impliquent un dialogue plus large et plus symétrique, qui devrait nécessairement déboucher sur la gestion des effets du changement climatique. La protection de l'environnement est désormais une question fondamentale dans le Bassin du Congo. L'avenir de ce Bassin dépend d'un environnement sain, dont les Etats, les autorités politiques et la société civile sont tous responsables individuellement et collectivement.

En clair, la société civile s'en remet aux scientifiques pour qu'ils l'éclairent sur les questions à l'égard desquelles elle n'a pas les compétences requises pour se prononcer. Cependant, elle n'abandonne pas la totalité de son pouvoir décisionnel sur sa destinée. Lorsque l'expert est placé devant les possibilités théoriques de survenance d'évènements susceptibles de produire des conséquences graves sur la santé des individus ou sur l'environnement, son devoir consiste à informer, à expliquer l'état de la situation et à susciter un débat social[1426].

Lorsqu'on transpose cette idée dans le cas du Fonds bleu, l'on s'aperçoit que le Fonds exige qu'un véritable débat s'engage avec la société civile.

La volonté de faire la politique autrement place la société civile dans le Bassin du Congo dans la position charnière de relais des attentes concrètes des citoyens en intercédant en faveur de leurs besoins immédiats de protection de l'environnement, mais aussi d'interlocuteur privilégié de la société gouvernante qui ne peut s'affranchir indéfiniment des citoyens et ignorer leurs problèmes. C'est donc une magistrature d'intermédiation[1427] qui incombe à la société civile dans la sauvegarde du Bassin du Congo.

Pour la société civile, il s'agit d'éduquer l'opinion publique en matière de protection et l'amener ainsi à dénoncer systématiquement les actes attentatoires à l'environnement.

[1426] V.KOURILSKY (P.) et VINEY (G.), « Le principe de précaution : Rapport au Premier ministre », op.cit., p. 94.

[1427] L'expression est empruntée à PAMBOU TCHIVOUNDA (G), in « Le rôle de la société civile dans l'Etat de droit », Revue juridique et politique, n° 2, 2004, P. 146.

Ce n'est donc pas le courage politique que la Communauté internationale aura besoin pour investir dans le Fonds bleu, mais d'une opinion publique éclairée et bien informée des principaux enjeux en cause dans le Bassin du Congo.

CONCLUSION

Un problème a inspiré cette étude. Il est d'ordre fonctionnel, à la fois pratique et théorique. Il s'agissait de savoir si le recours au droit était une pratique réservée aux autorités politiques en occident ou si le droit pouvait être aussi utilisé par les Chefs d'Etats africains, notamment par le Président Denis SASSOU-N'GUESSO.

A cet effet, notre démarche est animée par le désir de décrypter l'action du Président Congolais et de guider le lecteur dans l'appréhension d'un droit considéré souvent pour beaucoup comme constamment et régulièrement violé.

A la sévérité présumée de cette opinion en Occident correspond d'ailleurs bien souvent tout autant présumée celle des africains.

Largement répandue, cette image négative est venue à constituer une sorte de sens commun, pour ne pas dire d'idée reçue, qui se nourrit d'une approche souvent strictement négativiste. Sans doute convenait-il de réhabiliter cette conception pessimiste.

Au terme de cette étude, une réponse paraît pouvoir être clairement apportée.

Reflétant et ordonnant la vie en société, le droit doit nécessairement changer comme elle. Cela est d'autant vrai, qu'au Congo, le droit apparaît comme perpétuellement en devenir. Il suit un double mouvement. C'est ainsi que le Président Denis SASSOU-N'GUESSO utilise le droit comme instrument de développement et comme facteur des relations internationales.

Quand il utilise le droit comme instrument de développement, le premier signe pour que le droit serve le développement est le réaménagement de l'armature institutionnelle de l'Etat.

Dans cette perspective, c'est la Constitution de 2002 qui pose les bases juridiques de la société et de l'Etat congolais. Elle pose également les fondations du régime politique congolais qui a revêtu, dans sa gestation première, le visage d'un régime présidentiel.

Demeurant encore dans le spectre de la guerre, le peuple congolais était-il vraiment libre au point de se donner une bonne Constitution ?

Le réaménagement du régime politique par la réforme des institutions de 2002 ne fut pas couronné de succès, parce que le Congo avait opté pour un « régime présidentialiste de type négro-africain » qui lui a porté préjudice.

C'est au niveau de l'agencement constitutionnel des pouvoirs résultant du changement de régime politique que la rupture s'opère en 2015. La nouvelle disposition des pouvoirs augure un bouleversement institutionnel. Elle augure un régime politique radicalement différent du précèdent. La cause était entendue au Dialogue politique de Sibiti : plus jamais de régime présidentialiste.

En réaction aux travers du régime politique de 2002, la Constitution de 2015 instaure un nouveau régime politique. Elle instaure un régime qui habilite la séparation et l'équilibre des pouvoirs classiques et pose, au stade constitutionnel, les conditions d'une bonne gouvernance.

A cet effet, la nouvelle Constitution maintient le pouvoir judiciaire et réalise une protection des droits de l'homme fort diversifiée.

S'agissant du pouvoir judiciaire, il est régi par l'unicité de juridiction. Dans cette option, le juge a tendance à recourir le plus souvent au droit privé en matière administrative.

Une décision rendue par le juge doit contenir un certain nombre de renseignements[1428] et la motivation est sans doute la partie la plus instructive de cette décision. En effet, c'est grâce à elle que le raisonnement du juge peut être reconstitué. Elle permet à celui qui a perdu un procès de savoir comment et pourquoi.

Mais, quoi que l'on puisse dire de la motivation des décisions du juge congolais, la construction paraît plus critiquable parce que manquant de rigueur. A cet égard, la présentation des décisions du juge congolais laisse à désirer.

L'exemple de l'arrêt LOKO BALOSSA est très éloquent. L'on rappelle en effet que l'annulation de la décision de l'Ordre national des

---

[1428] V. GENY (B), « De la méthode et de la technique du droit privé positif à celle du droit administratif », L.J.C.E, 1952, p. 277..

avocats du Congo, selon le juge repose sur un motif fondé sur l'article 55 alinéa 2 de la loi 26/92 portant organisation de la profession d'avocat. Cette décision du juge dans l'affaire LOKO BALOSSA ne devait pas seulement comporter la sanction de la méconnaissance de la norme législative, mais aussi et surtout l'erreur dans la qualification et l'appréciation juridique des faits.

L'univers de la règle de droit est fait de concepts, qui n'ont de sens que dans la mesure des situations de faits qu'ils sont censés régir sous le contrôle du juge. Il y a donc une opération intellectuelle, qui consiste à ce que ces faits correspondent à une notion juridique. Si cette condition est remplie, l'opération intellectuelle consiste à comparer les faits à la notion juridique, afin de vérifier qu'ils lui correspondent, et si la réponse est positive à leur donner cette qualification. Autrement dit, il s'agit de ranger les faits dans la bonne catégorie juridique.

Dans l'affaire LOKO BALOSSA, « le fait d'être enseignant à l'Université Marien NGOUABI entraîne-t-il un lien de subordination à cette institution au point de ne plus être apte à exercer la profession d'avocat ? ». C'est à ce niveau que se situe l'opération de qualification juridique des faits. Si la matérialité des faits est bien constatée, le juge aurait pu se demander si ces faits ont été appréciés de façon correcte ou incorrecte par le Conseil de l'Ordre des avocats du Congo.

Tel devait être le raisonnement du juge congolais dans l'affaire LOKO BALOSSA. Or, cela n'a pas été le cas. Il s'est uniquement fondé sur la norme législative pour annuler la requête du Conseil. Pourtant, son homologue français dans l'affaire « GOMEL » s'était prononcé sur l'erreur dans la qualification et appréciation juridiques des faits[1429].

Il est généralement reconnu aujourd'hui que le droit administratif est un droit prétorien, c'est-à-dire créé par le juge. Aussi, CORMENIN comparaît-il la jurisprudence à « une seconde législation » ; « elle est même quelquefois toute la législation » renchérissant-il, à tel point qu'elle est, par le nombre et la solidité de ses précédents, « la gardienne la plus sûre des attributions de la juridiction administrative », auxquelles le Parlement ne devrait pas toucher sans d'extrêmes précautions[1430]

[1429] V. CE, 4 Avril 1914, GOMEL, GAJA n° 30.

[1430] V. DE CORMENIN, « Droit administratif », Editions THOREL-PAGNERRE, 5e éd., Paris, 1840, p. 27.

Si au Congo, l'unicité de juridiction est la règle, cependant, la spécificité du contentieux administratif est maintenue. Il appartient de ce fait au juge civil d'appliquer le droit administratif aux litiges mettant en cause une personne publique et relevant du droit spécial applicable à l'administration.

L'unicité de juridiction bien que consacrant à son sein les tribunaux administratifs révèle l'incapacité du juge judicaire à contribuer l'élaboration du droit administratif. Au Congo, l'unicité de juridiction a considérablement affaibli l'évolution de ce droit. Le juge congolais n'a pas réussi sa conversion.

Dans cette perspective, ne serait-il pas souhaitable d'aller vers une dualité de juridiction ?

Concernant la Cour constitutionnelle, en vertu de la Constitution de 2015, la Cour constitutionnelle est demeurée juge de la Constitution et juge électoral. Ainsi, il exerce un contrôle en matière de constitutionnalité des lois et des traités internationaux, mais aussi en matière de contentieux des élections présidentielle et législatives.

Désormais, grâce à l'intervention de la Cour constitutionnelle par la procédure dite « de contrôle a posteriori » de constitutionnalité des lois, des citoyens pourront obtenir l'application des garanties fondamentales reconnues par la Constitution dont une violation devrait, désormais pouvoir être sanctionné à tout moment, même après la promulgation et l'entrée en vigueur des lois. Il s'agit là d'un contrôle qui marque un progrès important pour l'Etat de droit.

Dans l'application des principes qui déterminent sa compétence d'attribution, il est fort possible de reprocher à la Cour son enfermement intégriste dans les textes, sa propension à assimiler compétence d'attribution et compétence exclusive, son manque d'hardiesse à élargir de son propre chef, de façon raisonnable, sa compétence dans les moments critiques de l'Etat de droit où il constitue le seul rempart auquel s'accrochent les espoirs de sauvegarde de la démocratie.

En Afrique toutes les juridictions constitutionnelles disposent simplement d'une compétence d'attribution. La différence entre ces juridictions réside dans les interprétations qu'elles font de cette compétence d'attribution. Certaines en font une interprétation stricte adossée à la lettre des textes les organisant. D'autre en font une interprétation dynamique avec une possibilité d'élargissement dictée par l'ambiance démocratique.

Au Congo, la Cour constitutionnelle a profité d'une lacune de la Constitution pour ne pas se reconnaître compétente sur « les actes dits de gouvernement » alors qu'aucune autre juridiction n'a reçu d'attribution à cet effet.

Dans un Etat de droit, tout contentieux droit trouver une solution devant le juge, ne serait-ce que par la voie d'une interprétation audacieuse, mais logiquement défendable. Le juge constitutionnel mieux que tout autre, est en effet prédisposé à donner du sens à des textes souvent très généraux. En l'absence des dispositions constitutionnelles ou législatives pertinentes, seul le juge constitutionnel est capable de trancher. En matière d'interprétation constitutionnelle, il faut voir large. Il faut regarder haut. Il faut scruter loin. C'est dans cet esprit que la Cour suprême des Etats-Unis d'Amérique a conquis son vaste champ de compétences, non pas dans la Constitution qui évoque de façon générale ses attributions, mais à partir du large pouvoir d'interprétation de la Constitution qu'elle s'est octroyée.

En définitive, au Congo si la Cour constitutionnelle n'est pas encore devenue la prestigieuse instance régulatrice de l'Etat de droit et de la démocratie attendue par tous, c'est certainement, entre autres, qu'elle n'est pas dotée des moyens juridiques et institutionnels lui permettant d'être à la hauteur de l'espoir investi en elle. A cet égard, une réflexion sur la réforme de la Cour constitutionnelle pour ajuster sa légitimité à la vitalité de la démocratie congolaise s'impose.

Concernant la protection des droits, le Congo n'a rien à envier à celle développée dans des Etats de référence.

Outre le souci d'avoir " parlementarisé " le régime politique, l'on constate que le constituant congolais de 2015, n'a pas de sympathie intellectuelle pour NAPELEON qui considérait qu'une bonne Constitution doit être courte et obscure, ou encore pour les pères fondateurs de la Constitution américaine de 1787 qui ont disposé l'organisation politique et institutionnelle des Etats-Unis d'Amérique en seulement sept articles.

Ainsi, a-t-il fait de la loi fondamentale, une Constitution expansive. A cet effet, elle réaffirme la décentralisation de l'Etat et, proclame la laïcité.

Concernant la décentralisation de l'Etat, l'ambition proclamée est de recadrer l'action de l'Etat, rapprocher l'administration des administrés, impulser le développement à partir et par les populations à la base, accroître l'efficacité de l'utilisation des ressources publiques avec l'espoir de rationnaliser et d'ajuster à la réalité de la lutte contre la pauvreté.

Dans cette optique, le législateur est allé très loin dans l'aménagement du principe constitutionnel de décentralisation avec la volonté de faire d'elle selon la formule de Maurice HAURIOU « la manière d'être de l'Etat ».

Quant à la laïcité de l'Etat, en accédant à la souveraineté, le Congo a recouru à la laïcité plurielle pour régir ses relations avec la religion.

Contrairement à la France où la laïcité est « forgée » comme une notion de « combat », au Congo, elle est un procédé pour assurer la paix avec la religion. Et le Président Denis SASSOU-N'GUESSO l'applique dans un esprit de collaboration.

Malgré la complexité des rapports qui peuvent parfois exister entre les autorités politiques et les communautés religieuses, au Congo, le droit accueille sans difficultés particulières la religion, à la condition qu'elle s'exerce dans les limites fixées par la loi.

Si le droit guide le Président Denis SASSOU-N'GUESSO dans la réforme des institutions cependant, il convient de signaler que cette réforme s'inscrit pleinement dans le contexte international de la gestion publique. Cela se manifeste au niveau de l'Etat dans la gestion des finances publiques.

Ainsi, l'introduction d'une « culture de gestion » est au cœur de l'amélioration de l'efficacité des politiques publiques. Elle est aussi à l'origine du passage du budget de moyens à un budget de programmes.

Le socle de cette normativité financière, c'est le droit financier congolais inspiré par le droit communautaire, précisément les directives communautaires de la CEMAC.

L'activité financière des agents publics est encadrée par la Constitution, la loi organique relative aux lois de finances et le règlement général sur la comptabilité publique. Certes la qualité de certains agents publics les place dans une position de dédoublement fonctionnel. Le statut et la compétence des administrateurs de recettes et de dépenses, des ordonnateurs de recettes et de dépenses des gestionnaires de crédit relève à la fois du droit financier, du droit administratif et quelquefois du droit constitutionnel. L'ordonnancement juridique qui en découle, dénote moins une architecture de superposition de droit qu'une juxtaposition des régimes juridiques encadrant la concurrence des activités multiples exécutées par certaines catégories d'agents publics. Le régime de la responsabilité des administrateurs, des ordonnateurs et des gestionnaires de crédit est une bonne illustration de la diversité d'encadrement juridique de l'activité de ces agents publics. Cette responsabilité peut être appréhendée du point de vue du droit constitutionnel (haute trahison, forfaiture, etc.), du droit administratif (faute de service, faute personnelle), du droit financier (faute de gestion, état de gaspillage) et du droit pénal d'une manière générale.

L'argent public est au cœur de l'Etat de droit et de la démocratie. A ce propos, la Cour des comptes et de discipline budgétaire assure le « contrôle externe » des finances publiques et des politiques qu'elles soutiennent. Dès lors, il se pose la question du profil du magistrat financier.

En effet, le profil du magistrat financier n'est pas le même que celui du juge administratif ou du juge judiciaire. Le juge financier valorise le savoir et le savoir-faire en finances publiques, en comptabilité et en gestion ; ce qui dans les offres de la formation de l'ordre judiciaire ou administratif, constitue au moins des matières résiduelles, au pire des matières inexistantes.

Dans cette perspective, au Congo le contrôle juridictionnel des finances publiques reste une simple vue de l'esprit, juste intéressante pour alimenter les discussions académiques. Il faut alors repenser le sujet.

Quant à l'utilisation du droit comme facteur les relations internationales, l'on observe que le Président Denis SASSOU-N'GUESSO utilise le droit d'abord dans les relations politiques.

Dans ce cas, il place la paix au cœur des relations politiques internationales. Pour le Président Congolais, l'absence de paix met en cause les intérêts vitaux des Etats et le noyau dur de leur souveraineté. La paix et le droit convergent et se complètent. C'est parce que le recours à la force est désormais conçu comme un mode de règlement illicite que pour le Président Denis SASSOU-N'GUESSO, le recours au droit devient une nécessité incontournable.

L'effort de rationalisation inspirant cet objectif a connu son point culminant dans la crise centrafricaine.

Le schéma établi par le Chef de l'Etat Congolais dans cette crise est très cohérent parce qu'il élargit la notion de maintien de la paix. Et dans la réception de cet élargissement, le Président Denis SASSOU-N'GUESSO a retenu l'assistance électorale, destinée à permettre le déroulement régulier de l'élection présidentielle, l'assistance humanitaire et enfin, l'assistance économique et financière des partenaires internationaux.

Concernant la crise libyenne, l'on a constaté une application difficile du droit. En effet, face à la présence des groupes terroristes et à l'action grandissante des puissances militaires, n'était-il pas préférable de laisser se déployer le libre jeu de la puissance plutôt que de masquer une incapacité du droit à régir la crise ?

Dans la crise libyenne, l'on serait naïf d'escompter que le droit puisse assurer par lui-même la paix. Il ne faut pas attendre du droit plus qu'il ne peut donner. Une combinaison du droit et des moyens politiques est nécessaire. C'est ce qui explique que dans la crise libyenne, le droit ait été saisi par la politique.

Toujours dans son utilisation du droit dans les relations politiques, le Président Denis SASSOU-N'GUESSO "ressuscité" un droit (le droit à l'autodétermination et à la libre disposition des peuples) que ses prédécesseurs avaient pendant longtemps « rangé » dans les placards.

Cette résurrection a favorisé la libération de Nelson MANDELA et l'indépendance de la Namibie.

Quand le Président Denis SASSOU-N'GUESSO utilise le droit comme facteur des relations internationales, il ne le fait pas seulement dans le cadre des relations politiques internationales, cet exercice intègre aussi l'environnement.

Dans cette perspective, depuis que l'atteinte à l'environnement a été assimilée à l'atteinte au droit à la vie par la Commission européenne des droits de l'homme[1431], l'environnement est devenu le souci majeur du Président congolais.

Pour lui, il s'agit d'un droit de solidarité qui exige un certain comportement. Dès lors, l'obligation de protéger l'environnement s'impose à tous.

Dans sa quête de protection, le Président Denis SASSOU-N'GUESSO et ses homologues de la CEEAC et de la Communauté de l'Afrique de l'Est, s'inspirant du principe juridique de précaution ont institué la Commission Climat du Bassin du Congo. De cette Commission est née le Fonds Bleu.

L'objectif de la Commission est de lutter contre les changements climatiques, en accélérant la mise en œuvre de la transition climatique et de la transformation économique du Bassin du Congo.

En définitive, compte tenu de ce qui précède, l'on peut affirmer que le droit n'est pas un « luxe » réservé aux Chefs d'Etat occidentaux, ceux d'Afrique peuvent eux aussi en bénéficier. A ce propos, le Président Denis SASSOU-N'GUESSO est une illustration parfaite.

[1431] V. CEDH 22 Mars 2001, KESSLER C/ Allemagne, pp. 87 - 94.

BIBLIOGRAPHIE

La présente bibliographie sera divisée en cinq parties.

La première partie indique les ouvrages généraux. Dans cette optique, notre étude ayant optée pour la voie d'une large ouverture, les ouvrages généraux cités concernent presque toutes les disciplines du Droit, ainsi que quelques manuels de Sciences économiques utilisés.

La deuxième partie est relative aux mélanges ou « Etudes » en l'honneur de...

La troisième partie concerne les Dictionnaires ou Lexiques et les Codes.

La quatrième partie est réservée aux articles de Doctrine.

Enfin, la cinquième partie comporte les textes communautaires, les Constitutions, les textes législatifs et réglementaires.

Nota bene

Nous n'avons pas cru devoir récapituler l'ensemble des articles de doctrine qui ont été utilisés pour la rédaction de cet ouvrage et qui sont cités en notes infra-paginales en complément aux développements qu'ils étayent. Le lecteur intéressé pourra retrouver les références à leurs pages.

Après cet éclairage, la bibliographie des ouvrages généraux est ainsi constituée :

Les Ouvrages généraux

- Le Droit constitutionnel et Science politique
- Le Droit administratif
- Le Droit international public
- Le Droit de l'environnement
- Le Droit des collectivités locales
- Les Finances publiques

- Les Relations internationales
- Manuels de Sciences économiques utilisés

DROIT CONSTITUTIONNEL ET SCIENCE POLITIQUE

- BURDEAU, G., - Traité de Science politique
- RAYMOND Carré de MALBERG - Contribution à la théorie générale de l'Etat, Editions SIREY, 1920-1922 ; rééd. , SIREY, 1962 ; rééd. DALLOZ, PARIS, 2004.
- DUGUIT, L., - Traité de droit constitutionnel, 5 Vol. , rééd. 2007, Editions PANTHEON-ASSAS, PARIS 2007.
- ESMEIN, A., - Eléments de droit constitutionnel français et comparé, 6e éd., SIREY 1914 ; rééd. Editions PANTHEON ASSAS, PARIS, 2001.
- HAURIOU, M., - Précis de droit constitutionnel, 2e ed. , SIREY, 1929 ; rééd, Editions DALLOZ, PARIS, 2008.
- VEDEL, G., - Manuel élémentaire de droit constitutionnel, SIREY, 1949 ; rééd. Editions DALLOZ, PARIS, 2002.
- ARDANT, PH. , et MATHIEU, B., - Institutions politiques et droit constitutionnel, LGDJ, coll. « Manuels » 21e éd. PARIS, 2009.
- BORELLA, F., - Eléments de droit constitutionnel, Editions EYROLLES, PARIS, 2008.
- CHAGNOLLAUD, D., - Droit constitutionnel contemporain, Editions DALLOZ, coll. « Compact », 5e éd. PARIS, 2008.
- CHANTEBOUT, B., - Droit constitutionnel et Science politique, Editions ARMAND COLIN, coll. « U », 26e éd., PARIS, 2009.

- CONTENTINESCO, VL. , et PIERRE-CAPS, S., - Droit constitutionnel, Editions PUF, coll. « Thémis droit public », 3e éd, PARIS, 2007.
- DEBBASCH, R., - Droit constitutionnel, Editions LITEC, 6e éd., PARIS, 2007.
- DUHAMEL, O., - Droit constitutionnel et Institutions politiques, Editions du Seuil, PARIS, 2009.
- FAVOREU, L., GAIA, P., CHEVONTIAN, R. , MESTRE, J-L., OTTO PFERSMANN, ROUX, A. et SCOFFONI, G., Droit constitutionnel, Editions DALLOZ, PARIS, 2008.
- GICQUEL, J. et GICQUEL, J-E., - Droit constitutionnel et Institutions politiques, Editions MONTCHRESTIEN, 23e éd., PARIS, 2009.
- HAMON, F. et TROPER - Droit constitutionnel, LGDJ, coll. « Manuels », 31e éd., PARIS, 2009.
- PACTET, P., MELIN-SOUCRAMANIEN, F., - Droit constitutionnel, Editions ARMAND COLIN, coll. « U », 28e éd., PARIS, 2009.
- PORTELLI, H., - Droit constitutionnel, Editions DALLOZ, Coll. « Hypercours », 8e éd., PARIS, 2009.
- TURPIN, D., - Droit constitutionnel, PUF, coll. « Quadrige-Manuels », 6e éd., PARIS, 2007.
- ZARKA, J-CL., - Introduction au droit constitutionnel, Editions ELLIPSES, coll. « Mise au point », 2e éd., PARIS, 2006.
- DEBBASCH, CH et PONTIER, J-M., - La constitution de la France, Editions DALLOZ, PARIS 1996.
- OLIVIA, E., - Droit constitutionnel, Editions du Seuil, coll. « Aide-mémoire », 6e éd., PARIS, 2009.
- DUHAMEL, O., - Droit constitutionnel : les démocraties, Editions du Seuil, PARIS, 2000.

- LAVAUX, PH. , - Les grandes démocraties contemporaines, PUF, coll. « Droit fondamental » 3e éd., PARIS, 2004.
- MELIN SOUCRAMANIEN, F., - Les grandes démocraties, DALLOZ, PARIS, 2007.
- ZOLLER , E. , _ Droit constitutionnel, PUF, Coll. « Droit fondamental », 2e éd, PARIS, 2000.
- CARRE DE MALBERG, R., - Contribution à la théorie générale de l'Etat, SIREY, 1920-1922, rééd. CNRS. PARIS, 1962.
- KELSEN, H, - Théorie pure du droit, 2e éd. Trad. EISENMANN (C), DALLOZ, Paris 1962.
- LEVASSEUR, A., - Droit des Etats-Unis, Précis DALLOZ, Paris, 1994.
- LUCHAIRE, F, - le Conseil constitutionnel, Editions ECONOMICA, Tome 2, 2e éd., Paris, 1997.
- ROUSSEAU, (R), - Droit du contentieux constitutionnel, Editions MONTCHRESTIEN, Paris, 2001.
- TOINET, (M-F), - Le système politique des Etats-Unis, PUF coll. « Thémis », Paris, 1990.
- ZOLLER, (E) – Le droit des Etats-Unis, PUF, Coll. « Que sais-je ? », Paris, 2001.
- Association française des constitutionnalistes, - La révision de la Constitution, ECONOMICA, Paris, 1993.
- BRANCHET, B., - la révision de la Constitution sous la Ve République. LGDJ, Paris, 1994.
- CAPPELLETTI, M., - Le pouvoir des juges, ECONOMICA, coll. « Droit public positif », Paris, 1990.
- DELPEREE, F., -Référendums, Editions Centre de recherche et d'information sociopolitique, Bruxelles, 1985.

- GUILLAUME HOFNUNG, M., - Le Référendum, PUF, coll. « Que sais-je ? », Paris, n° 2329, 1994.
- HAMON, F, - Le référendum : étude comparative. LGDJ, coll. « Systèmes », Paris, 1995.
- KLEIN, C., - Théorie et pratique du pouvoir constituant, PUF, « Les voies du droit », Paris 1996.
- RIGAUX, M-F, -La théorie des limites matérielles à l'exercice de la fonction constituante, éditions F. LARCIER S.A, Bruxelles, 1985.
- FATIN-ROUGE STEPHANINI, M., - Le contrôle du référendum par la justice constitutionnelle, ECONOMICA, Paris, 2004.

DROIT ADMINISTRATIF

- BAIBANT (B), Le droit administratif français DALLOZ, 5e éd. Paris, 1999.
- CHAPUS (R), Droit administratif général, Editions MONTCHRESTIEN, 12e éd., Paris, 1998.
- DE LAUBADERE (A), VENESIA (J.C), GAUDEMET (Y), Traité de droit administratif, Tomme I, LGDJ, 16e éd., 1999
- RIVERO (J) et WALINE (J), Droit administratif, DALLOZ, 18e éd., Paris, 1999.
- LOMBARD (M), Droit administratif, DALLOZ, Paris, 1997.
- MORAND – DEVILLER (J), Cours de droit administratif, Editions MONTCHRESTIEN, 5e éd., paris, 1997.
- RICCI (J.Cl), Droit administratif, Editions HACHETTE, Coll. « Les fondamentaux » Paris, 1996.
- VEDEL (G) et DELVOLVE (P), Droit administratif, Editions PUF, Coll. « Thémis » 12e éd., paris, 1992.

- DEBBASCH (CH), Droit administratif, Editions ECONOMICA, 6e éd. Paris 2007.
- DEMBA SY, Droit administratif, Editions Le HARMATTAN

DROIT DE L'ENVIRONNEMENT

- KAMTO (M) « Droit de l'environnement en Afrique », EDICEF, AUPELF URFF, 1997.

DROIT DES COLLECTIVITES LOCALES

- BLANC, J – Les péréquations dans les finances locales, LGDJ, Paris, 1996.
- BLANC, J et MARZIALS A., Les relations financières entre l'Etat et les Collectivités locales, LGDJ, Paris, 1993.
- BOUVIER, M. – Finances locales, LGDJ, 8e éd., Paris, 2002.
- COPE, J-F. et WERNER, F. – Finances locales, Editions ECONOMICA, Paris, 1996.
- CAMOUS, D-A. – L'essentiel des Finances publiques locales, Editions ELLIPSES, Paris, 2010.
- DOUAT, E. et GUENGUANT, A – Leçons de Finances locales, Editions ECONOMICA, Paris, 2002.
- LABIE, F. – Finances locales, DALLOZ, Coll. « Cours », Paris, 1995.
- VALEMBOIS, F. – Le nouveau budget communal. Editions SOFIAC, Paris 1996.
- MUZELLEC, R. – « De la pertinence des principes budgétaires et comptables applicables aux collectivités territoriales », Les petites affiches, Paris, 1987.
- BROLLER, R et DETROIT, P. – Budget des communes, gestion et comptabilité, Editions BERGER – LEVRAULT, Paris, 1999.

- DOSIERE, R et HOORENS, D. – La commune et ses finances, Imprimerie Nationale Editions, Dexia Editions, Paris, 2001.
- PONTIER, J-M, - La décentralisation française. Evolution et perspective, LGDJ, Coll. « Systèmes », Paris, 2016.
- BOCOYANNIS, C., - Le principe constitutionnel de libre administration des collectivités territoriales, Editions ECONOMICA, Paris, 1993.
- KLOPPER, M., - La gestion financière des collectivités locales, Editions Le Moniteur, Paris, 1998.
- BAGUENARD, J. –La décentralisation territoriale, Editions PUF, Coll. « Que sais-je ? », Paris, 1994.
- DELCAMP, A. et LOUGHLIN, J., - La décentralisation dans les Etats de l'Union européenne, La Documentation française, Paris, 2002.
- GAUDEMET, Y et GOHIN, O. (dir), - La République décentralisée, Editions PANTHEON-ASSAS, diff. LGDJ, coll. « Colloque », Paris, 2004.
- FRANÇOIS et Yves LUCHAIRE, - Décentralisation et Constitution, Editions ECONOMICA, Paris, 2013.
- PAYSANT A., « Finances locales », PUF, coll. « Droit fondamental », Paris, 1993.
- ROUVIERE J., « Les collectivités locales », Editions J. DELMAS et Cie, Paris, 1998.
- GRUBIER A., « La décentralisation et les institutions administratives », Editions ARMAND COLIN, 2e éd., Paris, 1996.
- AUBRY (F-X), « La décentralisation contre l'Etat (l'Etat semi-décentralisé) », LGDJ, Paris, 1992.
- BAGUENARD (J), « La décentralisation », PUF, 3e éd. Paris, 1988.

- BENOIT (F-P), « Les actes des collectivités locales », DALLOZ, Coll. « Extraits des collectivités locales », Paris, 1989.
- FLECHER (D) et FORT (H), « Les finances locales », Editions MASSON, Coll. « Droit de l'administration locale » 2e éd., Paris, 1986.
- PAYSANT (A) « Finances locales », PUF, Coll. « Droit fondamental », Paris, 1993.

FINANCES PUBLIQUES

- ABATE, B. – La nouvelle gestion publique, LGDJ, coll. « systèmes », Paris, 2000.
- ADAM, F., FERRAND, O., RIOUX, R. – Finances publiques, coll. « AMPHI », Sciences Po, Paris, 2003.
- BOUVIER, M., ESCLASSAN, M.C. et LASSALE, J.P – Finances publiques, LGDJ, 7e éd., Paris, 2004.
- BARILARI, A. et BOUVIER, M. – La nouvelle gouvernance financière de l'Etat, LGDJ, Paris, 2004.
- CAMBY, J-P. – La réforme du budget de l'Etat : la loi organique relative aux lois de finances, LGDJ, Paris, 2002.
- DAMAREY, S. – La loi organique du 1er Août 2001 relative aux lois de finances, Editions ELLIPSES, coll. « Mise au point », Paris, 2003.
- GAUDEMET, P.M. et MOLINIER, J. – Finances publiques : Tome I - Budget et Trésor, Editions MONTCHRESTIEN, 7e éd., Paris, 1994.
- BOUVIER, M. – Introduction au droit fiscal général t à la théorie de l'impôt, LGDJ, 9e éd., Paris, 2008.
- ISAÏA, H. – Finances publiques : introduction critique, ECONOMICA, Paris, 1985.
- LALUMIERE, P. et DEMICHEL, A. - Les finances publiques, Editions ARMAND COLIN, Paris, 1986.

- MARTINEZ, J-C. et DI MALTA - Droit budgétaire, Editions LITEC, 3e éd., Paris, 1999.
- MEKHANTAR, J. – Finances publiques : le budget de l'Etat, Editions HACHETTE, supérieur, « Les fondamentaux », Paris 1993.
- ORSONI, G. – Principes et techniques budgétaires : documents d'études, Document français, n°) 502, 1992.
- PHILIP, L. – Finances publiques : problèmes généraux de droit budgétaire, Editions CUJAS, Paris, 1995.
- QUEROL, F. – Finances publiques, Editions ELLIPSES, coll. « Tout le droit », Paris 2003.
- SAÏDJ, L. – Finances publiques, DALLOZ, coll. « Cours » 3e Ed. Paris, 2003.
- CABANNES, X. – Le principe de l'unité de trésorerie en droit public financier, LGDJ, coll. « Bibliothèque de science financière », Tome 38, Paris, 2000.
- GUILLAUME, H., DUREAU, G et SILVER, F. – L'Etat et et la performance, Presses de la FNSP et DALLOZ, Paris, 2002.
- MAGNET, J. – Comptabilité publique, PUF, coll. « Thémis », Paris, 1997.
- WERBER, L. – Analyse économique des dépenses publiques, PUF, Paris, 1978.

L'Etat, acteur économique, Editions ECONOMICA, Paris, 1989.

- SAÏDJ, L. Finances publiques, DALLOZ, coll. « Cours » 3e Ed. Paris, 2000.
- PRADA, M et SONRIER, A. – La comptabilité publique, Editions BERGER – LEVRAULT, Paris, 1989.
- PHILIP, L. – Les fondements constitutionnels des finances publiques, Editions ECONOMICA, Paris, 1995.
- PHILIP, L. (sous la dir.) – L'exercice du pouvoir financier du Parlement, ECONOMICA – Presse Universitaires de Aix-Marseille, 1996.

- PELLET, R. – La Cour des comptes, Editions La découverte, Paris 1998.
- ORSONI, G. – L'administration de l'économie, LGDJ, Paris, 1995.
- PERCEBOIS, J et ALII. – Dictionnaire de finances publiques, Editions ARMAND COLIN, Paris, 1995.
- OLIVIA, E. Finances publiques, Editions SIREY, Paris, 2001.
- MIGAUD, D. – Mission d'évaluation et de contrôle, Rapport d'information n° 1781, 1999.
- MESSAGE, H. L'Assemblée nationale et les lois de finances, Editions de l'Assemblée nationale, Paris, 1996.
- DESCHEEMAKER, C. - La Cour des comptes, la documentation française, 1996.
- DELORME, R ET ANDRE, C. – L'Etat et l'économie, Editions du Seuil, Paris, 1983.
- DELMAS, P. – Le maître des horloges, modernité de l'action publique, Editions O. JACOB, coll. « Points », Paris, 1991.

RELATIONS INTERNATIONALES

- ARON, R. – Paix et guerre entre les nations, Editions CALMANN-LEVY, 8e éd. Paris, 1984.
- BRAILLARD, P. et DJALILI, M-R. – Les relations internationales, PUF, « Que sais-je ? » n° 24 56.
- BRETTON, PH. – Les relations internationales contemporaines, Editions LITEC, Paris, 1993.
- COLARD, D. - Les relations internationales de 1945 à nos jours, Editions ARMAND COLLIN, Paris, 1991.
- DUROSELLE, J-B. – Tout empire périra. Théorie des relations internationales, Editions ARMAND COLLIN, Paris, 1991.
- MERLE, M. – Bilan des relations internationales contemporaines, Editions ECONOMICA, Paris, 1995.

- FERRIER, JP. – Les relations internationales, Editions GUALINO, Pris, 1996.
- GONIDEC, P et CHARVIN, R. - Relations internationales Editions MONTCHRESTIEN (Domat), Paris, 1981.
- GOUNELLE, M. - Relations internationales Mémentos, Editions DALLOZ, Paris, 2001.
- GUILHAUDIS, J-F. - Relations internationales contemporaines ? Editions LITEC ? Paris, 2002.
- HUNTZINGER, J. – Introduction aux relations internationales, Editions du SEUIL, Paris, 1987.
- LEFEBVRE, M. – Le jeu du droit et de la puissance : Précis des relations internationales, PUF, Paris, 1997.
- ZOLLER, E. – Droit des relations extérieures, PUF, Paris, 1992

MELANGES OU « ETUDES » EN L'HONNEUR DE...

- Mélanges Louis TROTABAS, LGDJ, Paris 1970
- Mélanges Paul-Marie GAUDEMET, Editions ECONOMICA, Paris, 1984
- Mélanges Loïc PHILIP, « Constitution et Finances publiques », Editions ECONOMICA, Paris, 2005
- Mélanges Paul AMSELEK, Editions BRUYLANT, Bruxelles, 2005.
- Mélanges en l'honneur du Professeur Gustave PEISER, PUG, 1995.
- Mélanges Henri JACQUOT, PU Orléans, 2006.
- Mélanges en l'honneur de Jean François LACHAUME, Editions DALLOZ, Paris, 2007
- Mélanges offerts en l'honneur de Jacques ROBERT, Editions MONTCHRESTIEN, Paris, 1998
- Mélanges en l'honneur de Gérard CONAC, « Le nouveau constitutionnalisme », Editions ECONOMICA, Paris, 2001

- Mélanges offerts à Herbert THIERRY, « L'évolution du droit international », Editions PEDONE, Paris, 1998
- Mélanges Patrice GELARD, « Droit constitutionnel », Editions MONTCHRESTIEN, Paris, 2000.

DICTIONNAIRES OU LEXIQUES

- AVRIL (P) et GICQUEL (J), Lexique du droit constitutionnel, PUF, Coll. « Que sais-je ? », 2e éd. Paris 2009
- DUHAMEL (O) et MENY (Y) (dir) - Dictionnaire constitutionnel, PUF, Paris, 1992
- LOROT, (dir) – Dictionnaire de la mondialisation, Editions ELLIPSES, Paris, 2001
- VILLIERS de (M) et LE DIVELLEC (A), Dictionnaire de droit constitutionnel, Editions ARMAND COLIN, 6e éd., Paris, 2007
- Dictionnaire encyclopédique de la décentralisation, sous la direction de Nicolas KADA, Romain PASQUIER, Claire COURTECUISSE, Vincent AUBELLE, Editions BERGER-LEVRAULT, Paris, 2017
- GUILLIEN (R) et VINCENT (J), « Lexique des termes juridiques », sous la direction de Serge GUINCHARD et Gabriel MONTAGNIER, Editions DALLOZ, Paris, 2003

CODES

- Code Général des Collectivités territoriales annoté, sous la direction de DOUENCE, (J.C), Editions DALLOZ, Paris, 2002
- CONAN (M), DOYELLE (A), POUJADE (B) et VACHIA (J.P) – Code annoté des juridictions financières, Editions Le Moniteur, Paris, 2001
- Codes d'audience, Recueil de Codes et textes usuels, Editions GIRAF, Paris, 2001

ARTICLES DE DOCTRINE

Eric WEIL, cité par BOUVIER (M) in « Finances publiques », LGDJ, Paris, 2002, p. 1.

VILLEY, cité MORAND-DEVILLER (J) dans sa préface in « Jurisprudence et doctrine dans l'élaboration de droit de la responsabilité administrative », LGDJ, Paris, 1994.

MADIOT (Y), « Droits de l'homme », Ed. MASSON, Paris, 1991, p. 29 et s.

PECH (L), « Le remède au gouvernement des juges », in « Gouvernement des juges et démocratie », publications de la Sorbonne, Paris, 2001, p. 63.

Le Professeur LABOULAYE, cité par GALLETTI (F), in « Les transformations du droit public africain francophone : entre étatisme et libéralisation », Ed. BRUYLANT, BRUXELLES, 2004, p. 3.

CADOUX (C), « Droit constitutionnel et institutions politiques. Théorie générale des institutions politiques », Ed. Cujas, Paris, 1987, p. 4.

PACTET (P) et MELIN-SOUCRAMANIEN (F), « Droit Constitutionnel », Ed. Sirey, 3e éd. Paris, 2012, pp. 24 - 36.

BOUMAKANI (B), « La prohibition de la transhumance politique des parlementaires. Etude de cas africains », RFDC, n°75, 2008, pp. 499 - 512.

SOHULY ACKA, « La promulgation de la loi en Afrique noire francophone », in « Constitution et Institutions publiques africaines », EDJA, n°32, p. 131.

JEZE (G), « La promulgation des lois », RDP 1918, p. 378.

PUGET (H) et SECHE (JC), « La promulgation et la publication des actes administratifs en droit français », revue administrative, 1959, p. 359.

BOUVIER (M), « Pour une nouvelle gouvernance financière repenser et reconstruire les finances de demain », RFFP n°87, Septembre 2004, pp. 293 et 301.

DZOUMA - NGUELET (H.M),

- « La protection des droits de l'homme dans la constitution Congolaise du 20 Janvier 2002 », revue Béninoise des Sciences Juridiques et Administratives, n°20 et 21, année 2008-2009, p. 150.
- « La décision budgétaire dans les Etats francophones d'Afrique », Revue togolaise de droit, 2011, p. 32.
- « La réception de la directive CEMAC dans le droit financier Congolais », annales de l'Université Marien NGOUABI, vol.14, n°13, année 2013, p. 11.
- « Constitution et Religion en Afrique », Nouvelles Annales Africaines, 2013, p. 124.

GUILLAUME (H), DUREAU (G) ET SILIENT (F), « Gestion publique, l'Etat et la performance », Presses de Sciences politiques, Paris, 2003, p. 36.

RUIS (L), « La loi organique relative aux mois de finances : vers une gestion publique », revue du Trésor, n° 3 - 4, Mars, 2002, p. 170.

MIGAUD (D), « Un double objectif : modernisation de l'Etat, approfondissement de la démocratie », R.F.F.P n°76, 2001, pp. 9 - 11.

ARBOUR (M), « Le principe de précaution dans le contexte du commerce international : une intégration difficile », les Cahiers de droit, Vol. 43, n° 1, Mars, 2002, p. 18.

I. M. FALL,

- « La construction des régimes politiques en Afrique : Insuccès et succès », Revue AFRILEX, 2004, p. 1.
- « La réforme constitutionnelle du 22 février 1970 », PENANT, n° 781, 1971, pp. 91 - 111.
- « Les révisions constitutionnelles au Sénégal », Nouvelles Annales Africaines, n° 1, 2010, p. 74.

Ibrahima FALL, « Le droit constitutionnel au secours de l'authenticité de la négritude : le serment du Président de la République, acculturation ou retour aux sources ? », Annales Africaines 1973, pp. 203 – 2018.

MAUS (D), « Le Sénat, l'Assemblée nationale et le Gouvernement », Revue Pouvoirs, 1988, p. 119.

SCOFFONI (G), Le Congrès des Etats-Unis et la remise en cause de la Cour suprême sur la conciliation entre justice constitutionnelle et théorie démocratique », R.F.D.C, 1993, p. 675.

ZOLLER (E), « La Cour suprême des Etats-Unis d'Amérique », Les Cahiers du Conseil constitutionnel, 1988, n° 5, pp. 41 - 43.

GAULMIN (P), « Le droit de veto présidentiel aux Etats-Unis », R.F.D.C, 1998, p. 251.

DUBOIS (L), « Le régime présidentiel dans les nouvelles Constitutions des Etats africains », PENANT, n° 691, 1962, p. 222.

NGANDO SANDJE (R), « Le renouveau du droit constitutionnel et la question des classifications en Afrique : Quel sort pour le régime présidentialiste ? », R.F.D.C, n°93, 2013, p. 1.

MANIN (B), « Frontière, freins et contre poids. La séparation des pouvoirs dans le débat constitutionnel américain de 1787 », Revue Française des Sciences politiques, 1994, p. 257.

HEINIS (M), « La procédure consultative dans la jurisprudence administrative », GAZ. PAL, 1996, pp. 662 - 671.

TCHEN (V), « Ediction de l'acte administratif. Auteurs, formes, procédure », JCPA, 2016, Fasc. n° 107, p.20.

BERNARD (M), « Le renouveau de la fonction consultative du Conseil de Etat sous la 5e République », EDCE, n°46, la documentation française, 1995, p.439.

PIMENTEL (C), « Le sanctuaire vide : la séparation des pouvoirs comme superstition juridique », Pouvoirs, n° 102, 2002.

MANGIN (G), « Quelques points de repère dans l'histoire de la justice en Afrique francophone », in « La justice en Afrique », sous la direction de Jean Du Bois de GAUDUSSON et GERARD CONAC, Revue Afrique contemporaine, numéro spécial, 1990, p. 21.

BALIMA (A.S), « L'organisation de l'empire mossiss », Revue PENANT, 1964, p. 481.

LUCHAIRE (F), « Les Conseils du contentieux administratif », RJPUF, 1956, p. 705.

BOCKEL (A), « Le juge de l'administration en Afrique francophone », Annales Africaines, 1972, p. 172.

LAMPUE (P), « La justice dans les Etats d'Afrique francophone », RJPIC, 1965, p. 3.

GUEDON (MJ), « La classification des moyens d'annulation des actes administratifs. Réflexions sur un état des travaux », AJDA, 1978, p. 82.

BOSSUYT (M), « La distinction entre droits civils et politiques et les droits économiques, sociaux et culturels », Revue des droits de l'homme, Vol III, n°4, 1975, p. 78 et S.

PELLOUX (R), « Vrais et faux droits de l'homme, Problème de définition et de classification », R.D.P, 1981, p. 58 et S.

AHADZI (K), « Droits de l'homme et développement : théories et réalités », Revue la voie de l'intégration juridique et judiciaire africaine, n°3 et 4, Année 2003, pp. 15 - 24.

BESSOLE BAGORO (R), « La protection des droits de l'homme dans la Charte africaine de droits de l'homme et des peuples », Publications de la Chaire UNESCO des droits de la personne et de la démocratie, Faculté de Droit et des sciences politiques, Université d'ABOMEY-CALAVI, Cotonou, 2000, p. 2.

SABOURIN (P), « Les autorités administratives indépendantes : une catégorie nouvelle », AJDA, 1983, p. 275 et S.

PISIER (E), « Vous avez dit indépendantes ? Réflexions sur les autorités administratives indépendantes », Pouvoirs, n°546, 1988, p. 71 et S.

ALVARO GIL ROBLES, « Le défenseur du peuple espagnol et la justice », RFAP, n°64, Octobre - décembre 1992, pp. 663 - 666.

DETMOLD (M) et SCOFFONI(G), « Justice constitutionnelle et protection des droits fondamentaux en Australie », R.F.D.C, n° 29, 1997, pp. 27 - 28.

I.M. FALL, « Les révisions constitutionnelles au Sénégal », Nouvelles Annales Africaines, n°1/2010, p. 74.

BEAUD (O), « La souveraineté de l'Etat, le pouvoir constituant et le traité de MAASTRICHT : Remarques sur la méconnaissance de la révision constitutionnelle », RFDA, 1993, pp. 1045 - 1068.

YONABA (S),

- « Une nouvelle catégorie juridique en quête d'identité : la loi ordinaire relative aux lois de Finances », Revue burkinabé de droit, 2004, pp. 123 - 140.
- « La difficile intégration des règles budgétaires et comptables dans les Etats membres de l'Union Economique et Monétaire Ouest-africaine (UEMOA), R.F.F.P n° 79, Septembre 2002, p. 232.

AMSELEK (D), « Le particularisme de la légalité budgétaire » Revue administrative 1970, p. 650.

FATIN-ROUGE STEFANI (M), « Le référendum et la protection des droits fondamentaux », R.F.D.C, 2003, pp. 74 – 101.

BESSON (E), « Les principes suprêmes inviolables dans la jurisprudence de la Cour constitutionnelle italienne : véritable limite ou simple précaution démocratique ? », Annuaire internationale de justice constitutionnelle XX, 2005, p. 185.

COULIBALEY (B), « La neutralisation du Parlement constituant (A propos de la décision n° DCC 074 du 8 juillet 2006 de la Cour constitutionnelle du Benin », R.D.P, n° 5, 2009, p. 1493.

FROMONT (M), « Le constitutionalisme allemand », Pouvoirs, 1993, n° 66, p. 45.

ALIOUNE SALL, « Processus démocratique et bicéphalisme de pouvoir exécutif » in « Constitutions et Institutions publiques africaines. Etudes doctrines », Revue EDJA, p. 61.

COULOMBEL (M.P), « Le droit privé devant le religieux depuis la séparation des églises et de l'Etat », Revue trimestrielle de droit civil, 1956, p. 6.

ROIG (C), « théorie et réalité de la décentralisation » Revue française de science politique, n° 3, 1966, p. 27.

ALCARAZ (H), « Le principe constitutionnel de la libre administration des collectivités territoriales dans la jurisprudence constitutionnelle après la révision constitutionnelle du 28 mars 2003 » RFDA, 2009, p. 497.

ECKERT (C), « Finances locales : Contacts et perspectives », R.F.F.P, ° 131, septembre 2015, pp. 175 – 176.

MENASSEYRE (B) et HERNANDEZ (J), « Le jeu des acteurs dans l'élaboration du budget et son exécution », R.F.F.P, ° 36, 1989, p. 42.

HARCOURT (C), « La réforme vue par un ordonnateur », R.F.F.P, n° 76, 2001, p. 34.

LASCOMBE (M), VANDEMDRIESSCHE (X), « Chronique de comptabilité publique », Revue du Trésor n° 8 – 9, 2001, p. 42.

VEDEL (G), « Les finances communales à l'heure de la décentralisation », R.F.F.P, n° 13, 1986, p. 32 et s.

RIVERO (F), « La notion juridique de laïcité », Archives de philosophie du droit, 2004, p. 251.

WOEHRLING (J.M), « Réflexions sur le principe de neutralité de l'Etat en matière religieuse et sa mise en œuvre en droit français », Archives des sciences sociales et des religions, n° 101, janvier 1998, p. 31 et s.

ROMAN (J), « La laïcité comme partage du monde commun », Revue vie sociale n° 2, 2011, p. 131.

KESLER (D), « La laïcité, du combat au droit », Le débat, n° 77, 1993, p. 35.

NTAMBWE TSIMBULU, « Religion et laïcité en Afrique : Sphère d'humanisation », Social Compass, Vol. 47, n° 3, 2000, p. 329 – 341.

MARTIN (ML) et CABANIS (A), « Le nouvel enjeu religieux dans la Constitution de l'Afrique francophone », Revue de droit sénégalais, n° 8, Novembre 2009, p. 153.

NAUROIS (L), « Aux confins du droit privé et du droit public. La liberté religieuse », Revue trimestrielle de droit civil, 1962, p. 245.

KINTZELER ©, « Question de laïcité », L'Ane, le Magazine Freudien, n° 41, janvier – Mars, 1990, p. 10.

GARLICKI (L), « Les aspects collectifs de la liberté de religion », Annuaire international de justice constitutionnelle, 2000, p. 419.

DESMOULIN (G), « La loi organique relative aux lois de finances ou le renouveau de la règle des quatre temps alternés », Revue Trésor, 2004, p. 503.

BIED-CHARRETON (H), « La démarche de la performance publique dans le cadre des lois de finances », Notes Bleues de Bercy n° 305, Mars 2006, p. 16.

CAMBY (JP) « La place des finances publiques dans les préoccupations parlementaires » R.F.F.P n° 87, septembre 2004, p. 42.

BOURDON (J), « La crise identitaire du Parlement français », R.D.P, 1992, p. 132.

HERTZOG (R),

- « Les pouvoirs financiers du Parlement », R.D.P n° 1 - 2, 2002, p. 301.
- « Quelques aspects de la loi organique relative aux lois de finances dans ses rapports avec le système administratif », AJDA, 2006, p. 531.

LAUZE (J), Les grands principes du droit budgétaire d'une loi organique à l'autre », R.D.P, n° 6, 2001, p. 1727.

WENDLING (CL) et MAGNE (S), « Un premier bilan de la préparation et l'exécution de la loi de finances sous le régime de la LOLF du 1er août 2001 », R.F.F.P, n° 96, 2006, p. 181.

KRISTENSEN (J.K), GROSZYK (W.S) et BULHER (B), « L'élaboration et la gestion des budgets centrés sur les résultats », Revue de l'OCDE sur la gestion publique, Vol. 1, n° 4, Paris, 2020, pp. 7 - 37.

BRAUN (G), « Rapport sur une étude comparative portant sur la réforme de l'Etat à l'étranger », Ris, n° 348, 31 mai 2010, p. 10.

LEIDER (ST) et WOLFF (P), « Gestion des finances publiques : une contribution à la bonne gouvernance financière », Annuaire suisse de politique de développement, Vol. 26, n° 2, 2007, p. 176.

VIDAL (G), « Une nouvelle maîtrise des dépenses publiques et un renouvellement du débat budgétaire » R.F.F.P, n° 76, 2001, p. 163 et s.

SAÏDOU NOUROU TALL, « Les ordonnances en Afrique noire francophone », in « Constitutions et Institutions africaines », Editions Juridiques Africaines (EDJA), Dakar, pp. 209 – 254.

GICQUEL (J), « LOLF et séparation des pouvoirs. Variations élémentaires sur les forces et les formes budgétaires », R.F.F.P, n° 97, 2007, p. 11.

CARCASSONE (G), « La LOLF et le renouveau du contrôle », R.F.F.P, n° 97, 2007, pp. 77 – 85.

TALLINEAU (L), « Quarante ans de propositions de réforme de l'ordonnance de 1959 », R.F.F.P, n° 71, 2001, pp. 19 – 29.

WALINE (CH), « Le budget de l'Etat. Nouvelles règles, nouvelles pratiques », La documentation française, 2006, p. 80.

SIMMONY (M), « La démarche de performance dans le cadre des finances publiques », R.F.F.P, n° 98, 2007, p. 25.

COPE (JF), « Comment faisaient-ils avant ? Maintenant c'est un bonheur, les ministres travaillent sur la performance, la LOLF a changé ma vie », Les Echos, Paris, 17 Novembre 2006.

BARILARI (A), « La mise en œuvre de la LOLF. Une occasion pour repenser en profondeur l'action administrative, Revue Trésor, n° 5, p. 259 et s.

TROSA (S) et PERRET (B), « Vers une nouvelle gouvernance publique : la nouvelle loi budgétaire, la culture administrative et les pratiques décisionnelles », Revue Esprit, Février 2005, pp. 65 – 85.

ARTHUIS (J), « Les rapports du Sénat : Mise en œuvre de la LOLF : un outil au service de la réforme de l'Etat », Commission des finances, n° 388, 2002 - 2003, p. 28.

ORSONI (G), « Régulation budgétaire et non utilisation des crédits dans l'exercice », R.F.F.P, n° 12, 1985, pp. 131 – 167.

MIGAUD (D), « La germination de la LOLF », Revue Trésor, n° 7, Juillet 2006, p. 403 et s.

ESCLASSAN (M.C), « Un phénomène international : l'adaptation des contrôles financiers publics à la nouvelle gestion publique », R.F.F.P, n° 101, 2008, p. 29.

LASCOMBE (M) et VANDENDRIESCHE (X),

- « De la nécessité de maintenir un contrôle juridictionnel en matière LOLFique », R.F.F.P, n° 100, 2007, p. 252.

- « Le souhait du Président américain Thomas JEFFERSON », cité par HURON (D), MARTY (F) et SPLINDLER (J), in « De la certification des comptes de l'Etat : principes, enjeux et difficultés », R.F.F.P, n° 100, 2007, p. 32.

DEMBA SY,

- « L'évolution du droit administratif sénégalais », in « Constitutions et Institutions publiques africaines, Etudes doctrinales », EDJA, p. 486.
- « Décentralisation, gouvernance et développement : le cas du Sénégal », in « Bonne gouvernance et développement en Afrique », Ed. Démocratie africaine, (IAD), 1997, p. 295 et s.

BABACAR GUEYE, « Les transformations de l'Etat en Afrique : l'exemple du Sénégal », in « Constitutions et Institutions publiques africaines, Etudes doctrinales », EDJA, p. 49.

CARTIER – BRESSON (J), « La Banque mondiale, la corruption et la gouvernance », Revue du Tiers-monde n° 161, Janvier - Mars 2000, p. 167.

BOUVIER (M), « Pour une nouvelle gouvernance financière : repenser et reconstruire les finances publiques de demain », R.F.F.P, n° 87, Septembre 2004, p. 301.

PAMBOU TCHIVOUNDA (G), « Le rôle de la société civile dans l'établissement de l'Etat de droit », Revue juridique et politique, n° 2, 2004, p. 146.

KAMTO (M), « Les rapports entre Etat et société civile en Afrique », cité par BABACAR GUEYE, in « Les transformations de l'Etat en Afrique : l'exemple du Sénégal », op, cit. p. 108.

REILLAN de (G), « Le principe de sincérité budgétaire. L'efficacité des saisines du Conseil constitutionnel à l'épreuve des rapports de la cour des comptes sur l'exécution des lois des Finances », R.F.F.P, n°78, Juin 2002, p.187.

CONAC (G), « Les débats sur le référendum sous la 5e République », Pouvoirs, n°77, 1996, pp. 95 -1 08.

GENEROIS(B), « Le Conseil Constitutionnel et le contrôle du référendum », R.F.D.A, 1988, pp. 887 - 896.

BADINTER(R), « Le Conseil constitutionnel et le pouvoir constituant », in « Libertés », Mélanges offerts à l'honneur de Jacques ROBERT, Editions MONTCHRESTIEN, Paris, 1998, pp. 217 – 225.

ROUSSET (M), « La justice administrative, pièce maîtresse de l'Etat de droit au Maroc », Revue juridique et politique, Indépendance et coopération, 2000, n° 1, p. 1.

TEXTES COMMUNAUTAIRES, CONSTITUTIONS, TEXTES LEGISLATIFS ET REGLEMENTAIRES

1. TEXTES COMMUNAUTAIRES

Guides et directives CEMAC relatifs aux Finances publiques – Editions Droit Afrique. Com., 2013

2. CONSTITUTIONS

- Constitution du 08 décembre 1963
- Constitution du 15 mars 1992
- Constitution du 20 janvier 2002
- Constitution du 25 octobre 2015

3. TEXTES LEGISLATIFS

- Règlement intérieur du Sénat, 03 Septembre 2017
- Règlement intérieur de l'Assemblée nationale

4. TEXTES REGLEMENTAIRES

- L'Avis du Président de la République soumis au Conseil économique, social et environnemental sur le thème « Formation professionnelle et création d'emploi » Session de janvier 2010
- L'Avis n° 0055/PR-SGG-CAB du 10 février 2015 du Gouvernement sur l'avant-projet de la loi autorisant la

ratification de l'Accord de prêt additionnel entre la République du Congo et la Banque Internationale pour la Reconstruction et le Développement relatif au financement du projet d'eau, électricité et développement urbain, soumis à la Cour suprême

- L'Avis n° 176/PR-SGG-CAB du 24 avril 2020 du Gouvernement sur l'avant-projet de la loi autorisant la ratification de l'Accord de financement (projet de riposte d'urgence au COVID-19 en République du Congo), entre la République du Congo et l'Association Internationale de développement, soumis à la Cour suprême

TABLE DES MATIERES

LISTE DES ABREVIATIONS 13
INTRODUCTION 15

PREMIERE PARTIE

LE PRESIDENT DENIS SASSOU-N'GUESSO UTILISE LE DROIT COMME INSTRUMENT DE DEVELOPPEMENT. 31

TITRE I 33
LA SUBORDINATION DU DROIT A LA POLITIQUE 33
CHAPITRE I 35
LE PRESIDENT DENIS SASSOU-N'GUESSO REAMENAGE L'ARMATURE INSTITUTIONNELLE DE L'ETAT 35
SECTION I 36
LES INSTITUTIONS POLITIQUES REAMENAGEES 36
PARAGRAPHE I 37
L'APPROPRIATION DU REGIME PRESIDENTIEL 37
PARAGRAPHE II 48
UNE APPROPRIATION DIFFICILE DU REGIME PRESIDENTIEL 48
SECTION II 57
LE RECOURS A LA PROCEDURE CONSULTATIVE 57
PARAGRAPHE I 59
LA CONSULTATION DU CONSEIL ECONOMIQUE, SOCIAL ET ENVIRONNEMENTAL. 59
PARAGRAPHE II 68
LA CONSULTATION DE LA COUR SUPREME 68
CHAPITRE II 75
LE PRESIDENT DENIS SASSOU-N'GUESSO MAINTIENT LA FONCTION JURIDICTIONNELLE ET REALISE UNE PROTECTION DES DROITS DE L'HOMME FORT DIVERSIFIEE 75
SECTION I 77
LE MAINTIEN DE LA FONCTION JURIDICTIONNELLE 77
PARAGRAPHE I 79
UN POUVOIR JUDICIAIRE REGI PAR LE SYSTEME DE L'UNICITE DE JURIDICTION 79
PARAGRAPHE II 96
LA COUR CONSTITUTIONNELLE 96
SECTION II 103
UNE PROTECTION DES DROITS DE L'HOMME FORT DIVERSIFIEE 103
PARAGRAPHE I 106

LA PROTECTION JURIDICTIONNELLE DES DROITS 106
PARAGRAPHE II 113
LA PROTECTION NON JURIDICTIONNELLE DES DROITS. 113
TITRE II 121
L'ENCADREMENT DU DEVELOPPEMENT PAR LE DROIT 121
CHAPITRE I 123
UN ENCADREMENT ENONCE PAR LA REFORME DES INSTITUTIONS 123
SECTION I 124
LE CONSENSUALISME DE SIBITI ET L'APPROFONDISSEMENT DU DROIT 124
PARAGRAPHE I 125
LE CHANGEMENT DE LA CONSTITUTION DE 2002 ET LE POUVOIR DE CONSTITUTIONNALISATION 125
PARAGRAPHE II 140
LE REGIME PARLEMENTAIRE RATIONALISE 140
SECTION II 156
LA CONSTITUTION DE 2015, UNE CONSTITUTION EXPANSIVE 156
PARAGRAPHE I 158
LA CONSTITUTION DE 2015 REAFFIRME LA DECENTRALISATION DE L'ETAT 158
PARAGRAPHE II 192
LA CONSTITUTION DE 2015 PROCLAME LA LAÏCITE DE L'ETAT 192
CHAPITRE II 203
UN ENCADREMENT DICTE PAR LA QUETE DE LA PERFORMANCE ET DU DEVELOPPEMENT DE L'ECONOMIE. 203
SECTION I 204
L'ENCADREMENT DICTE PAR LA QUETE DE LA PERFORMANCE : L'INSERTION DANS LE DROIT DES TECHNIQUES D'UNE ARCHITECTURE FINANCIERE NOUVELLE 204
PARAGRAPHE I 206
LES REFORMES RELATIVES A L'AUTORISATION BUDGETAIRE 206
PARAGRAPHE II 218
LA CONSECRATION D'UNE GESTION PUBLIQUE PERFORMANTE 218
SECTION II 231
L'ENCADREMENT DE L'ECONOMIE PAR LE DROIT 231
PARAGRAPHE I 232
UN DROIT « ORIENTE » AU SERVICE DE L'ETAT 232
PARAGRAPHE II 238
LES LIMITES DU DROIT « ORIENTE ». 238

DEUXIEME PARTIE

LE PRESIDENT DENIS SASSOU-N'GUESSO UTILISE LE DROIT COMME FACTEUR DES RELATIONS INTERNATIONALES........ 247

TITRE I 253
L'UTILISATION DU DROIT DANS LES RELATIONS POLITIQUES .. 253
CHAPITRE I 255
LE DROIT A LA PAIX 255
SECTION I 256
L'AMENAGEMENT DU DROIT A LA PAIX. 256
PARAGRAPHE I 257
LE PRINCIPE 257
PARAGRAPHE II 268
L'ATTENUATION DU PRINCIPE 268
SECTION II 274
L'ADAPTATION DU DROIT A LA PAIX AUX NOUVEAUX CONFLITS 274
PARAGRAPHE I 275
L'ADAPTATION DU DROIT A LA PAIX DANS LA CRISE CENTRAFRICAINE 275
PARAGRAPHE II 281
L'ADAPTATION DU DROIT A LA PAIX A LA CRISE LIBYENNE. 281
CHAPITRE II 291
LE PROTOCOLE DE BRAZZAVILLE OU LA REACTIVATION PAR LE PRESIDENT DENIS SASSOU NGUESSO D'UN DROIT « ENDORMI » 291
SECTION I 291
LA REACTIVATION PAR LE PRESIDENT DENIS SASSOU-N'GUESSO D'UN DROIT « ENDORMI » 291
PARAGRAPHE I 293
LE CONTENU DU DROIT A L'AUTODETERMINATION 293
PARAGRAPHE II 299
LA MISE EN ŒUVRE DU DROIT A L'AUTODETERMINATION DES PEUPLES PAR LE PRESIDENT DENIS SASSOU-N'GUESSO DANS LE REGLEMENT DU PROBLEME DE L'AFRIQUE AUSTRALE..... 299
SECTION II 306
LES EFFETS DU PROTOCOLE DE BRAZZAVILLE 306
PARAGRAPHE I 306
LA LIBERATION DE NELSON MANDELA 306
PARAGRAPHE II 312
L'INDEPENDANCE DE LA NAMIBIE 312
TITRE II 325

L'UTILISATION DU DROIT DANS LE DOMAINE DE L'ENVIRONNEMENT 325
CHAPITRE I 327
UNE REFERENCE IMPLICITE AU PRINCIPE DE PRECAUTION 327
SECTION I 328
L'EMERGENCE DU PRINCIPE DE PRECAUTION 328
PARAGRAPHE I 331
LE ROLE DES ETATS ET DES ORGANISATIONS INTERNATIONALES DANS LA PROMOTION DU PRINCIPE DE PRECAUTION 331
PARAGRAPHE II 336
LES INTERPRETATIONS POSSIBLES DU PRINCIPE DE PRECAUTION 336
SECTION II 347
LA COMMISSION CLIMAT DU BASSIN DU CONGO : UNE CONSECRATION PAR « RICOCHET » DU PRINCIPE DE PRECAUTION 347
PARAGRAPHE I 349
UN APERÇU GENERAL SUR LA COMMISSION CLIMAT DU BASSIN DU CONGO 349
PARAGRAPHE II 352
LA REGULATION DES COMPORTEMENTS DANS LA COMMISSION CLIMAT DU BASSIN DU CONGO 352
CHAPITRE II 359
L'OPERATIONNALISATION DE LA COMMISSION CLIMAT DU BASSIN DU CONGO 359
SECTION I 359
LA CREATION DU FONDS BLEU 359
PARAGRAPHE I 360
LE FONDS BLEU, UN INSTRUMENT FINANCIER DU BASSIN DU CONGO 360
PARAGRAPHE II 366
LES LIMITES EVENTUELLES DU FONDS BLEU 366
SECTION II 369
LES CONDITIONS D'APPROPRIATION DU FONDS BLEU PAR LA COMMUNAUTE INTERNATIONALE 369
PARAGRAPHE I 370
LES CONDITIONS LIEES A L'ANALYSE ECONOMIQUE 370
PARAGRAPHE II 373
LES CONDITIONS LIEES A L'ANALYSE JURIDIQUE 373

CONCLUSION 381
BIBLIOGRAPHIE 391
TABLE DES MATIERES 415

Structures éditoriales du groupe L'Harmattan

L'Harmattan Italie
Via degli Artisti, 15
10124 Torino
harmattan.italia@gmail.com

L'Harmattan Hongrie
Kossuth l. u. 14-16.
1053 Budapest
harmattan@harmattan.hu

L'Harmattan Sénégal
10 VDN en face Mermoz
BP 45034 Dakar-Fann
senharmattan@gmail.com

L'Harmattan Cameroun
TSINGA/FECAFOOT
BP 11486 Yaoundé
inkoukam@gmail.com

L'Harmattan Burkina Faso
Achille Somé – tengnule@hotmail.fr

L'Harmattan Guinée
Almamya, rue KA 028 OKB Agency
BP 3470 Conakry
harmattanguinee@yahoo.fr

L'Harmattan RDC
185, avenue Nyangwe
Commune de Lingwala – Kinshasa
matangilamusadila@yahoo.fr

L'Harmattan Congo
219, avenue Nelson Mandela
BP 2874 Brazzaville
harmattan.congo@yahoo.fr

L'Harmattan Mali
ACI 2000 - Immeuble Mgr Jean Marie Cisse
Bureau 10
BP 145 Bamako-Mali
mali@harmattan.fr

L'Harmattan Togo
Djidjole – Lomé
Maison Amela
face EPP BATOME
ddamela@aol.com

L'Harmattan Côte d'Ivoire
Résidence Karl – Cité des Arts
Abidjan-Cocody
03 BP 1588 Abidjan
espace_harmattan.ci@hotmail.fr

Nos librairies en France

Librairie internationale
16, rue des Écoles
75005 Paris
librairie.internationale@harmattan.fr
01 40 46 79 11
www.librairieharmattan.com

Librairie des savoirs
21, rue des Écoles
75005 Paris
librairie.sh@harmattan.fr
01 46 34 13 71
www.librairieharmattansh.com

Librairie Le Lucernaire
53, rue Notre-Dame-des-Champs
75006 Paris
librairie@lucernaire.fr
01 42 22 67 13

www.ingramcontent.com/pod-product-compliance
Lightning Source LLC
LaVergne TN
LVHW011133061026
849535LV00003B/474